현대신서
212

도미니크
[소설]

외젠 프로망탱

김웅권 옮김

東文選

도미니크

조르주 상드 부인에게

부인에게,

이것이 당신이 읽었던 그 작은 책입니다. 정말 아쉽게도 나는 그 책을 전혀 수정하지 않고, 다시 말해 습작 같은 작품을 드러낼 수 있는 그 모든 무경험을 감수하고 출간하게 되었습니다. 이 결점은 나에게 해결책이 없는 것 같았습니다. 결국 나는 그것을 고칠 수 없다는 데 절망하면서 그것을 확인하고 있습니다. 책이 좀 더 훌륭하다면 당신에게 바치는 게 정말 행복할 것입니다. 이미 나에게 보호막 역할을 해주었던 한 인사의 후원을 받아 이 책을 내놓고자 함을 부인께서는, 당신의 친구들 가운데 가장 보잘것없는 자를 용서해 주듯이, 용서해 주시겠지요? 나는 그 인사에 대해 감사와 존경만큼이나 찬양을 느끼고 있습니다.

외젠 프로망탱
1862년 11월, 파리

I

 조금 후에 독자가 읽게 되겠지만, 나는 매우 단순하고 별로 소설 같지 않은 내용으로 어떤 남자의 내밀한 이야기를 할 것이다. 그는 나에게 이렇게 말했다. "물론 나는 한탄할 처지가 못 됩니다. 내가 과거 한때 대단한 존재였다고 한다 해도, 다행히 이제 나는 더 이상 아무것도 아니기 때문이죠. 그리고 나는 많은 야심가들도 그런 식으로 끝나기를 기대합니다. 나는 확신과 휴식을 찾았고, 그 어떠한 가정(假定)을 해본들 이보다 낫지는 않을 것입니다. 나는 나 자신과 일치를 보았고, 이는 우리가 불가능한 것에 대해 거둘 수 있는 진정 가장 큰 승리입니다. 끝으로 아무에게도 쓸모없던 내가 몇몇 사람에게는 쓸모 있게 되고 있습니다. 또 나는 사람들이 내 삶에서 희망했던 그 어떤 것도 줄 수 없었지만, 나는 내 삶으로부터 아마도 그들이 기대하지 않았을 유일한 행동, 겸손하고 신중하며 이치에 맞는 그런 행동을 끌어냈습니다. 그러니까 나는 탄식할 처지가 못 되는 것이지요. 나의 삶은 나의 욕망과 재능에 따라 이루어졌고 또 잘 이루어졌습니다. 그것은 투박하지만 그렇다고 이게 어울리지 않는 것은 아닙니다. 제대로 자라지 않은 나무처럼, 나는 내 삶의 머리 부분을 잘라 버렸습니다. 그래서 그것은 풍모, 우아함 그리고 돌출적 측면이 줄어들었습니다. 사람들은 그 삶을 보다 가까이서 보고 있지만, 그로 인해 그것은 더 많은 뿌리만을 얻게 되고 주변에 보다 많은 그늘만을 나누어 줄 것입니다. 지금 나는 내가 헌신해 돌보아야 할 세 사람의 존재가 있는데, 이들과 나를 연결시켜 주는 것은 분명한 의무이고, 지나치게 무거운 것이라곤 아무것도 없는 책임이며, 또 오류도 회한도 없는 애정입니다. 나의 임무는 단순하며 나는 그것을 충분히 해낼 것입니다. 모든 인간 존재의 목적은 자신을 떠들썩하게 알리기보다는 자신을 전수하는 것이라는 게 맞는다면, 그리고 행복은 욕망과 이를 달성시켜 주는 힘이 대등하다는 데 있다면, 나는 힘 닿는 데까지 제대로 지혜의 길을 가고 있으며 당신은 당신이 한 행복한 인간을 만났다는 것을 증언할 수 있을 것입니다."

그가 그 자신이 주장했듯이 평범한 아무나가 아니었다 할지라도, 또 자신의 지방으로 되돌아와 조용히 살기 전에 유명한 데뷔를 한 바 있었다 해도, 그는 그 자신이 **부정적인 양적(量的) 존재들**이라 불렀던 수많은 무명인들과 뒤섞이기를 좋아했다. 사람들이 그에게 그의 젊은 시절을 이야기하거나 그 시절이 던져 주었던 매우 빛나는 서광을 환기시켰을 때, 그는 이렇게 대답하곤 했다. "그건 아마 다른 사람들과 나 자신의 환상이었을 것이며 사실 나는 하찮은 존재였습니다. 그 증거는 내가 오늘날 모든 사람과 닮아 있다는 것이며, 이는 전적으로 공평한 결과입니다. 나는 세론에 따라 이루어진 어떤 합당한 원상복귀를 기뻐하듯이 그 결과에 만족하고 있습니다." 그가 이와 관련해 되풀이해 말한 것들이 있다. 우선 거의 어느 누구도 자신을 예외적 존재라고 말할 수 없으며, 그런 특권이 있는 자의 역할은 남보다 우월한 천부적 재능에 의해 정당화되지 않을 때는 더없이 우스꽝스럽고, 변명의 여지가 없으며 지극히 헛되다는 것이다. 또 누군가가 자기와 유사한 보통 사람들과 구분되고자 하는 도발적인 욕망이 있다면 이것은 대개의 경우 사회에 저지르는 협잡에 불과하고, 아무것도 아닌 대수롭지 않은 모든 사람들에게 가해진 용서할 수 없는 모욕일 뿐이라는 것이다. 뿐만 아니라 누군가 자신이 그럴 만한 권리가 없는데도 어떤 영예를 자신에게 부여하는 것은 다른 사람의 직위를 찬탈하는 것이고, 명성이 보관된 공적인 보물창고를 약탈하는 현행범으로 조만간 간주될 위험이 있다는 것이다.

아마 그는 자신의 은거를 설명하기 위해, 또 친구들의 아쉬워하는 마음과 자신의 미련을 되돌아보게 하는 것이라면 아무리 조그만 구실이라도 벗어던져 버리기 위해 그런 식으로 자기 자신을 평가 절하했을 것이다. 그는 진실했는가? 나는 이런 의문이 자주 들었으며, 때로 나는 그와 같은 정신의 소유자는 완벽에 사로잡혀 있기 때문에 자신의 패배에 있어서도 완전히 체념했으리라 짐작할 수 있었다. 그러나 지극히 충실한 진실에도 얼마나 많은 뉘앙스가 있는가! 진실을 다 말하지 않으면서도 진실을 말하는 방식은 얼마나 많은가! 누군가가 세상사로부터 절대적으로 초연해 있다는 것은 그가 부인하는 세상사에 대해 멀리서 던져진 그 어떠한 시선도 인정하지 않는다는 말일까? 그렇다면 시간으로부터만 올 수 있는 망각과 우리 자신에 달려 있는 체념 사이에 회한은 결코 끼어들지 않는다고 대답할 수 있을 만큼 충분히 자신을 확신하는 마음이란 어떤 것일까?

현재 자신의 삶과 별로 일치하지 않았던 한때의 과거에 대해 내려진 이와 같은 판단이 어떠하든, 적어도 내가 말하는 그 시기에 그는 무명(無名)과 자포자기라는 그 경지에 이르렀으며, 이것이 그가 전적으로 옳다는 것을 인정하게 해주는 것 같았다. 그런 만큼 나는 그를 거의 무명인처럼 다루면서 그의 말을 곧이곧대로 받아들일 뿐이다. 그 자신의 표현에 따르면, 그는 하찮은 사람이 되었기 때문에, 또 그 이외의 다른 많은 사람들이 이 책에서 자신의 모습을 준엄하게 알아볼 수 있으리라 생각되기 때문에 나는 다른 많은 존재들과 전체적으로 닮은 한 인간의 초상을 살아생전에 출간하는 것이 조금도 무례하다고 생각하지 않는다. 그에게서 자신들의 이미지를 재발견할지도 모를 많은 사람들과 그를 구별지우는 무언가가 있다면, 그것은 내가 보기에 아무에게도 선망을 불러일으키지 않을 어떤 예외를 통해 그가 자주 자기 자신을 살피는 보기 드문 용기와, 자신을 평범하다고 판단하는 흔치 않은 엄격성을 지녔다는 점이다. 결국 그는 존재하기는 하지만 너무도 적게 존재하기 때문에 현재시제로든 과거시제로든 그에 대해 이야기하는 것은 거의 아무렇지도 않은 것이다.

내가 그를 처음으로 만난 것은 가을이었다. 우연히 나는 그가 가장 좋아했던 그해 그 시기에 그를 만났는데, 그는 나에게 이 시기에 대해 매우 자주 이야기했다. 그 이유는 이 시기가 고요와 침묵과 회한의 자연적인 틀 속에서 마감되는 혹은 완성되는 보통의 모든 존재를 매우 잘 요약해 주기 때문이다. 그 이후로 그는 여러 차례 나에게 이렇게 말했다. "나는 사람들이 결코 완전히는 쫓아낼 수 없는 어떤 불행한 친화적인 것들을 나타내는 하나의 본보기입니다. 나는 우울증 환자가 되지 않기 위해 불가능한 일을 했습니다. 왜냐하면 그 어떤 나이에도, 특히 나의 나이에는 아무것도 더 이상 우스꽝스럽지 않기 때문입니다. 그러나 어떤 사람들의 정신에는 무언가 알 수 없는 안개가 있어 그들의 생각에 비가 되어 쏟아질 태세가 항상 되어 있습니다. 10월의 안개 속에서 태어난 사람들은 참으로 안됐습니다!"라고 그는 덧붙이면서 자신의 호사스러운 은유와, 자신에게 내심 매우 모욕감을 느끼게 했던 그 타고난 신체적 장애를 동시에 조소했다.

그날 나는 그가 살고 있는 마을의 근처에서 사냥을 하고 있었다. 나는 그 전날 밤 그곳에 도착했는데, 몇 년 전부터 그 고장에 틀어박혀 있는 의사인 우정 어린 주인장 이외에는 다른 연고라곤 없었다. 우리가 마을을 나서는 순간에, 어떤 사냥꾼이 동쪽으로 빌르뇌브의 지평선과 맞닿아 있는 포도밭 언덕에서 동시에 나타났다. 그는 천천히, 보다 정확히 말하면 산책하는 사람처럼 걸어갔고 짐승의 위치를 알리는 개 두 마리, 그러니까 야생적 털을 지닌 스패니얼 개 한 마리와 검은 사냥개 한 마리를 대동하고 있었는데, 이 개들은 그의 주위에서 포도밭을 휘젓고 있었다. 내가 그 후로 알게 된 일이지만, 보통 그가 이와 같은 일상적 사냥에 자신을 따라오도록 허락한 자는 두 사람의 동료뿐이었다. 사냥에서 사냥감을 쫓는 것은 보다 강렬한 성향, 즉 야외에서 생활하고 싶은 욕망과 특히 거기서 홀로 생활하고 싶은 욕구에 대한 구실에 불과했다.

"아, 저기 도미니크 씨가 사냥을 하고 있군요"라고 의사는 이웃 사람의 평상시 일행을 아주 멀리서도 알아보고 말했다. 조금 후에 우리는 그가 총을 쏘는 소리를 들었고 의사는 나에게 말했다. "도미니크 씨가 총을 쏘는군요." 사냥꾼은 우리와 거의 동일한 구역을 돌아다녔고 빌르뇌브 주변에서 동일한 이동 경로를 그려내고 있었다. 이 이동 경로를 결정하는 것은 서쪽에서 불어오는 바람의 방향과 사냥감이 숨는 상당히 고정된 장소였다. 그날 나머지 낮 동안 그는 우리의 관심 대상이었고, 비록 수백 미터의 간격으로 떨어져 있었지만 우리는 그의 사냥을 따라다닐 수 있었다. 그가 우리의 사냥을 따라다닐 수 있기라도 한 것처럼 말이다. 그 지방은 평평했고 대기는 아주 고요했으며, 1년 중 이 계절에 소리는 아주 멀리까지 퍼져나갔기 때문에 그가 시야에서 보이지 않은 후에도 매번 그의 총소리가 내는 폭발음은 매우 분명하게 들렸다. 그가 점점 더 멀리서 개들을 흩어지게 하거나 다시 불러 모을 때 그의 목소리까지도 역시 명료하게 들렸다. 그러나 신중해서든, 아니면 의사의 말이 짐작하게 했듯이 그가 셋이 하는 사냥에 별로 취미가 없어서든, 의사가 도미니크 씨라고 불렀던 사람은 저녁때쯤이 되어서야 아주 가깝게 다가왔다. 그 후로 우리들 사이에 생긴 공동의 우정은 그날에 벌어진 지극히 통속적인 상황이 발단이 되었다. 우리가 거의 사격 거리의 절반 정도로 서로 가까이 있게 된 바로 그 순간에 자고새 한 마리가 나의 개가 멈추어 있는 곳에서 날아갔다. 그는 왼쪽을 지키고 있었는데 자고새는 그가 있는 쪽으로 방향을 잡는 것 같았다.

"쏘세요, 선생님" 하고 나는 그에게 소리쳤다.

그가 총을 쏘기 위해 자세를 잡는 극히 짧은 순간에 나는 그가 우선 매우 치밀하게 살피는 것을 보았다. 의사도 나도 총을 쏠 수 있을 만큼 충분히 가까이 있지 못했다. 이어서 그는 자신이 결심을 하지 않는다면 모두가 기회를 놓친다는 것을 확신했을 때, 신속하게 조준하여 총을 쏘았다. 새는 훨훨 날다가 벼락을 맞자, 떨어진다기보다는 아래로 돌진하는 것 같았고 무거운 짐승의 소리를 내면서 포도밭의 단단한 땅에 부딪쳤다 튀어올랐다.

붉은색의 굉장한 수컷 자고새였는데 색깔이 강렬하고 산호처럼 부리와 다리가 붉고 단단했으며, 며느리발톱은 수탉 같았고, 가슴팍은 아주 살진 암탉만큼이나 버금가게 떡 벌어져 있었다.

도미니크 씨는 나한테 다가오면서 말했다. "당신의 개가 멈추었는데 내가 사격을 해 미안합니다. 하지만 이 고장에서는 보기 드문 정말 멋진 놈을 놓치지 않기 위해선 내가 당신을 대신해서 쏘지 않을 수 없었습니다. 그놈은 당연히 당신 것입니다. 내가 당신에게 그놈을 주는 게 아니라 당신에게 돌려주는 것입니다."

그는 내가 거리낌 없이 받아들이도록 예의상 몇 마디 덧붙였고, 나는 도미니크 씨가 주는 것을 갚아야 할 예의상의 빚처럼 받아들였다.

그는 비록 마흔을 넘었지만 외관상으로 보면 아직 젊은 남자였으며, 키가 제법 훤칠하고 피부는 갈색이었으며, 다소 무기력한 모습을 띠었고, 평화로운 용모와 진지한 말투 그리고 조신한 태도에는 어떤 무게가 느껴지는 멋이 없지 않았다. 그는 작업복을 입고 시골 사냥꾼의 각반을 차고 있었다. 그의 총만이 여유를 드러내고 있었고 그의 두 마리 개는 은박을 한 넓은 목걸이를 하고 있었는데, 거기에는 숫자가 새겨져 있었다. 그는 의사와 정중하게 악수를 한 후 곧바로 우리를 떠나갔는데, 그의 말에 따르면 그날 저녁에 수확을 마쳐야 하는 포도 수확자들과 합류하러 간다는 것이었다.

그때는 10월 초순이었다. 포도 수확은 곧 끝날 판이었다. 부분적으로 침묵으로 되돌아간 시골에 이제 남아 있는 것은 포도 수확을 하는 두세 무리의 일꾼들뿐이었고, 이들을 그 고장 사람들은 **작업반**이라 불렀다. 포도 수확이 막바지에 들어선 포도밭에 박아 놓은 커다란 깃대 위로는 포도 수확제가 열리는 작은 건물이 보였는데, 사실 그 깃대는 도미니크 씨의 작업반이 즐겁게 **거위 요리를 먹기** 위한 준비, 다시 말해 종결과 이별의 식사 준비를 하고 있음을 알리고 있었다. 이 식사에서는 작업이 끝났음을 축하하기 위해 많은 특별 요리 가운데도 구운 거위를 먹는 게 전통이었다.

저녁이 다가오고 있었다. 해는 이제 몇 분만 더 지나면 선명한 지평선 저쪽으로 넘어갈 판이었다. 해는 몇 줄기 빛과 그림자를 드리우면서 커다란 평평한 고장을 길게 비추고 있었다. 그 고장은 포도밭, 휴한지 그리고 늪들로 나뉘어져 슬픈 분위기를 드러내고 있었고, 우거진 숲이라곤 전혀 없었으며, 멀리 보이는 좁게 트인 공간을 통해 여러 군데가 바다로 통하고 있었다. 기단을 갖춘 교회들과 작센 지방에서 보이는 식의 종루들과 함께 흰빛을 띤 한두 마을이 평원의 불룩한 부분 위에 자리 잡고 있었고, 빈약한 나무숲과 사료를 가는 거대한 맷돌들이 갖추어진 고립된 작은 몇몇 농가들만이 그 넓은 단조로운 풍경에 생기를 불어넣고 있었으며, 이 풍경의 그림 같은 헐벗은 모습은 풍토·시간·계절에서 오는 그 독특한 아름다움이 없다면 완벽할 것 같았다. 단지 빌르뇌브의 반대편에 평원의 한 군데 기복이 있는 곳에 다른 곳보다 다소 많은 나무들이 있었고, 이 나무들이 약간의 모양새를 띤 가옥 한 채를 중심으로 아주 작은 공원 같은 것을 형성하고 있었다. 이 가옥은 불규칙하게 드문드문 창문들이 나 있고 청석 돌판 합각머리가 드러난 작은 탑들이 측면에 세워진 높고 좁은 플라망식의 작은 건물이었다. 그 주변에는 농가와 작업장과 같은 보다 최근의 몇몇 건축물이 들어서 있었는데, 게다가 이 모든 것은 매우 초라했다. 나무들을 통해 올라오는 푸른 안개는 예외적으로 이 고장의 저 아래 분지에는 적어도 무언가 냇물 같은 게 있다는 것을 나타내고 있었다. 버드나무가 둘러쳐진 일종의 축축한 목초지인 질퍽한 긴 길이 그 집으로부터 바다로 곧바로 나 있었다.

의사는 헐벗은 포도밭들 가운데 고립된 작은 초록빛 섬 같은 그곳을 나에게 가리키면서 말했다. "저기 보이는 것이 프랑블 성(城)이며 도미니크 씨의 거처입니다."

도미니크 씨는 자신의 포도밭을 수확하는 자들한테 가고 있었고, 총에서 탄환을 뺀 총을 짊어지고 조용히 멀어지고 있었으며, 이제는 기진맥진해진 개들이 그 뒤를 따르고 있었다. 그러나 그가 그의 포도밭으로 통하는 오솔길, 바퀴자국이 난 그 오솔길로 몇 걸음 옮기자마자 우리는 나를 매혹시킨 만남의 증인이 되었다.

웃음 띤 목소리로 말하는 게 들리는 두 아이와 가벼운 천의 옷과 붉은 스카프만이 보이는 한 여자가 사냥꾼을 마중하러 왔다. 아이들은 그에게 즐거운 몸짓을 하고 난 후 작은 다리로 줄달음쳐 돌진해 왔다. 어머니는 천천히 다가오면서 손으로 자신의 주홍색 스카프 끝을 흔들었다. 우리는 도미니크 씨가 아이들을 차례로 안아 주는 모습을 보았다. 눈부신 빛깔로 활기를 띤 그들 일행은 고요한 시골 한가운데 서서, 저녁때의 불빛을 받으며 하루가 끝난 때의 평온에 둘러싸여 잠시 초록빛 오솔길에 멈추어 있었다. 그러고 나서 그 가족 모두는 트랑블로 가는 길을 다시 가기 시작했고, 석양의 마지막 빛줄기가 이 행복한 부부를 그의 집까지 동반했다.

그때 의사가 몇 마디 말로 나에게 가르쳐 준 바에 따르면, 도미니크 드 브레 씨——사람들은 그를 그 고장의 허물없는 친밀함이 만든 다정한 관례에 따라 그냥 도미니크 씨라고 불렀다——는 그 지역의 귀족이었고, 읍장이었는데, 이 책임 있는 자리는 그의 개인적 영향력 때문이라기보다는 그의 이름에 결부된 오랜 평판 때문이었다. 왜냐하면 그가 이 직위를 수행한 지는 불과 몇 년 안 되기 때문이다. 그는 불행한 자들을 아주 많이 도와주었으며 모든 사람이 그를 매우 좋아했고 아주 잘 보았던 것이다. 비록 그가 작업복을 입었을 때의 모습을 통해서만 그의 시민들과 닮았지만 말이다.

의사는 이렇게 덧붙였다. "그는 다만 좀 비사교적이나, 뛰어나고 단순하며 사려 깊은 사근사근한 사람으로, 봉사는 많이 하면서도 말수가 적지요. 내가 그에 대해 당신에게 말할 수 있는 모든 것은 읍내에 사는 사람들 모두가 그한테 은혜를 입었다는 사실입니다."

그날 시골의 하루가 끝나고 이어진 야회는 너무도 아름답고 지극히 완벽하게 순수했기 때문에 아직도 한여름에 있다고 느껴질 정도였다. 특히 나는 기억의 모든 예민한 지점들에 추억들을 동시에 고정시키는 어떤 조화로운 인상 때문에 그 야회를 기억하고 있다. 설령 추억들이 별로 인상적이지 않다 하더라도 말이다. 달이 떠 있었고, 달빛은 눈부셨으며, 하얀 집들과 함께 빌르뇌브의 백악 같은 도로는 보다 그윽한 광채를 드러내면서도 그만큼 뚜렷하게 대낮처럼 훤하게 빛나고 있었다. 마을을 관통하는 쭉 뻗은 큰길은 인적이 없었다. 집들의 문 앞을 지나갈 때 겨우 들리는 것이라곤 덧문을 닫고 가족끼리 오붓하게 저녁을 먹고 있는 사람들의 소리였다. 주민들이 잠자리에 들지 않은 곳이면 여기저기 어디서나 열쇠 구멍이나 **환기 구멍**을 통해 가느다란 빛줄기가 새어 나와 차가운 하얀 밤을 통해 붉은 선처럼 솟아오르고 있었다. 포도 압착실들만이 압착기 바닥에 바람이 통하도록 열려져 있었고, 마을의 전체가 압착된 포도의 습기와 포도주가 발효하면서 뿜어 나오는 따뜻한 수증기가 닭장과 외양간 냄새와 뒤섞이고 있었다. 그 농촌에는 첫잠에서 깨어나 밤이 축축하리라는 것을 알리기 위해 노래하는 수탉의 소리 이외는 더 이상 아무런 소음도 없었다. 서풍이 몰고 오는 개똥지빠귀들, 북쪽에서 남쪽으로 이주하는 철새들이 마을 위로 대기를 통과하면서 밤의 여행객들처럼 끊임없이 서로를 부르고 있었다. 8시와 9시 사이에 일종의 웅성거리는 즐거운 소리가 평야 깊은 곳에서 터져 나와 주변 농가의 모든 개들을 갑자기 짖어대게 만들었다. 그것은 카드리유춤곡(네 명이 사방에서 서로 마주 보며 추는 춤)을 연주하는 풍적의 날카롭고 리듬 있는 음악이었다.

의사는 나에게 말했다. "도미니크 씨 집에서 사람들이 춤을 추는군요. 당신은 그에게 감사해야 할 테니 원한다면 오늘 밤 그를 방문하기에 좋은 기회입니다. 포도 수확을 하는 주인집에서 사람들이 풍적에 맞추어 춤을 출 때는 거의 공적인 야회라는 점을 알아두시오."

우리는 트랑블로 가는 길로 나서서 그 멋진 밤에 그윽하게 감동되어 포도나무들을 가로질러 나아갔다. 의사는 나름대로 그 밤을 받아들이면서, 강렬한 달빛에도 모습이 사라지지 않을 것 같은 드문드문한 별들을 바라보기 시작했고 천체에 대한 몽상에 빠져들었는데, 그 몽상은 그런 정신의 소유자가 할 수 있다고 믿는 유일한 것이었다.

사람들은 농가의 창살문 앞에서, 커다란 나무들이 둘러쳐지고 마치 비라도 온 것처럼 습기가 축축한 잔디 사이로 나 있는 마당 형태의 작은 광장에서 춤을 추고 있었다. 달빛이 이 즉석 무도회를 너무도 훤하게 비추고 있었기 때문에 다른 등불이 필요 없었다. 춤을 추는 사람들이라곤 그 집의 포도 수확 일꾼들과 풍적 소리에 이끌려 온 한두 사람의 주변 사람밖에 없는 것 같았다. 나는 풍적을 연주하는 음악가가 재주 있게 연주했는지는 말할 수 없지만, 적어도 그는 너무도 열정적으로 연주했고 이로부터 밤의 은은하고 고요한 대기를 찢는 너무도 여운 있고 너무도 날카로운 소리를 끌어냈기 때문에 나는 그 소리에 귀를 기울이면서 더 이상 놀라지 않았다. 그 악기 소리는 매우 멀리서 우리에게 다가오는 것 같았다. 사방 반(半)십 리에서도 그것을 들을 수 있었고 농촌의 젊은 처녀들이 잠자리에서 카드리유 춤을 몽상하지 않을 수 없으리라는 것은 이론의 여지가 없었다. 총각들은 다만 윗도리를 벗었고 처녀들은 머리 모양을 바꾸고 보풀이 곱슬곱슬한 모직 앞치마를 들어 올린 상태였다. 그러나 모두가 고리짝처럼 나막신을 그대로 신고 있었는데, 아마 이것은 보다 균형을 확실하게 하기 위해서이고 **부레**라 불리는 그 무겁고 요동치는 팬터마임의 박자를 그처럼 무거운 꼭두각시 모습으로 나타내기 위해서였을 것이다. 그러는 동안에 농가의 마당에서는 하녀들이 양초를 손으로 건네면서 부엌에서 구내식당으로 왔다 갔다 했고, 악기가 잠시 숨을 돌리기 위해 연주를 멈추었을 때 노역하는 사람들이 수확한 포도를 압착하는 압착실의 삐거덕거리는 소리가 들렸다.

 바로 거기서 우리는 이른바 압착실, 다시 말해 골조, 두꺼운 널빤지, 기중기, 움직이는 바퀴로 가득한 특이한 그 제조실 한가운데 서 있는 도미니크 씨를 만났다. 부피가 큰 기계들과 비계로 혼잡한 그 커다란 공간에 흩어져 있는 두세 개의 램프가 간신히 그를 비추고 있었다. 사람들은 이미 압착된 포도를 절단하고 있는 중이었다. 다시 말해 기계의 압력에 의해 으깨진 포도를 다시 네모지게 절단하고 그것을 반듯한 판에다 그대로 부어서 남아 있는 모든 즙을 짜내고 있었다. 아주 조금씩 빠져나오는 포도즙은 바닥을 드러낸 샘의 소리 같은 것을 내면서 물받이통으로 내려갔고 소방호스 같은 긴 가죽관이 그것을 탱크에 받아서 지하 저장실 깊은 곳으로 보내고 있었다. 저장실에서는 짓이겨진 포도의 단맛이 포도주 냄새로 변하는데, 그곳에 가까이 가자 열기가 후끈하게 올라왔다. 모든 것에는 새로운 포도주 물기가 흘러내리고 있었다. 벽은 포도로 축축해져 진땀을 흘리고 있었다. 자극적인 수증기가 램프들 주변에 안개를 형성하고 있었다. 도미니크 씨는 압착기의 받침대 위에 올라가 있는 포도 일꾼들 한가운데 서서 손전등으로 손수 그들을 비추고 있었는데, 이 손전등을 통해 우리는 그를 그 흐릿한 빛 속에서 발견했다. 그는 사냥꾼의 옷을 그대로 입고 있었고, 일꾼들 각자가 그를 주인님이라고 부르지 않았다면 그를 그들과 구분해 주는 것은 아무것도 없었을 것이다.

"실례라니 아닙니다. 괜찮습니다"라고 그는 의사에게 말했다. 의사는 우리가 방문하기 위해 선택한 시간에 대해 용서를 구했던 것이다. 그렇지 않았다면 나 자신이 진정으로 용서를 구해야 했을 것이다.

손전등을 든 채 그는 너무도 자연스럽고 정중하게 우리의 압착실 방문을 환대해 주었기 때문에 그런 곳에 우리를 편안하게 앉으라고 하는 데 따른 당혹감 이외에 아무런 부담을 느끼지 않았다.

나는 내가 그 후로 많은 이야기를 했던 한 남자의 말을 귀담아 듣게 해준 최초의 대화인 우리의 대담에 대해 할 말이 아무것도 없다. 다만 내가 기억하는 것은 우리의 유일한 공통적 주제인 포도 수확·수확량·사냥·농촌에 대해 이야기한 후, 파리라는 이름이 삶의 모든 투박한 것들과 모든 단순한 것들의 어쩔 수 없는 반대명제처럼 갑자기 나타났다는 사실이다.

의사는 말했다. "아, 참으로 아름다운 시절이었지요. 파리라는 그 이름은 언제나 소스라쳐 깨어나게 합니다."

"또한 어떤 회한들을 일깨우지요!"라고 도미니크 씨는 대꾸했다. 이 말은 일상적 말보다 의미 있는 특별한 어조로 나왔고 나로 하여금 그 의미를 찾고 싶은 마음을 일게 했다.

우리는 포도 수확 일꾼들이 야식을 먹으러 가려는 순간에 나왔다. 늦은 시간이었다. 우리는 빌르뇌브로 되돌아가기만 하면 되었다. 도미니크 씨는 우리로 하여금 공원의 나무들과 애매하게 끝이 맞닿아 있는 정원의 구불구불한 작은 길을 통과해, 집의 정면을 차지하고 있는 반원 아치형의 긴 테라스를 돌아보게 했는데, 테라스 끝에 가니 바다가 보였다. 창문이 밤의 훈훈한 바람이 들어오도록 열려 있는 불 켜진 방 앞을 지나갈 때, 나는 젊은 부인이 붉은 스카프를 두른 채 두 개의 똑같은 침대 옆에 앉아 있는 모습을 보았다. 우리는 창살문 앞에서 헤어졌다. 달빛이 넓은 앞뜰을 훤하게 비추고 있었고, 거기서는 농가의 움직임이 더 이상 느껴지지 않았다. 낮 동안의 사냥에 지친 개들이 개집 앞에서 체인을 목에 감은 채 모래 위에 널브러져 자고 있었다. 새들은 마치 휘황한 달빛으로 인해 날이 밝아 온다고 생각한 것처럼, 무성한 라일락들 속에서 움직이고 있었다. 야식으로 중단된 무도회에서는 더 이상 아무것도 들리지 않았다. 트랑블의 집과 주변은 이미 적막한 침묵 속에 놓여 있었고 이처럼 소리 하나 들리지 않는 고요가 풍적 소리를 진정시켜 주고 있었다.

불과 며칠이 지난 후, 우리가 숙소로 돌아오니, 낮에 우리를 방문하기 위해 나타났던 도미니크 씨가 보낸 두 장의 카드가 기다리고 있었고, 바로 그 다음날 초대장이 트랑블로부터 도착했다. 그것은 남편이 서명을 한 친절한 초대였으나 드 브레 부인의 이름으로 씌어 있었다.

이웃끼리 서로 초대하는 가족적인 저녁식사이니 응해 주면 기쁘겠다는 내용이었다.

이 새로운 대화는 사실 트랑블의 집으로 나를 들어가게 해준 최초의 대화이지만 역시 기억할 만한 것은 아무것도 없었고, 도미니크 씨의 가족에 대해 즉시 한마디 해야 할 경우가 아니라면 나는 그것에 대해 이야기하지 않을 것이다. 그것은 내가 멀리 포도밭 가운데서 이미 윤곽을 얼핏 본 바 있는 세 사람으로 이루어졌다. 하나는 클레망스라는 갈색머리의 어린 여자아이고, 또 하나는 그야말로 조숙하고 호리호리한 금발의 남자아이였는데, 이미 그는 반은 봉건적이고 반은 시골풍의 장 드 브레라는 이름을 힘차기보다는 품위 있는 모습으로 지니게 해주었다. 한편 그들의 어머니는 말 그대로 아내와 어머니 전형이었으며, 위엄 있는 부인도 젊은 처녀도 아니지만 아마 나이가 매우 젊은 것 같았고, 자신의 두 역할을 매우 잘 이해한 감정 속에서 우러나오는 성숙함과 품격을 드러내고 있었다. 미묘한 얼굴에서 두 눈은 매우 아름다웠고 부드러움이 흘러내렸으며, 무언지 알 수 없는 의심 같은 게 그녀 삶의 습관화된 고립에서 오는 것 같았지만 지극한 우아함과 품행을 나타내고 있었다.

그해 우리의 관계는 그렇게 많이 진전되지 않았다. 드 브레 씨가 함께하자고 권유한 한두 번의 사냥, 몇 번의 주고받은 방문이 고작이었는데, 이로 인해 나는 그의 마을의 길들을 보다 잘 알게 되었고, 그의 우정이 지닌 은밀한 통로들이 나에게 열리게 되었다. 그리고 11월이 되자, 나는 그 행복한 부부의 사생활을 달리 속속들이 이해하지는 못한 채 빌르뇌브를 떠났다. 그리하여 의사와 나는 이제부터 그들을 트랑블의 성주들이라 지칭했다.

II

 부재는 특이한 결과를 가져온다. 나는 나와 도미니크 씨가 떨어져 있었던 그 첫해에 이것을 느꼈지만, 우리를 서로 다시 찾게 하는 아무런 직접적인 추억은 없는 것 같았다. 부재는 결합하고 갈라 놓으며, 분열시키는 만큼 접근시키고, 추억하게 만들기도 하고 망각하게 만들기도 한다. 그것은 매우 굳건한 어떤 관계를 느슨하게 만들기도 하며, 그것을 팽팽하게 잡아당겨 시험함으로써 급기야 끊어 버리기도 한다. 또 불멸의 인연도 있어 그 속에서 부재는 돌이킬 수 없는 손상을 가져온다. 이런 인연은 영원한 추억의 약속에다 무심한 세계들을 차곡차곡 쌓아놓는다. 그리고는 그것은 삼지되지 않는 어떤 싹을 통해, 눈에 띄지 않는 끈을 통해, 내일이 없게 되어 있는 '선생님, 안녕히 계세요'를 통해 아무것도 아닌 것들을 신비하게 엮어내면서 그 강력한 결합관계의 하나를 구축하며, 이 결합관계 위에 두 남성적 벗은 그들의 남은 생애 동안 아주 확고하게 기댈 수 있게 된다. 왜냐하면 이런 유대는 확고하게 지속하기 때문이다. 운명의 실을 짜는 저 신비스러운 여공이 우리의 감정들 가운데 가장 순수하고 가장 생생한 실체를 가지고 그런 식으로 부지불식간에 구축하는 인연은 서로서로 교감하는 포착 불가능한 빛줄기 같은 것이며, 그 어떠한 것도, 거리도 시간도 더 이상 걱정하지 않는다. 시간은 그것을 강화시켜 주며, 거리는 그것을 끊지 않고 무한히 연장할 수 있다. 그런 경우에 아쉬움은 마음과 정신의 깊은 곳에서 결합된 그 보이지 않는 실들의 다소 거친 움직임에 불과하며, 이 실들은 극단적으로 팽팽하게 당겨질 때 괴로움을 겪게 한다. 한 해가 지나간다. 우리는 다시 보자는 인사도 없이 헤어졌다. 우리는 다시 만났고, 그러는 사이 우정은 우리 내부에서 너무도 깊어져 모든 장애물이 무너졌고 모든 조심성이 사라졌다. 삶과 망각의 거리인 그 열두 달의 기나긴 기간은 불필요한 단 하루도 포함하지 않았으며, 그 열두 달의 침묵은 갑자기 당신으로 하여금 당신의 내면을 당연히 털어놓을 수 있다는 놀라운 생각을 하게 하면서 속내 이야기를 서로 드러내고 싶은 욕망을 느끼게 만들었다.

내가 처음으로 빌르뇌브에 발을 들여놓은 지 딱 1년이 되었을 때 나는 의사의 편지에 이끌려 그곳을 다시 찾아갔다. 의사는 이렇게 나에게 썼다. "이웃 사람들이 당신에 대해 이야기하고 있고 가을은 정말 아름답습니다. 오십시오." 나는 지체하지 않고 도착했다. 여전히 동일한 소음이 들리는 가운데 포근한 낮 동안 부드러운 태양빛 아래서 포도 수확이 이루어진 후 저녁때가 되자, 나는 예고 없이 트랑블의 현관 층계를 올라갔다. 그때 나는 내가 이야기하는 결합이 이루어졌고, 창조적 부재가 우리가 없는 가운데 우리를 위해서 작용했음을 알았다.

나는 되돌아오게 되어 있어 되돌아온 예기치 않은 손님이었고, 오래된 관습으로 인해 나라는 손님은 그 집의 친근한 존재가 되었다. 나 자신이 그곳에 더할 나위 없이 편안하게 나타나지 않았던가? 이제 겨우 시작된 그 친밀함은 오래된 것인가 새로운 것인가? 이런 질문에 대한 답은 더 이상 알 필요가 없었다. 그만큼 사태에 대한 직관이 나로 하여금 그 사태와 함께 오랫동안 살게 했고, 내가 그것에 대해 지니곤 했던 의심이 사전에 어떤 습관을 닮아 있었던 것이다. 곧바로 하인들이 나를 알아보았다. 두 마리 개는 내가 마당에 들어섰을 때 이제 짖지도 않았다. 어린 클레망스와 장은 나를 곧 익숙하게 만났으며, 되돌아옴의 확실한 효과도, 되풀이되는 현상의 피할 수 없는 매력도 결코 느끼지 않았다.

조금 지나자 사람들은 내 이름으로 나를 부르면서도 … '씨'라는 격식을 완전히 없애지는 않았지만 그것을 무시하는 경우가 잦아졌다. 그 뒤에 어느 날인가 드 브레 씨[1](나는 통상 드 브레 씨라고 불렀다)는 우리의 대화가 지닌 어조를 마음에 들어 하지 않았고, 우리들 각자는 부정확하게 울리는 음조처럼 이 점을 동시에 알아차렸다. 사실 트랑블에서 아무것도, 장소도 우리들 자신도, 변한 게 없는 것 같았다. 우리 주위의 모든 것, 사물들·시기·계절 그리고 삶의 지극히 삭은 사소한 일까지 그대로 있었기 때문에 우리는 이제 그 기원을 알 수 없는 우정을 기념하여 매일 축제를 벌이고 있는 것 같았다.

포도 수확은 예전처럼 이루어져 마감되었고, 같은 음악가가 다루는 동일한 풍적 소리에 따라 동일한 춤과 동일한 잔치가 뒤따랐다. 그런 뒤 풍적이 받침대에 놓여지고, 포도밭에 인적이 끊기고, 지하 저장실이 닫히자 집은 일상의 고요함으로 되돌아갔다. 한 달 동안 일손은 다소 휴식을 취했고 들판은 일없이 한적했다. 마지막 수확과 파종 사이에 흐르는 시간은 시골의 바캉스처럼 휴식이 있는 이 한 달이다. 대략적으로 그 기간에

---

1) 드 브레에서 드(de)는 귀족 출신이라는 것을 나타낸다.〔역주〕

마지막 청명한 날들이 집중된다. 그 기간에는 계절의 사랑스런 이지러짐처럼 첫 추위에 때늦은 따뜻한 기운이 감돈다. 그 이후에 어느 날 아침 쟁기들이 나왔다. 하지만 일소를 몰고 가는 몰이꾼의 구슬프고 조용한 독백, 그리고 수십 리 고랑에 씨를 뿌리는 파종꾼의 그 변함없는 커다란 동작보다 포도 수확의 요란한 바쿠스제를 닮은 것은 아무것도 없었다.

트랑블의 소유지는 아름다운 영지였으며, 이로부터 도미니크 씨는 재산의 상당 부분을 얻었고 부자가 되고 있었다. 그는 드브레 부인의 도움을 받아 손수 그것을 경작했는데, 그의 말에 따르면 부인은 자신에게 없는 뛰어난 숫자 및 경영 감각을 지니고 있었다. 농지 경작의 그 복잡한 메커니즘에서 그는 늙은 하인 하나를 중요성은 덜하지만 거의 못지않게 활동적인 조수로 거느리고 있었다. 이 조수는 많은 하인들 가운데 예외적 존재로서 사실 농가들을 관리하고 감독하는 역할을 수행하고 있었다. 그의 이름은 앙드레였는데, 뒤에 가서 이 이야기 속에 다시 나타날 것이다. 그 고장 태생이자 이 가문에서 태어났다고 생각되는 그는 주인에 대해 애정만큼이나 친밀함을 드러내고 있었다. 주인에 대해서 말하든 주인에게 말하든, 그는 언제나 '주인님'이라고 말했고, 주인은 어렸을 때부터 간직한 습관상 반말을 했는데, 이 습관은 젊은 가장과 늙은 앙드레 사이에 매우 감동적인 가족적 전통을 영속시키고 있었다. 그러니까 앙드레는 그 집에서 주인과 주인마님 다음으로 트랑블의 주요 인물이었고 그의 말은 가장 경청되었다. 상당히 많은 나머지 하인들은 저택과 농가의 다양한 영역에 분포되어 있었다. 온종일 닭의 무리가 분주히 움직이는 가금장, 농가의 여자아이들이 무거운 잡초 다발을 모으고 있는 정원, 그리고 정오의 햇빛에 노출된 테라스를 제외하면 모든 게 텅 비어 있는 것 같았다. 날씨가 좋을 때면, 보다 드물기는 하지만 매일 아침 테라스에서 드 브레 부인은 아이들과 함께 가지가 늘어진 포도덩굴의 그늘 아래 모습을 드러내곤 했다. 많은 사람이 책무나 일과 같은 활동을 하면서 살고 있는데도, 때로는 그 집에서 삶을 상기시키는 그 어떤 것도 들리지 않은 채 온통 몇 날이 지나가곤 했다.

비록 드 브레 가문이 두세 대 전부터 기득권처럼 읍장을 역임해 왔지만 읍의 관청은 트랑블에 있지 않았다. 고문서들은 빌르뇌브에 보관되어 있었다. 지극히 투박한 농가 하나가 초등학교와 동시에 시청으로 사용되고 있었다. 도미니크는 한 달에 두세 번 회의를 주재하고 드문드문 결혼의 주례를 서기 위해 그곳에 갔다. 그날 그는 주머니에 스카프를 넣은 채 떠났고 회의실에 들어가면서 그것을 둘렀다. 그는 대단한 효과가 있는 간단한 연설을 곁들여 법적 절차를 진행하곤 했다. 내가 지금 이야기하고 있는 그 시기에 나는 일주일에 두 번이나 연속적으로 그 연설을 듣는 기회가 있었다. 포도 수확이 끝나면 반드시 결혼식들이 뒤따랐다. 1년 중 총각들을 적극적으로 만들고, 처녀들의 마음을 설레게 하며, 많은 연인들을 탄생시키는 게 사순절의 야회가 있는 그 계절이다.

선행을 베푸는 일은 드 브레 부인이 전적으로 책임을 지고 있었다. 그녀는 약품, 란제리제품, 큰 땔나무와 포도덩굴을 처분하는 열쇠들을 지니고 있었다. 읍장이 서명한 빵 주문서는 읍장이 직접 썼다. 그녀가 읍의 공식적인 기부에 자신의 것을 추가하지만, 아무도 그것에 대해 아는 게 없었다. 가난한 사람들은 누가 주는지 결코 알아채지 못한 채 혜택을 받고 있었다. 게다가 이같은 이웃관계 덕분에 읍내에는 정말로 가난한 자들은 거의 없었다. 공적인 자선에 도움을 주는 근처 바다의 자연 자원, 그리고 가장 옹색한 자들이 소들을 몰고 가 방목하는 습지의 둑과 몇몇 영지(領地) 목초지, 겨울을 견딜 만하게 해주는 매우 포근한 기후, 이 모든 것으로 인해 한 해 한 해가 별다른 곤궁 없이 지나갔고 누구도 빌르뇌브에서 태어난 운명을 한탄하는 일이 없었다.

대략적으로 다음과 같은 내용이 도미니크가 자기 고장의 공적 생활에 참여한 몫이었다. 그러니까 그는 모든 큰 중심지로부터 멀리 떨어져 한적하고, 습지들로 둘러싸여 있으며, 해안을 침식해 매년 약간의 영토를 삼켜 버리는 바다에 기대어 있는 매우 작은 읍을 관리하는 일을 했다. 또 도로들을 돌보고 가뭄에 대비하고, 수확량을 양호하게 유지하는 일을 했다. 또 그는 중재자가 필요한 많은 사람들의 이해관계를 고려하고 소송 · 갈등 · 다툼을 막는 활동을 했다. 또 범죄를 예방하고 손수 사람들을 보살피며 자신의 지갑을 털어 도움을 주었다. 끝으로 그는 하층민들이 유익한 시도들을 해보도록 격려하기 위해 돈이 많이 드는 일들을 벌였으며, 의사가 약품을 자신의 건강에 시험해 보듯이, 모든 것을 걸고 자신의 토지와 자본을 가지고 시험을 하였다. 그런데 이 모든 것을 그는 직책상의 속박으로서가 아니라 지위 · 재산 · 출신에 따른 의무로서 지극히 단순하게 수행했다.

그는 직경 십 리도 안 되는, 이처럼 숨겨진 활기찬 삶의 작은 영역에 가능한 한 가까이 머물러 있었다. 사냥하기 위해 도(道)의 경계 지역에서 온 몇몇 시골 이웃들, 일요일이면 규칙적으로 저녁식사를 함께 하는 빌르뇌브의 의사와 신부를 제외하면, 트랑블에서 그가 맞이하는 사람은 거의 없었다.

그는 아침에 일어나자마자 공무를 처리해 발송한 후, 한두 시간이 남아 자신의 사적인 일을 할 때면 쟁기를 일별하고, 파종할 밀을 분배하며 사료를 운반하게 하였다. 아니면 좀 먼 곳에 감독할 일이 있으면 말을 타고 갔다. 11시에 트랑블의 종소리가 점심시간이 되었음을 알리곤 했다. 하루 일과 중 이 시간은 가족 모두를 함께 모이게 하고 아버지가 두 아들을 보게 해주는 최초의 순간이었다. 두 아이는 책 읽는 법을 배우고 있었는데, 특히 이는 내가 보기에 도미니크가 자신의 실패한 삶을 야심차게 성공시키고자 하는 소년에게는 대수롭지 않은 시작이었다.

그해는 사냥감이 많았기 때문에 우리는 오후의 대부분을 사냥으로 보내거나 헐벗은 들판을 신속하게 산책하곤 했는데, 대개의 경우 바닷가를 따라 가는 것 이외의 다른 목적은 없었다 내가 주목한 것이지만, 웃을 일이라곤 전혀 없는 그 고장에서 침묵이 밴 그 긴 승마 산책은 그를 평소보다 더 진지하게 만들었다. 우리는 나란히 천천히 가곤 했는데, 가끔 그는 내가 함께 하면서 그의 말의 단조로운 행보나 해안가에 굴러다니는 자갈로 인해 주춤거림을 다소 명한 일종의 반수면 상태에서 따라가고 있다는 것을 망각했다. 빌르뇌브나 다른 곳의 사람들이 우리와 엇갈리면서 그에게 인사를 했다. 그들은 때로는 시장님이라, 때로는 도미니크 씨라 불렀다. 이런 격식은 사람들의 거처나 성(城)과의 다소간의 관계 혹은 농노 상태의 정도에 따라 달랐다.

사람들은 들판에서 "안녕하세요, 도미니크 씨" 하고 소리를 지르곤 했다. 그들은 밭고랑 뒤에서 몸을 굽히고 있는 농부들이거나 노동자들이었다. 그들은 구부러진 허리를 그럭저럭 편 뒤, 태양빛에 붉게 달아오른 얼굴에서 짧은 곱슬머리에 이상할 정도로 흰 넓은 이마를 드러내곤 하였다. 때때로 그들은 내가 그 의미를 전혀 알 수 없는 말이나, 그의 탄생을 목격했던 사람 하나가 상기시키는 어떤 추억을 언급하곤 하였는데, 때를 가리지 않고 "기억하세요?"라고 그에게 말하였다. 때로는 한마디 말이면 그는 안색을 바꾸었고 거북한 침묵 속에 떨어졌다.

양들을 돌보는 늙은 목자가 한 사람 있었는데, 그는 매일같이 같은 시간에 짐승들을 몰고 가 암벽의 소금기 있는 풀들을 뜯어먹게 했다. 날씨가 어떠하든 그가 깎아지른 해안가에서 초병처럼 두 발을 버티고 서 있는 모습이 보이곤 했다. 귀밑으로 끈이 조여진 그의 빌로드 모자, 지푸라기가 가득한 큰 나막신을 신은 두 발, 회색빛 빌로드 망토를 걸친 등이 보였다. 도미니크는 나에게 이렇게 말한 적이 있다. "생각하면 내가 그를 알게 된 지가 30년도 더 되는데, 그는 늘 저렇게 있습니다 그려!" 이 목자는 대단한 이야기꾼이었고, 침묵 때문에 손해를 보는 경우는 드물 뿐이고 오히려 침묵을 이용할 줄 아는 그런 남자였다. 거의 매일 그는 우리의 말들 앞에 서서 통로를 막고는 매우 진솔하게 우리로 하여금 자신의 말을 경청하지 않을 수 없게 했다. 그 역시, 그러나 그 어떤 다른 사람보다 더 "기억하세요?"라는 말을 되풀이하는 버릇이 있었는데, 마치 양을 치는 목자로서의 기나긴 삶의 추억들이 순수한 행복의 염주만을 형성하고 있는 것 같았다. 내가 첫날부터 주목한 것이지만, 도미니크를 가장 즐겁게 하는 것은 만남이 아니었다. 같은 장소에서 이같은 동일한 이미지의 반복, 매일같이 말하자면 같은 시간에 자신 앞에 지각없이 머물러 오는 쓸데없고 망각된 죽어 버린 현상들의 되풀이, 이 모든 것은 물론 산책을 실질적으로 방해하는 성가신 것처럼 그를 난처하게 만들었다. 따라서 늙은 목자가 그를 좋아하는 사람들에게는 훌륭하긴 하지만, 또 그가 도미니크를 매우 좋아하고 있지만 도미니크는 다소간 그를 수다스러운 늙은 까마귀처럼 대했다. 그는 그에게 이렇게 말하곤 했다. "좋아요, 좋아요. 내일 봅시다, 자크 영감." 그러고 나서 그는 가던 길을 가고자 했다. 그러나 자크 영감의 터무니없는 고집이 너무 강했기 때문에 이 늙은 목자가 이야기하는 동안 어떻게든 고역을 꾹 참고 말들이 한숨을 돌리게 해야 했다.

어느 날 평소처럼 자크는 아주 멀리서 우리를 알아보고는 절벽의 사면을 성큼성큼 건너와 좁은 오솔길에 있는 푯말처럼 꼼짝 않고 서서 우리를 돌연 멈춰 서게 했다. 그는 그 어느 때보다 기분이 좋아 지난 시절에 대해 이야기했고 날짜들을 상기시켰다. 그날 그의 머리에는 과거의 멋이 도취처럼 떠올랐다.

"안녕하세요, 도니미크 도련님, 안녕하세요, 선생님들"이라고 그는 말하면서 그의 찌그러진 얼굴에 삶의 만족이 피워낸 온갖 주름살을 드러냈다. "날씨가 참 좋습니다. 이런 날씨는 자주 볼 수 없지요. 아마 20년 이래로 보지 못한 것 같군요. 기억하세요? 도미니크 도련님. 20년 전에… 아! 참으로 대단한 포도 수확이었고, …거두는 데 날씨가 정말 더웠지요…. 그래서 포도는 스펀지처럼 물렁거렸고, 설탕처럼 달콤했으며, 포도덩굴에 달린 그 모든 것을 따는 데 힘이 부쳤지요…."

도미니크는 초조하게 기다렸고 그의 말은 파리한테 물리기라도 한 것처럼 몸을 비틀었다.

"그해는 성에 모든 사람이 있었지요. 아시죠… 아! 마치…"

그런데 도미니크의 말이 옆으로 움찔하며 비키자 이야기가 중단되고 자크 영감은 깜짝 놀랐다. 어쨌든 이렇게 하여 도미니크는 통과하게 되었다. 그는 전속력으로 떠났고, 자신의 말을 자신이 당한 나쁜 짓을 교정하거나 두려워했다고 벌을 주려는 듯 넥타이로 후려쳤다. 나머지 산책 동안 그는 방심했고 가능한 오랫동안 민첩한 태도를 간직했다.

도미니크는 바다에 대한 취향이 별로 없었다. 그의 말에 따르면, 그는 바다의 신음소리 속에서 성장했다고 하며, 이것을 씁쓸한 애가처럼 불쾌하게 회상했다. 보다 유쾌한 다른 산책이 없었기 때문에 우리는 이와 같은 산책을 선택했던 것이다. 게다가 우리가 따라가고 있었던 높은 해안가에서 보니 농촌과 바닷물의 그 이중적인 평평한 시계(視界)는 비어 있음으로써 인상적인 위용을 드러내고 있었다. 그리고 움직이는 물결과 부동의 평야가 만들어 내는 그 대조 속에는, 지나가는 배들과 머물러 있는 집들, 모험적인 삶과 고정된 삶이 번갈아 이어지는 그 교대 속에는 그 어떤 다른 것보다 감동적일 수밖에 없는 내밀한 아날로지가 있었고, 그는 이것을 괴로운 정신적 관능성에 고유한 자극적인 즐거움을 느끼면서 은밀하게 맛보고 있었다. 저녁이 다가오자, 우리는 신선하게 갈아 엎어 놓은 갈색 토양의 밭들 사이에 끼어 있는 자갈투성이의 길을 통해 천천히 되돌아왔다. 가을 갈매기들이 땅에 닿을 듯 말 듯 하면서 날아올라 희미하게 떨리는 석양빛을 날개에 받으면서 멀어져 갔다. 그렇게 하여 우리는 포도밭에 다다랐고 해안가의 소금기 머금은 대기와 헤어졌다. 보다 따뜻하고 포근한 습기가 평야 깊은 곳으로부터 올라오고 있었다. 이윽고 우리는 커다란 나무들의 푸른빛 그늘 속으로 들어갔다. 대개의 경우 우리가 트랑블의 현관 층계에 발을 들여놓을 때 해가 넘어갔다.

저녁에 우리는 고가구들로 장식된 커다란 살롱에서 가족적으로 다시 모였다. 살롱에는 귀청을 울리는 긴 괘종시계가 단조롭게 시간을 가리키고 있었고 그 울림은 위층에 있는 방들에까지 퍼졌다. 한참 잠을 자고 있는 우리를 깨우는 이 소리로부터, 그리고 요란하게 움직이는 추의 박자로부터 벗어난다는 것은 불가능했고, 때때로 우리는 깜짝 놀라곤 했다. 도미니크와 나는 순간순간 우리를 하루하루 끌고 가는 그 가혹한 웅성거림에 말없이 귀를 기울이곤 했다. 우리는 아이들이 잠자리에 드는 것을 지켜보았는데, 너그럽게 그들은 살롱에서 잠옷을 갈아입어도 되었고, 그들의 어머니는 잠에 두 팔을 축 늘어뜨린 채 눈을 감고 있는 아이들을 흰 보자기에 싸서 침실에 옮겨 놓곤 했다. 10시경에 우리는 헤어졌다. 그리하여 나는 빌르뇌브로 돌아왔다. 혹은 그보다 늦게, 저녁시간에 비가 많이 올 때나 밤이 보다 음울하고 길들이 좋지 않을 때면 때때로 트랑블에서 자고 가라는 권유를 받았다. 내 방은 망루와 인접한 건물 모서리의 3층에 있었다. 도미니크는 예전에 대부분의 젊은 시절 동안 그 방을 사용했다 한다. 창문을 통해 평야 전체, 빌르뇌브 전체 그리고 먼 바다까지 한눈에 들어왔으며, 잠에 떨어질 때면 나무들 사이로 바람 소리와 도미니크의 어린 시절을 달래 주었던 그 웅얼거리는 바다 소리가 들렸다. 다음날이면 모든 것은 전날처럼 다시 시작되었고 똑같은 충만한 삶, 동일하게 어김없는 여가와 일이 되풀이되었다. 내가 또한 목격했던 집안의 몇몇 부수적 사건들은 말하자면 균형 잡힌 습관을 흐트러뜨리는 계절적인 것들인데, 예컨대 청명한 날씨를 예상해 어떤 조처가 취해졌는데 하루 종일 비가 올 때 발생했다.

그런 날들에는 도미니크는 자신의 서재로 올라가곤 했다. 독자는 다음과 같은 그런 세세한 것들을 이야기하는 나를 용서해 주기 바란다. 그러나 그것들은 독자로 하여금 나 자신이 따라갔던 간접적인 길들을 통해 시골 귀족의 평범한 생활로부터 이 인간의 의식 자체로 조금씩 깊이 들어가도록 해줄 것이며, 아마 독자는 그 속에서 흔치 않은 특별한 것들을 만나게 될 것이다. 그러니까 강조하건대 그런 날들에는 도미니크는 자신의 서재로 올라가곤 했다. 다시 말해 그는 25년 내지 30년 전으로 되돌아가서 몇 시간 동안 자신의 과거와 함께하곤 했다. 그곳에는 가족을 그린 몇몇 세밀화와 그 자신의 초상화가 있었는데, 불그스름한 안색에 갈색의 곱슬머리 컬을 한 젊은 모습으로 이제는 알아볼 수 없는 선을 지니고 있었다. 또 그곳에는 서류 더미들 가운데 꼬리표가 붙은 몇몇 상자들이 있고, 하나는 오래된 것이고 다른 하나는 완전히 모던한 두 개의 책장이 선택된 책들을 통해서 삶에서 그의 실질적인 취향을 나타내고 있었다. 먼지가 뒤덮인 작은 가구 하나에는 콜레주[2] 시절의 책들, 연구서들과 값비싼 책들만이 들어 있었다. 여기다가 잉크와 칼자국 투성이가 된 낡은 책상 하나와 반세기는 된 매우 아름다운 지구전도 하나가 있었는데, 전 세계 모든 지역으로 가는 공상적인 여정들이

---

[2] 콜레주(collège)는 당시에 중고등학교 과정을 다 배우는 학교였다. [역주]

손으로 그려져 있었다. 내가 볼 때 자신이 늙어가고 있음을 느끼는 인간이 애정을 가지고 보존한 학창 시절의 이런 증거물들 이외에도, 그의 과거 모습, 그가 과거에 생각했던 것, 그러니까 그 자신을 증언하는 것들이 있었는데, 비록 그것들의 성격이 유치하고 이상하다 할지라도 나는 그것들을 독자에게 알려 주지 않을 수 없다. 나는 벽·목재물건·창유리에서 보이는 것과 거기서 읽힐 수 있는 무수한 내면 이야기를 전달하고자 한다.

특히 거기에는 연도와 달의 명확한 기록과 함께 날짜들과 날들의 이름들이 적혀 있었다. 때로는 연중 계속적인 날짜들과 함께 동일한 표시가 반복되었는데, 마치 여러 해 동안 계속하여 그는 같은 장소에 있는 자신의 신체적 존재나 아니면 그보다 동일한 대상에 대한 사유의 존재 같은 무언가 알 수 없는 동일한 것을 나날이, 어쩌면 매시간 확인하지 않을 수 없었던 것 같았다. 그의 서명은 지극히 보기 드문 것이었다. 그러나 익명으로 남아 있다 하더라도 이런 종류의 숫자화된 기입들을 맡았던 인물은 분명했다. 다른 곳에는 초보적인 기하학적 도형 하나만이 있었다. 그 밑에는 동일한 도형이 재현되어 있었지만 한두 개의 선이 그 원리는 바꾸지 않은 채 의미를 수정하고 있었다. 이렇게 도형은 새로운 수정들이 곁들여져 반복되면서 특이한 의미 작용들, 그러니까 본래의 삼각형이나 원을 내포하고 있지만 그 결과들은 전혀 다른 그런 의미 작용들에 이르고 있었다. 그 의미를 짐작할 수 없는 이런 알레고리들 한가운데에는 몇몇 짧은 금언들과 많은 시구들이 있었는데, 모두가 진보에서 인간의 정체성에 대한 그 반성 작업과 대략적으로 같은 시대의 것이었다. 시인이 그것들을 두려워해서이든, 아니면 그것들을 벽에 영원히 새김으로써 그것들에 지나친 영속성을 부여하는 것을 경멸해서이든, 그것들 대다수는 연필로 씌어졌다. 드물기는 하지만 뒤얽힌 숫자들에는 하나의 동일한 대문자가 D와 엮어져 있는데, 보다 명확한 의미를 띤 시구들이나 분명히 보다 최근 시기의 추억들이 거의 언제나 곁들여져 있었다. 그리고는 보다 고통스럽거나 보다 고결한 어떤 신비주의로 되돌아가는 것처럼, 갑자기 그는——틀림없이 시인 롱펠로와의 우연한 만남을 통한 것이겠지만——**엑셀시어! 엑셀시어! 엑셀시어!**[3]를 무한히 감탄부호를 붙여 반복해 써놓았다. 이어서 그의 결혼과 쉽게 접근됨으로써 대략적으로 계산이 가능한 시기부터 분명하게 된 것은 무관심 때문이든, 아니면 그보다 단호한 결심 때문이든 그는 더 이상 글을 쓰지 않기로 방침을 정했다는 점이다. 그는 자기 존재의 마지막 변화가 이루어졌다고 판단한 것일까? 아니면 그는 그때까지 그토록 열심히 확립하고자 했던 그 자기 정체성에 대해 이제 더 이상 두려워할 게 아무것도 없다고 합리적으로 생각한 것일까? 매우 분명한 단 하나의 마지막 날짜가 다른 모든 날짜들 다음에 존재하고 있었고, 그것은 그에게 태어난 첫아이, 즉 장의 나이와 정확히 일치하고 있었다.

대단한 정신 집중, 자기 자신의 적극적이고 강도 높은 관찰, 보다 높이 끊임없이 더 높이 올라가고자 하고 결코 자기 성찰을 멈추지 않은 채 자신을 지배하고자 하는 본능, 새로운 단계마다 자신을 알아보려는 의지가 수반된 삶의 매혹적 변모, 자기를 이해시키는 본성적 자질, 자신의 실체에서 이기적으로 자

---

3) 롱펠로의 시 〈엑셀시어(더 높게)〉를 말한다.

양을 얻는 그 젊은 마음을 감동시키면서 태어나는 감정들, 봄꽃이 피듯이 솟아나는 시구들과 다른 이름이 겹치는 그 이름, 이상의 드높은 꼭대기를 향한 치열한 도약, 끝으로 아마 야심적일 것이고 분명 공상들로 괴로워하는 그 격한 마음에서 형성되는 평화, 이 모든 것이 내가 틀리지 않다면 그 무언의 기록 속에서 읽힐 수 있었던 것이다. 이 기록은 글로 씌어진 많은 회상록보다 그 모호한 기억술 때문에 더 의미가 깊다. 그 좁은 방 안에는 30년 동안의 삶을 지나온 영혼이 여전히 감동하여 고동치고 있었고, 도미니크가 어쩌면 그 옛 시절의 속삭임의 메아리에 사로잡혀 다소 방심한 모습으로 창문 쪽으로 몸을 기울인 채 내 앞에 있었을 때, 그가 이곳에 오는 이유가 그가 그 자신의 그림자라 불렀던 것을 환기시키기 위해서인지 아니면 그것을 망각하기 위해서인지 아는 문제가 떠올랐다.

어느 날 그는 책장의 어두운 구석에 놓인 여러 권의 책 꾸러미를 집어 들었다. 그는 나를 앉히고는 책 하나를 펴고 갑자기 나지막이 읽기 시작했다. 시골의 전원생활, 상처받은 감정들 혹은 슬픈 정념들과 같이 오래 전부터 너무도 닳고 닳은 주제들에 대한 시구들이었다. 시구들은 비록 책의 의도가 다분히 그렇다 해도, 기발하고 자유로우며 예기치 않지만 요컨대 별로 서정적이지 않은 메커니즘을 나타냈으며 훌륭했다. 감정들은 섬세했지만 평범했고 사상은 빈곤했다. 반복해서 말하지만, 드문 문학성을 통해 내용의 분명한 빈곤성과 매우 뚜렷한 부조화를 이루는 형식을 빼면, 그런 측면은 시의 형태로 자신을 꽃피우는 젊은이의 모든 습작을 닮아 있었다. 그런 젊은이는 어떤 내적 음악이 리듬의 길로 들어서게 하고 운을 맞춘 언어로 이야기하도록 유도하기 때문에 자신을 시인이라 생각한다. 적어도 이것이 나의 견해였으며, 나는 이름을 알 수 없는 저자를 관대하게 배려할 필요가 없었기에 이런 견해를 글을 쓰듯이 적나라하게 도미니크에게 알려 주었다.

그는 "시인 자신이 평가한 것보다 낫지도 못하지도 않은 평가이군요. 좋은 평가입니다"라고 말한 뒤, "이 시를 내가 지었다 해도 이같은 솔직한 말을 했겠습니까?"라고 그는 덧붙였다.

"그럼은요." 나는 다소 당황하여 대답했다.

"잘됐군요." 그는 응대했다. "그건 당신이 좋은 점과 나쁜 점에서 나의 가치를 인정한다는 것을 의미합니다. 거기에 그같은 힘을 지닌 책 두 권이 있습니다. 그것들은 내가 쓴 것입니다. 나는 당연히 그것들을 내가 쓴 게 아니라고 부인할 수도 있습니다. 왜냐하면 그것들은 저자 이름이 없기 때문입니다. 그러나 내가 빈곤성을 숨겨야 할 사람은 당신이 아닙니다. 조만간 당신은 그 모든 빈곤성을 알지 않을 수 없을 것입니다. 아마 나는 다른 많은 이들이 그렇듯이, 이와 같이 실패한 습작들 때문에 안도의 한숨을 돌릴 수 있었고 유용한 교훈을 얻을 수 있었습니다. 내가 행한 모든 것은 내가 아무것도 아니라는 것을 나에게 보여줌으로써, 대단한 사람들을 판단하는 척도를 주었습니다. 내가 그 속에서 말하고 있는 것은 반쯤만 겸손합니다. 당신이 내가 얼마나 겸손과 오만을 뒤섞어 버렸는지 알게 되면 내가 겸손과 오만을 더 이상 구분하지 않는 것을 용서해 줄 것입니다."

도미니크 안에는 두 인간이 있었으며, 이것은 간파하기가 어렵지 않았다. "모든 인간은 자신 안에 하나 혹은 여러 명의 죽은 자를 간직하고 있지요"라고 의사는 트랑블의 시골 사람의 은둔적 금욕 생활을 역시 의심하면서 금언조로 나에게 말한 바 있었다. 그러나 더 이상 존재하지 않는 자는 자신이 살아 있다는 것을 최소한 나타낸 적이 있지 않았겠는가? 어떤 정도로? 어떤 시기에? 그는 익명이고 무명인 두 권의 책을 통해서만 자신의 익명적 존재를 드러내지 않았던가?

나는 도미니크가 펼쳐 보이지 않은 책들을 집어 들었다. 이번에는 나는 그것들의 제목을 알아보았다. 저자의 이름이 책을 읽는 사람들의 기억 속에 오래 전에 새겨질 시간은 없었지만, 그는 15년 내지 20년 전의 정치적 문학에서 중간적 위치를 명예롭게 차지하고 있었다. 최근에는 아무런 작품도 내놓지 않아 그가 살아 있는지 혹은 아직도 글을 쓰고자 하는지 알 수가 없었다. 그는 저서들의 제목을 통해서만 알려지고 있는 몇 안 되는 그런 눈에 띄지 않는 작가들에 속했다. 그들은 명성이 있지만 세상에 나오지 않고 있으며, 그들의 글들을 통해서만 그들과 소통하는 사람들도 그들에게 어떤 일이 일어났는지 알지 못하는 가운데 세상에서 완전히 사라지거나 은둔할 수 있다.

나는 책들의 제목과 저자의 이름을 되풀이해 말한 뒤 도미니크를 바라보았다. 그는 내가 그의 의도를 간파하고 있다는 것을 알고는 미소 짓기 시작했다.

"특히 시인의 허영을 위로하기 위해서 선전자의 비위를 맞추어서는 안 됩니다." 그는 말했다.

"아마 이 두 사람의 가장 현실적인 차이는 선전(공적인 목소리)이 선전자를 배려했는 데 비해 시인한테는 그만큼의 영광이 되지 못했다는 사실일 것입니다. 그것이 시인과는 잠자코 있는 게 옳았습니다. 그것이 타자를 매우 잘 맞이한다면 잘못이지 않겠습니까? 나는 우선 익명을 전적으로 간직하기 위한 중요한 동기가 있었듯이, 이름을 바꾸어야 할 여러 이유가 있었습니다." 그는 말을 이었다. "물론 이 다양한 이유들 모두가 오로지 문학적 신중함과 겸손을 고려한 데 기인한 것은 아닙니다. 당신도 보다시피, 나는 잘한 것입니다. 왜냐하면 오늘날 아무도 나의 책들을 쓴 자가 결국 시시하게 자기 고장의 읍장과 포도 재배자가 되고 말았다는 것을 모를 테니까요."

"이제 더 이상 글을 쓰지 않으십니까?" 나는 그에게 물었다.

"아! 그거요, 네, 이미 끝났지요! 게다가 나는 내가 더 이상 할 일이 아무것도 없게 된 이상, 그 어떤 것도 할 수 있는 시간이 더 이상 없다고 말할 수 있습니다. 내 아들에 대해서 말하자면 내 생각은 이렇습니다. 과거의 내가 내 현재의 모습과 달랐었다면, 지금 나는 드 브레 가문이 충분히 생산해 냈고, 과업이 이루어졌으며, 내 아들은 쉬는 일 이외에 할 일이 없다고 생각할 것입니다. 그러나 신의 섭리는 다른 결정을 내렸고 역할들은 바뀌었습니다. 그 애한테는 잘된 일일까요 안된 일일까요? 나는 내가 틀리지 않는다면 그가 완수할 미완의 불완전한 삶을 그에게 남겨 주고 있습니다. 아무것도 끝나지 않았으며, 모든 게 전수되고 있습니다. 야망까지도 말입니다."

유령들이 드나드는 그 위험한 방에서 나는 유혹들이 그를 무수히 포위하리라 느꼈는데, 그 방에서 내려오자마자 도미니크는 트랑블의 평소 시골 사람이 다시 되었다. 그는 부인과 아이들에게 다정한 말을 건넨 뒤, 총을 집어 들고 개들을 휘파람으로 불렀다. 날씨가 좀 좋아지면 우리는 물로 촉촉해진 들판에서 그날 하루를 마칠 생각이었다.

이 친밀한 생활은 11월까지 지속되었고, 평온했고 가족적이었으며 별다른 고백은 없었지만, 도미니크가 자신의 내적 삶이 뒤섞이지 않는 모든 일들에 기울일 줄 아는 절제 있고 신뢰 있는 몰입이 눈에 띄었다. 그는 어린아이로서 시골을 좋아했고 이것을 감추지 않았다. 그러나 그는 시골을 노래했던 문학인으로서가 아니라 시골에 살고 있는 남자로서 시골에 대해 이야기했다. 그가 결코 발설하지 않았던 어떤 말들이 있었다. 왜냐하면 내가 알고 있는 그 어떤 인간보다 그는 어떤 관념들에 대한 조심성이 있었고, 이른바 시적인 감정들의 고백은 자신이 통제할 수 없는 고통이었기 때문이다. 그러니까 그는 비록 형태 속에 담겨 있긴 하지만 매우 진실한 정열을 시골에 대해 지니고 있었기 때문에 그것에 대해 단호한 환상들을 품고 있었고, 악폐가 아닌 경우 농부들을 많이 용서해 주었다. 비록 그가 그들이 무지와 결점들로 이루어져 있다고 생각했지만 말이다. 그는 그들과 지속적으로 접촉하며 생활했다. 물론 그가 그들의 관습도, 그들의 취향도, 그들의 그 어떤 선입관도 공유하지 않았지만 말이다. 그의 옷차림, 그의 매너 그리고 그의 모든 삶이 보여주는 지극한 단순함은 필요한 경우 우월성에 대한 구실을 하는 것 같았다. 게다가 아무도 이 우월성을 의심하지 않았다. 빌르뇌브의 모든 사람이 그의 탄생, 성장 과정을 보았고, 몇 년 동안 떠나 있다가 되돌아와 정착하는 것을 보았다. 이제 마흔다섯 살이 되었는데도 그를 아직 어린 도미니크로 바라보는 늙은이들이 있었으며, 트랑블 옆을 지나가면서 건물 3층 오른쪽에 있는 그의 방을 알아본 자들 가운데 어느 누구도 그와 자신들을 분리시키는 생각과 감정의 세계를 의심해 본 적이 없었다.

나는 도미니크가 트랑블에서 맞이하는 방문들에 대해 이야기한 바 있다. 나는 내가 이를테면 증인이었고 그에게 깊은 충격을 주었던 하나의 사건 때문에 그 방문들을 다시 언급하지 않을 수 없다.

그해 관례에 따라 성 위베르를 기리기 위해 트랑블에 모인 친구들 가운데는 그의 매우 오래된 친구 한 명이 있었는데, 그는 매우 부유했고, 사람들이 말한 바에 따르면 가족도 없이 50킬로미터 정도 떨어진 성에 은거하여 살고 있었다. 사람들은 그를 도르셀이라 불렀다. 그는 도미니크와 같은 나이였다. 비록 그의 금발머리와 거의 수염이 없는 얼굴 때문에 때로는 젊은이 같은 모습이 보였고 몇 살 적어 보일 수 있었지만 말이다. 그는 풍채가 좋고, 옷차림에 매우 신경을 썼으며, 매력적이고 예의바른 격식을 차렸고, 몸짓·말·억양에 무언지 알 수 없는 틀에 박힌 댄디즘이 있었다. 그런 댄디즘은 다소간 무감각한 사람들 사이에서는 실제적인 매력을 풍기게 마련이었다. 그는 권태나 무관심 혹은 허식이 많이 있었다. 그는 사냥과 말(馬)을 좋아했다. 그는 한때 여행을 무척 좋아했지만 이제 더 이상 여행을 하지 않았다. 어느 날 사람들이 알게 된 바에 따르면, 그 자신이 선택했지만 거의 타고난 파리 사람인 그는 은거의 이유가 무엇인지는 알 수 없지만 파리를 떠나 자신의 오르셀 습지대 깊은 곳으로 와서 상상할 수 없는 고독 속에 파묻혔다는 것이다. 그는 거의 모습을 드러내지 않을 뿐 아니라 사람을 맞이하는 일도 전혀 없이, 무언지 알 수 없는 우울한 방침의 비밀을 간직한 채, 피난과 망각의 장소에서 살듯이 그곳에서 이상하게 살고 있었다. 그 방침은 부유한 젊은이의 절망적 행위로밖에 설명되지 않았으며 사람들은 그가 대단한 정열들은 아니라 할지라도 최소한 여러 종류의 열망을 지니고 있으리라 상정했다. 비록 잠시 귀동냥으로 배운 적은 있으나 교양이 거의 없는 그는 책에 대해 매우 거만한 어떤 멸시를 나타냈고 책을 쓰느라 고생하는 사람들에 대해서는 연민이 대단했다. 그는 그게 무슨 소용이 있지?라고 말하곤 했다. 삶은 너무도 짧고 그처럼 걱정할 만한 것이 못 된다는 것이다. 따라서 그는 낙담한 사람들의 진부한 주장을 논리적이기보다는 재치 있게 지지했다. 비록 그가 자신이 그들 가운데 하나라고 말할 수 있는 권리를 줄 수 있는 일을 결코 한 게 없지만 말이다. 먼지가 수북한 고독 속에 있는 것처럼 다소 빛바랜 그 성격에서 가장 두드러진 것은 인생의 대단한 사치, 대단한 향유 그리고 작위적 허영에 대한 제대로 만족되지 않고 동시에 제대로 사그라지지 않은 정열 같은 것이었지만, 그 본래적 특징은 약화가 느껴지기 시작했다. 그의 인격에서 드러나는 차가우면서도 우아한 일종의 심기증이 나타냈던 것은 무언가가 매우 통속적인 많은 야망의 좌절에서 살아남은 게 있다면, 동시에 그것은 안락함에 대한 지나친 애착을 수반하는 그 자신에 대한 혐오라는 점이었다. 트랑블에서 그는 언제나 환영받는 인물이었으며, 도미니크는 옛 우정을 생각해 그의 이상한 행동 대부분을 용서해 주었고, 게다가 도르셀은 자신이 마음에 품고 있는 모든 것을 이 우정에 담아내고 있었다.

그가 트랑블에서 보낸 그 며칠 동안 그는 세상에 자신으로 모습으로 드러낼 수 있는 것, 다시 말해 상냥한 동료, 뛰어난 사냥꾼, 즐거운 회식자의 모습을 드러냈다. 하지만 대략적으로 볼 때 이 지겨움에 빠진 인간이 지녔던 모든 것에서 그의 일상적인 신중함으로부터 온 한두 번의 거리감을 제외하면 아무것도 나타나지 않았다.

드 브레 부인은 그를 결혼시키고자 시도한 적이 있었는데, 망상적인 시도였다. 왜냐하면 그로 하여금 그와 같은 발상에 대해 논의해 보자고 유도하는 것은 그 어떤 것보다 어려운 일이었기 때문이다. 그의 통상적 대답은 자신이 부추김에 이끌려 충동적으로 결혼할 나이는 지났으며, 결혼은 인생의 매우 중요하거나 위험한 모든 행위들과 마찬가지로 지극히 비약적인 열광 같은 게 필요하다는 것이었다.

그는 이렇게 말했다. "그건 모든 도박들 가운데 가장 불확실한 것으로, 거기다 거는 환상들의 가치·수·열의·진지함을 통해서만 허용될 수 있으며, 처음부터 끝까지 시종일관 큰 도박을 할 수 있을 때에만 즐겁게 되지요."

자신이 친구들을 마음 아프게 하는 무위(無爲) 속에 오르셀에 파묻혀 있는 것을 보고 사람들이 놀라워하자, 새로운 것은 아니지만 이런 지적에 대해 그는 이렇게 대답했다. "각자 자신의 힘에 따라 행동하는 거죠."

누군가가 말했다.

"지혜로운 행동이죠."

"그럴 것입니다." 도르셀은 다시 말을 이었다. "어쨌든 자신의 땅에서 평온하게 살면서 만족을 느낀다는 것이 광기라고는 아무도 말할 수 없습니다."

"그걸 좌우하는 게 있죠." 드 브레 부인이 말했다.

"그게 무엇이죠, 부인?"

"사람들이 고독의 장점에 대해 지닌 견해이고, 그리고 무엇보다 가정에 대해 부여하는 다소간의 중요성이죠." 그녀는 자신의 두 아이와 남편을 무심코 바라보면서 덧붙였다.

도미니크가 끼어들었다.

"여러분은 나의 아내가 어떤 사회적 습관을 양심의 문제와 의무적 행위로 간주하고 있음을 아실 것입니다. 게다가 그것은 매우 건전한 정신의 소유자들이 자주 논의하는 것이죠. 아내가 주장하는 것은 인간은 자유롭지 못하며, 자신이 누군가를 행복하게 해줄 수 있는 능력이 있는데 그걸 거부하는 것은 죄를 짓는다는 것이죠."

"그래서 당신은 결혼을 절대 안하실 작정이세요?" 드 브레 부인은 다시 말했다.

"할 수도 있겠지요." 도르셀은 훨씬 진지한 어조로 말했다. "다른 사람들에게 위험을 덜 주고 나 자신한테도 근심을 덜 주면서 했어야 할 일들이 참으로 많았는데 하지 못했습니다! 자신의 인생을 건다는 것은 아무것도 아니며, 자신의 자유를 건다는 것은 이미 훨씬 더 심각합니다. 그런데 다른 한 여자의 자유와 행복과 결합한다니! (…) 몇 년 전에 나는 그것에 대해 깊이 생각해 보았는데 결론은 안 하는 것입니다."

도르셀 씨의 괴변과 무력한 모습의 일부를 부각시켜 주었던 이런 대화를 나누었던 그날 저녁, 그는 트랑블을 떠났다. 그는 하인을 동반하고 말을 타고 출발했다. 달밤은 밝았고 차가웠다.

"가련한 올리비에!" 도미니크는 그가 오르셀의 방향으로 사냥하듯 질주하여 멀어지는 것을 보면서 말했다.

며칠이 지나자 오르셀로부터 전속력으로 달려온 사자(使者)가 검은 봉투에 든 편지 한 통을 도미니크에게 전달했는데, 자기 감정을 그토록 잘 통제했던 그가 그 편지를 읽고는 동요되었다.

올리비에가 심각한 사고를 당했던 것이다. 어떤 성격의 사고인가? 슬프게 봉인된 그 편지는 그것을 언급하지 않고 있거나, 아니면 도미니크는 그것을 반밖에 설명할 수 없는 특별한 동기가 있었다. 그는 여행 마차를 준비시킴과 동시에 의사에게 사람을 보내 자신과 함께 갈 수 있도록 준비를 해달라고 부탁했다. 그 불가사의한 긴급 편지가 도착한 지 반 시간도 안 되어 의사와 드 브레 씨는 급히 서둘러 오르셀로 가는 길로 접어들었다.

그들은 여러 날이 지난 후 11월 중순경에야 돌아왔고, 그들이 돌아온 때는 밤이었다. 의사가 먼저 나에게 도르셀의 병에 대한 소식을 주었는데, 의사라는 직업을 가진 사람들에게 바람직하게 냉정한 모습이었다. 내가 다만 알게 된 것은 올리비에의 생명이 더 이상 위태롭지 않고, 그는 그 고장을 떠났으며, 그가 회복되려면 오랜 시일이 걸리고 아마 따뜻한 기후에서 체류를 연장해야 할 것이라는 내용이었다. 게다가 이 사고는 이 고질적인 고독한 자를 그의 성에서의 끔찍한 고립으로부터 끌어내 외모, 거처 그리고 어쩌면 습관까지 바꾸게 하는 결과를 가져올 것이라고 의사는 덧붙였다.

나는 도미니크가 매우 낙담한 것을 보았고, 내가 그의 친구의 건강에 대해 진지한 관심을 가지고 몇 가지 질문을 했을 때 그의 얼굴에는 더없이 강렬한 슬픈 표정이 나타났다.

"나는 당신을 속이는 게 불필요하다고 생각합니다." 그는 말했다. "조만간 진실은 너무도 예측하기 쉽고 불행하게도 모면하기가 불가능한 재앙으로 드러날 것입니다."

그리고 나서 그는 나에게 올리비에의 그 편지를 내밀었다.

11월 18일, 오르셸에서

친구 도미니크에게,

너에게 편지를 쓰는 자는 진정 죽은 자이다. 사람들이 너무도 자주 되풀이해 말했듯이, 내 인생은 아무한테도 도움이 되지 못했고 나를 좋아했던 사람들을 모욕하는 일밖에 할 수 없었다. 이 삶을 내 자신이 끝내 버려야 할 때가 되었다. 이런 생각은 최근의 일이 아닌데, 지난 번 저녁 자네와 헤어지면서 다시 떠올랐다. 나는 돌아오는 길에서 그것을 숙고했고, 그것이 합당하며 아무에게도 전혀 지장을 주지 않는다고 생각했다. 밤에 나는 네가 알고 있는 고장의 내 집에 돌아왔지만 나로 하여금 생각을 바꾸게 하는 기분전환은 되지 않았다. 나는 재주가 없어서 나의 모습을 흉하게 일그러뜨렸을 뿐이다. 상관없다. 나는 올리비에를 죽여 버렸다. 올리비에에게 남은 이 약간의 삶은 시간이 다 되길 기다릴 것이다. 나는 오르셸을 떠나 다시는 돌아오지 않을 것이다. 나는 네가 나의 가장 좋은 친구가 아니라 나의 유일한 친구였다는 것을 잊지 않을 것이다. 너는 내 삶의 구실이다. 너는 내 삶에 증언자가 되어라. 잘 있어라, 행복하여라. 그리고 네가 네 아들에게 나에 대해서 이야기한다면 나를 닮아서는 안 된다고 말해 주기 위해서 이야기해야 한다.

올리비에

정오경이 되자 비가 오기 시작했다. 도미니크는 서재로 물러났고 나는 그를 뒤따라갔다. 내가 알기로는 그의 젊은 날의 동무이자 오래된 유일한 친구가 그처럼 반쯤 죽어 버리자, 어떤 추억들이 쏟아지기 위해 결정적인 상황만을 기다리고 있다가 비통하게 되살아났다. 나는 그에게 속내 이야기를 해달라고 요구하지 않았다. 그가 그것을 나에게 해주었다. 마치 그는 나의 눈앞에 있는 숫자화된 기억을 말로 번역하듯이, 아무런 가식 없이 감동적으로 다음과 같은 이야기를 해주었다.

III

내가 당신에게 나에 대해서 말하지 않을 수 없는 것은 정말 대수롭지 않은 것이며, 몇 마디면 될 수 있을 것입니다. 그러니까 잠시 자신의 마을에서 멀어지는 시골 사람, 글을 쓰고 싶은 광적 집착을 단념하는 자신에 대해 불만을 품은 작가, 그리고 자신의 이야기 처음과 말미에 나타나는 자신의 고향집의 합각머리로 요약될 수 있습니다. 이상과 같은 재미없는 요약, 당신이 거기서 알아볼 수 있는 부르주아적 대단원, 이것 또한 이 이야기가 도덕성으로서 포함하게 될 가장 훌륭한 것이고, 어쩌면 모험으로서 포함하게 될 가장 소설적인 것입니다. 나머지는 아무한테도 유익하지 않으며 나의 추억만을 자극할 수 있을 것입니다. 나는 그것을 숨기지 않을 것입니다. 믿어 주시오. 그러나 그것에 대해선 가장 적게 이야기할 것인데, 이는 나 자신을 실제 모습보다 더 흥미 있게 만들고자 하는 욕구와 아무런 공통점이 없는 특별한 이유들 때문입니다.

이 이야기와 연관되어 있는 몇몇 인물들에 대해서 나는 당신에게 거의 나 자신에 대해서만큼이나 이야기할 것입니다. 그

가운데 하나는 규정하기가 어렵고, 쓰라린 감정 없이 판단하기는 더욱 어려운 오랜 친구입니다. 당신은 그가 쓴 작별과 죽음의 편지를 조금 전에 읽은 바 있습니다. 그는 그의 마음에 들어야 할 이유가 없었던 하나의 인생에 대해 결코 자신의 견해를 나타낸 적이 없었던 것 같습니다. 그 인생을 이 속내 이야기에 끌어들이는 것은 그것을 거의 복원하는 것입니다. 상대방은 자기 자신에 대해 신중해야 할 이유가 전혀 없죠. 그를 하나의 공인으로 만드는 것은 상황입니다. 그러니까 당신은 그를 알고 있거나 아마 그를 알게 될 것이거나 둘 중 하나이며, 나는 그의 출신이 보잘것없다는 것을 당신에게 알려 준다고 해서 그의 장점들을 조금도 깎아내리지 않는다고 생각합니다. 나의 젊은 날에 강력한 영향을 미쳤던 제3의 인물에 대해 말하자면, 그는 지금 안전하고 행복하며 잊혀진 상태에 있습니다. 이 상태는 당신에게 이 인물에 대해 이야기하게 될 사람의 추억과 이 인물의 추억을 접근시키는 그 어떤 시도도 벗어나 있습니다.

나는 가족이 없었다고 말할 수 있으며, 오늘날 나로 하여금 내가 어렸을 때 결핍되었던 부드럽고 견고한 관계를 알게 해주는 것은 내 아이들입니다. 나의 어머니는 나를 젖을 먹여 길러 줄 힘이 거의 없었고 곧 죽었지요. 나의 아버지는 그보다 몇 년 더 살았지만 건강 상태가 너무도 비참해 나는 그분을 여의기 오래 전부터 그분의 존재를 느끼지 못했으며, 나에게 그분의 죽음은 그분의 현실적 사망 훨씬 이전으로 올라갑니다. 따라서 나는 말하자면 두 분 다 알지 못했으며 나의 아버지가 죽어 상을 당해 홀로 된 날에도 나를 슬프게 하는 그 어떠한 특이한 변화도 느끼지 못했습니다. 나는 사람들이 내 주변에서 불행이라는 말처럼 되풀이했던 고아라는 말에 지극히 막연한 의미만을 결부시켰습니다. 다만 나는 내 하인들이 우는 것을 보고 내가 슬퍼해야 한다는 것을 깨달았습니다.

나는 이 충직한 사람들 사이에서, 내 아버지의 누이인 세이삭 부인이 먼 곳에서 신경을 써주는 가운데 성장했습니다. 고모는 나의 재산과 교육 문제가 결정적으로 그분의 존재를 필요로 했을 때 나중에야 트랑블에 정착하러 왔지요. 고모는 내 안에서 비사교적이고, 교양이 없으며, 아주 무식하고, 복종시키기는 수월하되 설득시키기는 어려우며, 말 그대로 방랑적이고, 규율과 일에 대해선 아무런 생각이 없는 어린아이를 발견했지요. 그 아이는 공부와 시간표에 대해서 처음으로 이야기를 듣자, 삶이 다만 들판을 쏘다니는 즐거움에 있는 것뿐이 아니라는 사실에 놀라 입을 헤벌리고 있었죠. 그때까지 나는 다른 어떤 것도 해본 일이 없었습니다. 내 안에 아버지에 대해 남아 있었던 마지막 추억은 이런 것이었습니다. 그분을 잠식해 들어가는 병이 드물기는 하지만 약간의 휴식을 줄 때면, 그분은 자리를 털고 나와 공원의 바깥벽까지 걸어서 갔습니다. 그리고 거기서 햇빛이 비치는 긴 오후 동안 커다란 등나무 지팡이에 의지해, 늙은이처럼 보이게 하는 느린 거동으로 몇 시간이고 산책을 하곤 했습니다. 그 시간 동안 나는 시골을 누비고 다녔고 새를 잡기 위해 덫을 놓곤 했지요. 다른 배움을 결코 받지 못했기 때문에, 약간의 차이를 제외하면 나는 내 아버지가 했던 것을 상당히 그대로 모방하고 있다고 생각했습니다. 그 당시 나의 유일한 동무들은 이웃에 사는 농부 아들들이었는데, 너무 게을러 학교에 다니지도 않았고 너무 어려 땅을 경작하는 일에도 동원되지 않았으며, 모두가 자신들의 사례를 통해 미래에 대해서 완전히 무심하도록 나를 고무시켰습니다. 나에게 유쾌했던 유일한 교육, 내가 반항하지 않은 유일한 가르침, 그러니까 이 점이 중요한데, 지속적이고 긍정적인 열매를 가져다주게 되어 있었던 유일한 배움은 이들로부터 왔습니다. 나는 전원생활의 지혜와 매력을 이루는 그 많은 작은 사실들을 막연하게 관례적으로 배우고 있었죠. 나는 그와 같은 교육을 누리기 위한 바람직한 모든 적성이 있었습니다. 확고한 건강, 농부 같은 두 눈, 다시 말해 완벽한 두 눈, 지극히 작은 소리에도 일찍이 훈련된 귀, 피로를 모르는 두 다리, 여기다가 들판에서 전개되는 일들에 대한 사랑, 사람들이 관찰하고 보고 듣는 것에 대한 관심, 사람들이 책을 통해 읽어 주는 이야기들에 대한 별다른 취향의 부재, 구술로 전달되는 이야기들에 대한 지극한 호기심 같은 것이죠. 책들에 담긴 경이로움보다는 전설들의 경이로움이 나에겐 더 흥미가 있었으며, 나는 그 지방의 미신을 동화보다 더 좋아했습니다.

열 살이 되자 나는 빌르뇌브의 모든 아이들을 닮고 있었습니다. 나는 그들만큼 알고 있었고, 그들의 아버지들보다는 조금 덜 알고 있었죠. 그러나 그들과 나 사이에는 당시에는 눈에 띄지 않았던 차이가 있었는데, 이것이 갑작스럽게 확실하게 드러났습니다. 그러니까 이미 나는 우리에게 공통적이었던 삶과 현실로부터 그들에게는 다 낯선 것처럼 보이는 느낌들을 끌어낸 것입니다. 그리하여 기억하건대 나에게 분명한 것은 덫을 만들어 수풀을 따라 놓고 새를 몰래 기다리는 즐거움은 사냥에서 나를 가장 매혹시킨 게 아니었다는 점입니다. 그 증거를 보면,

계속되었던 매복에서 나에게 남아 있던 다소간 생생한 유일한 증언이 어떤 장소들에 대한 매우 선명한 영상이고, 시간과 계절에 대한 정확한 노트라는 점이며, 그리고 그 후로 끊임없이 들리는 어떤 소리들에 대한 지각도 포함됩니다. 아마 당신은 매우 유치하다 생각할 테지만, 조금 후에 나는 30년 전 전날에 갈아 놓은 땅에 쳐놓은 덫을 거두었던 어느 날 저녁 날씨가 어땠고 바람이 어땠다는 등, 또 대기는 고요했고 하늘은 회색빛이었으며, 가을의 멧비둘기들이 요란하게 날갯짓을 하면서 들판을 지나갔고, 천이 벗겨진 풍차들을 포함해 평야 주변의 모든 것이 불지 않는 바람을 기다리고 있었다는 등의 내용을 상기할 것입니다. 어떻게 그처럼 별 가치가 없는 특수한 것이 정확한 해와 어쩌면 날짜까지 나의 기억 속에 고정될 수 있어, 성숙기를 넘어선 한 인간과의 대화 속에 지금도 자리를 차지할 수 있는지 당신에게 말하라면, 그건 잘 모르겠습니다. 그러나 다른 수많은 것들 가운데 이 점을 언급하는 것은 무언가가 나의 외적 삶으로부터 이미 발산되고 있었고, 사실들에는 별로 민감하지 않지만 인상에 깊이 젖어드는 특이한 적성을 지닌 무언지 알 수 없는 특별한 기억력이 내 안에서 형성되고 있었다는 점을 당신에게 보여주기 위해서입니다.

특히 나의 미래에 관심을 가지고 있었던 사람들에게 가장 확실했던 것은 이른바 엄격한 그런 교육이 혐오스러웠다는 사실입니다. 비록 내가 주의력이 산만하고 마을의 동무들과 가까이 지내며 말을 놓고 지내곤 했지만, 근본적으로 나는 혼자였으며, 내 혈통에서 혼자였고, 내 신분에서 혼자였으며, 나를 기다리고 있던 미래와 무수한 불일치 상태에 있었습니다. 나는 나의 친구가 아니라 나의 하인이 될 수 있었던 사람들에 애착을 느꼈습니다. 나는 떠나야 하고 그것도 가능한 한 빨리 떠나야 하는 장소에, 나 자신도 모르는 사이에 어떤 알 수 없는 집요한 기질을 통해 뿌리를 내리고 있었죠. 결국 나는 나를 당신이 조금 후에 알게 될 모호한 인간, 그러니까 반은 농부이고 반은 **도락가**, 때로는 한쪽이었다가 때로는 다른 한쪽이고, 흔히는 양쪽 모두이지만 그 어느 쪽도 다른 한쪽을 능가하지 못하는 그런 인간으로밖에 이끌지 못했던 습관을 붙였습니다.

당신에게 말했듯이 나의 무지는 대단했지요. 나의 고모는 그것을 느꼈습니다. 그녀는 오르메송 중고등학교의 자습감독 교사를 가정교사로 트랑블에 서둘러 불렀습니다. 그는 단순하고, 직접적이며, 명확하고, 독서로 함양되었으며, 모든 것에 견해를 지니고, 신속하게 행동하는 양식 있는 정신의 소유자였지만, 항상 사전에 자기 행동의 동기들에 대해 검토했으며, 매우 실천적이었고 지극히 야망이 높았습니다. 나는 그분보다 적은 이상과 많은 냉정함을 가지고 세상에 태어난 사람도, 그분보다 자신의 운명을 보다 확고한 시선을 가지고 생각하면서 그 속에서 별다른 가능성을 발견하지 못하는 사람도 본 적이 없습니다. 그는 투명한 눈, 자유로운 몸짓, 분명한 말을 지녔고 군중 속에 알아채지 않게 슬며시 끼어들 수 있을 만큼 충분히 유쾌한 기질과 재치를 지니고 있었습니다. 나를 많이 고통스럽게 하는 것은 나의 성격과 별로 닮지 않아 충돌하는 그런 성격에 좌우되었지요. 그러나 그는 실제로 영혼이 선하기 때문에 그 어떠한 시련도 견디는 정직한 감정과 올바른 정신을 지녔다고 덧붙이겠습니다. 없는 자질들, 그에게 대신해 주는 어떤 지배적 능력들을 소유하고서, 조금도 빈틈을 보이지 않으면서 자신을 완벽하게 보완하는 것, 이것이 불완전하지만 별로 결점이 없는 그런 성격의 소유자가 지닌 속성이었죠. 그는 만 스물네 살이었지만 서른 살 정도로 보였습니다. 그의 세례명은 오귀스탱이었습니다. 새로운 질서가 나타날 때까지 나는 그렇게 부를 것입니다.

그가 우리 곁에 정착하자마자, 나의 삶은 최소한 두 부분으로 나뉘어졌다는 의미에서 변화했습니다. 나는 기존의 습관을 단념하지 않았으나 나에게 새로운 습관이 강제되었습니다. 나는 책·공책·공부시간이 있게 되었습니다. 이로 인해 내가 얻은 것은 휴식시간에 허용된 기분전환에 대한 더욱 강렬한 취향뿐이었습니다. 그리고 내가 시골에 대한 나의 정열이라 부를 수 있는 것은 심심풀이에 대한 욕구와 함께 커져만 갈 뿐이었습니다.

그 당시 트랑블의 집은 당신이 지금 보는 바와 같았습니다. 그 집은 지금보다 즐거웠는가, 아니면 더 음울했는가? 아이들은 그들을 둘러싸고 있는 모든 것을 너무도 즐겁게 하고 크게 보이도록 하는 기질을 지니고 있어서 얼마 안 가서 모든 게 사그라지고 음울하게 되었습니다. 뚜렷한 이유는 없었고 다만 관점이 바뀌게 된 것입니다. 당신이 알고 있는 앙드레는 집 바깥으로 나오지 않은 지가 60년이 되었는데, 그 당시에도 매사는 오늘과 마찬가지로 흘러갔다고 자주 말했습니다. 그런데 내가 일찍이 획득한 편집증, 그러니까 숫자를 쓰고 끊임없이 기념적인 봉인을 하는 그 편집증은 이 부분에서 내 기억이 확실하지 않을 경우 기억을 되살리는 데 도움이 되리라 봅니다. 당신도 이해하시겠지만, 어느 순간들에는 나를 그 시기와 갈라 놓은 기나긴 세월, 내가 당신에게 이야기하는 그 세월은 사라져 버리며, 그 이후로 내가 살아왔는지도 망각하고, 나한테도 보다 진지한 몰두, 여러 상이한 기쁨과 즐거움의 명분들, 감동할 수 있는 훨씬 진지한 이유들이 있었다는 것을 잊어버립니다. 세상사는 변하지 않았기에 나도 그렇게 살고 있습니다. 우리는 오래된 인습에 다시 빠집니다. 내가 느끼고 있는 것에 좀 더 일치하는 이미지를 들면, 완전히 나았지만 예민해서 갑자기 되살아나 말하자면 당신을 울부짖게 할 지난날의 상처입니다. 상상해 보세요, 내가 나중에 가게 되었던 콜레주로 떠나기 전에 나는 저기 보이는 저 종탑을 하루도 빼놓지 않고 보았고 같은 장소에 동일한 습관 속에서 살았으며, 그 당시 나로 하여금 사물들을 알아보게 했고 좋아하게 했던 그 의미 그대로 오늘날에도 예전처럼 그것들을 다시 발견합니다. 그 시기의 단 하나의 추억도 지워지지 않았다는 것, 말하자면 희미해지지 않았다는 것을 알아두십시오. 내가 나를 어린 시절로 되돌아가게 힐 정도로 확실하게 젊음을 되찾게 해주는 강력한 힘을 지닌 추억들을 당신에게 이야기하면서 횡설수설한다고 해서 놀라지 마십시오. 그만큼 내가 결코 침착하게 말할 수 없었던 이름들, 특히 장소의 이름들이 있습니다. 트랑블이라는 이름은 그들의 수에 속합니다.

당신은 나와 트랑블을 알려고 해보았자 소용이 없을 것입니다만, 그래도 나는 내가 여기서 만났던 감미로운 것을 당신에게 이해시키고자 많은 노력을 할 것입니다. 어쨌든 여기서는 모든 게 감미로웠습니다. 당신이 알다시피, 매우 평범한 정원까지도 말입니다. 우리 고장에서는 드문 경우이지만, 나무들이 있었으며, 나무들을 좋아했고 다른 곳에는 둥지를 틀지 않았을 많은 새들이 있었습니다. 질서와 무질서가 있었고, 현관 층계로 이어지고 창살문으로 통하는 모래 오솔길들이 있었으며, 이것들은 사람들이 폼을 잡으면서 산책하는 장소들에 대해 내가 항상 지녔던 어떤 취향을 만족시켜 주었고, 거기서는 어떤 다른 시대의 여인들이 예식용 드레스를 과시할 수도 있을 것 같았습니다. 그리고 햇빛이 거의 비치지 않는 어두운 구석들과 습기 찬 교차로들도 있었는데, 그런 곳에는 1년 내내 초록빛 이끼가 스펀지처럼 빨아들이는 땅에서 자라고 있었습니다. 또 나만이 찾아가는 은밀한 곳들은 낡고 버려진 것 같은 모습을 드러냈고 또 다른 형태로 나에게 과거를 상기시켜 주었는데, 이런 인상은 그때부터 불쾌하지 않았습니다. 기억하건대, 큰 회양목 나무들이 잘려져 벤치처럼 오솔길들의 양쪽을 장식하고 있었는데, 나는 그 나무들 위에 앉아 있곤 했습니다. 나는 그것들의 나이를 알아보았고——그것들은 끔찍하게 늙었습니다——앙드레의 말에 따르면 저택의 가장 오래된 돌 만큼이나 나이를 먹은 그 작은 관목들을 특별한 호기심을 느끼며 관찰했습니다. 나의 아버지도, 나의 할아버지도, 나의 증조부도 그것들이 심어지는 것을 보지 못했다 합니다. 그리고 저녁때면 모든 뛰놀기가 멈추는 시간이 왔습니다. 나는 현관 층계의 꼭대기로 물러나 그곳에서 정원 깊숙이 공원 모퉁이에 있는 아몬드나무들을 바라보곤 했는데, 이것들은 9월의 바람이 불면 나뭇잎을 최초로 흩날렸고 불타는 석양빛을 배경으로 이상한 장식 효과를 만들어 냈습니다. 공원에는 많은 흰색 나무 · 서양물푸레나무 · 월계수가 있어서 가을이면 개똥지빠귀와 티티새가 집단으로 서식했습니다. 그러나 아주 멀리서도 보였던 것은 한 무리의 커다란 참나무들이었는데, 이것들은 제일 늦게 푸르러져 제일 늦게 잎이 떨어지기 때문에 12월까지, 그리고 숲 전체가 죽어 버린 것 같은 순간까지 갈색의 무성한 나뭇잎을 간직했습니다. 그때 숲에는 까치들은 둥지에 웅크리고 있었고, 대규모 새들은 높은 나뭇가지에 앉곤 했으며, 겨울이면 이 고장에 주기적으로 찾아오는 첫 어치들과 까마귀들이 항상 머무르곤 했습니다.

각 계절이면 우리는 그 계절의 방문객들을 맞이하곤 했는데, 이들 각자는 곧바로 자신의 거처를 선택했습니다. 봄새들은 꽃 피는 나무들에, 가을새들은 보다 높은 곳에, 겨울새들은 가시덤불, 강인한 수풀 그리고 월계수들 사이에서 선택했죠. 때때로 한겨울이나 첫 안개가 피어오른 아침이면, 희귀새 한 마리가 지극히 적막한 숲 속에서 미지의 매우 요란하면서도 어설프지만 신속한 날갯짓을 하면서 날아오르곤 했습니다. 밤에 도착한 도요새였지요. 그것은 잔가지들을 때리면서 올라가 헐벗은 커다란 나뭇가지들 사이로 미끄러지듯 이동했습니다. 그것은 가까스로 잠시 나타나 반듯한 긴 부리를 보여주곤 했습니다. 그러고 나면, 그 다음해 같은 시기에, 같은 장소에서만 그것을 볼 수 있었기에 항상 동일한 철새가 되돌아오는 것 같았습니다.

숲 속의 멧비둘기들은 뻐꾸기들과 함께 5월에 도착했습니다. 그것들은 특히 포근한 저녁에 대기 속에 새로운 수액과 신선함이 보다 활발하게 신비스럽게 피어오를 때면 긴 간격을 두고 조용히 지저귀곤 했습니다. 깊이 우거진 나뭇잎 사이에서, 정원의 끝에서, 하얀 버찌나무들에서, 꽃이 활짝 핀 쥐똥나무들에서, 꽃다발을 이루면서 향기를 피우는 라일락들에서, 달빛은 휘황했고 때로는 빗방울이 조용하고 따뜻하게 소리 없이 즐거움의 눈물처럼 떨어지는 가운에 내가 잠을 제대로 이루지 못했던 그 긴 밤들 동안——나의 환희와 나의 고통을 위해——밤새 내내 종달새들은 노래했습니다. 날씨가 음산해지자마자 새들은 조용해지곤 했지요. 그것들은 햇빛이 비치고 부드러운 바람이 불면, 다음 여름에 대한 희망을 품고 다시 노래를 시작했습니다. 그리고 나서 그것들은 알을 품게 되고 노랫소리는 더 이상 들리지 않았죠. 때때로 6월 말 찌는 듯한 무더운 날, 나는 잎이 무성한 아름드리나무에서 길을 잃고 두려움에 떨면서 홀로 방황하며 날아다니는 의심스러운 색깔의 말없는 작은 새 한 마리를 보았습니다. 우리를 떠나가는 봄의 새였지요.

바깥에서는 건초용 풀이 여물려고 노랗게 물들어 가고 있었습니다. 가장 오래된 포도덩굴의 가지들이 갈라져 나왔고 포도밭은 첫 싹을 보였습니다. 보리밭은 푸른빛을 띠었습니다. 그것은 잠두콩들이 맨드라미 빛깔로 물들고, 유채밭이 네모난 황금빛 조각들처럼 눈부신 물결치는 평원 멀리까지 펼쳐져 있었습니다. 곤충·나비·야생 새의 무한한 세계가 6월의 저 태양 아래 놀랍게 확장되어 가면서 분주히 움직이며 다양하게 펼쳐졌습니다. 제비들이 대기를 가득 채웠고, 저녁에 명매기들이 날카로운 소리를 내면서 서로 쫓는 놀이를 멈출 때면 박쥐들이 나오곤 했으며, 무더운 저녁에 의해 부활한 것 같은 이 이상한 무리는 작은 종루들 주위에서 윤무를 시작했습니다. 건초들을 거두어들일 때가 되자 농촌 생활은 축제에 다름 아니었습니다. 그 일은 최초의 큰 공동 작업으로서 달구지들을 모두 끌어내게 했고 많은 노동자들이 같은 장소에 모이게 했습니다.

나는 사람들이 건초용 풀을 벨 때에도 사료를 거두어들일 때도 거기 있었으며 엄청난 짐을 싣고 돌아오는 짐수레를 타고 돌아왔습니다. 커다란 침대에 누워 있는 아이처럼 짐의 꼭대기에 벌렁 누워서, 말끔하게 베어진 풀밭 위를 굴러가는 마차의 부드러운 움직임에 흔들린 채, 나는 더 이상 끝이 없는 것 같은 지평선을 평소보다 높은 곳에서 바라보곤 했습니다. 들판의 푸르른 가장자리 너머로 바다가 아득히 펼쳐지는 것이 보였습니다. 새들은 보다 가까이 내 옆을 지나가곤 했습니다. 보다 드넓은 창공, 보다 광대한 면적에 대한 어떤 알 수 없는 도취적인 느낌이 잠시 현실 생활의 관념을 상실하게 했습니다. 건초 더미가 들어오자마자, 노랗게 물들어 가는 것은 보리였습니다. 그리하여 똑같은 작업, 똑같은 움직임이 보다 뜨거운 계절의 보다 강렬한 햇빛 아래서 이루어졌습니다. 강한 바람이 잔잔한 고요와 교대하고, 정오는 찌는 듯 더웠으며, 밤은 새벽처럼 아름다웠고 뇌우가 몰아치는 날들에는 번갯불이 신경을 건드렸지요. 생산하는 네 시지고 태양빛에 타들이 간 대지에 보릿단 더미들이 떨어지고 있어 더욱 풍요로웠지만 오히려 도취감은 줄어들었습니다. 이것이 여름이었습니다. 당신은 우리 고장의 가을을 알고 있습니다. 축복받은 계절이죠. 그리고는 겨울이 왔습니다. 한 해의 순환은 그렇게 마감되곤 했습니다. 나는 내 방에 좀 더 많이 머물렀습니다. 언제나 깨어 있는 내 두 눈은 서리를 가져오는 차고 짙은 안개보다 더 음울한 죽음의 빛깔로 시골을 뒤덮고 있는 엄청난 비의 장막과 12월의 안개를 꿰뚫어 보곤 했습니다.

  나뭇잎들이 다 떨어지자, 나는 공원의 전체를 보다 잘 파악하게 되었습니다. 공원의 깊은 곳들을 푸르스름하게 만들고 진짜 거리를 착각하게 하는 가벼운 겨울 안개만큼 공원을 크게 보이게 해주는 것은 아무것도 없었습니다. 소리는 더 이상 들리지 않거나 거의 들리지 않았습니다. 그러나 각각의 음조는 더 멀리서 들려오는 것 같았습니다. 특히 저녁때와 밤이면 대기 속에서 울림은 절정에 달했습니다. 높다란 벽의 굴뚝새 노래는, 고요하게 비어 있고 축축한 대기에 젖어 침묵이 밴 오솔길들로 아무런 장애물 없이 무한히 뻗어 나갔습니다. 그때 트랑블에 내려앉는 묵상은 형언할 수 없었습니다. 나는 내가 당신에게 지금 이야기하는 이 장소에서 끌어 모았으며, 응축했고, 집중했으며, 영상과 냄새, 소리와 이미지의 그 미묘하고 날개 달린 듯 경쾌한 세계가 결코 더 이상 달아나지 않도록 했습니다. 그 세계는 1년의 나머지 여덟 달 동안 진정 몽상을 닮은 참으로 활기찬 삶을 살도록 해주었던 것입니다.

오귀스탱은 나를 점령했습니다. 계절이 그를 도와주었고, 나는 거의 아무런 공감도 나누지 못하면서 그에게 속해 있었으며, 하릴없었던 많은 날들의 그 기나긴 망각의 대가를 최선을 다해 치렀습니다. 그날들은 무익했던가?

자신의 제자는 주변의 사물들에 그토록 몰입해 있는데도, 오귀스탱은 그것들에 대해 별 감수성이 없었고, 시간을 착각하듯이 월(月)을 착각할 만큼 계절의 흐름에 무심했으며, 내 몸을 훑고 지나갔고 나의 존재 전체에 감미롭게 상처를 주었던 그 많은 느낌들에도 요지부동이었고, 나와는 거의 반대로 기질적으로 차갑고 방법적이며 정확하고 규칙적이었습니다. 그런 그는 내 옆에 살면서 나의 내면에서 무슨 일이 일어나고 있는지 주의도 기울이지 않고 의심도 하지 않고 있었죠. 그는 거의 외출을 하지 않았으며, 자신의 방을 떠나는 일도 드물었고, 아침부터 밤까지 그곳에서 공부했으며, 그가 휴식을 취한 때는 여름

날의 저녁시간뿐이었습니다. 그 시간에 사람들이 밤샘을 하는 것도 아니건만 기나긴 낮의 햇빛이 사라지게 되었기 때문이죠. 그는 책을 읽었고 노트를 했습니다. 여러 달 동안 내내 나는 그가 글 쓰는 것을 보았습니다. 산문이었는데, 대개의 경우 몇 페이지에 걸친 대화였습니다. 어떤 일정표가 그로 하여금 일련의 고유명사들을 선택하는 데 도움을 주고 있었습니다. 그는 흰 종이 위에 그것들을 연이은 주석들과 함께 줄지어 기록했습니다. 그는 그것들에 나이를 부여했고, 각자의 전체적 용모·성격·독창성·괴벽·어리석음을 표시했습니다. 그들은 그의 다양한 결합들을 통해서 상상된 인물들이었는데, 비극들이나 희극들을 위한 것이었습니다. 그는 보기에 매우 선명하고 균형 잡힌 섬세한 필치로 빠르게 글을 썼으며 나직한 목소리로 자기 자신에게 받아쓰기를 하는 것 같았습니다. 때때로 그는 어떤 보다 날카로운 소견이 글을 쓰다가 떠오르면 미소를 지었으며, 아마 인물들 가운데 하나가 정확하고 밀도 있게 추론을 전개했을 다소 긴 각각의 문구 다음에는 잠시 숨을 돌리며 깊이 사색하였고, 나는 그가 "자, 이제 우리는 무어라 대답하지?"라고 말하는 것을 들었습니다. 우연히 그가 속내 이야기를 털어놓고 싶은 마음이 들 때면, 그는 나를 옆에 불러 이렇게 말하곤 했습니다. "자, 도미니크 도련님 이걸 들어보세요." 내가 이해하는 듯한 모습을 보인 적은 드물었습니다. 어떻게 내가 본 적도 없고 알지도 못하는 인물들에 대해 흥미를 느낄 수 있었겠습니까?

나의 존재에 그토록 전적으로 낯설고 아주 복잡하게 얽힌 그 다양한 존재들은 내가 이해하고 싶은 마음이 조금도 없는 어떤 상상적 사회에 속하는 것처럼 보였습니다. "그래요, 당신은 나중에 이해할 것입니다"라고 오귀스탱은 말하곤 했지요. 막연하지만 나는 그처럼 나의 젊은 가정교사를 즐겁게 하는 것이 무엇인지 알아차렸습니다. 그것은 삶의 게임이 지닌 광경 자체였으며, 감정들의 메커니즘이었고, 이해관계들·야망들·악덕들의 충돌이었습니다. 그러나 반복해 말하지만, 나는 그런 세계가 오귀스탱이 말했듯이 하나의 장기판이고, 인생은 잘 치르거나 못 치르는 한판 승부이며, 그와 같은 게임에는 법칙들이 있다는 점에 별 관심이 없었습니다. 오귀스탱은 자주 편지를 썼습니다. 때때로 그는 편지를 받았습니다. 여러 통이 파리의 우표가 붙어 있었죠. 그는 이 편지들을 특히 신속하게 뜯어서 급하게 읽었습니다. 가벼운 감동이 평소에는 매우 신중한 그의 얼굴을 한순간 고무시켰는데, 이런 편지들을 받고 나면 언제나 두 가지 결과가 나타났죠. 하나는 그가 낙담하는 모습을 드러낸 것인데, 그렇다고 그게 몇 시간 이상 지속되지는 않았습니다. 다른 하나를 보면 그는 생기가 배가 되어 몇 주 동안 거침없이 나아갔습니다.

한두 번 나는 그가 서류 꾸러미를 만들어 파리의 주소가 적힌 봉투에 넣은 뒤, 빌르뇌브의 시골 우체부에게 등기 속달로 보내 달라고 맡기는 것을 보았습니다. 그러고 나서 그는 눈에 띄게 불안한 모습으로 답장을 기다렸는데, 답장이 오기도 했고 오지 않기도 했습니다. 그런 뒤 그는 밭갈이 경작자가 새로운 고랑을 내듯이 흰 종이를 다시 집어 들었습니다. 그는 일찍 일어나 일터로 가듯이 작업실로 달려갔으며, 매우 늦게 잠자리에 들었고, 창문을 통해 비가 오는지 날씨가 좋은지 알아보는 일이 없었습니다. 그가 트랑블을 떠났던 날, 대기의 흐름과 어떤 주기적 영향을 나타내면서 끊임없이 움직이는 풍향계들이 작은 망루들에 있다는 것을 몰랐다고 나는 생각합니다. 내가 바람을 염려하는 모습을 보고 그는 나에게 "그게 당신에게 어쨌다는 것이죠?"라고 말했습니다. 그는 건강이 하도 좋아 자연스러운 요소처럼 생각되었던 엄청난 활동 덕분에 나를 가르치는 일과 자신의 일을 동시에 충분히 수행했습니다. 그는 나를 책 속에 파묻히게 만들었고, 책들을 읽고 또 읽도록 했으며, 번역·분석·베끼기를 시켰고, 내가 낱말들의 바다 속으로 그처럼 격렬하게 잠김으로써 너무 얼떨떨한 모습을 보일 때에만 바깥으로 내보내 바람을 쏘이게 했습니다. 우선 콜레주 학생이 되어야 하고 미래가 결정되지 않은 아이가 알아야 할 모든 것을 나는 그를 통해 신속하게 별다른 지겨움 없이 배웠습니다. 그의 목표는 내가 가능한 최대한 빨리 상급반에 들어갈 수 있도록 준비시킴으로써 콜레주 과정을 단축시키는 것이었습니다. 그렇게 하여 4년이 흘러갔으며, 그는 내가 콜레주의 5학년에 다닐 수 있는 준비가 되었다고 판단했습니다. 나는 내가 트랑블을 떠나게 되는 순간이 다가오고 있음을 엄청난 두려움을 느끼며 알아차렸습니다.

나는 내가 출발하기 전의 그 마지막 날들을 결코 잊을 수 없을 것입니다. 외관상 특이한 이유가 전혀 없는 병적인 감성의 발작이었지요. 어떤 진짜 불행이라 해도 그 이유를 더 잘 설명할 수는 없었을 것입니다. 가을이 왔지요. 모든 것이 그 출발을 도와주고 있었습니다. 세부적인 일 하나면 당신은 감을 잡을 수 있을 것입니다.

오귀스탱은 내 능력을 결정적으로 시험하려는 듯, 라틴어 작문을 시켰는데 주제는 이탈리아를 떠나는 한니발 장군의 출정이었습니다. 나는 포도나무 그늘이 진 테라스로 내려갔고, 정원의 가장자리에 놓여 있는 벤치의 야외에서 작문을 하기 시작했습니다. 그 주제는 그 수가 얼마 안 되는 역사적 사실들에 속한 것이었는데, 그때부터 예외적으로 역사적 사실들은 나를 대단히 감동시키는 신기한 힘이 있었습니다. 한니발이라는 이름과 결부된 모든 것도 마찬가지였으며, 자마 전투는 언제나 나에게 가장 개인적인 감동을 불러일으켰습니다.[4] 그것은 내가 정의에 대해선 신경 쓰지 않은 채 영웅적 행동에만 관심을 기울였던 재앙 같은 것이었습니다. 나는 내가 읽었던 모든 것을 상기했고, 그 인물이 자기 나라의 불길한 운명에 의해 정지당해 군사적 패배보다는 민족적 숙명에 굴복하고, 해안가로 내려가 오직 마지못해 떠나면서 절망과 반항의 마지막 작별을 고하는 모습을 상상했습니다. 그렇게 나는 역사적은 아니라 할지라도 적어도 서정적인 진실이라 보였던 것을 그럭저럭 표현해 보고자 노력했습니다.

나에게 책 받침대 역할을 했던 돌은 온기가 있었습니다. 도마뱀들이 따뜻한 태양 아래 나의 손 옆을 지나가곤 했습니다. 이제 초록빛을 잃은 나무들, 열기가 덜한 햇빛, 보다 길어진 그림자들, 보다 조용해진 구름 무리들, 이 모든 것은 가을 특유의 엄숙한 매력을 드러내면서 퇴락과 이지러짐과 이별을 이야기하고 있었습니다. 압착기를 돌리는 바람 한 점 불지 않고 있

---

[4] 카르타고의 정치가이자 장군인 한니발은 포에니 전쟁 때 이탈리아를 침입 로마군을 격파했으나, 대(大)스키피오가 카르타고를 공격하자 고국을 구하기 위해 소환되었으며 자마 전투에서 대패했다. [역주]

었지만 포도들은 하나하나 떨어지고 있었습니다. 공원은 평화로웠습니다. 새들은 내 마음을 울컥하게 만드는 음조로 노래하고 있었습니다. 무언지 그 동기를 알 수 없고 참아내기는 더욱 불가능한 갑작스러운 감동이 쓰라림과 환희가 뒤섞여 물결이 솟아오르려는 듯 내 안에서 올라왔습니다. 오귀스탱이 테라스에 내려왔을 때, 그는 온통 눈물범벅이 된 나를 발견했습니다.

"무슨 일입니까? 한니발 때문에 울고 있습니까?" 그는 나에게 물었습니다.[5]

하지만 나는 대답을 하지 않고 방금 쓴 글을 그에게 내밀었습니다.

그는 놀라움 같은 것을 드러내면서 나를 다시 한 번 쳐다보았고, 그처럼 특별한 감동의 효과를 줄 수 있는 자가 우리 주변에 아무도 없다는 것을 확인한 후, 공원과 정원과 하늘에 방심한 듯한 재빠른 눈길을 던지고는 나에게 다시 말을 했습니다.

"대체 무슨 일입니까?"

그리고는 종이를 집어 들어 읽기 시작했습니다.

읽기를 마치자 다소 맥 빠진 투로 이렇게 말했습니다. "좋아요. 이 작문으로 당신이 평균적인 능력의 콜레주 5학년에서 우수 학생으로 분류될 수 있다 해도, 이보다 잘할 수도 있어요. 한니발은 너무 많은 회한을 드러내고 있군요. 그는 바다 저쪽에 군대의 진을 치고 자신을 기다리는 국민에 대해 별 신뢰가 없군요. 당신은 그가 자마 전투를 짐작하고 있었다고 말하겠지

---

5) 여기서 원문대로 존댓말로 번역한 것은 귀족 출신인 도미니크에게 오귀스탱이 존댓말을 사용하기 때문이다. [역주]

요. 그러나 그가 자마 전투에서 패한 것은 그의 잘못이 아닙니다. 그가 태양을 등지고 있었다면 승리를 거두었을 것입니다. 게다가 그에게는 자마 전투 다음에 안티오코스 3세가 있었습니다.[6] 안티오코스의 배반 후, 그는 독약을 먹었습니다. 한 인간이 이제 끝났다고 마지막 말을 하지 않은 한 그가 잃은 것은 아무것도 없습니다."

그는 방금 파리로부터 받은 편지를 펼친 채로 손에 들고 있었습니다. 그는 평소보다 활기차 있었습니다. 즐겁고 분명한 어떤 강렬한 흥분이 그의 두 눈에 번쩍였습니다. 그 시선은 언제나 매우 직접적이었지만 평소에는 별로 빛을 발하지 않았죠.

"도미니크 도련님," 그는 테라스에서 나와 함께 몇 발자국 걸으면서 말했습니다. "당신에게 알려 줄 좋은 소식이 있습니다. 당신도 기뻐할 것입니다. 왜냐하면 나는 당신이 나에게 느끼는 우정을 알고 있기 때문이죠. 당신이 콜레주에 들어가는 날 나는 파리로 떠날 것입니다. 나는 오래 전부터 준비해 왔습니다. 이제 내가 그곳에서 영위해야 할 삶을 확실하게 보장할 수 있는 모든 준비가 되었습니다. 그곳이 나를 기다리고 있습니다. 그 증거가 이것입니다."

그렇게 말하면서 그는 나에게 편지를 보여주었습니다.

"오늘날 성공은 오직 작은 노력에 좌우되고 있는데 나는 지극히 커다란 노력들을 기울였습니다. 당신이, 내가 작업하는 모습을 보았던 당신이 바로 이 점을 말하고 있습니다. 도미니

---

6) 한니발은 자마 전투에서 패배한 후 시리아의 안티오코스 3세의 궁정으로 피신했다. 둘이 함께 로마군에 대항해 싸웠으나 결국 패해 그는 소아시아로 피신했으며 로마군이 그의 신병을 요구하자 자살했다. [역주]

크 도련님, 내 말 잘 들으세요. 사흘 후면 당신은 콜레주 5학년에 들어갈 것입니다. 다시 말해 당신은 아직 성인이 되지는 않지만 어린아이는 훌쩍 넘어설 것입니다. 나이는 아무래도 상관없습니다. 당신은 열여섯 살입니다. 여섯 달 후면, 당신이 원한다면 열여덟 살이 될 수도 있어요. 트랑블을 떠나 더 이상 트랑블에 대해 생각하지 마세요. 당신의 재산을 정리해야 할 때 나중에 가서야 생각하세요. 당신은 언제나 너무 높게 아니면 너무 낮게 생각합니다. 너무 높다는 것은, 도련님, 불가능한 것을 말합니다. 너무 낮다는 것은 낙엽을 말하지요. 삶은 그게 아닙니다. 인간의 높이로 당신 앞을 똑바로 바라보세요. 그러면 당신은 삶을 보게 될 것입니다. 당신은 뛰어난 지적 능력, 훌륭한 유산, 당신을 존경하게 만드는 가문의 이름이 있습니다. 그런 행운을 갖고 콜레주 문을 노크한다면 모든 것을 이룰 수 있습니다. 하나 더 충고하지요. 당신이 공부하는 세월 동안이 매우 행복하리라는 기대는 하지 마세요. 복종한다고 해서 미래에 대해 보장되는 것은 아무것도 없으며, 강요받는 규율은 자기 스스로에게 그것을 강제할 수 있는 훌륭한 정신이 있을 때에는 더 이상 아무것도 아닙니다. 당신이 콜레주의 친구들을 절대적으로 자유롭게 선택하지 않는 한, 그들을 너무 믿지 마세요. 당신이 성공할 경우 당신을 대상으로 한 질투에 대해 말하자면, 당신이 그것을 미리 이용하고 그것을 학습으로 간주하는 게 좋다고 생각합니다. 이제 공부하면 목표에 도달한다는 생각을 단 하루도 빠지지 않고 되새겨야 하고, 당신을 기다리고 있고 우리가 다시 만날 파리를 단 하루도 빠지지 않고 생각하면서 잠자리에 들어야 합니다."

그는 지극히 남성적인 권위 있는 몸짓을 드러내면서 나와 악수를 했고 그의 방으로 통하는 계단까지 단숨에 뛰어갔습니다.

나는 늙은 앙드레가 화단의 잡초를 뽑고 있는 정원의 오솔길로 내려갔습니다.

"도미니크 도련님, 무슨 일입니까?" 앙드레는 내가 지극히 동요되어 있음을 알아채고 물었습니다.

"사흘 후에 콜레주로 내가 떠나는 일만 남았어요, 앙드레 아저씨."

그리고 나는 공원 깊은 곳으로 달려가 저녁때까지 숨어 있었습니다.

IV

사흘 후 나는 세이삭 부인과 오귀스탱을 동반하고 트랑블을 떠났습니다. 이른 새벽이었습니다. 집의 모든 사람들이 일어나 있었습니다. 하인들은 우리를 둘러싸고 있었습니다. 앙드레는 집에서 초상을 치렀던 그 마지막 큰일 이후로 결코 보지 못했던 슬픈 모습으로 말(馬)들 앞에 서 있었습니다. 마차를 끄는 게 그의 통상적 일이 아니었건만 그는 마차에 올랐습니다. 말들은 전속력으로 출발했습니다. 내가 모든 사람들의 얼굴을 그토록 잘 알고 있었던 빌르뇌브를 통과할 때, 이미 거의 성인이 된 옛날의 어린 시절 동무 두세 명이 총각의 모습으로 등에 작업 도구를 짊어진 채 들판 쪽으로 가는 모습이 보였습니다. 그들은 마차 소리를 듣고 고개를 돌렸고, 단순한 산보가 아니라는 것을 알고는 나에게 즐거운 신호를 보내 행복한 여행을 빌어 주었습니다. 해가 솟아오르고 있었습니다. 우리는 들판 한가운데로 들어섰습니다. 나는 더 이상 장소들을 알아보지 못했습니다. 나는 새로운 얼굴들이 지나가는 것을 보았습니다. 나의 고모는 나에게 시선을 고정시키고 친절하게 나를 주시했습니다. 오귀스탱의 전체적 모습은 빛이 나고 있었습니다. 나는 슬픔만큼이나 거의 불편함을 느꼈습니다.

오르메송까지 50킬로미터를 가는 데는 긴 하루가 걸렸고, 해가 거의 넘어갈 무렵, 마차의 휘장을 떠나지 않고 있었던 오귀스탱이 갑자기 고모에게 말했습니다.

"부인, 저기 생 피에르 성당의 탑이 보입니다."

그 고장은 평평했고, 창백했으며, 밋밋했고 축축했습니다. 교회의 종들이 비죽비죽 솟아 있는 낮은 도시가 상낙 같은 버드나무 숲 뒤로 모습을 드러내기 시작했습니다. 습지들과 평야들, 희끄무레한 버드나무들과 노랗게 물드는 포플러나무들이 교대로 나타났습니다. 강 하나가 오른쪽에 흐르면서 진흙으로 더럽혀진 둑들 사이로 흙탕물을 무겁게 운반하고 있었습니다. 강가에는, 그리고 물의 흐름으로 인해 쓰러진 골풀들 사이에는 널빤지들을 실은 배들이 밧줄에 매어 있고, 거룻배들이 마치 물에 떠본 적이 없는 것처럼 진흙 속에 좌초해 있었습니다. 거위들이 강을 향해 평야에서 내려오다가 마차 앞에서 야생적 소리를 지르면서 달아났습니다. 열기가 느껴지는 안개에 둘러싸인 작은 소작지들이 운하 양안의 대마밭 속에 잠겨 멀리 보였고, 바다의 것이 아닌 습기가 차가운 날씨처럼 나를 전율케 했습니다. 마차가 다리 하나에 도달하자 말들은 천천히 건너갔고, 이어서 긴 대로에 이르자 날은 완전히 어두워졌으며, 보다 단단한 포장길에서 울리는 첫 말발굽 소리에 나는 우리가 도시 안으로 들어가고 있음을 알았습니다. 나는 50킬로미터가 나와 출발의 순간을 갈라 놓고 있고, 50킬로미터가 나와 트랑블을 갈라 놓고 있음을 헤아려 보았습니다. 나는 모든 게 끝났고 돌이킬 수 없게 끝났다고 생각했고, 감옥의 문턱을 넘어서듯이 세이삭 부인의 집으로 들어섰습니다.

그 방대한 집은 도시에서 가장 인적이 드물지는 않아도 가장 엄숙한 거리에 있었습니다. 그것은 수도원들과 인접하고 있었고, 높은 담장의 그늘 아래 이끼가 자라고 있는 작은 정원, 여백도 전망도 없는 커다란 방들, 소리가 울리는 현관들, 어두운 작은 골방으로 통하는 나선형 계단이 있었지만, 이 모든 것을 살아 있게 하기에는 사람들이 너무 적었습니다. 거기서 느껴졌던 것은 냉기 도는 옛 풍습, 지방의 딱딱한 풍습, 관습의 존중, 예의의 규범, 유복함, 대단한 안락 그리고 갑갑함이었습니다. 위층으로 올라가니 도시의 일부, 다시 말해 연기 나는 지붕들, 수도원의 기숙사와 종루들이 눈에 들어왔습니다. 내 방은 바로 그곳에 있었습니다.

나는 잠을 제대로 자지 못하거나 잠을 자지 않았습니다. 반시간마다 혹은 15분마다 괘종시계들이 개별적 음색을 드러내면서 울렸습니다. 녹슨 소리를 통해 매우 잘 알아볼 수 있었던 빌르뇌브 시골의 시계 종소리와 닮은 것은 하나도 없었습니다. 길에서는 발자국 소리가 울렸습니다. 격렬하게 흔들어대는 크레셀(바람개비 모양의 따르륵 소리를 내는 장난감)이 내는 것과 같은 일종의 소리가 소리의 잠이라 불릴 수 있는, 도시의 그 특수한 침묵 속에서 울렸습니다. 나는 어떤 특이한 목소리, 느리고 리듬이 있으며 다소 노래하는 듯한 남자 목소리를 들었는데, 그것은 점점 톤이 올라가면서 이렇게 말했습니다. "한 시이다, 두 시이다, 세 시이다, 세 시가 울렸다."

오귀스탱이 새벽에 내 방에 들어왔습니다.

그는 나에게 말했습니다. "당신을 콜레주에 소개하고 내가 당신에 대해 생각하고 있는 바를 교장선생님에게 알려드리고자 합니다. 이런 추천은 예전에 나를 많이 신뢰했고 나의 열정을 높이 평가해 준 것 같은 인간에게 하지 않는다면 아무 소용이 없을 것입니다"라고 그는 겸손하게 덧붙였습니다.

방문은 그가 말한 대로 이루어졌습니다. 그러나 나는 방심한 상태에 있었습니다. 나는 사람들이 나를 데려가고 데려오는 대로 나 자신을 맡겼고, 강의늘을 들었으며, 그 새로운 느낌에 대해 절대적으로 무심한 채 자습실들을 바라보았습니다.

같은 날 4시에 오귀스탱은 여행 차림을 하고 작은 가죽 가방에 모든 짐을 챙겨 들고는 파리행 마차가 완전히 출발 채비를 한 채 정차하고 있던 장소로 갔습니다.

그는 나와 함께 그를 동반했던 나의 고모에게 말했습니다. "4년 동안 변함없었던 관심에 다시 한 번 감사드립니다, 마님. 저는 도미니크 도련님이 공부를 좋아하고 남자의 취향을 지닐 수 있도록 최선을 다했습니다. 도련님이 파리에 오게 되면 틀림없이 나를 다시 만날 수 있을 것이며, 언제든 오늘처럼 헌신을 다할 것입니다."

그는 감동에 복받쳐 나를 껴안으면서 말했습니다. "나에게 편지를 쓰세요. 나도 편지를 받는 만큼 쓰겠다는 약속을 드리겠습니다. 용기와 행운을 빕니다! 당신은 그것들 모두를 당신을 위해 갖고 있습니다."

그가 높은 좌석에 앉자마자 마부는 고삐를 바로잡았습니다.

"잘 있어요!"라고 그는 반은 애정을 담아 반은 눈부신 모습으로 다시 한 번 나에게 말했습니다.

마부의 채찍이 네 마리 말을 후려쳤고 마차는 파리를 향해 달리기 시작했습니다.

그 다음날 8시에 나는 콜레주에 갔습니다. 나는 학생들의 물결을 피하고, 운동장에서 아이들이 신참에게 결코 전적으로 친절하지는 않은 시선으로 나를 훑어보는 것을 피하기 위해 마지막으로 들어갔습니다. 나는 위쪽에 5학년이라고 씌어진 노랗게 칠해진 문에 시선을 고정시킨 채 앞으로 똑바로 걸어갔습니다. 문턱에는 희끗희끗한 머리에 지쳐빠진 얼굴을 한 창백하고 진지하면서도 가혹하지도 착하지도 않은 남자가 서 있었습니다.

"자, 좀 빨리 와요"라고 그는 나에게 말했습니다.

똑바로 하라는 그 주의, 낯선 사람이 건네는 최초의 그 규율적인 말을 듣자 나는 머리를 쳐들고 그를 주시했습니다. 그는 지겹고 무심한 모습이었고 자신이 나에게 한 말에 대해 이미 더 이상 생각하지 않고 있었습니다. 나는 오귀스탱의 충고를 떠올렸습니다. 금욕주의와 결단이 번개처럼 나의 정신을 뚫고 지나갔습니다.

"그가 옳다. 나는 30초가 늦었다"라고 생각하고는 들어갔습니다.

선생님은 교단에 올라 받아쓰기를 시작했습니다. 작문의 시작이었습니다. 처음으로 나의 자존심은 경쟁적인 야심과 싸우지 않을 수 없었습니다. 나는 나의 새로운 동무들을 살펴보았고 완전히 내가 혼자라는 것을 느꼈습니다. 교실은 어두웠습니다. 비가 오고 있었죠. 작은 바둑판무늬가 있는 창문을 통해서 나는 바람에 흔들리는 나무들을 바라보았는데, 너무 비좁아 갑갑한 가지들이 운동장의 거무스름한 벽에 부딪치고 있었습니다. 나무들 사이에서 들리는 그 친근한 비오는 바람 소리는 조용한 수업 가운데서 단속적인 웅얼거림처럼 퍼져나갔습니다. 나는 때때로 지극히 부드럽게 느껴지는 일종의 전율적이고 고요한 슬픔 속에서 별다른 고통 없이 그 소리에 귀를 기울였습니다.

"자네는 공부하지 않나? 그게 자네 관심사인가…." 선생님이 갑자기 나에게 말했습니다.

그리고 나서 그는 다른 일에 신경을 썼습니다. 종이 위에서 물 흐르듯 움직이는 펜들 소리 이외에 아무것도 들리지 않았습니다.

잠시 후에 내 옆에 있던 학생이 나에게 쪽지를 요령 있게 슬며시 건네주었습니다. 그 쪽지에는 받아쓰기에서 발췌한 문장과 함께 이런 말이 담겨 있었습니다.

"가능하면, 날 좀 도와줘. 내가 곡해하고 있는 게 있으면 좀 바로잡아 줘."

곧바로 나는 잘되었든 잘못 되었든 내 자신이 한 번역을 베껴 그에게 돌려주었는데, 원래 표현은 빼고 다음과 같은 뜻을 지닌 의문표를 덧붙였습니다.

"나는 아무 책임도 지지 않을 것이네. 검토해 보게."

그는 나에게 고맙다는 미소를 지은 뒤 더 검토하지 않은 채 넘어갔습니다. 잠시 후에 그는 나에게 두번째 메시지를 전했고 이런 내용이었습니다.

"자네 신참인가?"

이 질문은 그 역시 신참이라는 것을 입증했습니다. 나는 정말 즐거운 몸짓을 하면서 나의 고독한 동료에게 "응" 하고 대답했습니다.

그는 나와 대략 나이가 비슷한 청년이었지만, 체질이 좀 허약했고, 금발이었으며, 말랐고, 푸른 아름다운 두 눈은 부드럽고 강렬했으며, 안색은 도시에서 자란 아이처럼 창백하고 탄력이 없었고, 옷차림이 우아했는데 우리 지방 양복점 제품이 아닌 특별한 형태의 옷을 입고 있었습니다.

우리는 함께 밖으로 나왔습니다.

"고맙네." 나의 새로운 친구는 나와 단 둘이 있게 되자 말했습니다. "나는 콜레주가 끔찍하게 싫네. 그래서 지금 그것을 조롱하고 있네. 저기에는 결코 내 친구가 되지 못할 더러운 손을 가진 한 무리의 장사꾼 아이들이 있네. 그들은 우리에 대해 혐오감을 느낄 것이나 나한텐 상관없네. 우리 둘이서 저들을 물리치면 될 것이네. 자네는 저들보다 뛰어날 것이고 저들은 자네를 존경할 것이네. 문장의 의미를 자네가 찾는 것을 제외하곤 자네가 원하는 모든 것을 위해 나를 이용하게나. 나는 라틴어가 지겹네. 오로지 대학입학자격을 얻기 위해서라면 나는 결코 라틴어를 하지 않을 것이네."

그러고 나서 그는 자신의 이름이 올리비에 도르셀이며, 파리에서 왔고, 가정 사정 때문에 오르메송에 오게 되었으며, 여기서 공부를 마칠 것이고, 백부 및 두 사촌누이와 함께 카르멜리트 가(街)에 살고 있으며, 오르메송에서 몇십 리 떨어진 곳에 땅을 소유하고 있고, 그 땅에서 자신의 이름 도르셀이 비롯되었다는 점 등을 나에게 알려 주었습니다.

"자, 이제 수업 하나가 넘어갔군. 오늘 저녁때까지 더 이상 그것에 대해선 생각하지 말자고." 그는 다시 말을 이었습니다.

그리고 우리는 헤어졌습니다. 그는 민첩하게 걸어갔고, 진흙투성이가 가장 덜 된 포장길을 침착하게 고르면서 멋진 신발소리를 냈으며, 영국인의 말굴레처럼 조여진 단단한 가죽 끈의 끝에 책 보따리가 흔들리고 있었습니다.

당신이 알다시피, 그날 이렇게 맺어졌지만 오늘 슬프고 결정적으로 사라진 우정에 대한 사후 추억에 결부된 그 최초의 시간들을 제외하면, 내가 공부를 했던 나의 나머지 삶 동안 우리는 거의 단절이 없었습니다. 그 다음 3년 동안이 지금 나한테 어떤 흥미를 불러일으킨다면, 그것은 다른 종류의 흥미이고, 여기에 콜레주 학생의 감정이 쓸데없이 개입되지는 않습니다. 그런 만큼 나는 이른바 풋내기 신참이라는 그 무의미한 싹은 더 이상 언급하지 않기 위해 수업과 관련해 말하면 나는 우수한 학생이 되었습니다. 이것은 나 자신의 의지와는 상관이 없었고 별 탈도 없었습니다. 다시 말하면 나는 그 어떤 누구에게도 상처를 주고 싶지도 않았고 상처를 주지도 않았습니다. 또 사람들은 내가 장차 성공할 것이라고 예견해 주었으며, 나 자신의 지속적인 불신이 너무도 진지하고 너무도 뚜렷했기 때문에 겸손과 동일한 효과를 나타냈고, 나로 하여금 나 스스로 별로 대수롭지 않게 여겼던 우월한 측면들을 그대로 인정받게 해주었습니다. 끝으로 그리하여 개인적인 자존에 대한 이와 같은 총체적 부재는 일찍이 스스로를 관찰하고, 자신의 정확한 가치에 따라 자기 자신을 평가하며, 자신을 단죄하게 되어 있는 한 정신의 무심함과 엄격함을 예고했습니다.

  당신에게 말했듯이, 세이삭 부인의 집은 즐겁지 않았으며 오르메송의 체류는 더욱 즐겁지 않았습니다. 지방 깊숙이 망각된 종교적이고 구시대적인 우울한 조그만 도시, 아무 곳으로도 통하지 않고, 아무것에도 쓸모없으며, 삶은 나날이 자취를 감추고, 들판이 침투해 들어오고 있는 그런 도시를 상상해 보세요. 기업이라고는 전무하고, 상업도 죽어 버렸으며, 일단의 부르주아지는 자신들의 재력으로 근근이 살아갔고 귀족들은 불만에 가득 차 있었습니다. 낮에는 거리들에 아무런 움직임도 없었고, 밤에는 불빛도 없었습니다. 심술궂은 침묵이 다만 교회 종소리에 의해 깨어지곤 했습니다. 매일 저녁 10시가 되면, 생 피에르 성당의 커다란 종이 피로보다는 지겨움으로 이미 4분의 3이 잠든 도시에 통행금지를 알리곤 했습니다. 매우 아름답고 매우 칙칙한 느릅나무들이 심어진 긴 대로들이 근엄한 그림자로 도시를 감싸고 있었습니다. 나는 콜레주에 갔다 오기 위해 하루에 네 번 도시를 통과했습니다. 그 길은 지름길은 아니었지만 나의 취향에 가장 맞았고 나를 들판과 가깝게 해주었습니다. 나는 계절에 따라 슬프거나 아름답고, 초록빛이거나 얼음장 같은 석양의 방향으로 멀리 펼쳐진 들판을 바라보곤 했습니다. 때때로 나는 강가에까지 가보았지만 광경은 변함이 없었습니다. 누런 강물은 그곳까지 느껴지는 밀물의 운동으로 인해 반대 방향으로 끊임없이 움직이고 있었습니다. 습기 찬 바람 속에서 타르·삼·소나무 널빤지 냄새가 났습니다. 이 모든 것은 단조롭고 추했으며, 사실 트랑블의 그리움을 위로해 주는 게 아무것도 없었습니다.

나의 고모는 자기 지방의 특성, 고루한 것들에 대한 사랑, 변화에 대한 두려움, 요란스러운 새로운 것들에 대한 혐오를 드러냈습니다. 경건하면서도 세속적이었으며, 상당히 당당한 풍채에 매우 단순했고, 심지어 사소한 별난 행동에서까지 모든 면에서 완벽했던 그녀는 그녀의 말에 따르면 가문의 미덕인 두 개의 원칙에 따라 자신의 삶을 통제했습니다. 하나는 교회의 율법을 헌신적으로 따르는 것이고, 다른 하나는 세상의 법칙을 존중하는 것이었습니다. 그리고 그녀는 이와 같은 두 가지 의무를 다하는 데 있어서 너무도 능숙한 우아함을 보여줄 줄 알았기 때문에 그녀의 매우 진실한 경건함은 그녀의 처세술이 지닌 새로운 사례에 지나지 않는 것처럼 보였습니다. 그녀의 살롱은 다른 나머지 모든 습관과 마찬가지로 매일같이 조금씩 더 위협을 받고 있는 자신의 추억들이나 대대로 내려오는 애착물들을 위한 일종의 공개된 안식처나 랑데부 장소였습니다. 그녀는 그곳에서 특히 일요일이면 자신의 지난날 사교모임에서 아직도 살아 있는 몇몇 인사들과 모임을 가졌습니다. 모두가 무너진 군주제에 속했던 인물들이었으며 그녀처럼 세상으로부터 은거해 있었습니다. 그들이 가까이서 목격했던 혁명은 공통적인 자산인 일화들과 불만들을 그들에게 쏟아냈는데, 그들을 동일한 시련 속에 빠지게 함과 동시에 그들 모두를 똑같이 만들어 냈습니다. 사람들은 모 성채에서 함께 보낸 혹독한 겨울들, 땔감의 부족, 침대도 없이 잠을 잤던 병영의 공동침실, 커튼으로 옷을 입혔던 어린아이들, 몰래 구입하러 갔던 검은 빵을 기억하고 있었습니다. 그들은 예전에 그렇게 끔찍했던 것을 자신들이 조소하고 있음을 문득 깨닫곤 했습니다. 나이가 주는 너그러움은 하늘을 찌를 것 같았던 분노를 누그러뜨렸습니다. 삶은 다시 흘러가기 시작하면서 상처를 아물게 했고, 재난을 복구해 주었으며, 회한을 약화시키거나 보다 최근의 회한 밑으로 가라앉혀 주었습니다. 사람들은 음모를 꾸미지 않았고, 별로 저주를 퍼붓지 않았으며 기다렸습니다. 끝으로 살롱의 구석에는 아이들을 위한 게임 테이블이 있었는데, 거기서 일단의 젊은이들과 미래, 다시 말해 미지의 대변자들이 카드를 뒤섞으면서 은밀하게 속삭이곤 했지요.

올리비에를 만났던 바로 그날, 나는 집에 돌아오자 친구가 생겼다고 서둘러 고모에게 말했습니다.

"친구라고!" 고모는 말했습니다. "도미니크 조카, 자네는 좀 서두르고 있군. 그 친구의 이름을 알고 있는가? 그 친구 나이가 어떻게 되지?"

나는 내가 올리비에에 대해 알고 있는 것을 이야기했고, 단번에 나를 매료시켰던 상냥한 색채로 그를 묘사해 주었습니다. 그러나 이름만 듣고도 나의 고모는 충분히 안심이 되었습니다.

"우리 지방에서 가장 오래되고 가장 훌륭한 가문의 이름 가운데 하나지." 그녀는 나에게 말했습니다. "그것은 나도 많은 존경과 우정을 느끼는 한 인물이 지니고 있는 이름이지."

이렇게 새로운 인연이 형성된 후 불과 몇 주가 지나자 두 가문의 연결은 완벽했으며, 그해 겨울 첫달이 되자 우리의 모임은 세이삭 부인의 집에서 혹은 도르셀 저택에서 시작되었습니다. **도르셀 저택**은 올리비에가 카르멜리트 가(街)의 집에 대해 이야기하면서 말했던 집으로 그의 백부와 사촌누이들이 살고 있지만 그렇다고 그들이 거들먹거리지는 않았습니다.

두 사촌누이 가운데 하나는 쥘리라는 이름의 아이였습니다. 다른 하나는 대략 우리보다 한 살 많았는데 이름이 마들렌이었으며 수도원에서 나온 참이었습니다. 그녀는 수도원의 억제된 자태, 어색한 몸짓, 자기 자신에 대한 당혹감을 간직하고 있었습니다. 그녀는 수수한 제복을 입고 있었습니다. 그녀는 내가 당신에게 이야기하는 그 시점에도 여전히 일련의 칙칙하고 옹색하며 깃이 올라간 옷들을 입곤 했는데, 그것들은 책상과의 마찰로 인해 몸통 부분이 닳아서 해졌고, 포석을 깐 기도실 바닥에 무릎을 꿇어서 무릎 부분이 구겨져 구질구질해져 있었습니다. 흰 피부의 그녀는 은둔적인 삶과 감정의 완전한 부재가 느껴지는 그런 차가운 안색을 하고 있었으며, 두 눈은 잠에서 막 깨어날 때처럼 제대로 뜨고 있지 못했고, 확실하게 들이 잡히고 만들어질 필요가 있는 미확정된 신장에 크지도 작지도 않았으며, 마르지도 뚱뚱하지도 않았습니다. 사람들은 그녀가 벌써 매우 예쁘다고 말했으며, 나 역시도 별 주의를 기울이지도 믿지도 않으면서 예쁘다고 기꺼이 되풀이해 말하곤 했습니다.

한편 내가 당신에게 벤치에서의 모습만 보여준 바 있는 올리비에로 말하면, 다소간 괴상하고, 독서가 부족해 매우 무식하며, 삶의 모든 일에 있어서는 매우 조숙하고, 몸짓·태도·말에 있어서는 자연스러우며, 세상에 대해선 아무것도 모른 채 형식들의 차원에서 세상을 짐작하고 모방하면서 이미 편견을 따르고 있는 사근사근한 청년을 상상해 보십시오. 겨우 열여섯 살에 자신을 남자라고 즉석에서 꾸며대고 자신의 나이를 앞질러 무언지 알 수 없는 이례적인 행동, 다소간 특이하지만 결코 비웃을 수 없는 그런 열정 같은 것을 떠올려 보세요. 생성중이면서도 성숙하고 인위적이면서도 매우 매력적인 무언가를 말입니다. 그러면 당신은 세이삭 부인이 어떻게 그에게 매료되어 그에게 남아 있는 유일한 유치한 것이듯 신참 풋내기의 결점들을 용서할 정도가 되었는지 이해할 것입니다. 게다가 올리비에는 파리에서 왔던 참이었고, 이 점이 바로 그의 가장 커다란 우월한 측면이었으며, 이것으로부터 다른 모든 우월한 측면들이 비롯되었고, 이것이 나의 고모한테는 아니라 해도 적어도 우리한테는 그 모든 다른 것들을 요약해 주고 있었습니다.

이러한 추억들은 그 기원이 매우 진부하지만, 뒷날에는 매우 혼란스럽게 됩니다. 그러나 내가 그 흐름을 거슬러 올라가기가 다소 힘들긴 해도, 그것들을 통해 과거로 멀리 되돌아가는 만큼 나는 램프 불빛 아래 초록빛 천이 깔린 테이블을 중심으로 평소의 자리에 앉아 있는 그 젊은 세 얼굴을 다시 만납니다. 그들은 현실적인 근심의 그림자가 없이 미소 짓는 모습이었지만, 고통과 정념이 언젠가는 많은 방식으로 그들을 슬프게 하게 되어 있었죠. 어린 쥘리는 어린애 같은 실쭉한 수줍은 모습을 보였고, 마들렌은 아직도 반은 수도원 기숙사 학생 같은 모습이었습니다. 올리비에는 수다스러웠고, 방심했으며, 변덕스러웠고, 애쓰지 않고도 우아했으며, 아이들이 최악의 차림을 하고 있는 시대와 고장에서 멋스럽게 차려입었고, 많이 놀이를 해봐 놀 줄 아는 사람처럼 냉정하게 카드들을 신속하고 민첩하게 다루었습니다. 그리고 그는 갑작스럽게 두 시간에 열 번은 카드놀이를 그만두었다가 카드들을 던졌고, 하품을 하면서 "이제 재미없다"고 말하고는 긴 안락의자에 파묻히러 가곤 했습니다. 우리가 그를 불렀지만 그는 꼼짝도 하지 않았죠. 우리는 "올리비에 뭘 생각하나?"라고 말하곤 했습니다. 그는 아무에게도 대답하지 않았고, 그 자체가 하나의 매력인 그 불안한 모습으로 반쯤 어두운 살롱에서 고정할 수 없는 불티처럼 떠도는 그 이상한 시선을 한 채 말 한 마디 없이 자기 앞을 계속해서 쳐다보았습니다. 게다가 습관마저 별로 규칙적이지 못했고, 마치 숨겨야 할 비밀이 있는 것처럼 이미 입이 무거웠으며, 우리의 모임에도 철저하지 않았고, 그의 집에서도 찾을 수 없었으며, 활동적이었고, 빈둥거렸으며, 언제나 도처에 있으면서 아무데도 없었고, 새장에 넣어둔 일종의 새와 같았던 그는 지방의 삶에서 스스로 예기치 않은 것들을 창조하고 감옥에서 대기 속에 있듯이 날아다니는 방법을 찾아냈습니다. 또 그는 자신이 유배되었다고 생각했고, 마치 아우구스투스의 로마를 떠나 트라키아에 오기라도 했던 것처럼 몇 조각의 라틴문화를 외웠는데, 이것이 그의 말에 따르면 목동들의 집에 거주하는 것을 위로해 주었다 합니다.

이런 동무와 함께 있었으니 나는 정말로 고독했습니다. 나는 대기가 그리웠고, 나의 비좁은 방에서 질식할 것 같았습니다. 내 방은 연기가 솟아 흐르는 회색빛 장벽에 시야가 막혔고, 그 위로는 강 갈매기들이 날아다녔습니다. 겨울이었고 몇 주 동안 내내 비가 왔고 눈이 왔습니다. 그러고 나서 갑자기 해빙되어 눈이 녹아 버렸으며, 한순간 도시를 그처럼 모진 계절의 환상으로 뒤덮었던 그 잠깐 동안의 눈부신 눈의 풍경이 사라지자 도시는 점점 더 어둡게 보였습니다. 상당한 시간이 흐른 후 어느 날 아침 창문들이 열렸고 소리들이 되살아났습니다. 이집 저집에서 서로를 부르는 목소리들이 들렸고 바깥에 내놓은 애완용 새들이 노래를 불렀습니다. 태양은 빛났고, 나는 위층에서 우리 집 작은 정원의 움푹 파인 구덩이를 바라보았으며, 새싹들은 그을린 색깔의 가지들에서 솟아났습니다. 겨우 내내 보이지 않았던 공작새 한 마리가 특히 저녁때면 지붕 꼭대기로 천천히 올라가서, 마치 낮게 비치는 햇빛의 적당한 온기를 산책을 위해 선택한 것인 양 날개를 펴고 으스대며 걸었습니다. 그것은 하늘을 배경으로 다발 모양의 찬란한 거대한 꼬리를 꽃을 피우듯 펼쳐내고는 도시들에서 들리는 모든 소리처럼 쉰 날카로운 목소리로 울기 시작했습니다. 그렇게 하여 나는 계절이 바뀌고 있음을 알았습니다. 어딘가로 달아나고 싶은 욕망이 있었지만 나는 그렇게 멀리 가지는 못했습니다. 나 역시 《비가》[7]에서 이행시(二行詩)들을 읽은 적이 있는데, 나는 그것들을 내가 알고 있는 유일한 고장이자 쓰라린 그리움을 남겨 주었던 빌르뇌브를 생각하면서 아주 낮게 읊조리곤 했습니다.

나는 공부에 매진할 때조차도 괴로웠고, 불안했으며 특히 무료했습니다. 왜냐하면 공부가 나의 삶에서 이미 아무짝에도 쓸데없는 나 자신의 잉여분을 차지하고 있었기 때문입니다. 따라서 나는 두세 가지 편벽증이 있었는데, 하나는 범주들에 대한 것이고 다른 하나는 날짜들에 대한 것이었습니다. 첫번째 것의 목적은 외관상 모두가 똑같은 나날들, 더 낫거나 더 못하게 하

---

7) 오비디우스가 아우구스투스 황제로부터 흑해 연안의 토미스(현 루마니아의 콘스탄차)로 추방된 후 쓴 5권으로 된 시집으로, 고국에 대한 향수를 담아내고 있다. 〔역주〕

는 아무런 우발적 일도 일어나지 않는 그런 나날들에서 일종의 선택을 해 그것들의 가치에 따라 분류하는 것이었습니다. 그런데 철저히 무료했던 그 긴 나날들의 유일한 가치는 내가 나 자신 안에서 느꼈던 다소간 정도 차가 있는 생명의 움직임이었습니다. 내가 내 안에서 보다 확산된 힘, 보다 많은 감성, 보다 많은 기억을 알아보았고, 나의 의식이 말하자면 보다 나은 음향으로 보다 잘 울렸던 상황이나, 혹은 보다 강렬한 집중이나 보다 부드러운 확장의 순간이 있던 날은 그 어느 때가 되었든 결코 잊을 수 없는 날이 되었습니다. 이로부터 날짜 · 수치 · 상징 · 상형문자에 대한 또 다른 광적 집착이 비롯되었습니다. 당신은 이에 대한 증거를 지금 여기서, 그리고 내가 충만함과 열광을 느낀 순간의 흔적을 새겨둘 필요가 있다고 생각한 곳이면 어디에서나 만날 수 있습니다. 내 삶의 나머지는 미온적 태도나 무미건조함으로 흩어져 버렸는데, 나는 그것을 내빈 늦게 밀려오는 조수 때마다 바다에서 발견되는 저지대, 죽어 버린 것처럼 움직임이 없는 저 말라 버린 저지대와 비교하곤 했습니다.

이와 같은 교대는 회전 각등의 점멸하는 불빛을 상당히 닮아 있었으며 나는 신호가 되돌아오기를 기다리기라도 하듯이, 내 안에서 무언지 알 수 없는 각성을 끊임없이 기다렸습니다.

물론 내가 몇 마디로 당신에게 이야기하는 것은 길고도 어두운 다양한 고통을 매우 간단하게 압축한 것에 불과합니다. 내가 매우 자연발생적인 그 현상들을 표현한 비극적 시나 설명을 당시에 알지 못했던 책들에서 만났던 날 나는 단 하나의 아쉬움만을 느꼈는데, 아마 그것은 위대한 정신들이 나보다 앞서 체험했던 것을 패러디하면서 그들을 왜소하게 만들었다는 것입니다. 그들의 사례는 나에게 아무것도 가르쳐 주지 못했고, 그들이 결론을 내릴 때 그 결론 역시 나를 교정해 주지 못했습니다. 다른 사람이 제공하는 광경을 목격하듯이 자신의 삶을 목격하는 잔인한 천품을 죄악이라 한다면, 그 죄악은 이미 저질러졌고, 나는 삶을 증오하지 않은 채 삶 속으로 들어왔습니다. 비록 삶이 매우 내면적이고 그야말로 치명적인 분리 불가능한 적(敵)인 나 자신을 많이 고통스럽게 했다 할지라도 말입니다.

V

한 해 전체가 그런 식으로 흘러갔습니다. 도시 깊숙한 곳으로부터 나는 가을이 나무들을 붉게 물들이고 방목장들로 하여금 다시 초록빛을 띠게 하는 것을 보았습니다. 콜레주가 다시 개학하는 날, 평소대로 나는 불안한 불행한 존재, 정신이 둘로 갈라진 것 같은 존재를 자신을 살피는 고행자처럼 학교에 이끌고 갔습니다.

나 자신에 가한 끊임없는 그 비판, 때로는 친구이고 때로는 적이며 증인처럼 항상 거추장스럽고 재판관처럼 의심 많은 그 가차 없는 시선, 보통 자기 자신을 거의 관찰하지 않는 나이의 지극히 기발한 행위들에 대해서 늘 조심성이 없는 그 상태, 이 모든 것은 나를 일련의 불편·장애·어리석음 혹은 흥분 속에 던져 버렸고, 이것들은 곧바로 위기로 이어졌습니다.

이 위기는 봄 무렵 내가 열일곱 살을 막 지난 시점에서 발생했습니다.

 4월 말의 어느 날이었고 외출날인 금요일이 틀림없었습니다. 나는 아침 일찍이 도시를 떠나 홀로 무턱대고 대로를 산보하러 갔습니다. 느릅나무들은 아직 잎들이 피지 않았지만 새싹들이 뒤덮여 있었습니다. 초원은 데이지가 꽃핀 방대한 정원을 형성하고 있을 뿐이었습니다. 가시나무 울타리들은 꽃이 피어 있었습니다. 따뜻하고 강렬한 태양은 갈매기들을 노래하게 했고 더욱더 창공 가까이로 그것들을 유인하고 있는 듯했습니다. 그만큼 그것들은 직선을 그으며 나타나 높이 날아갔습니다. 어디에나 새로 태어난 곤충들이 커다란 잡초의 끝에서 빛의 원자들처럼 바람에 흔들리고 있었고, 새들은 둘씩 쉴 새 없이 날갯짓하면서 지나갔으며, 건초 더미로, 밀밭으로, 수풀 속으로, 보이지 않는 둥지로 향했습니다. 때때로 봄의 기운으로 생기를 찾거나 생명력을 회복한 환자들이나 노인들이 산보하고 있었습니다. 그리고 바람에 보다 많이 노출된 장소들에서는 군데군데 무리를 이룬 아이들이 긴 삼각꼬리가 나부끼는 연들을 날린 뒤, 강렬한 색깔들이 점철된 흰 방패꼴 문장들처럼 그것들이 투명한 창공에 고정된 모습을 아득히 바라보았습니다.

 나는 사방을 감싸는 그 빛, 막 태어나는 식물들의 그 냄새, 대기에 배어 강렬하게 흐르는 사춘기 같은 봄의 그 기운에 젖고 자극되어 신속하게 걸었습니다. 내가 느꼈던 것은 매우 부드러우면서 동시에 매우 열정적이었습니다. 나는 눈물이 날 정도로 뭉클했지만 무기력함도 무미한 감동도 아니었습니다. 나는 걷고 싶고, 보다 멀리 가고 싶으며, 한순간도 휴식을 허용하지 않았던 피로 때문에 나를 부숴 버리고 싶은 욕망에 쫓기고 있었습니다. 나를 알아볼 수 있는 누군가가 보이는 곳이면 어디서나 나는 돌연 방향을 바꾸어 우회로를 택했고, 아무도 보이지 않는, 푸른 보리밭 사이로 난 좁은 오솔길로 숨을 헐떡이며 사라졌습니다. 무언지 알 수 없는 어떤 야생적 감정이 그 어느 때보다 강렬하여 나는 활력이 넘치는 그 커다란 시골 한가운데로 자취를 감추었습니다. 기억하건대, 걸으면서 성무일과서를 읽고 있는 늙은 사제들에 인도되어 젊은 신학교 학생들이 꽃이 핀 울타리를 따라 둘씩 열을 지어 가는 모습이 멀리 보였습니다. 몸에 꽉 달라붙는 옹색한 검은 옷으로 인해 이상하고 더욱 야위어 보이는 길쭉한 청년들이 지나가면서 가시나무 꽃을 꺾었고, 망가진 꽃을 손에 든 채 멀어져 갔습니다. 내가 상상하는 것은 대조들이 아닙니다. 나는 그런 상황에서, 그런 시간에, 그런 장소에서, 상복 같은 옷을 입고 이미 과부들을 완전히 닮은 그 음울한 젊은이들이 내 안에서 불러일으켰던 느낌을 회상하고 있습니다. 때때로 나는 도시 쪽을 되돌아보았습니다. 초원의 먼 경계에서 보이는 것은 대로들의 다소 칙칙한 윤곽선과 교회 종루들의 꼭대기뿐이었습니다. 그때 나는 어떻게 그토록 오랫동안 그곳에서 머물렀는지, 그리고 어떻게 그곳에서 죽지도 않고 나를 연소시킬 수 있었는지 자문했습니다. 그러자 저녁예배를 알리는 종소리가 들렸고, 그 종소리는 수많은 추억들을 동반함으로써 가혹한 구속들을 상기시키듯이 나를 슬프게 했습니다. 밤이 되기 전에 되돌아가야 하고 다시 갇히지 않을 수 없음을 생각하자, 나는 더욱 격분하여 강 쪽으로 다시 달렸습니다.

    나는 강렬하게 톡톡 쏘는 4월의 태양 아래, 도로들의 포근한 열기가 느껴지는 야외에서 몇 시간이나 보낸 그 방황으로 피곤한 게 아니라 그 반대로 보다 흥분하여 되돌아왔습니다. 나는 일종의 도취 상태에 있었으며, 나의 얼굴, 나의 모습, 나의 전 인격에 이론의 여지없이 표출된 비상한 감정들로 가득 차 있었습니다.

"조카, 무슨 일이지?" 세이삭 부인이 나를 알아보고는 말했습니다.

"매우 빠른 속도로 걷기를 했습니다." 나는 멍하니 대답했습니다.

그녀는 다시 나를 관찰하고는 불안한 어머니 같은 모습으로 투명하고 깊은 불꽃 같은 두 눈으로 나를 사로잡았습니다. 나는 끔찍하게 동요되었습니다. 나는 그런 눈으로 살피는 태도의 부드러움도, 그런 눈이 담아내는 애정도 견딜 수 없었습니다. 나는 알 수 없는 어떤 혼란에 갑자기 사로잡혔고, 그 때문에 그와 같은 견딜 수 없는 시선이 던지는 막연한 탐색을 감지했습니다.

"고모님, 저를 좀 내버려 두세요." 나는 그녀에게 말했습니다.

그러고 나서 나는 서둘러 내 방으로 올라갔습니다.

방에 들어서자 석양의 빛줄기가 훤하게 비껴들고 있었으며 나는 생명의 물결처럼 방 안에 침투하는 그 따뜻한 진홍색 빛줄기에 눈이 부신 것 같았습니다. 그러나 나는 그곳에 홀로 있음으로써 보다 진정됨을 느꼈고, 그 쏟아지는 광채가 소멸하게 될 유익한 시간을 기다리면서 창문 곁으로 갔습니다. 높은 종루들의 정면이 조금씩 붉게 물들었고, 습기가 약간 더 많아진 대기 속에서 소리들은 더욱 분명해졌으며, 강에 정박한 배들의 돛대가 지붕들 위로 솟아 있는 쪽으로 붉게 타오르는 줄무늬들이 석양에 형성되고 있었습니다. 나는 내가 체험하고 있는 게 무엇인지 생각하면서, 아무런 답변도 할 줄 모른 채 듣고, 보고 느끼면서, 그 어느 때보다 감동적이고 강렬하며 활동적이고 덜 억압적인 삶의 박동에 의해 숨이 막혀 저녁때까지 거기 머물러 있었습니다. 나는 누군가가 거기 있었으면 좋겠다고 생각했습니다. 무엇 때문인가? 그 이유는 말할 수 없었을 것입니다. 그렇다면 누가? 그건 더욱 알 수 없었습니다. 나에게 가장 소중했던 존재들 가운데 절친한 사람을 그 즉시 선택해야 했다면, 나는 아무도 말할 수 없었을 것입니다.

석양의 마지막 빛줄기가 사라지기 몇 분 전이 되어서야 나는 내려갔습니다. 나는 내가 알고 있는 인적이 없는 작은 길들을 통해 살며시 이동해 잡초가 아주 한적하게 자라고 있는 대로(大路)의 장소까지 갔습니다. 나는 군인들의 첫 귀영 나팔이 들리기 시작하는 광장을 따라 걸었습니다. 이어서 나팔 소리는 멀어졌고, 나는 저녁때의 조용한 분위기 속에서 소리가 확산되는 공간의 넓이에 따라 보다 분명하거나 보다 혼미하게 울리는 반향을 들으면서, 구불구불한 길들을 통해 멀리서 군인들의 행진을 따라갔습니다. 푸르스름한 석양빛이 하늘로부터 내려오는 가운데, 파릇파릇 새잎이 돋아난 느릅나무들 아래로, 들쭉날쭉한 레이스 모양의 잎사귀들 위에 뿌려진 불티들처럼 나뭇가지 사이로 빛을 발하는 초저녁 별들의 미광 속에서 홀로, 홀로 고독하게 나는 완벽하게 율동적인 그 음악을 들으면서 그 리듬에 몸을 맡긴 채 긴 대로를 따라 걸어갔습니다. 나는 그 음악의 박자를 나타내 보았습니다. 정신적으로 나는 그것이 들리고 나면 그것을 반복했습니다. 내 정신 속에 남아 있는 것은 계속되는 어떤 운동 같은 것이었고, 이것은 일종의 음계와 강조된 선율이 되었으며, 여기에 맞추어 나는 무의식적으로 가사를 붙였습니다. 나는 이 가사에 대해서도, 주제에 대해서도, 낱말들의 의미에 대해서도 기억나는 게 아무것도 없습니다. 내가 다만 알고 있는 바는 그와 같은 특이한 발산이 우선 어떤 리듬처럼, 그 다음에는 리듬을 탄 언어와 함께 나로부터 나왔다는 것이고, 이와 같은 내적 박자가 박자의 균형을 통해서뿐 아니라 서로 조응하면서 반향하는 어떤 무성 혹은 유성 음절들의 중복 혹은 다양한 반복을 통해서 갑자기 표현되었다는 것입니다. 내가 겨우 감히 당신에게 말할 수 있는 것은 그것이 시구들이었다는 점이지만, 노랫말을 많이 닮았었습니다.

바로 그 순간에, 내가 그런 반성을 하는 동안에 나는 내가 따라갔던 오솔길에서 평소의 우리 집 친구인 도르셀 씨와 그의 두 딸이 내 앞에 있는 것을 알아보았습니다. 나는 그들과 너무 가까이 있었기 때문에 그들을 회피할 수가 없었으며, 또 내가 너무 몰두해 있었기 때문에 그럴 힘도 없었다 할 것입니다. 그리하여 나는 마들렌의 평화로운 시선 및 하얀 얼굴과 마주하게 되었습니다.

"당신이 어떻게 여기에?" 그녀는 나에게 말했습니다.

나를 전율케 했던 남프랑스의 가벼운 악센트와 함께 그 공기 같은 선명한 목소리가 아직도 들리고 있습니다. 나는 그녀가 내밀었던 손, 그녀의 섬세하고 상큼한 작은 손을 기계적으로 잡았으며, 이 신선한 접촉으로 인해 나는 내 손이 불타고 있다는 것을 느꼈습니다. 우리는 서로가 너무 가까이 있었고 그녀의 얼굴 윤곽이 너무도 뚜렷했기 때문에 나는 그녀 역시 나를 그렇게 보고 있으리라는 생각에 대경실색했습니다.

"우리가 당신을 두렵게 했습니까?" 그녀는 덧붙였습니다.

나는 그녀의 목소리가 변하는 것을 보고서 나의 동요가 얼마나 두드러졌는지를 알았습니다. 나는 이처럼 출구 없는 상황에서 단 1분도 더 절대로 버틸 수 없을 것 같았기에 알 수 없는 이상한 말을 더듬거렸고, 완전히 머리가 돌아버려 경솔하고 바보같이 달아나 버렸습니다.

그날 저녁 나는 고모의 살롱을 거쳐 가지 않았고, 들키지 않을까 두려워 내 방에 틀어박혔습니다. 아무것도 생각하지도, 생각하고 싶지도 않은 채, 매혹하는 만큼 두렵게 하는 알 수 없는 어떤 억제 불가능한 기도(企圖)에 사로잡힌 바로 그런 사람처럼, 나는 하늘에서 떨어진 것 같은 예기치 않은 일련의 글을 단숨에, 다시 읽지도 않으면서 거의 망설이지 않고 써내려갔습니다. 그것은 내 마음에 넘쳐흐르는 감정 같았으며, 내 마음은 점점 비워지자 진정되었습니다. 열에 들뜬 이러한 작업은 한밤중까지 이어졌습니다. 그러자 나의 과제가 끝난 것 같은 느낌이 들었습니다. 모든 흥분된 감정들은 진정되었고, 새벽녘 새들이 처음 깨어나는 시간에 나는 감미로운 피로 속에서 잠에 빠져들었습니다.

그 다음날 올리비에는 내가 자신의 사촌누이들을 만났던 사실, 나의 당황, 나의 달아남에 대해 이야기했습니다.

"너는 불가사의한 행동을 하고 있어." 그는 말했습니다. "넌 잘못 생각하고 있어. 내가 비밀이 있다면 너에게 털어놓을 거야."

우선 나는 진실을 말할까 망설였습니다. 털어놓는 것은 지극히 단순한 것이었으며, 그렇게 하는 게 물론 훨씬 나았을 것입니다. 그러나 그와 같은 고백에는 수많은 실재적 혹은 상상적인 난관이 있어서 그것을 생각하는 게 불가능했습니다. 게다가 내가 오래 전부터 느껴온 것을 아무도 의심하지 않게 하면서 어떻게 그에게 이해시킬 수 있겠습니까? 대낮이 상처를 주었던 그 극도의 수치심에 대해 어떻게 그에게 냉정하게 이야기할 수 있겠습니까? 그 수치심은 그 어떠한 조사, 다른 사람들의 조사도 나의 조사도 견디지 못했으며 너무 강렬하거나 너무 최근인 상처처럼 시선이 스치는 것조차 허용하지 않았습니다. 설명할 수 없는 감성의 그 위기, 밤의 그 매혹을 어떻게 그에게 이야기할 수 있겠습니까? 나는 아침에 깨어나서야 그 증언이 씌어졌다는 것을 발견했습니다.

나는 거짓말로 대답했습니다. "나는 며칠 전부터 고통을 당하고 있었다. 전날의 열 때문에 나는 일종의 현기증이 있었다. 그래서 나는 마들렌을 만나면서 내가 보인 그 어리석은 모습을 그녀가 용시해 주기를 빌었다."

"마들렌이라고!" 올리비에는 다시 말을 이었습니다. "그러나 우리는 마들렌에게 설명해야 할 게 없다… 그녀와 더 이상 관계가 없는 일들이 있다."

그는 이 말을 하면서 특이한 미소를 지었고 시선은 지극히 날카롭고 강렬했습니다. 하지만 그가 내 심층적인 생각을 읽어내기 위해 어떠한 노력을 하든, 나는 그가 아무것도 이해하지 못할 것이라 확신했습니다. 그러나 나는 그가 무언가를 찾아내려 하고 있음을 또한 알았습니다. 그리고 올리비에가 자신의 추론에 따라 나에게서 상정하는 매우 추정적인 감정들이 어떤 것인지 짐작할 수는 없었지만, 나는 내가 어떤 탐색과 의혹의 대상이라는 것을 알았으며, 이로 인해 나는 깊이 성찰하면서도 곤

혹스러웠습니다.

그리하여 나는 너무도 완벽하게 솔직하고 무지했기 때문에 내가 진솔한 행동을 하다가 갑자기 들이닥친 최초의 각성은 고모의 불안한 시선과 올리비에의 모호하고 이상한 미소로부터 왔습니다. 그런 시선과 미소의 원인을 찾고자 하는 욕망을 나에게 불러일으킨 것은 내가 감시받고 있다는 생각이었으며, 내 인생에서 처음으로 얼굴을 붉히게 만든 것은 가짜 의혹이었습니다. 어떤 규정 불가능한 본능이 나의 마음을 전혀 새로운 감정으로 부풀게 했습니다. 어린이를 위한 그 동사, 우리 모두가 프랑스어든 라틴어든 문법에서 변화시켰던 첫번째 동사[8]가 어떤 기이한 섬광으로 갑자기 빛을 발했습니다. 신중한 어머니 같은 분과 자유분방한 친구가 준 그 막연한 경고가 있은 후 이틀이 지나자, 나는 고모와 올리비에가 내가 사랑에 빠졌다고 생각하는 게 옳다는 것을 받아들였습니다. 그만큼 나의 머리는 양심의 가책·호기심·불안에 몰리고 있었습니다. 하지만 누구를 사랑한단 말입니까?

그 다음 일요일 저녁에 우리는 평소처럼 세이삭 부인의 살롱에 모였습니다. 나는 마들렌이 어떤 동요를 드러내면서 나타나는 것을 보았습니다. 나는 목요일 저녁 이후로 그녀를 보지 못했습니다. 아마 그녀는 어떤 설명을 기다리고 있는 것 같았습니다. 그 어느 때보다도 나는 그녀에게 그런 설명을 할 마음이 내키지 않았기에 침묵했습니다. 나는 나라는 인간이 끔찍하게 거북했고 주의가 산만한 상태에 있었습니다. 올리비에는 자신이

---

8) 사랑하다를 의미하는 aimer를 말한다. 〔역주〕

자비를 베풀어야 할 아무런 이유가 없다고 생각했기 때문에 신랄한 말로 나를 괴롭혔습니다. 아무것도 더 이상 감정을 상하게 하지는 않았지만 나는 상처를 입었습니다. 그만큼 며칠 전부터 내가 처해 있던 극도로 신경이 예민해진 상태는 나를 상처받기 쉽게 만들었고, 이유 없이 괴로워하게 해놓았던 것입니다. 나는 양쪽의 의지가 어떤 이유에서든 작용하는 오랜 습관에 따라 마들렌 옆에 앉았습니다. 갑자기 장소를 바꾸고 싶은 생각이 들었습니다. 무엇 때문일까요? 나는 그 이유를 말할 수 없었을 것입니다. 다만 램프들의 직접적인 불빛이 나를 거슬리게 하며 다른 곳에 가면 보다 나을 것이라는 생각이 들었습니다. 마들렌은 자신의 카드에 고정시키고 있던 눈을 쳐들면서 내가 테이블의 다른 쪽에, 정확히 그녀와 반대쪽에 앉는 것을 바라보았습니다.

"아니!" 그녀는 놀라는 표정을 지으며 말했습니다.

그런데 우리의 눈이 마주쳤지요. 그녀는 그녀를 다소 동요시켜 진정되지 못하게 한 범상치 않은 무언가를 내 눈에서 식별해 냈는데, 나는 그게 무언지는 모르겠습니다.

내가 그녀 가까이서 살아온 지가 열여덟 달이 넘었고, 처음으로 나는 사람들이 보고 싶을 때 쳐다보듯이 그녀를 쳐다본 것이죠. 마들렌은 매력적이었지만 사람들이 말하는 것보다 훨씬 더 매력적이었으며, 내가 생각했던 것보다 훨씬 다르게 매력을 드러냈습니다. 게다가 그녀는 열여덟 살이었습니다. 이와 같은 갑작스러운 영감은 나 자신을 조금씩 밝혀 주는 대신에, 내가 그녀와 나 자신에 대해 모르고 있던 모든 것을 한순간에 가르쳐 주었습니다. 그것은 전날들의 계시들을 보완해 주는 결정적인 계시 같은 것이었으며, 이것들을 말하자면 한 다발의 명백한 것들로 결합해 주었고, 내 생각으론 그것들 모두를 설명해 주었습니다.

VI

몇 주가 지난 후 도르셀 씨는 산책과 건강의 핑계를 대 어떤 물의 도시를 방문했는데, 사실은 아무도 모르는 특별한 이유들이 있었으며, 나는 그것들을 좀 뒤에 가서야 알게 되었습니다. 마들렌과 쥘리가 그와 함께 갔습니다.

이러한 헤어짐을 다른 사람 같으면 가슴이 찢어지듯이 아파했겠지만, 그로 인해 나는 커다란 곤경에서 벗어났습니다. 모든 게 그녀의 존재로부터 온 갑작스러운 수줍음 때문에 나는 마들렌 옆에서 더 이상 살 수가 없었습니다. 나는 그녀를 피하곤 했지요. 그녀에게 두 눈을 쳐든다는 것은 대담한 행동이라고 생각했습니다. 나는 마음이 안정되지 않는데도 그토록 고요한 그녀를 보게 되면, 또 콜레주 학생복을 입고 제대로 씻지도 않은 시골 촌놈의 안색을 한 내 자신이 마음에 안 드는 이유가 매우 많은데도 그토록 완벽하게 예쁜 그녀를 만나게 되면, 나는 알 수 없는 어떤 억압되고 모멸적인 하등한 감정을 느끼곤 했으며, 이 감정은 나를 의구심으로 가득 채웠고 더없이 평화로운 친구관계를 부드러움이 없는 복종과 제대로 참아지지 않는 예속과 같은 것으로 변화시켰습니다. 이것이 내가 당신에게 말했던 저녁

모임이 가져온 순간적인 결과에서 가장 분명하고 매우 불안케 하는 것이었습니다. 한마디로 말해 마들렌은 나를 두렵게 했습니다. 그녀는 나를 매료시키기 전에 나를 지배했습니다. 마음은 믿음과 똑같이 진솔하기 때문입니다. 모든 열정적인 숭배는 그렇게 시작됩니다.

그녀가 떠난 다음 날 나는 카르멜리트 가(街)로 달려갔습니다. 올리비에는 저택에 속한 높은 별채의 외진 작은 방에 거주했습니다. 통상 나는 콜레주 가는 시간에 그에게 들렀고 정원에서 불러 내려오게 했습니다. 거의 매일같이 그와 같은 시간에 또 다른 목소리가 나에게 대답했고 그때 마들렌이 창문에 머리를 내밀고 나에게 인사를 하곤 했던 게 기억납니다. 나는 이와 같은 일상적인 상견이 나에게 야기했던 동요에 대해 생각했습니다. 예전에는 이러한 상견이 매력도 위험도 없었는데 갑자기 진정한 고봉이 되어 버린 것이죠. 나는 마치 내 인에서 두렵고 감시받는 무언가가 바캉스를 떠난 것처럼 과감하게 거의 즐거운 기분으로 안으로 들어갔습니다.

집은 비어 있었습니다. 하인들은 그들 역시 구속당할 일이 없는 데 대해 놀란 것처럼 왔다 갔다 했습니다. 모든 창문들이 열려져 있었고 5월의 태양은 모든 게 제자리에 있는 방들에서 자유롭게 노닐고 있었습니다. 이것은 유기가 아니라 부재였습니다. 나는 안도의 한숨을 쉬었습니다. 나는 이와 같은 부재가 언제까지 지속될 것인지 계산했습니다. 두 달! 이 기간은 나에게 때로는 긴 것 같았고 때로는 짧은 것 같았습니다. 지금 생각해 보니, 나는 그와 같은 짧은 휴식이 끝이 없기를 바랐던 것 같습니다. 그만큼 나는 내가 나 자신의 것이기를 바랐던 것입니다.

나는 그 다음날도, 그리고 그 다음날들도 다시 왔습니다. 똑같은 침묵과 똑같은 안전감을 느꼈죠. 나는 집 전체를 돌아다녔고 작은 오솔길들을 통해 정원을 둘러보았습니다. 마들렌은 도처에 있었습니다. 나는 대담해져 그녀에 대한 추억과 자유롭게 대화까지 하게 되었습니다. 나는 그녀의 방 창문을 바라보았고 거기서 그녀의 예쁜 얼굴을 다시 보았습니다. 나는 공원의 오솔길들에서 그녀의 목소리를 들었으며, 그녀가 야외에서 즐겁게 노래하는 어떤 로망스, 바람 때문에 매우 흐르는 듯하고 나뭇잎소리가 함께 어울린 그런 로망스의 울림 같은 것을 되찾기 위해 콧노래를 부르기 시작했습니다. 나는 내가 그녀와 관련해서 몰랐기에 별다른 인상을 못 느꼈던 수많은 것들을 다시 보았으며, 어떤 몸짓들은 아무것도 아니었는데 매력적이 되었습니다. 나는 그녀가 머리칼을 뒤로 꼬아 목 부분에서 위로 올린 뒤 중간에서 검은 단처럼 엮는 다소 허술한 습관이 지극히 우아하다고 생각했습니다. 그녀의 옷차림이나 그녀의 자태가 지닌 지극히 사소한 개별적인 것들, 그녀가 좋아했고 그녀의 감은 눈을 알아보게 해줄 것 같았던 이국적인 향기, 그녀를 그토록 아름답게 해주고 기미 하나 없는 그녀의 하얀 피부를 그토록 빛나게 해주었던 푸른색을 포함해 불과 얼마 전부터 사용된 색깔들까지, 그 모든 것은 놀랍도록 명철하게 되살아났습니다만, 그녀의 현존과 또 다른 감동을 불러일으켰으며, 즐겁게 애무할 수 있는 아쉬운 것이나 더 이상 존재하지 않는 사랑스러운 것들 같았습니다. 그렇게 많은 열기를 느끼진 못했지만 지속적인 감동을 느끼면서 나는 나에게 남아 있는, 그녀의 거의 살아 있는 유일한 매력에 조금씩 젖어들었으며, 마들렌이 떠난 지 2주일도 안 되어 이처럼 침투하는 추억은 더 이상 나를 떠나지 않았습니다.

어느 날 저녁때 나는 올리비에의 집으로 올라가 평소처럼 마들렌의 방 앞을 지나갔습니다. 나는 방문이 활짝 열려 있는 것을 이미 매우 자주 보았지만 방에 들어가 보고 싶다는 생각은 결코 하지 않았습니다. 그날 저녁때 나는 갑자기 멈추었고, 나를 동요시켰던 다른 모든 감정들처럼 새로운 도덕적 가책에 따라 잠시 망설인 후 방으로 들어갔습니다.

거의 밤이 되었습니다. 거무칙칙한 목재로 된 몇몇 옛 가구들이 겨우 식별되었고 금도금을 한 상감세공품들이 약하게 빛을 발하고 있었습니다. 수수한 색깔의 천들, 나부끼는 모슬린 천들과 같은 일습의 창백하고 부드러운 물건들은 더없이 고요하고 더없이 묵상적인 효과가 지닌 일종의 가벼운 석양빛과 흰 빛을 흩뿌려 놓고 있었습니다. 꽃이 활짝 핀 정원이 뿜어내는 향기와 함께 훈훈한 바람이 바깥으로부터 불어오고 있었습니다. 그러나 특히 다른 모든 것들보다 더 감동적으로 흡입할 수 있는 하나의 미묘한 향내가 마들렌에 대한 집요한 추억처럼 그 방에 감돌고 있었습니다. 나는 창문으로 다가갔습니다. 바로 거기에 마들렌은 서 있곤 했던 것입니다. 나는 그녀가 앉곤 했던 등받이가 낮은 작은 안락의자에 앉았습니다. 나는 지극히 감미롭게 느껴진 새로움을 지닌 인상들을 맛보고자 하는 욕망에 어쩔 수 없이 사로잡히고 더없이 강렬한 불안에 휩싸여 몇 분 동안 그곳에 머물렀습니다. 나는 아무것도 쳐다보지 않았습니다. 세상에 어떤 일이 있어도 나는 나를 둘러싸고 있는 물건들에 조금도 손을 댈 수 없을 것 같았습니다. 꼼짝하지 않고, 다만 이와 같은 신중치 못한 감동에 젖어드는 데 주의를 기울이고 있던 나는 내 심장의 박동이 너무도 발작적이고 너무도 빠르고 너무도 선명했기 때문에 두 손을 가슴에 누르며 거북한 박동소리를 가능한 한 억누르고자 했습니다.

갑자기 나는 복도에서 올리비에의 빠르고 건조한 발자국 소리를 들었습니다. 나는 방문까지 슬며시 이동하는 시간밖에 없었습니다. 그는 도착하고 있었습니다.

"너를 기다리고 있었다." 그는 내가 마들렌의 방에서 나오는 것을 보지 못했거나 아니면 자신이 다시 언급해야 할 아무것도 거기서 찾아내지 못했다는 것을 나에게 설득시키기 위해 매우 간단히 말했습니다.

그는 가벼운 차림새로 매우 우아하게 옷을 입고 있었습니다. 그는 특히 그가 여름에 입기를 좋아하는 헐렁한 옷들과 다소 느슨한 넥타이를 착용하고 있었습니다. 그는 어떤 순간에는 그를 영국인이나 식민지 태생 백인과 같은 외국인의 모습으로 보이게 만드는 펄럭이는 옷을 입고 자유롭게 움직이는 그 자연스러운 거동이나 태도를 드러내곤 했습니다. 그로 하여금 그런 식으로 옷을 입게 만든 것은 매우 확실한 본능적 취향이었습니다. 그렇게 하여 그는 매우 개성 있는 매력을 발산했고, 나는 그의 장점들과 약점들을 동시에 알고 있었습니다. 그러나 그런 스타일이 그의 실제적인 연구 대상이었다 할지라도 그가 그런 일에 대단한 포부를 담아냈다고는 말할 수 없습니다. 그는 옷차림의 구성, 뉘앙스의 선택, 옷의 조화를 품위 있는 사람의 일반적 행동에서 매우 진지한 것처럼 간주했습니다. 그러나 일단 옷치장이 마음에 들면, 그는 더 이상 그것에 대해 생각하지 않았습니다. 그가 정성을 재간 있게 기울이는 데 필요한 시간을 넘어서 옷맵시에 신경 쓴다고 생각한다면 그건 그를 모욕하는 일이었을 것입니다.

"자, 큰길까지 가자." 그는 나의 팔을 움켜쥐면서 말했습니다. "네가 나를 따라왔으면 한다. 이제 밤이 되었다."

그는 빠르게 걸었고 마치 시간에 쫓기듯 나를 끌고 갔습니다. 그는 지름길을 택했고, 인적이 없는 오솔길들을 신속하게 통과했으며, 사람들이 석양에 산책하는 그 대로 쪽을 향해서 나를 곧장 데리고 갔습니다. 상당수의 군중이 있었는데, 당시에 오르메송 같은 매우 작은 도시에서 가장 세속적이고 지극히 부유하며 더없이 우아한 사람들이었습니다. 올리비에는 내가 함께 있다는 것조차 망각할 정도로 그를 몰두케 하는 어떤 비밀스런 성급한 일에 흥분된 채 두 눈을 두리번거리며 그들 속으로 슬며시 끼어들었습니다. 갑자기 그는 걸음걸이를 늦추었고, 나의 팔에 힘을 주어 어떤 알 수 없는 어린애 같은 열광, 신중함이나 주의력도 없는 것 같은 그런 열광을 절제하고자 했습니다. 나는 그가 자신이 찾고 있는 바를 찾았다는 것을 깨달았습니다.

두 여자가 낮게 드리운 느릅나무들에 의해 상당히 불가사의하게 가려진 채, 오솔길 가를 따라 우리를 향해 오고 있었습니다. 하나는 젊고 주목할 만큼 예뻤습니다. 불과 얼마 되지 않은 경험들로 인해 이런 섬세한 규정들에 대한 나의 취향이 형성되었으며 나는 그런 것들에서 더 이상 잘못 판단하지 않았습니다. 나는 나무들 아래 펼쳐진 잔디를 작은 걸음으로 밟는 그 경쾌하고 절제된 자태를 관찰했습니다. 마치 그녀는 양탄자의 부드러운 양모 위를 걷는 것 같았습니다. 그녀는 우리를 뚫어지게 바라보았습니다만, 마들렌보다는 덜 매력적이었고 마들렌이 언젠가 감히 드러냈을 수 있는 것보다 더 확고한 의지를 나타냈으며, 기이한 미소로 올리비에의 인사에 답할 채비를 했습니다. 이 인사는 가능한 한 가까이에서 역시 우아하면서도 다소간 허물없이 교환되었습니다. 여전히 미소 짓고 있는 젊은 여자의 금발 머리가 그녀의 레이스달린 모자 속으로 사라지자마자, 올리비에는 나를 향해 돌아서서 과감하게 질문을 던지는 표정을 지었습니다.

"X… 부인을 알고 있니?" 그는 나에게 물었습니다.

그는 내가 때때로 나의 고모를 동반하고 갔던 그 사교계에서 다소 화제에 올랐던 한 인물을 지명했습니다. 올리비에가 그 인물에게 소개되었던 것은 매우 자연스러웠을 뿐이었기에 나는 천진하게 그렇다고 말했습니다. 그는 덧붙였습니다.

"분명 나는 지난겨울 어느 날 저녁 그녀와 함께 춤을 추었고, 그 이후로…."

그는 말을 중단했고 잠시 침묵이 흐른 뒤 다시 이었습니다. "도미니크, 너도 알다시피, 나는 아버지도 어머니도 없다. 나는 백부의 조카에 불과하고, 그쪽으로 내가 기대하는 것은 내가 받아야 할 몫인 애정뿐이야. 다시 말해 나의 두 사촌누이들에게 당연히 돌아가는 애정의 유산에서 매우 작은 몫뿐이지. 그래서 나는 누군가 나를 사랑해 주길 원하고, 그것도 콜레주의 우정과는 다르게 말이야… 항의하지 마라. 나는 네가 나에게 보여주는 애정에 고마움을 느끼고 있다. 그리고 나는 무슨 일이 일어나든 네가 계속 그러리라 확신한다. 나 역시 네가 나에게 소중하다는 것을 말해두겠다. 그러나 너는 내가 나에게 귀착된 그 존중할 만한 애정이 다소 미지근하다고 생각해도 이해해 주기 바란다. 두 달 전 나는 우리가 방금 만난 사람에게 같은 내용을 대략 이야기했다. 우선 그녀는 콜레주가 지겨운 학생의 푸념이라고 단지 생각하고는 재미있어 했지. 그런데 내가 그처럼 이야기했을 때 상대방이 진지하게 경청해 주기를 바라는 의지가 확고했고 내가 분명히 원한다면 내 말을 믿어 주리라 확신했기 때문에, 나는 그녀에게 이렇게 말했지. '부인, 부디 그렇게 받아 주시길 간청합니다. 그렇지 않으면 부인이 다시는 듣지 못할 회한이 될 것입니다.' 그녀는 아마 내 말을 중단시키기 위해서였겠지만 두 번 부채질을 했지. 하지만 나는 그녀에게 더 이상 할 말이 없었고 내 생각이 거짓이 아니라는 것을 보여주기 위해 곧바로 무도회를 떠났다. 내가 말을 한 이후로, 나는 그녀로 하여금 내가 조금이라도 희망이나 의혹을 갖고 있다고 믿도록 할 수 있는 한마디 말도 덧붙이지 못하고 말았지. 그녀는 내가 불평하는 것도 그녀에게 애원하는 것도 더 이상 들어 주지 않을 것이다. 나는 이런 경우 내가 참을성이 많이 있음을 느끼기 때문에 기다릴 것이다."

그렇게 말할 때 올리비에는 매우 차분했습니다. 몸짓이 다소 갑작스러운 데가 있고 목소리에 평소보다 떨리는 악센트가 있는 점이, 내 짐작이지만 그가 마음속으로 떨고 있다면 그 내적 떨림을 드러냈던 감지 가능한 유일한 표시였습니다. 한편 나는 실질적이고 깊은 불안을 느끼면서 그의 말에 귀를 기울였습니다. 그 언어는 너무도 새로웠고, 그의 속내 이야기의 성격은 너무도 강렬했기 때문에 내가 우선 느낀 것은 전혀 이해할 수 없는 관념을 접할 때 같은 커다란 혼란뿐이었습니다.

"그래!" 나는 순진한 놀라움을 나타내는 이 감탄사 이외의 다른 답변을 찾지 못하고 말했습니다.

"그래! 바로 그게 내가 도미니크 너에게 가르쳐 주고 싶었던 거야. 다른 게 아니고 바로 그것이지. 이제 네가 차례로 나한테 네 말에 귀를 기울여 달라고 말하면, 나도 그렇게 말할 수 있을 것이다."

나는 지극히 다감한 악수를 함으로써 보다 간단하게 그에게 대꾸하였고, 우리는 헤어졌습니다.

올리비에의 속내 이야기는 너무 갑작스럽거나 너무 강력한 모든 교훈과 같은 것이었습니다. 그리하여 그 자극적인 주입은 나의 정신을 돌게 만들었고, 그처럼 심각한 고백이 포함하고 있거나 포함하고 있지 않은 유용한 진실들을 가려내는 데 치열한 사색을 많이 해야 했습니다. 내가 처해 있던 상황에서, 다시 말해 마음의 언어에서 가장 순진하고 가장 통상적인 낱말을 아무런 동요 없이 간신히 용기를 내 말하고자 했던 상황에서, 내가 아무리 대담한 예측을 한다 해도 그것만으론 어떤 무심한 무언의 감정이라는 관념을 결코 넘어설 수 없었을 것입니다. 그처럼 하찮은 것에서 출발해 올리비에의 무모한 언행이 나를 이끌었던 그 뜨거운 가정(假定)에 이르고, 절대적인 침묵으로부터 여자들에 대해 자유롭게 자기 견해를 표현하는 그 방식으로 이동하며, 끝으로 그의 기대가 나타내는 목표 지점까지 그를 따라가는 그 사유에는 나를 몇 시간 동안에 많은 나이를 먹게 하는 무언가가 있었습니다. 하지만 나는 그런 준엄한 건너뛰기를 했습니다만, 당신에게 말할 수 없을 것 같은 공포와 눈부심이 있었습니다. 그리고 내가 올리비에의 가르침을 완전히 이해하기 위해 필요했던 정도의 명철성을 획득했을 때 나를 가장 놀라게 한 것은 차가울 정도로 침착하게 나에게 다가왔던 그의 열정과 이른바 저 사랑에 빠진 자의 교묘한 계산을 비교하는 일이었습니다.

며칠이 지난 후, 그는 나에게 서명이 없는 편지 한 통을 보여 주었습니다.

"편지를 주고받니?" 나는 그에게 물었습니다.

"이 편지는 내가 그녀로부터 받은 유일한 쪽지이지." 그는 말했습니다. "난 답장을 안했어."

편지는 대략 다음과 같이 씌어졌습니다.

"당신은 어른처럼 행동하겠다고 나선 어린애예요. 당신을 나이 들어 보이게 하는 것은 두 가지 점에서 틀렸어요. 당신이 무슨 일을 하든, 인간들은 언제나 당신의 현재 모습보다 낫거나 나쁘거나 할 것입니다. 나는 당신이 하소연할 수 있나고 생각합니다. 왜냐하면 당신은 혼자이고, 또 나는 당신이 세심하고 다감한 우정이 없어 괴로워할 수밖에 없다는 점을 인정할 만큼 당신을 존중하기 때문입니다. 그러나 당신은 어느 날 당신을 높게 평가해 주는 사람에게 느닷없이 당신을 토로한 뒤 입을 다무는 것보다는 마음을 열고 이야기하는 게 나을 것입니다. 나는 당신의 속내 이야기를 들으면서 당신에게 해줄 수 있었던 선행도, 당신이 그것을 다시는 되풀이하지 않음으로써 당신이 구상하는 목표도 고려하지 않아요. 당신은 진솔함을 유일한 매력과 유일한 변명으로 하는 나이인데 너무도 이유가 많아요. 그래서 당신이 냉정함 만큼 자연스러움이 있다면, 당신은 보다 흥미 있을 것이고, 특히 보다 행복할 것입니다."

그가 변덕스럽게 자신을 맡기는 이와 같은 흔치 않은 솔직함에도 불구하고, 나는 올리비에의 속내 이야기 속으로 반밖에 들어가지 못했습니다. 나와 대략 나이가 같고 많은 점에서 나보다 열등할 테지만, 그는 그 자신이 말했듯이, 자신의 정신 속에서 움직이는 행동 문제들과 관련해 나를 다소 어리다고 생각했습니다. 나는 그가 자신의 자존심이나 쾌락의 완전한 만족에 이를 때까지 추구하고자 했던 복안의 첫마디를 겨우 이해할 수 있었습니다. 그는 언제나 늘 차분하고, 정신은 자유로우며, 모든 것에 신속하고, 얼굴은 다소 차가운 안색에 사근사근했으며, 두 눈은 친구가 아닌 모든 사람들에 대해서 건방진 시선을 보냈고, 미소는 매우 신속하고 매우 매력적이었는데 그는 이 미소를 때로는 어루만짐으로 때로는 무기로 아주 적절하게 사용할 줄 알았습니다. 그는 그 자신의 고백에 따르면, 그의 동요되지 않는 자신감이 다소 흔들릴 때조차도 전혀 침울하지 않았고 그렇다고 그렇게 산만하지도 않았습니다. 그에게서 분한 생각은 보다 날카롭게 일종의 과민성으로밖에 나타나지 않았으며 말하자면 그의 과감한 성격에 보다 딱딱한 담금질의 원동력을 덧붙여 줄 뿐이었습니다.

"내가 불행할 것이라고 네가 믿는다면, 너는 틀렸어." 그는 그로부터 며칠 지난 후 잠깐 망설이는 순간에 나에게 말했습니다. 그런 순간이면 그는 제멋대로인 듯 자신의 말에 악의적인 적대적 표현을 썼습니다.

"그녀가 언젠가 조만간 나를 사랑하게 된다면, 이런 것은 아무것도 아니다. 그렇지 않다면…"

"그렇지 않다면?" 나는 그에게 물었습니다.

그는 대답하지 않은 채 손에 든 작은 등나무지팡이를 자신의 머리 주변에 돌려 휙휙 소리를 내게 했습니다. 마치 대기를 갈라 무언가를 잘라내고자 하는 것 같았습니다. 그러고 나서 그는 극도로 강렬하게 허공을 계속 후려치면서 이렇게 덧붙였습니다.

"내가 그녀의 눈에서 OK인지 아닌지 읽을 수만 있다면 좋겠는데! 나는 나에게 아무것도 의미하지 않는 내 두 사촌누이들의 눈을 제외하면, 그처럼 고통스럽게 하고 그처럼 아름다운 눈을 본 적이 없다."

또 언젠가 어떤 좋지 않은 우발적인 일이 그로 하여금 자신을 되돌아보게 했습니다. 그는 예민해졌고, 동요되었으며, 약간 열광적이 되었고, 모든 면에서 훨씬 자연스러워졌습니다. 그는 어떤 감미로움을 주는 행동과 언어에 빠져 있었는데, 이것들은 여전히 신중하기는 했지만 그의 희망에 대해 상당히 많은 것을 나에게 가르쳐 주었습니다.

"넌 그 여자를 사랑하는 게 확실하니?" 결국 나는 그에게 물었지요. 그가 까다로운 모습을 보이기 위해서는 이와 같은 첫 번째 조건이 불가결하다고 나는 생각했던 것입니다. 하지만 그런 조건이 의심스럽기도 했습니다.

올리비에는 눈을 둥그렇게 뜨고 나를 쳐다보았고, 마치 나의 질문이 어리석기 짝이 없거나 말도 안 되는 것이라고 생각한 것처럼 오만한 웃음을 터뜨리면서 가버렸습니다. 나는 계속 이야기하고 싶은 마음이 완전히 없어져 버렸습니다.

마들렌의 부재는 적당한 기간 동안 계속되었습니다. 그녀가 돌아오기 며칠 전 나는 그녀에 대해 생각하면서, 사실 매순간 그녀에 대해 생각했습니다만, 그녀가 떠난 이후로 내 안에서 생긴 변화를 정리해 보고는 어안이 벙벙했습니다. 마음은 비밀들을 품고 있었고, 영혼은 대담한 충동들로 벅찼으며, 정신은 아무것도 알기 전의 경험을 간직한 채, 나는 한마디로 그녀가 떠나간 존재와는 매우 달라진 나를 보았습니다. 나는 이것이 나를 구속했던 이상한 지배력을 그만큼 줄이는 데 도움이 되리라 확신했으며, 전적으로 솔직한 감정들에 뿌려진 이와 같은 가벼운 색채의 타락은 일종의 뻔뻔함 같은 것, 다시 말해 별로 떨지 않은 채 마들렌한테 달려갈 수 있을 만큼의 용기를 나에게 주었습니다.

그녀는 7월 말경에 도착했습니다. 멀리서 나는 말들의 방울 소리를 들었고, 그들을 정원을 거쳐 현관 층계 앞까지 싣고 오는 뿌연 먼지투성이의 역마차가 장막 같은 초록빛 소사나무들을 배경으로 도착하는 것을 보았습니다. 내가 우선 식별한 것은 마차의 문에서 펄럭이는 마들렌의 푸른 베일이었습니다. 그녀는 가볍게 내려서 올리비에의 목을 끌어안았습니다. 나는 내 손에 다정하게 놓인 그녀의 작은 두 손이 강렬하고 우정 있게 꽉 조임으로써 내 꿈이 실현되었다는 것을 느꼈습니다. 그런 다음 그녀는 언니의 친근함으로 드러내면서 올리비에와 나의 팔을 붙잡아 양쪽에 똑같이 기댄 채, 둘 모두에게 직접적이고 솔직한 시선의 투명한 빛을 진정한 태양빛처럼 던지면서 다소 피곤한 듯이 살롱 계단을 올라갔습니다.

그날 저녁은 흉금을 털어놓는 이야기가 가득했지요. 마들렌은 우리에게 할 말이 참으로 많았습니다! 그녀는 아름다운 나라들을 구경했고, 온갖 종류의 새로운 것들, 풍습·사상·복장을 발견했습니다. 그녀는 혼란스러운 추억들로 가득한 기억의 어쩔 수 없는 무질서를 드러내면서 그 모든 것들에 대해 이야기했으며, 두 달 동안에 획득한 그 수많은 것들을 단 몇 분 만에 쏟아내고자 하는 성급한 사람의 수다를 드러냈습니다. 때때로 그녀는 이야기하느라 숨이 찼던지 말을 중단했습니다. 마치 그녀는 자신의 이야기가 우리를 끌고 가는 단계적 산을 올라갔다 내려오느라 헐떡이는 것 같았습니다. 그녀는 손으로 이마와 눈을 만졌고, 여행의 먼지와 바람으로 인해 다소 곤두선 빽빽한 머리칼을 관자놀이 뒤로 올리곤 했습니다. 걷다 보니 몸이 더워진 사람의 이와 같은 동작은 또한 그녀의 기억을 새롭게 해주었습니다. 그녀는 어떤 이름이나 날짜를 생각해 내려 애썼고, 여정의 얽히고설킨 흐름을 끊임없이 놓쳤다가 되찾아 냈으며, 이야기가 혼란스러워 쥘리의 분명하고 확실한 기억의 도움을 요청하지 않을 수 없을 때면 웃음을 터뜨리곤 했습니다. 그녀는 생명력, 배움의 즐거움, 만족된 호기심을 발산했습니다. 긴 마차 여행 때문에 깨지긴 했지만, 그녀의 이와 같은 쉼 없는 이동 속에는 신속하게 움직이는 습관이 남아 있었고, 이 습관으로 인해 그녀는 열 번이나 연이어 일어섰고, 움직였으며, 자리를 바꾸었고, 정원을 바라보았으며, 다시 만난 가구들과 물건들에 반가운 눈길을 던졌습니다. 때때로 그녀는 자신이 우리들 사이에 있음을 확실히 하고 자신의 귀가와 존재를 확인하려는 듯 올리비에와 나를 주의 깊게 바라보았습니다. 그러나 우리가 다소 변했다고 생각해서인지, 아니면 두 달 동안의 이별과 새로운 많은 인물들을 봄으로써 우리의 얼굴에 대한 익숙함을 상실해서인지 그녀의 전체적 모습에는 막연한 놀라움이 드러났습니다.

"그래, 우리를 되찾고 있는 거니?" 올리비에는 그녀에게 물었습니다.

"아직 완전하진 못해." 그녀는 솔직하게 대답했습니다. "내가 멀리 있었을 때 나는 당신들을 지금과는 다르게 보고 있었어요."

나는 안락의자에 꼼짝 않고 있었습니다. 나는 그녀를 바라보았고, 그녀의 말에 귀를 기울였으며, 그녀가 우리에 대해 무슨 생각을 하든, 내가 그녀에게서 식별해 낸 변화는 훨씬 더 실제적이었으며, 보다 심층적은 아니라 할지라도 이론의 여지없이 더 절대적이었습니다.

그녀의 피부는 햇빛에 그을려 갈색이 되었습니다. 다소 그을려 생기가 있는 그녀의 얼굴은 야외를 돌아다님으로써 받은 햇빛과 열기를 반영하듯 황금빛으로 물들어 있었습니다. 그녀의 시선은 보다 민첩해졌고, 얼굴은 다소 야위었고, 두 눈은 매우 꽉 찬 일정의 노력 때문에, 그리고 커다란 전망들을 파악하는 습관 때문에 커진 것 같았습니다. 그녀의 목소리는 부드러운 언어 표현을 위해 여전히 애무하는 듯하고 낭랑했지만, 무언지 알 수 없는 새로운 충만함 같은 것을 획득해 보다 성숙한 어조를 담아냈습니다. 그녀는 이전보다 자유롭고 우아하게 걸었습니다. 그녀의 발도 힘든 작은 길들을 오랫동안 돌아다니면서 단련되느라 갸름해졌습니다. 그의 몸 전체가 말하자면 크기가 줄어들면서 보다 견고하고 분명한 특징들을 갖추었으며, 그녀가 놀랍도록 지닌 여행 습관은 그와 같은 세련되고 확고한 변신을 완성시켜 주었습니다. 그 모습은 독립과 즐거움, 예기치 않은 생활의 수많은 우발적인 일들, 자신의 모든 힘을 갈고 닦는 훈련, 보다 활동적인 요소들과의 접촉, 웅장한 자연 경관과 같은 이 모든 것들에 의해 아름다워지고 변모된 마들렌이었습니다. 아름다움을 한층 성숙되게 표현해 주었을 뿐 아니라 인생에 결정적인 발을 내디뎠다는 점을 확실하게 드러내 준 것은 무언지 알 수 없는 보다 활력 있고, 보다 우아하며, 보다 확고해진 측면을 수반한 이 매혹적인 존재의 젊음이었습니다.

나는 내가 여기서 당신에게 말하고 있는 모든 것을 그 당시에 깨달았는지는 알지 못합니다. 내가 다만 알고 있는 것은 나보다 그녀가 점점 더 분명한 우월한 측면들이 있음을 내가 간파했다는 사실이며, 나는 열여덟 살 된 처녀와 대략 열일곱 살 된 학생을 갈라 놓는 엄청난 거리를 그토록 확실하고 감동적으로 헤아려 본 적이 없었다는 것입니다.

보다 명백한 또 다른 징표가 그날 저녁부터 나의 눈을 뜨게 했다 할 것입니다.

여행의 짐들 가운데는 기막히게 아름다운 진달래꽃 다발이 있었는데, 뿌리째 땅에서 뽑아낸 것으로 그 주위에는 아직도 산호수의 축축한 습기가 밴 알프스의 고사리와 식물들이 주도면밀한 솜씨로 둘러쳐져 있었습니다. 그토록 멀리서 가져왔고 도르셀 씨가 특별히 정성을 쏟는 것 같은 이 꽃다발은 마들렌에 따르면, 한 여행 동무가 (…) 정상까지 오른 산행을 기념하여 보내 주었다는 것인데, 그 사람은 상냥하고, 예의 있으며, 세심하게 배려하고, 도르셀 씨에 대한 존경으로 가득한 남자로 막연하게 지칭되었습니다. 쥘리가 꽃다발 포장을 풀자 카드 한 장이 떨어져 나왔습니다. 올리비에는 그것이 떨어지는 것을 보고 신속하게 집어서 한두 번 뒤집어 본 뒤, 이를테면 그것의 전체적 모습을 검토하고 거기에 적힌 이름을 읽었습니다. 알프레드 드 니에브르 남작이었습니다.

절대적이고 확고한 침묵 속에서 건조하게 울리는 이 이름에 대해 아무도 흥미를 나타내지 않았습니다. 마들렌은 못 들은 척 했습니다. 쥘리는 눈썹 하나 까닥하지 않았습니다. 올리비에는 말이 없었습니다. 도르셀 씨는 카드를 집어 찢었습니다. 모든 사람 중에서 나는 이 여행의 아무리 작은 상황에도 가장 관심이 있었습니다. 그런 나에 대해 내가 당신에게 무슨 말을 하겠습니까? 나는 행복할 필요가 있었습니다. 바로 거기에 문제의 이 비밀보다 더 설명하기 어려운 많은 맹목적인 것들의 비밀이 있습니다.

거의 여자가 된 마들렌과 내가 당신에게 보여주고 있는 겨우 자유롭게 된 청년 사이에는, 다시 말해 그녀의 빛나는 나이와 나의 나이 사이에는 알려지거나 알려지지 않았으며, 명백하거나 감추어졌고, 이미 발생했거나 앞으로 발생할 수많은 장애물이 있었습니다. 하지만 아무 상관이 없었습니다. 나는 그 어떠한 장애물도 보지 않으려고 단단히 마음먹고 있었죠. 나는 마들렌을 그리워했던 것이고, 그녀를 욕망했고 기다렸던 것입니다. 그녀가 떠난 후 나로 하여금 그 어떠한 것보다 더 부럽고, 더 부드러우며, 덜 계산된 종속, 곧 그녀에 대한 종속에 맞서도록 나를 성마르게 부추겼던 그 비참한 반항 정신을 내가 저주했음을 당신은 짐작할 것입니다. 마침내 그녀는 나를 황홀하게 할 정도로 애정 어리고 나를 경탄하게 할 정도로 매력적인 모습으로 돌아왔습니다. 나는 그녀를 마음속에 소유하고 있었습니다. 너무 빛이 강렬해 시각 장애를 일으킨 사람들에게 일어나듯이, 나는 나를 눈멀게 만든 혼란스러운 눈부심 이외는 아무것도 식별할 수가 없었습니다.

이처럼 이유가 없었기 때문에, 그러니까 말하자면 그런 맹목 때문에 나는 마치 내가 어떤 무한 속에 들어간 것처럼 그 다음 달들에 빠져들었습니다. 늦장 부리는 모든 계절들이 그렇듯이, 즐거운 착오들, 풍성하게 만발한 꽃들, 예측 불가능한 것들, 완벽한 기쁨들로 가득한 진정한 봄, 빠르게 흘러가기에 이미 강렬하게 불타고 있는 그런 봄을 상상해 보세요. 나는 진정한 어린 시절의 무감각 속에 있었던 나를 갑작스럽게 기습한 그 미묘한 개화를 맞이하기 전에 나 자신에 대해 엄격하게 성찰했기 때문에, 그만큼 신속하게 나를 꽃피웠습니다. 나는 내가 나설 자격이 있는지 묻지 않았습니다. 나는 조건 없이 나를 바쳤으며, 내 안에 있는 진정으로 지적이고, 가장 훌륭하며, 특히 가장 잘 타오르는 것을 아낌없이 쏟아내는 토로를 했습니다. 내가 그 이후로 빠졌던 많은 이기주의적 폭발에 변명 구실을 할 수 있을 그 완전히 사심 없는 흔치 않은 짧은 순간을 제대로 당신에게 그려낼 수가 없을 것 같군요. 그 기간 동안에 나의 삶은 일종의 봉헌물로 완전히 연소되었으며, 다만 좋은 본능들만 향기롭고 순수한 마들렌의 발아래 제단의 불처럼 타올랐습니다.

우리는 우리의 오래된 습관을 되찾았습니다. 그것은 새로운 삶의 경이로운 광채에 아름답게 장식한 해묵은 틀이었습니다. 나는 모든 것이 그토록 다르게 보이고, 또 단 하나의 영향이 사물들의 전체적 모습을 변화시킴으로써 급기야 쇠퇴한 많은 것들에 활력을 되찾아 주고 그토록 침울한 측면들을 그와 같은 즐거움들로 대체할 수 있다는 데 대해 놀라움을 금치 못했습니다. 저녁식사 후의 밤 시간은 짧았고 야회는 뜨거웠습니다. 우리는 살롱에서 더 이상 거의 모이지 않았습니다. 도르셀의 정원의 나무들 아래서, 혹은 축축한 초원의 가장자리에 있는 들판 한가운데서 밤늦게까지 같이 있었습니다. 때때로 나는 느린 산책을 여럿이 할 때면 쥘리의 팔짱을 끼었습니다. 할아버지 할머니가 따라오기도 했지요. 밤이 와서 우리들 사이로 긴 침묵이 내려오게 했고, 그 침묵은 우리가 보다 나지막이 이야기를 줄이곤 했던 그런 의심스러운 시간들이 허락했습니다. 도시는 자신의 근엄한 윤곽으로 시야를 가리고 있었습니다. 종소리, 고딕식 종소리가 이런 종류의 독일식 산책에 들려오곤 했는데, 나는 베르테르가 아니었지만 마들렌은 로테에 못지않았다고 생각합니다. 나는 클롭슈토크에 대해 이야기하지 않았고, 나의 손은 오직 오빠의 손처럼 그녀의 손을 잡았습니다.[9]

밤이면 나는 격정적으로 계속 글을 썼습니다. 왜냐하면 이제 나는 어중간하게는 아무것도 하지 못했기 때문이죠. 어떤 알 수 없는 환상들이 내 머릿속에서 약속이나 한 듯 무더기로 떠오르는 한 나는 걸작들을 생산해 낼 수 있을 것 같은 생각이 들었던 것이죠. 나는 나를 사로잡았던 모든 힘들처럼 나의 의지에 낯선 하나의 힘을 따랐습니다. 내가 그 당시를 그토록 아름다우면서도 그토록 메마르게 만들었던 무지들 가운데 아무리 하찮은 것이라도 추억들과 함께 똑같이 간직했었다면, 기분 나는 대로 왔다가 가버리는 지배적이면서도 결코 제어되지 않으며, 불규

---

9) 《젊은 베르테르의 슬픔》에서 로테가 독일의 시인 클롭슈토크(1724-1803)의 서정 단시 〈봄의 축제〉에 대해 암시하는 대목을 상기시킨다. [역주]

칙하고, 통제 불가능하며 냉혹한 이 특이한 능력은 시인들이 영감이라 명명하고 뮤즈 여신을 통해 인격화하는 것을 혼동되리만큼 닮았었다고 나는 당신에게 말할 수 있을 것입니다. 이 능력은 강압적이었고 불충실했는데, 이와 같은 두 가지 두드러진 특징은 나로 하여금 그것을 진정으로 재능을 부여받은 정신들의 통상적 영감원(靈感源)으로 간주하게 만들었습니다. 나에게 그토록 많은 즐거움에 이어 그토록 많은 실망을 안겨 준 그 방문객이 많은 변심과 잔인성 이외는 뮤즈 여신의 아무런 특징도 지니지 않았다는 것을 뒷날에 깨닫게 되는 날까지는 말입니다.

마음의 열기와 정신의 열기로 들뜬 이와 같은 이중적 삶은 나를 매우 애매한 존재로 만들고 있었습니다. 나는 이것을 느꼈습니다. 거기에는 내가 피하고 싶은 여러 위험이 도사리고 있었고, 나는 보다 값진 비밀을 지키기 위해 가치 없는 비밀 하나를 벗어던져야 할 시점이 왔다고 생각했습니다.

"이상해…" 올리비에는 나에게 말했습니다. "그게 너를 어디로 끌고 갈까…? 사실 그런 몰두가 네 마음에 든다면 네가 옳긴 하다."

이것은 적지 않은 경멸과 아마도 많은 놀라움을 포함하고 있는 짧은 대꾸였습니다.

이와 같은 기분전환적인 외도 가운데서도 나의 공부는 될 만큼 되고 있었습니다. 어떤 은총이 나로 하여금 계속적으로 성공하게 해주었지만, 나는 나를 매우 작은 젊은이로 만들어 버리는 고귀한 감정들과 이 성공들을 비교하면서 경멸했으며, 매우 큰마음을 상상하곤 했습니다. 그러나 때때로 나는 나로 하여금 이런 성공들을 덜 멸시하게 만드는 충동을 바깥으로부터 받았습니다. 우리가 헤어진 이후로도 오귀스탱은 나에게서 시선을 결코 떼지 않았습니다. 그는 트랑블에서 시작된 가르침을 힘닿는 데까지 멀리서도 계속했습니다. 가장 큰 극장에서 지극히 힘들었던 자신의 면모를 통해 접근된 삶의 경험이 가져다준 우월성을 가지고 그는 자신의 제자에게서도 상정했던 정신의 진보에 따라 충고의 톤을 조금씩 높여 갔습니다. 그의 가르침은 거의 남자 대 남자의 대화가 되었습니다. 그는 자기가 일을 하고 있는데 큰 장애물들을 만났지만 잘 해결되기를 기대한다고 막연한 표현으로 말한 것을 제외하면, 나에게 자기 자신에 대해선 별로 이야기하지 않았습니다. 때때로 그를 둘러싸고 있는 세상·사실들·야망들에 대한 간단한 묘사나 일별이 매우 개인적인 격려 다음에 이어졌는데, 이는 뒷날에 내가 지극히 가혹한 현실로부터 받게 될 교훈을 미리 겪게 하고 대비하려는 것처럼 보였습니다. 그는 내가 하고 있는 것, 내가 생각하고 있는 것에 대해 불안해했고, 내가 지방에서 벗어난 후에 결국 무엇을 시도하려고 결심했는지 끊임없이 물었습니다.

"나는 당신이 당신 반에서 1등이라는 사실을 듣고 있습니다." 그는 나에게 말했습니다. "좋아요. 그런 이점을 무시하지 말아요. 콜레주에서 경쟁심은 당신이 나중에 경험하게 될 순박한 형태의 야망입니다. 2등밖에 하지 못할 경우 결코 만족하지 않도록 하기 위해 1등을 놓치지 않도록 습관을 들이고 전념하세요. 특히 동기(動機)에 대해 잘못 생각하지 말고, 당신이 할 수 있는 것에 대한 대수롭지 않은 감정을 자부심과 혼동해서는 안 됩니다. 모든 것에서, 특히 정신과 관련된 것들에서 당신이 오로지 고려해야 할 것은 목표의 지극한 고양이고, 당신이 그것에 도달하기 위한 거리이며, 가능한 한 그것에 접근해야 될 필요성입니다. 이런 측면은 당신을 매우 겸손하고 매우 강하게 만들 것입니다. 거의 모두에게 마찬가지이지만, 어떤 꿈은 그 절정에 도달하기가 불가능하기 때문에 당신은 모든 성실한 인간이 완벽을 향해 기울이게 되는 노력이 존중할 만하고 연민을 불러일으킨다고 생각할 것입니다. 당신 자신이 어느 누구보다 그 완벽 가까이 있다고 느낀다면, 당신에게 남아 있는 일이 무엇인지 다시 헤아려 보세요. 그러면 당신의 낙담은 정신적 관점에서 보면 보다 가치가 있을 것이며 당신의 허영보다 더 당신에게 유익할 것입니다."

오귀스탱의 편지들 가운데 몇몇 대목을 당신에게 더 소개해 보죠. 답장을 상정하게 되면 당신은 우리의 서신교환의 전체적 정신을 보다 쉽게 이해할 것이고, 당시의 그의 삶과 나의 삶이 어떤 것이었는지 보다 완벽하게 알 수 있을 것입니다.

"내가 이곳에 온 지도 벌써 열여덟 달이 되었습니다. 그렇습니다, 도미니크 도련님, 열여덟 달 전에 나는 우리가 작별 인사를 나누었던 그 작은 광장에서 당신과 헤어졌습니다. 하루가 지난 후 우리들 각자는 자신을 일을 했습니다. 친구여, 나는 내가 나 자신에 대해 만족하는 것보다 당신이 당신 자신에 대해 더 만족하기를 바랍니다. 인생이란 그 속으로 들어가지 않고 스쳐가는 사람들을 제외하면, 아무에게도 쉽지가 않습니다. 그런 사람들에게 파리는 자신들이 세상에서 더없이 수월하게 존재하는 것처럼 보일 수 있는 장소입니다. 무겁고 빠른 물속에서 헤엄치는 자처럼 흐름에 자신을 맡기기만 하면 되는 것이죠. 그들은 그 속에서 표류하지만 익사하지는 않습니다. 언젠가 당신은 이것을 알게 될 것이고, 성격의 경박성에만 기인하는 많은 성공들과, 신념의 무게가 달랐다면 일어나지 않았을 어떤 재앙들의 증인이 될 것입니다. 인과관계의 진정한 광경과 일찍이 친숙해지는 것은 좋습니다. 나는 당신이 이 모든 것에 대해 어떤 생각을 하고 있다 해도 그게 무언지 모릅니다. 어쨌든 그런 생각이 올바를 가능성은 희박하며, 가장 슬픈 것은 당신이 옳다는 것입니다. 세상은 당신이 상상하는 것과 아주 유사하게 될지도 모릅니다. 그러나 세상이 참으로 다르다는 것을 당신이 알았으면 합니다. 당신 스스로 판단하기를 기대하면서 다음과 같은 두 가지 관념에 익숙해지길 바랍니다. 즉 하나는 진실들이 있다는 것이며 다른 하나는 인간들이 있다는 것입니다. 당신이 진실들에 대해 지닌 감정에 대해선 달라지지 마세요. 인간들에 대해서 말하자면, 당신이 그들을 알게 되는 날 무슨 일이 일어날지 모른다는 것을 예상하세요."

"좀 더 자주 나에게 편지를 써요. 내가 미리 당신의 삶을 알고 있기에 당신은 나에게 아무것도 알려 줄 게 없다고 말하지 말아요. 당신 나이에는, 그리고 당신과 같은 정신의 소유자에게는 매일같이 새로운 것이 일어납니다. 당신이 돋아나는 나뭇잎의 새싹들을 측정하고 이것들이 하룻밤 이슬이나 한나절의 강렬한 태양빛에 얼마나 커졌는지 나에게 말했던 것을 기억합니까? 당신 나이 또래 청년의 본능들도 마찬가지입니다. 내가 당신을 잘 알고 있다면, 틀림없이 당신을 놀라게 하고 어쩌면 당신을 두렵게 하지 않을 수 없을 그 빠른 성숙함에 놀랄 필요가 없어요. 당신한테 아무런 위험이 되지 못할 힘들이 작용하도록 내버려 둬요. 오로지 내가 당신을 알 수 있도록 하기 위해서이니 나에게 이야기해 줘요. 당신을 있는 그대로 볼 수 있게 해줘요. 그러면 그 다음엔 내가 당신이 얼마나 성장했는지 당신에게 가르쳐 줄 것입니다. 특히 당신의 느낌들에서 꾸밈이 없도록 하세요. 무엇 때문에 그것들을 검토할 필요가 있습니까? 그것들에 감동하기만 하면 되지 않나요? 감성은 경탄할 만한 천품입니다. 당신이 생산하지 않을 수 없는 창작물의 범주에서 보면, 그것은 흔치 않은 능력이 될 수 있습니다만 조건이 있습니다. 당신에게 그것이 부메랑이 되어 돌아와서는 안 된다는 것이죠. 당신이 지극히 자연발생적이고 미묘한 하나의 창조적 능력을 관찰의 대상으로 삼는다면, 당신이 그것에 세심하게 신경을 쓰고 검토하고 있다면, 감성만으로는 충분치 않아서 그것의 메커니즘을 연구해야 할 필요성을 느낀다면, 어떤 감동된 영혼의 광경이 당신을 감동의 측면에서 가장 만족시키는 것이라면, 당신이 그것의 이미지를 무한히 증식시키기 위해 볼록 거울들로 둘러싸인다면, 당신이 인간적 분석을 신적인 천품들과 결합시킨다면, 당신이 감각적인 것에 대해 관능적이 된다면, 그런 퇴폐적 행위들은 끝이 없을 것이고, 당신에게 경고하지만 그건 매우 심각한 것입니다. 고대에는 많은 의미를 함축한 매력적인 우화가 하나 있어 당신이 읽어보기를 권합니다. 나르시스는 자신의 이미지를 사랑하게 되었습니다. 그는 그 이미지에서 눈을 뗄 수가 없었지만, 그것을 잡을 수 없었고 그를 매료시킨 그 환상 자체 때문에 죽었습니다.[10] 이 점에 대해 생각하세요, 그러니까 당신 자신의 허깨비가 아무리 매력적이라 할지라도, 그것이 작

---

10) 고대 로마의 시인 오비디우스의 《변신 이야기》에 나온다. 〔역주〕

용하고, 고통받으며, 사랑하고, 살아 있을 땐 그것으로부터 멀어지세요."

"당신은 지겹다고 말합니다. 당신이 괴로워한다는 말이겠지요. 지겨움은 정신이 비어 있는 사람들과 마음이 그 어떤 것에도 상처를 받지 않는 사람들에게만 있습니다. 대체 당신은 무엇 때문에 괴로워합니까? 그게 무엇을 의미할 수 있습니까? 내가 당신 곁에 있다면 그걸 알 수 있을 텐데요. 당신이 내가 당신에게 보다 적극적으로 질문할 수 있는 권리를 준다면, 내가 상상하는 것을 당신에게 말할 것입니다. 내가 틀리지 않는다면, 그리고 당신을 괴롭게 만들기 시작하는 게 무엇인지 당신 자신이 모르는 게 사실이라면, 잘된 일입니다. 왜냐하면 그것은 당신 정신은 더 이상 가지고 있지 않은 순진함을 당신의 마음이 온전히 붙들고 있다는 징후이기 때문이죠."

"나의 이야기를 해달라고 요구하지 말아요. 나의 자아는 지금까지 아무것도 아닙니다. 당신을 제외하면 누가 그것을 알고 있나요? 그것은 아무한테도 진정 흥미를 불러일으키지 못합니다. 그것은 일을 하고, 노력하며, 자신을 아끼지 않고, 거의 즐기지도 않으며, 때때로 희망을 품고, 계속해서 소망을 하기까지 합니다. 이게 전부일까요? 두고 보지요…."

"내가 거주하는 지역은 당신이 장차 살 지역은 아닐 것입니다. 당신은 선택의 권리가 있기 때문입니다. 무언가를 이루기 위해 나처럼 제로에서 출발하는 모든 사람들은 내가 사는 곳으로 옵니다. 이곳은 책들의 도시이고, 4,5세기 동안의 영웅적 행위·노고·비탄·낙태·자살·영광에 의해 성스럽게 된 인적이 드문 구석입니다. 매우 슬프고 매우 아름다운 거주지입니다.

내가 선택에 자유로웠다 해도 나는 다른 곳을 선택하지 않았을 것입니다. 그러니 내가 이곳에 산다고 나를 동정할 필요는 없습니다. 나는 이곳에서 나의 자리에 있습니다."

"당신은 글을 쓰고 있지요. 그래야 할 것입니다. 당신 주위의 사람들에게 그것을 비밀로 한다는 것은 이해가 되는 소심함입니다. 그래서 그만큼 나는 당신이 나에게 마음을 열어 주는 것에 대해 고마워하고 있습니다. 당신이 속내 이야기를 털어놓고 싶은 날이 오면, 당신이 나에게 전할 수 있는 단편들을 보내세요. 하지만 작가로서의 당신의 조심성을 지나치게 외면하진 마세요…."

"또 하나 정보를 주면 기쁘겠습니다. 당신이 나에게 더 이상 거의 이야기하지 않는 그 친구는 어떻게 되었습니까? 당신이 그에 대해 나에게 묘사해 준 초상은 매력적이었습니다. 내가 당신을 잘 이해했다면, 그는 매력적인 불량 학생이 틀림없습니다. 그는 손쉽고 번쩍이는 측면들을 통해서 삶을 받아들이고 있습니다. 이런 경우에는 야망이 없이 살라고 충고해 주세요. 왜냐하면 그가 갖고 있을 야망들이라야 가장 나쁜 것일 테니까요. 그가 할 일이란 단 한 가지, 즉 행복해지는 것밖에 없다고 말해 주세요. 그토록 분명한 만족들에 몽상들을 도입하고, 당신이 이상이라 부르는 것을 순전한 허영에 대한 욕망과 뒤섞어 버리는 것은 용서할 수 없을 것입니다."

"당신의 올리비에는 나를 불쾌하게 하지 않습니다. 그는 나를 불안하게 합니다. 분명한 것은 그 조숙하고, 긍정적이며, 우아하고 확고한 젊은이가 길을 잘못 들 수 있으며, 의심도 하지 않은 채 행복의 곁을 지나갈 수 있다는 점입니다. 그 역시 그 나름의 환상들을 지닐 것이고, 불가능한 것들을 스스로 만들어 낼 것입니다. 대단한 광기입니다! 그는 용기가 있다고 기꺼이 생각합니다만, 그가 그 용기를 무엇에 사용할까요…? 당신이 말했듯이, 동 주앙 같은 존재가 되기를 열망하는 그 귀엽고 예쁜 친구는 사촌누이가 둘 있지 않나요…? 그런데 나는 이 두 이름을 대면서 당신이 그 둘 모두를 아직 알지 못할 수도 있다는 것을 망각하고 있습니다. 당신의 수사학 선생님은 이미 당신에게 보마르쉐의 작품들과 《피에르의 잔치》[11]를 읽는 것을 허용했나요? 바이런에 대해선 의심스럽지만, 별 불편 없이 당신은 (…) 기다릴 수 있습니다."

아무런 동요 없이 여러 달이 흘렀고, 겨울이 다가왔을 때 나는 마들렌의 얼굴에서 어떤 어두운 그림자와 한 번도 나타난 적이 없는 근심 같은 것이 보인다고 생각했습니다. 언제나 한결같은 그녀의 다감함은 애정도 그만큼 담아내고 있었지만, 엄숙함은 더 이상 없었습니다. 어떤 염려, 어쩌면 어떤 회한, 어쨌든 결과만 보이는 무언가가 우리들 사이에 불화의 첫번째 통고처럼 끼어든 것입니다. 분명한 것은 아무것도 없었지만 반목, 평탄하지 않음, 차이가 어떤 일체를 이루면서 그녀를 이를테면 멍한 사람으로 바꾸어 놓고 있었으며, 시간이나 이성이 우리에게서 떼어 놓아 사라져 버리는 것들이 지닌 특별한 매력을 그녀에게 주고 있었습니다. 아무것도 깨트리지 않으면서 모든 것을 천천히 떼어내는 침묵, 갑작스러운 칩거, 다양한 망설임

---

11) 몰리에르의 희극 《동 주앙 혹은 피에르의 잔치》를 말한다. 〔역주〕

을 통해 그녀는 친숙한 우리의 습관이 너무도 긴밀하게 만들어 주었던 인연을 지극히 조심스럽게 끊으려고 전념했습니다. 나는 그녀의 나이에 대해 생각했습니다. 나는 그녀를 그녀보다 그렇게 나이가 많지 않은 많은 여자들과 비교해 보았습니다. 나는 딱 한 번밖에 들은 적이 없었던 망각된 추억, 낯선 이름, 요컨대 어떤 분명하고 위협적인 추정이 나의 마음을 뚫고 지나갔습니다. 그러고 나서 이 날카로운 느낌 자체는 안심이 조금이라도 되면 흩어졌다가 어떤 명백한 점이 선명히 부각되면서 되살아났습니다.

어느 일요일에 우리는 마들렌과 쥘리를 기다렸지만 아무 소용이 없었습니다. 그 다음날 올리비에는 콜레주에 오지 않았습니다. 그렇게 아무런 소식이 없이 사흘이 지나갔습니다. 나는 불안해 죽을 지경이었습니다. 저녁때 나는 곧바로 카르멜리트가(街)로 달려가서 올리비에를 찾았습니다.

"올리비에 도련님은 살롱에 있습니다." 하인이 나에게 말했습니다.

"혼자인가요?"

"아닙니다, 도련님. 누가 와 있습니다."

"그럼 기다리겠어요."

올리비에의 방으로 통하는 계단에 들어섰을 때, 곧바로 나는 표현할 수 없을 정도로 가슴이 두근거려 멈추었고 더 이상 나아가지 못했습니다. 나는 다시 내려가서 아무도 없는 대기실을 조용히 통과한 뒤, 마당에서 정원으로 통하는 측면의 오솔길로 접어들었습니다. 살롱은 현관 계단 높이로 된 화단 위쪽으로 난 세 창문을 통해 1층에서 열려져 있었습니다. 각각의 창문 아래는 돌로 된 벤치가 있었습니다. 나는 그 위에 올라갔습니다. 캄캄한 밤이었습니다. 아무도 내가 거기 있다는 것을 의심할 수 없었습니다. 나는 살롱 안으로 시선을 던졌습니다.

가족 전체가, 올리비에를 포함해 모두가 모여 있었습니다. 올리비에는 검은 옷을 입고 꼿꼿하고 단호한 모습으로 벽난로 곁에 서 있었습니다. 두 사람이 살롱의 구석에 마주하고 있었습니다. 하나는 도르셀 씨이고 다른 하나는 나무랄 데 없는 옷차림에 키가 크고 단정한 아직 젊은 사람이었습니다. 올리비에는 세련미는 덜했고 딱딱함이 더 많아져 서른다섯 살 먹은 모습 같았습니다. 나는 그가 말할 때마다 동반하는 다소 느린 동작과 때때로 마들렌을 향해 몸을 돌리면서 드러내는 진지한 우아함을 알아보았습니다. 마들렌은 작업 테이블 옆에 앉아 있었습니다. 양탄자 쪽으로 머리를 다소 숙이고, 갈색 머리칼의 그림자가 드리워진 얼굴에 램프의 붉은 반사 불빛에 둘러싸인 그녀의 모습이 아직도 눈에 선합니다. 쥘리는 두 손을 무릎 위에 얹어 놓고, 꼼짝하지 않은 채 지극히 강렬한 호기심의 표정을 지으면서 커다란 두 눈을 과묵하게 낯선 사람에 고정시키고 있었습니다.

내가 여기서 당신에게 말하는 것을 나는 단 몇 초만에 깨달았습니다. 그러고 나서 불빛이 꺼지는 것 같았습니다. 나의 사지가 흔들렸습니다. 나는 벤치에 주저앉았습니다. 머리에서 발끝까지 나는 끔찍한 전율에 사로잡혔습니다. 나는 두 손을 쥐어짜고 "마들렌을 잃어버렸는데 나는 그녀를 사랑하는구나!"라고 되풀이하면서 불쌍할 정도로 고통스러운 상태에서 오열했습니다.

VII

나는 마들렌을 잃어버렸으면서도 그녀를 사랑했습니다. 충격이 조금 덜했다면 아마 이러한 이중적인 불행의 폭이 나에게 반밖에 드러나지 않았을 것입니다만, 드 니에브르 씨를 보는 순간 나의 충격은 그런 지점에 도달했고 나는 모든 것을 알게 되었습니다. 나는 숙명적으로 마감되는 하나의 개인적 운명을 감수할 수밖에 없었기 때문에, 또 그 어떠한 것도 변화시킬 수 있는 권리도 그런 운명할 한 시간만 늦출 수 있는 힘도 없었기 때문에 절망에 빠져 있었습니다.

내가 얼마나 의식적으로 도취되고 모든 분명한 희망으로부터 얼마나 초연한 채, 어떻게 마들렌을 사랑했는지 당신에게 말씀드린 바 있지요. 결혼에 대한 생각은 수없이 당치 않은 것이라 여겨졌지만, 그런 생각을 했다고 해서 어떤 애정, 그러니까 거의 스스로 자족했고, 넘치게 베풀어졌으며, 무언가를 지극히 좋아하기 위해서만 숭배를 추구했던 그런 애정의 순진한 격정이 고무되지도 않았습니다. 마들렌의 감정은 어떠했겠습니까? 나 역시 그것에 대해 생각하지 않았습니다. 옳건 그르건 간에 나는 그녀에게 우상과 같은 무심과 태연함을 부여했습니다. 나는 그녀가 자신이 열망하는 모든 집착들에 낯설다고 생각했습니다. 그래서 나는 그녀를 공상적인 고립 속에 위치시켰고, 어쨌거나 이것이면 자기 자신에 가장 관심이 없는 심성의 소유자들의 내면에 자리 잡은 비밀스런 본능에, 또 마들렌은 무감각하며 아무도 사랑하지 않는다고도 상상하고 싶은 욕망에 충분했습니다.

마들렌은 우연에 의한 돌발사처럼 자신의 삶 속에 던져진 낯선 자에 대해 아무런 흥미도 느낄 수 없었다고 나는 확신했습니다. 그녀가 처녀로서의 자신의 과거를 그리워했을 수 있고, 그처럼 심각한 결정을 내려야 하는 순간이 다가오는 것을 눈물 없이 바라볼 수 없었으리라는 것은 가능합니다. 그러나 또한 의심할 여지가 없었던 것은 그녀가 모든 진지한 애정에 대해 자유로웠다는 것이고, 그녀 아버지의 욕망, 그러니까 신분·지위·재산에 대한 고려는 그녀가 결혼에 찬성하도록 결심시키지 못했다는 것입니다. 물론 이 결혼을 통해 드 니에브르 씨는 많은 편리한 것들 이외에도 진지하고 매력적인 특질들을 가져다주겠지만요.

나는 나를 그토록 불행하게 만든 남자에게 원한도, 분노도, 질투도 느끼지 않았습니다. 이미 그는 권리의 제국을 인격화하기 전에 이성의 제국을 표상하고 있었습니다. 그런 만큼 세이삭 부인의 살롱에서 도르셀 씨가 내가 자기 딸의 가장 좋은 친구라고 말하면서 두 사람을 서로 소개시켰을 때, 나는 드 니에브르 씨와 악수하면서 충실하게 이렇게 생각했다고 기억납니다. "그래, 그가 사랑받고 있다면 그는 그녀를 사랑하겠지!" 그러고 나서 곧바로 나는 살롱 안쪽으로 가 자리에 앉았습니다. 나는 내가 무력하다는 것을 확신했고, 그 어느 때보다 더 침묵하지 않을 수 없었던 상태에서, 나에게 준 게 아무것도 없기 때문에 나에게 아무것도 빼앗지 않는 남자에 대해 아무런 분노도 없이 그 두 사람을 바라보면서도, 사랑의 권리를 삶의 권리와 분리될 수 없는 것처럼 주장했으며 절망스럽게 이렇게 생각했습니다. "그럼 나는!"

그날부터 나는 나 자신을 많이 고립시켰습니다. 아마 서로를 잘 알지 못했을 두 마음의 예지가 발휘되지 않을 수 없었던 둘만의 만남을 그 누구보다 내가 방해할 수 있었기 때문입니다. 나는 가능한 한 도르셀 저택에 가지 않았습니다. 이제 나는 그곳에서 논의되는 이해관계에서 너무도 작은 역할을 했기 때문에 나를 망각하게 한다고 해서 아무런 지장을 주지 않았습니다.

물론 행동의 이와 같은 변화들 가운데 그 어떤 것도 올리비에의 눈에 벗어나지 않았습니다. 그러나 그는 그것들을 매우 자연스러운 것이라고 생각하는 모습이었고, 나에게 아무 말도 하지 않았으며, 아무것에도 놀라지 않았고, 자신의 가족에서 일어나는 일들에 대해서도 설명하지 않았습니다. 단 한 번, 꼭 단 한 번 그는 나로 하여금 고백을 거의 면하게 해주는 그런 능란함을 드러내면서 우리가 드 니에브르 씨에 대해 서로 이해하고 있음을 확실히 했습니다. 그는 이렇게 말했습니다.

"나는 네가 나의 장차 처남을 어떻게 생각하는지 묻지 않겠다. 우리의 세계처럼 제한되고 서로 엮어진 작은 세계에서 여자를 선택하러 오는 남자, 다시 말해 우리한테서 누이나 사촌누이 혹은 여자 친구를 빼앗으러 오는 남자는 누구나 어떤 혼란을 초래하며, 우리의 우정에 구멍을 만들어 내기 때문에 그 어떠한 경우에도 환영받을 수 없을 것이다. 나로 말하면, 그는 내가 마들렌을 위해 원했던 남편이 분명 아니다. 마들렌은 자기 지방 출신이야. 드 니에브르 씨는 파리의 많은 사람들이 그렇듯이 출신지가 없는 것 같네. 그는 그녀를 이주시킬 것이지만 정착시키지는 못할 것이다. 이것을 제외하면 그는 매우 좋은 사람이다.

"매우 좋은 사람이지!" 나는 그에게 말했습니다. "나는 그가 마들렌을 행복하게 해주리라 확신한다…. 그건 결국…"

"아마 그럴 것이다." 올리비에는 짐짓 아무렇지도 않다는 어조로 다시 이었습니다. "아마도 사심 없이 그럴 것이다. 이것이 우리가 바랄 수 있는 모든 것이지."

결혼은 겨울이 끝날 때쯤으로 잡혔으며 우리는 그 순간에 다가가고 있었습니다. 마들렌은 진지했습니다. 그러나 이런 완전히 예의상의 태도는 그녀의 결심 상태에 대해 아무런 의심도 드러내 주지 않았습니다. 그녀는 지극히 미묘한 감정들의 표현을 아주 정교하게 한정하게 도와주는 그 세련된 절도만을 간직했습니다. 충실하게 깊이 생각하는 가운데 완전히 독립적 상태에서 그녀는 그녀의 증언에 따르면 영원히 그녀를 구속하게 되어 있는 사건을 기다렸습니다. 한편 드 니에브르 씨는 겪어내는 만큼 통제하기도 어려운 그 시험 기간 동안 즐거움을 한껏 선사했고, 더없이 정중한 남자의 장점들과 결합된 지극히 확실한 처세의 방법을 발휘했습니다.

그가 낮은 목소리로 대화를 이끌어 가면서 마들렌과 이야기했던 어느 날 저녁, 그가 그녀에게 두 손을 내미는 다정한 동작이 보였습니다. 그러자 마들렌은 우리 모두를 자신이 취하려는 태도의 증인으로 삼으려는 듯 주변을 신속하게 훑어보았습니다. 그리고 나서 그녀는 일어섰고, 단 한마디 말도 하지 않았지만 자신을 맡기는 그 동작에 더없이 천진하고 더없이 아름다운 미소를 곁들이면서 남작의 손에 자신의 장갑 벗은 손을 포갰습니다.

바로 그날 저녁에 그녀는 나를 그녀 가까이 불렀고, 마치 자신의 분명한 새로운 상황으로 인해 부차적인 애정에 관한 문제들을 이제부터 아주 솔직하게 다룰 수 있게 되었다는 듯이 말했습니다.

"우리가 이야기하곤 했던 저기 좀 앉아요. 그녀는 나에게 말했습니다. 당신을 보지 못한 지가 오래되었군요. 당신은 우리로부터 다소 떨어져야 한다고 생각했지만, 그건 드 니에브르 씨를 생각할 때 유감스러운 일입니다. 왜냐하면 당신은 그처럼 신중함으로써 드 니에브르 씨를 거의 알지 못하고 있기 때문입니다…. 마침내 나는 일주일 후면 결혼하며, 그때는 우리가 서로를 이해할 수 있거나 결코 그렇지 못하게 될 순간이 될 것입니다. 드 니에브르 씨는 당신을 존경합니다. 그는 내가 가지고 있는 애정의 가치를 알고 있습니다. 그는 당신의 친구이고 친구가 될 것이며, 당신도 그의 친구가 될 것입니다. 이것은 내가 당신의 이름으로 한 받아낸 약속이고, 내가 확신하는 것이시만 당신도 그것을 지킬 것입니다…."

그녀는 그런 식으로 단순하고 자유롭게 계속해서 이어갔지만 아무런 애매한 언어도 구사하지 않았으며, 과거에 대해 이야기하고, 장차 우리 우정의 이해관계를 이를테면 조절했습니다. 이런 조절은 조건을 덧붙이기 위한 것이 아니고 관계가 더욱 긴밀해지리라는 것을 나에게 설득시키기 위한 것이었습니다. 그런 다음에 그녀는 드 니에브르 씨의 이름을 우리 사이에 다시 들고 나왔으며, 그녀에 따르면 그는 아무것도 단절시키지 않았으며 그 반대로 다른 결혼 같았으면 부숴 버릴 수도 있었을 관계를 견고하게 해주고 있다는 것이었습니다. 그녀의 분명한 목표는 나로 하여금 드 니에브르 씨가 제시한 보장에 그런 식으로 관심을 갖도록 함으로써 그녀의 선택에 대한 찬동 같은 것을 나한테서 얻어내는 것이었고, 친구로서의 그 어떠한 충고도 받아들이지 않은 채 취해진 자신의 결정이 나에게 아무런 불쾌감도 유발하지 않는다는 것을 확인하자는 것이었습니다.

나는 그녀를 만족시키기 위해 최선을 다했고, 우리 사이에 아무것도 변하지 않으리라 그녀에게 약속해 주었으며, 제대로 표현되지 못한 감정들에 충실할 것이라고 맹세했습니다. 그 감정들은 제대로 표현되지 못했을 수 있지만 그녀가 의심하기에는 너무도 분명했던 것입니다. 아마 처음으로 나는 냉정했고 과감했을 것이며, 파렴치하게 성공적으로 거짓말을 했습니다. 게다가 말은 참으로 많은 의미를 내포하고 있었고, 생각은 참으로 많은 애매성을 간직하고 있었기 때문에 전혀 다른 상황 같았으면 그같은 맹세들은 훨씬 더 많은 것을 의미할 수 있었을 것입니다. 그녀는 그것들을 지극히 단순한 의미로 이해했고, 나한테 너무도 뜨겁게 감사했기 때문에 나에게서 모든 용기를 없애버릴 것 같았습니다.

"잘됐어요. 나는 당신이 그렇게 말하는 것을 듣고 싶습니다. 당신이 모르는 사이에 상처를 주는 많은 망각을 회복시켜 주고 당신의 가슴 아픈 침묵을 튼튼히 치유해 주는 그 좋은 말을 내가 가져갈 수 있도록 당신이 말한 것을 다시 한 번 되풀이해 주세요."

그녀는 우리의 대화를 지극히 위험하게 만들었던 몸짓과 말을 쏟아내고 열정적 모습을 드러내면서 빠르게 이야기했습니다.

"이렇게 해서 합의가 되었군요." 그녀는 계속했습니다. "우리의 오래된 좋은 우정은 두려워할 게 아무것도 없어요. 당신은 당신과 관련된 것에 대해 그 책임을 다하세요. 이것이 내가 알고 싶었던 전부예요. 우정은 우리와 계속 함께해야 하고 그 거대한 파리 속에서 상실되어선 안 됩니다. 들은 바에 의하면 파리는 많은 좋은 감정들을 흩어지게 만들고 더없이 올곧은 마음의 소유자들을 건망증에 빠지도록 만든다는군요. 당신도 알다시피, 드 니에브르 씨는 적어도 겨울 동안은 그곳에 머물 생각을 하고 있습니다. 올리비에와 당신은 연말에 그곳에 올 수 있을 거예요. 나는 아빠와 쥘리를 데려갈 것입니다. 나는 그곳에서 내 동생을 결혼시킬 거예요. 아, 나는 그 애를 위한 온갖 종류의 야망, 당신을 위한 것과 대략 비슷한 야망을 가지고 있어요." 그녀는 눈에 띄지 않게 얼굴을 붉히면서 말했습니다. "아무도 쥘리를 몰라요. 그 성격이 아직 폐쇄적이긴 해요. 하지만 나는 그 애를 알아요. 내가 당신에게 권하는 마지막 사항에 대해서 말하는 것을 제외하면, 이제 내가 당신한테 해야 할 모든 것을 말했다고 생각합니다. 올리비에를 보살펴 주세요. 그는 세상에서 가장 훌륭한 마음을 지니고 있어요. 그가 그 마음을 알뜰하게 써야 하고 위대한 순간들을 위해 남겨두어야 합니다. 이것은 처녀로서의 나의 유언입니다." 그녀는 드 니에브르 씨가 들을 수 있도록 충분히 큰 소리로 덧붙였습니다. 그리고 그녀는 그에게 가까이 오라고 했습니다.

불과 며칠이 지난 후 결혼식이 있었습니다. 겨울이 끝나갈 무렵이지만 혹독하게 추운 날이었습니다. 실제적인 육체적 고통에 대한 추억이 오늘날에도 우스꽝스러운 괴로움처럼 내 슬픔의 혼란스러운 감정과 결합되어 있습니다. 나는 쥘리의 팔을 끼고 있었으며, 바로 제가 지방의 괴로운 관례에 따라 구경꾼으로 가득한 긴 교회를 가로질러 그녀를 안내했습니다. 그녀는 죽은 것처럼 창백했고, 추위와 감동으로 몸을 떨고 있었습니다. 마들렌과 나의 운명을 결정했던 돌이킬 수 없는 '예'라는 말이 나오는 순간에 어떤 억눌린 탄식을 듣고서 나는 내가 잠겨 있었던 어리석은 마비 상태에서 빠져나왔습니다. 손수건에 얼굴을 묻고 오열한 것은 쥘리였습니다. 저녁에 그녀는 더욱 슬퍼했지만 그럴 수 있는 일입니다. 그러나 그녀는 언니 앞에서 자제하려고 놀랍도록 노력했습니다.

그녀는 그때 참으로 이상한 아이였습니다. 갈색 머리에 키가 작았고, 신경이 예민했으며, 젊은 스핑크스 같은 불가사의한 모습이었고, 그녀의 시선은 때때로 무언가를 질문하고 있었지만 결코 대답을 하지 않았으며, 두 눈은 빨아들이는 것 같았습니다! 그 눈은 내가 본 가장 경탄할 만하면서도 가장 매력적이지 않은 눈이었는데, 까다롭고 괴로우면서 자존심 강한 이 작은 존재의 전체적 모습에서 가장 인상적인 것이었습니다. 빛나는 곳이라고는 하나도 드러내지 않은 긴 속눈썹에 넓고 크며, 여름밤의 분류하기 어려운 색채를 부여하는 짙푸른 색으로 덮인 그 수수께끼 같은 눈은 빛이 없이 확장되고 있었고, 삶의 모든 광휘들이 그 속에 집중되어 더 이상 솟아오르지 않았습니다.

"마들렌에 대해 주의를 기울이도록 합시다." 그녀는 나를 오싹하게 만드는 통찰을 드러내는 불안을 나타내며 말했습니다.

그녀는 화를 내면서 뺨의 눈물을 닦았고, 그녀의 본성이 지닌 강력한 본능들과 부딪치는 그 견딜 수 없는 허약성이 발작하여 나를 공격했습니다.

"내가 우는 것에는 당신의 잘못도 있어요. 올리비에를 보세요, 얼마나 잘 처신하고 있는지."

나는 그런 천진한 고통을 나의 고통과 비교해 보았고, 그녀가 그것을 있는 그대로 나타낼 수 있는 권리를 비통하게 부러워했으며, 그녀를 위로할 말 한마디 찾아내지 못했습니다.

쥘리의 고통, 나의 고통, 긴 결혼식, 무심한 많은 사람들이 비탄에 잠긴 내 주변에서 소곤거리는 해묵은 교회, 이 유일한 축제를 위해 이례적인 장식물과 멋진 것들로 화려하게 단장되어 변모된 도르셀의 저택, 나를 정신없게 만들 정도로 동요시키는 과도한 빛과 냄새들, 치유할 수 없는 아픔의 흔적처럼 오랫동안 그 한이 지속된 가슴을 에는 어떤 느낌들, 한마디로 어떤 나쁜 꿈에 대한 뒤죽박죽인 추억들, 이것이 내 인생에서 의심할 수 없는 불행의 하나가 완성되었던 그날에서 현재 남아 있는 모든 것입니다. 거의 상상적인 이 그림을 배경으로 하나의 인불이 분명하게 나타나 그림을 요약해 줍니다. 그는 꽃다발·화관·베일·백색드레스로 치장한 마들렌 자신의 다소 이상한 유령 같은 존재입니다. 내가 베일에 싸여 사라진 내 자신의 청춘이나 순결의 유령과 이 영상을 이를테면 혼동하는 순간들이 있습니다. 그만큼 이 영상의 특이한 가벼움은 그 영상의 앞뒤에 있는 보다 강렬한 현실들과 대조를 이루고 있습니다.

나는 교회에서 돌아왔을 때 드 니에브르 부인을 감히 포옹하지 못한 유일한 존재였습니다. 그녀는 그것을 주목하였을까요? 그녀는 실망했을까요, 아니면 그보다 며칠 전에 그녀 자신이 성실한 약속을 받아내고자 했던 우정의 보다 자연스러운 충동에 단순히 따른 것일까요? 잘 모르겠습니다. 그러나 야회가 계속되는 동안 도르셀 씨가 나한테 다가와 나의 팔을 잡고서는 살아 있다기보다 죽은 모습을 한 나를 마들렌 앞으로 데리고 갔습니다. 그녀는 살롱 한가운데 남편 곁에 서 있었고 그 눈부신 자태가 그녀를 찬란하게 빛나게 하고 있었습니다.

"부인…" 나는 그녀에게 말했습니다.

그녀는 이 새로운 호칭에 미소를 지었고, 이런 말까지 하게 되어 우회할 줄도 배신할 줄도 모르는 나무랄 수 없는 마음의 기억에 용서를 구해야겠지만, 그녀의 미소는 자신도 모르게 너무도 잔인한 의미들을 띠고 있었기 때문에 나를 완전히 뒤흔들어 놓고 말았습니다. 그녀는 몸을 움직여 내 쪽으로 숙였습니다. 나는 내가 그녀에게 무슨 말을 했는지도, 그녀가 무슨 말을 들었는지도 모릅니다. 나는 나의 두 눈과 아주 가까이 있는 소름끼치게 부드러운 그녀의 두 눈을 보았고, 그 다음에는 아무것도 알아들을 수가 없었습니다.

나를 미치게 할 만큼 관대한 관심을 드러내면서 나를 살피고 있는 성장(盛裝)한 남녀들의 무리 속에서 정신을 차릴 수 있었을 때, 나는 누군가 나를 거칠게 붙잡는 것을 느꼈습니다. 내가 머리를 돌려보니 올리비에였습니다.

"넌 구경거리가 되고 있어, 너 미쳤니?" 그는 내 주변의 아무도 듣지 못하도록 낮은 목소리로 말했지만 그 표현이 너무 강렬해 나는 공포에 휩싸였습니다.

나는 그가 강하게 포옹하는 바람에 감정을 억제하고 잠시 동안 그대로 있었습니다. 그런 다음 나는 그와 함께 문으로 갔습니다. 그곳에 도착했을 때 나는 그로부터 빠져나왔습니다.

"나를 붙잡지 마." 나는 그에게 말했습니다. "세상에서 가장 신성한 것의 이름을 걸고 약속해라. 네가 본 것을 나에게 결코 말하지 않겠다고."

그는 내 마음속까지 따라왔고 이야기를 하고 싶어 했습니다.

내 방에 돌아와서 깊이 생각할 수 있게 되자마자, 나는 위안이 되지는 못하나 나를 진정시켜 준 사랑의 광기, 부끄러움과 절망에 사로잡혔습니다. 그 격렬했던 몇 시간 동안 내 안에서 일어났던 것을 당신에게 말한다는 것은 어려울 것 같습니다. 이 최초의 시간들은 나로 하여금 환희의 수많은 예감과 더불어 수많은 끔찍한 고통, 그야말로 떳떳하게 고백할 수 있는 것에서부터 지극히 저속한 것에 이르기까지 그 고통을 경험하게 해주었습니다. 내가 꿈꿀 수 있는 가장 감미로운 것의 느낌, 내가 영원히 길을 잃어버리지 않았나 하는 무서운 두려움, 미래에 대한 불안, 나의 현재 삶에 대한 모멸적인 감정, 이 모든 것을 나는 경험했으며, 거기에는 상처받은 자존심의 쓰라린 전율을 많이 닮은 매우 혹독한 예기치 않은 고통이 포함되어 있습니다.

늦은 시각이었고 밤은 깊었습니다. 나는 당신에게 저택 꼭대기에 위치한 내 방에 대해서 이야기한 바 있습니다. 그것은 일종의 천문대와 같아서 거기서 나는 트랑블에서처럼, 보는 행위를 통해서이든 항상 귀를 기울이는 한결같은 습관을 통해서이든, 나를 둘러싸고 있던 것과 지속적인 공모관계를 만들어 내곤 했었지요. 거기서 나는 당신에게 묘사할 수 없을 낙담 속에서 오랫동안 왔다 갔다 했습니다(여기서 나의 추억은 다시 분명해집니다). 나는 이렇게 생각했습니다. "나는 결혼한 여자를 사랑하고 있구나!" 나는 이런 생각이 고정된 채 머물러 있었습니다. 나는 이 생각이 분노케 하는 것 때문에 막연히 날카로워졌지만, 특히 그것이 포함하고 있는 불가능한 것에 망연자실하면서도 말하자면 매혹되었습니다. 나는 올리비에의 입에서 나온 "난…기다릴 것이다"라는 말, 나를 많이 놀라게 했던 그 말을 내가 반복하고 있음에 놀라움을 금치 못했습니다. 나는 무엇을?이라고 자문했지요. 이런 자문에 내가 대답할 수 있었던 것이라곤 가증스러운 가정들밖에 없었고 이것들은 마들렌의 이미지를 곧바로 더럽히는 것 같았습니다. 그리고 내가 갑자기 얼핏 본 것은 파리와 미래였고, 어떠한 확신도 없는 머나먼 곳에서 나타나는 우연이란 감추어진 손이었습니다. 그 우연은 이처럼 끔찍하게 엮어진 문제들을 많은 방법을 써 단순화시킬 수 있고 그리스의 검[12]처럼 그것들을 해결하지는 못한다 해도 잘라내 버릴 수 있을 것 같았습니다. 나는 해결책이 된다면 재앙도 받아들이고 있었고, 몇 년 동안의 시간이 주어지면 다른 많은 삶들에 해를 끼칠 수 있는 하나의 삶을 즉시 종식시킬 수 있는 방법을 찾는 비겁한 짓까지 할 수 있을 것 같았습니다.

한밤중이 되었을 때쯤 나는 지붕을 통해 거리를 두고 들리는 소리처럼 짧고 날카로운 외침을 들었는데, 그것은 그처럼 동요가 절정에 이른 순간에도 친구의 외침처럼 나의 심장을 뛰게 만들었습니다. 나는 창문을 열고 귀를 기울였습니다. 바다 물떼새들이 만조를 따라 올라와서 강 쪽으로 힘차게 날아가고 있었습니다. 외침은 한두 번 반복되었지만 그것을 중도에서 불시에 포착해야 했습니다. 그리고는 그것은 더 이상 들리지 않았습니다. 모든 게 부동이었고 잠자는 것 같았습니다. 얼마 안 되

---

[12] 프리기아의 왕 고르디오스가 아무도 풀지 못하게 만든 매듭을 잘라 버린 알렉산더의 검을 말한다. "이 매듭을 푸는 자는 아시아의 진정한 지배자가 된다"는 계시를 받고 그것을 검으로 잘라 버렸다 한다. [역주]

는 찬란하게 빛나는 별들이 밤의 고요하고 푸른 대기 속에서 떨고 있었습니다. 추위가 바람 한 점 없는 청명한 하늘로 인해 더욱 강렬했지만 춥다는 느낌은 별로 없었습니다.

나는 트랑블에 대해 생각했습니다. 내가 그곳에 대해 생각하지 않은 지가 참으로 오래되었던 것이죠! 그곳은 구원의 서광 같았습니다. 이상한 일이지만, 매우 아득한 인상들로의 돌연한 회귀를 통해 나는 내 시골 생활의 가장 간결했고 가장 매력적인 측면들의 부름을 갑작스럽게 받았습니다. 나지막한 언덕 위에 길게 지어진 하얀 집들, 연기가 모락모락 나는 지붕들, 겨울이 다가와 음울해진 들판, 영하의 날씨에 다갈색이 된 야생 자두나무 숲, 그 숲이 양쪽을 둘러싸고 있는 얼어붙은 길들과 함께 빌르뇌브가 다시 보였습니다. 극도로 과도하게 흥분된 명철한 상상력을 통해 나는 나의 최초 어린 시절을 매료시켰던 모든 것을 몇 분만에 순간적으로 신속하게 떠올렸습니다. 나의 부산한 활동의 원천이 되었던 곳이면 어디서나 나는 평화밖에 만나지 못했습니다. 내가 예전에 경험한 최초의 동요를 야기했던 것에서 모든 게 온화하고 평온했습니다. 얼마나 많이 변했는가! 나는 그렇게 생각했고, 나를 불태우는 그 열광 속에서도 나는 내가 최초로 애착을 느꼈던 것들의 원천을 그 어느 때보다 더 신선하게 재발견했습니다.

마음은 매우 무기력했고 휴식이 너무도 필요했기 때문에 잠시 나는 다른 모든 희망들과 마찬가지로 공상적인 어떤 알 수 없는 희망에 달려들었습니다. 그것은 트랑블의 집에 절대적으로 은거할 수 있다는 것이었습니다. 내 주변에 아무도 없고, 어떤 확실한 위안과 나의 책들, 내가 매우 좋아하는 고장과 일, 이런 것들과 여러 해 동안을 홀로 고독하게 지내는 것이었습니다. 이 모든 것들은 실현 불가능했지만 그 가정은 더없이 감미로웠으며 나는 그것을 생각하면서 다소간의 평온을 되찾았습니다.

이웃에서 아침을 알리는 시계 소리가 울리기 시작했습니다. 두 대의 괘종시계가 함께 거의 하나가 되어 시간을 반복해 알렸습니다. 마치 두번째 시계는 첫번째의 즉각적인 반향인 것 같았습니다. 신학교와 콜레주에서 울리는 것이었습니다. 그 다음 날의 조롱하는 듯한 현실이 이처럼 갑작스럽게 환기됨으로써 나의 고통은 옹졸하다는 유일한 느낌 속에 짓눌려 버렸고, 나는 회초리를 맞은 것처럼 철저한 절망에 빠졌습니다.

VIII

"당신이 많이 괴로워했다는 게 정말 틀림없군요." 마들렌과 그녀의 남편이 떠난 지 불과 며칠 후 내가 보낸 매우 열광적인 과장적 수사(修辭)에 대해 오귀스탱은 그렇게 나에게 답장을 했습니다. "그런데 무엇 때문에? 어떻게? 누가? 나는 당신이 결코 해결하고자 하지 않는 이런 문제들을 아직도 내 스스로 제기해 보고 있어요. 나는 매우 잘 알려지고 매우 잘 규정된 감정들을 닮은 무언가가 당신 안에서 울리고 있음을 듣고 있습니다. 그런 감정들은 체험하는 사람에게는 언제나 유일하고 비길 데 없지요. 그러나 그런 것은 당신의 편지에 아직 나타나지 않고 있으며, 당신은 나로 하여금 당신이 당신 자신을 동정하는 것만큼 막연하게 당신을 동정하지 않을 수 없게 만들고 있어요. 그러나 이것이 내가 하고자 하는 바는 아닙니다. 당신도 알듯이, 당신과 관련된 일이라면 나는 아무 대가도 바라지 않아요. 당신이 그렇게 하고 싶을 테지만, 언어가 아무리 동정적이라 할지라도 당신은 언어보다 더 적극적이고 더 효과적인 무언가를 필요로 하는 마음이나 정신의 상황 속에 있습니다. 당신은 조언이 필요한 게 틀림없어요. 나는 당신이 걸렸다고 생각되는 질병들을 다루는 슬픈 의사입니다. 하지만 나는 내가 잘 알지 못하는 상상의 그 질환들까지 모든 것에 적용되는 치유법을 당신에게 권할 것입니다. 그것은 하나의 위생요법입니다. 무슨 말이냐 하면, 정확한 관념들, 논리적인 감정들 그리고 가능한 애정들을 이용하라는 것이며, 한마디로 말하면 삶의 힘들과 활동들을 분별 있게 이용하라는 것입니다. 내 말 믿으세요. 삶이란 어떤 오류를 원리로 하는 모든 고통들에 위대한 정반대이고 위대한 치유책인 것입니다. 잘 이해하세요, 당신이 삶 속에, 현실적 삶 속에 발을 내디디는 날, 그러니까 당신이 삶을 그 법칙들·필연성들·엄격성들·의무들·사슬들·어려움들·고뇌들, 진정한 고통들·매력들과 더불어 경험하게 되는 날, 당신은 그것이 그것의 엄밀함들 자체로 인해 얼마나 건강하고, 아름다우며, 강하고 풍요로운지 알게 될 것입니다. 그날 당신은 그 나머지는 겉치레이며, 그보다 큰 픽션은 없고, 열광은 그보다 더 높이 상승하지 않으며, 상상력은 그 이상으로 나아가지 않고, 그것은 지극히 갈망적인 마음을 꽉 채워 주며, 더없이 까다로운 마음을 황홀케 하는 무언가를 가지고 있다는 것을 알게 될 것입니다. 나의 제자여, 당신이 치유 불가능하게, 죽을 정도로 아프지만 않다면, 그날 당신은 치유될 것입니다."

"당신이 요구한 것들은 그대로 따를 것입니다. 나는 드 니에브르 부부를 만날 것이고, 내가 개탄해마지 않는 당신의 동요와 무관하지 않다고 생각되는 그런 친구들과 당신에 관해 상의하는 기회를 갖도록 해준 데 대해 고맙게 생각합니다. 불안해하지 말고 잘 생각하세요. 나는 신중해야 할 가장 좋은 이유가 있습니다. 나는 아무것도 모른다는 것입니다."

얼마 안 가서 그는 다시 이렇게 편지를 썼습니다.

"드 니에브르 부인을 만났습니다. 그녀는 나를 당신의 가장 좋은 친구 하나로 간주하고자 했습니다. 이런 이유로 그녀는 당신과 관련해 또 당신에 대해 애정 있는 이야기를 해주었는데, 그녀가 말한 것들은 그녀가 당신을 많이 좋아하고 있으나 당신을 썩 잘 알고 있지는 못하다는 것을 나에게 입증해 주었습니다. 그런데 당신들의 상호 우정이 서로를 잘 알게 해주지 못했다면, 그건 그녀의 잘못이 아니라 당신의 잘못입니다. 물론 이것은 당신이 당신 자신을 반밖에 드러내지 못한 잘못을 저질렀다는 것을 증언하는 게 아닙니다. 그러나 최소한 그것은 당신이 그런 행동을 원했다는 것을 보여준다고 생각합니다. 따라서 나는 나를 불안케 하는 결론에 도달했습니다. 도미니크 도련님, 다시 한 번 말하건대, 삶, 가능한 것, 합리적인 것을 생각하세요! 제발 부탁하건대, 합리적인 것이 아름다운 것의 적이라고 말하는 자들을 결코 믿지 마세요. 왜냐하면 그것은 정의와 진리의 분리 불가능한 친구이기 때문입니다."

나는 오귀스탱이 어디다 정확히 적용해야 할지는 모르지만 짐작은 하면서 나에게 해준 충고들의 일부를 당신에게 이야기했습니다.

한편 나로 하여금 최초의 고백을 할 필요가 없게 만들었던 올리비에는 결혼식 야회가 있은 바로 그 다음날, 마들렌과 드 니에브르 씨가 파리로 떠났던 그 시간에 내 방으로 들어왔습니다.

"그녀는 떠났니?" 나는 그가 들어오는 것을 보고 말했습니다.

"그래, 하지만 다시 돌아올거야." 그는 대답했습니다. "그애는 나의 친누이나 마찬가지야. 너는 내 친구 이상이니 모든 것을 예상해 보아야 한다."

그는 이야기를 계속하려 하다가 내가 낙담한 가련한 상태를 보고 감정을 누그러뜨린 것 같았고 설명을 덧붙였습니다.

"나중에 다시 이야기하자." 그는 말했습니다.

그러고 나서 그는 시계를 꺼내 보더니 8시가 다 되었음을 보고 말했습니다.

"자, 도미니크, 학교에 가자. 이것이 우리가 할 수 있는 가장 현명한 일이다."

충동이 너무도 강력해 조언으로는 멈출 수 없었기 때문에 오귀스탱의 충고도 올리비에의 경고도 소용이 없는 일이 일어나지 않을 수 없었습니다. 그들은 그것을 이해했고 나와 마찬가지로 행동했습니다. 그러니까 그들은 내가 해방되길 기다리거나, 아니면 의지가 없거나 타개책이 더 이상 없는 사람들에게 남아 있는 마지막 수단, 즉 미지수를 기다렸습니다.

오귀스탱은 나에게 마들렌에 대한 소식을 보내기 위해 한두 번 더 편지를 썼습니다. 그녀는 드 니에브르 씨가 여름을 보내고 싶은 땅을 보러 파리 근교를 방문했다는 것입니다. 그것은 숲 속에 있는 예쁜 성이었으며, 오귀스탱은 이렇게 썼습니다.

그것은 "시골 사람인 당신의 그리움과 고독한 자인 당신의 취향을 자기 나름대로 함께 나눌 수 있을 여자에겐 가장 낭만적인 체류지"였습니다. 한편 마들렌은 쥘리에게 편지를 쓰곤 했습니다. 아마 그녀는 자매로서의 심정 토로를 했을 테지만 나에게까지는 도달되지 못했습니다. 부재가 계속된 그 몇 달 동안 단 한 번 나는 그녀로부터 짧은 편지를 받았는데, 오귀스탱에 대해 이야기해 주었습니다. 그녀는 그를 알게 해주어 고맙다고 했고, 자신이 그에 대해 생각하는 좋은 점을 말해 주었습니다. 다름 아닌 의지 자체, 정직성 그리고 지극히 순수한 용기였습니다. 그리고 그녀는 내가 마음에 필요한 것을 제외하면 그보다 더 확고하고 더 나은 의지처는 결코 갖지 못할 것이라고 암시했습니다. 마들렌이란 이름으로 서명된 이 짧은 편지는 그녀의 남편에 대한 애정 어린 추억이 곁들여 있었습니다.

그들은 여름방학이 되어서야 돌아왔고, 그때는 학교에서 시상식이 있기 바로 며칠 전이었으며, 종업식에 참가하는 것은 내 종속된 삶에서 나를 후견인으로부터 해방시키는 마지막 행위였습니다.

당신도 이해할 것이지만, 나는 마들렌이 이 종업식에 참관하지 않기를 무척이나 바랐습니다. 내 안에는 조화롭지 못한 것들이 너무 많았고 학생으로서의 나의 조건도 나의 정신적 기질과 매우 우스꽝스럽게 일치하지 않았기 때문에, 나는 우리 두 사람에게 이런 부조화를 상기시키는 어떠한 상황도 새로운 모멸이라 보고 회피했습니다. 특히 얼마 전부터 이 점에서 나의 과민한 성격은 매우 강렬해졌습니다. 내가 당신에게 말한 바 있듯이, 그것은 내 고통에서 가장 덜 고귀하고 가장 고백하기 어려운 측면이었습니다. 내가 나의 자만심을 다시 외치게 만드는 부수적 사건과 관련해 그것을 다시 언급하는 것은 또 하나의 세부적 사실을 통해 이 상황의 특이한 아이러니를 당신에게 설명하기 위해서입니다.

시상식은 오래 전부터 방치되어 있으며 1년에 그날 한 번 장식되어 열리는 오래된 예배당에서 거행되었습니다. 그 예배당은 콜레주의 커다란 마당 안쪽에 위치했습니다. 사람들은 그 차가운 분위기의 산책 코스를 방대한 녹음으로 다소 쾌적하게 해주는 두 줄의 보리수나무들 아래를 지나 식장에 도착했습니다. 멀리서 나는 마들렌이 자기 세계의 여러 여자들을 동반하고 들어오는 것을 보았습니다. 밝은 색의 여름옷으로 성장(盛裝)한 이 여자들은 그늘과 햇빛으로 알록달록해진 양산을 펼쳐들고 있었습니다. 옷이 움직이면서 일으키는 고운 먼지가 가벼운 구름처럼 그들을 동반하고 있었으며, 이미 노랗게 된 나뭇가지들 끝에서는 열기로 인해 한 아름의 무르익은 잎들과 꽃들이 그녀들의 주변에 떨어지고 있었고, 마들렌이 감싸고 있는 긴 모슬린 스카프에 달라붙고 있었습니다. 마들렌은 걸어서 상기된 얼굴을 하고 웃으며 행복하게 지나갔고, 신병들처럼 질서정연하게 두 줄로 무리를 지어 집합한 콜레주 학생들을 신기하게 살피기 위해 되돌아보았습니다. 여자들의 이 모든 호기심과 특히 마들렌의 호기심은 화상(火傷)처럼 번쩍이며 나에게까지 다가왔습니다. 날씨는 매우 쾌청했습니다. 8월 중순경이었으니까요. 친근한 새들은 나무들에서 달아나 태양이 내리쬐는 지붕 위에서 노래를 불렀습니다. 마침내 군중의 수군거림이 열두 달의 그 긴 침묵을 정지시켰고, 놀라운 즐거운 모습들이 오래된 콜레주의 전체적 모습을 환하게 밝혀 주었으며, 보리수나무들이 전원적인 냄새로 향기가 가득하게 해주었습니다. 내가 이미 자유롭고 행복하기 위해서라면 무엇인들 주지 못했겠는가!

준비 단계는 매우 길었으며 나는 나를 해방의 순간과 아직도 갈라 놓고 있는 그 시간을 세고 있었습니다. 마침내 행사를 알리는 신호가 들려왔습니다. 철학 수상자의 자격으로 내 이름이 맨 먼저 호명되었습니다. 나는 단상에 올라갔습니다. 나는 한 손으로 상장을, 다른 한 손으로 커다란 책을 받은 뒤 계단에 서서, 박수를 치는 군중과 마주한 채 눈으로 세이삭 부인을 찾아보았습니다. 내가 고모의 시선과 함께 만난 첫번째 시선, 내 밑의 맨 앞줄에서 분명하게 알아보았던 첫번째 정다운 얼굴은 드니에브르 부인이었습니다. 거기서 그녀는 내가 당신에게 그려 보이고자 애쓰는 나의 그 끔찍하게 어설픈 태도를 보면서 다소간 당황했을까요? 그녀는 내가 받은 충격에 반응했을까요? 그녀가 나를 우스꽝스럽다고 생각하거나, 아니면 다만 내가 괴로울 수 있다는 것이라도 간파했을 때 그녀의 우정은 상처를 받았을까요? 우리 모두를 동시에 거의 같은 의미로 아프게 하는 것 같은 그 짧은 쓰라린 시련에서 그녀의 감정은 정확히 어떤 것이었을까요? 나는 모릅니다. 그러나 그녀는 얼굴이 매우 붉어졌고, 그녀는 내가 내려와 자신에게 다가오는 것을 보았을 때 더욱 얼굴을 붉혔습니다. 나의 고모가 나를 포옹한 후 나의 상장을 그녀에게 넘기면서 나를 축하해 주라고 권했을 때, 그녀는 완전히 침착성을 잃어버렸습니다. 나는 그녀가 자신이 행복하다는 것을 나에게 보여주고 관례에 따라 나를 축하하기 위해 무슨 말을 했는지 확실하게 알지 못합니다. 그녀의 손은 가볍게 떨렸습니다. 그녀는 나에게 이렇게 말했다고 생각됩니다.

"정말 자랑스러워요, 도미니크." 아니면 "참 잘했어요."

완전히 동요된 그녀의 두 눈에 어떤 관계나 연민의 눈물 같은 것, 아니면 다만 수줍은 젊은 여인의 무의식적 눈물 같은 게… 있었던 것 같아요. 나는 자주 생각해 보지만 결코 그게 무엇인지 잘 알 수 없었어요.

우리는 바깥으로 나왔습니다. 나는 마지막으로 교실 문턱을 넘어서기 전에 상장을 교실들 안쪽에 있는 마당에 던져 버렸습니다. 나는 나를 화나게 만드는 한 시기의 과거와 보다 빨리 단절하기 위해서 뒤도 돌아보지 않았습니다. 내가 콜레주의 제복을 벗어 버리듯이 신속하게 이 학교의 추억과 결별할 수 있었다면, 그때 분명 나는 비할 데 없는 독립성과 남성성의 느낌을 받았을 것입니다.

"이제 자넨 무엇을 할 생각인가?" 몇 시간이 지나자 세이식 부인이 물었습니다.

"지금요? 아무것도 모르겠어요." 나는 그녀에게 대답했습니다.

나는 진실을 말했습니다. 왜냐하면 내가 처해 있던 불확실한 상태는 고모가 희망하면서 뛰어나기를 원하는 직위의 선택에서부터 그녀가 모르고 있던 내 열정의 다른 부분에 이르기까지 모든 것에 걸쳐 있었기 때문입니다.

마들렌은 우선 니에브르에 가서 거처를 정하고 겨울을 파리에서 보내러 오기로 합의가 되었습니다. 한편 우리는 파리로 곧바로 가도록 되어 있었으며 마들렌은 우리가 이미 정착한 후 일에 익숙한 상태에서 우리를 만나도록 정리되었습니다. 일의 선택은 우리 자신에게 달려 있으나 그 방향은 오귀스탱이 많이 관여하게 되어 있었습니다. 우리 모두는 그해 방학의 일부를 이러한 출발을 준비하고 신중한 계획을 수립하는 데 보냈습니다. 그러나 일과 추구 목표에 대한 이와 같은 생각, 첫번째 세부 항목도 아직 정해지지 않은 이와 같은 매우 막연한 프로그램은 올리비에에게도 나에게도 분명한 의미를 지니지 못했습니다. 나는 해방된 다음 날부터 콜레주 시절을 완전히 잊어버렸습니다. 그 기간은 내 과거에서 내 영혼을 차갑게 만들었고 나를 행복하게 해주지 못한 유일한 시기였습니다. 한편 파리에 대해선 나는 막연한 불안을 느끼면서 생각했으며, 그 불안은 예견되고 피할 수 없지만 별로 유쾌하지 않은 필요한 일과 결부되었고, 사람들이 그곳에 가게 될 때 언제나 조만간 경험하게 될 것이었습니다. 내가 아주 놀란 일이지만, 올리비에는 떠나는 데 대해 아무런 종류의 회한도 나타내지 않았습니다.

"우리가 떠날 때까지 며칠밖에 남지 않은 지금 나를 지방에 붙잡아두는 것은 아무것도 없다." 그는 아주 냉정하게 말했습니다.

그러니까 그는 지방의 그 모든 즐거움을 그토록 빨리 고갈시켜 버린 것일까요?

IX

우리는 저녁에 파리에 도착했습니다. 다른 곳 어디를 가나 늦은 시각이었을 것입니다. 비가 오고 있었고 추웠습니다. 우선적으로 내가 다만 보았던 것은 진흙투성이의 작은 길들이었고, 상점들의 불빛 아래 번쩍이는 축축한 포장도로들이었으며, 흙탕물을 튀기는 가운데 신속하게 연속적으로 빛을 발하면서 교차하는 마차들이었고, 높이가 놀랍다고 생각된 시커먼 집들이 늘어선 긴 대로들에서 조화롭지 못한 조명들처럼 번득이는 수많은 불빛이었습니다. 기억하건대 내가 충격을 받은 것은 사람들이 밤이나 낮이나 살아가는 도시를 예고하는 가스 냄새였고,[13] 내가 볼 때 건강이 좋지 않다고 여겨지는 사람들의 창백한 얼굴이었습니다. 나는 올리비에의 안색이 바로 그런 것임을 알아보았고 그의 출생지가 나의 것과는 다르다는 것을 보다 잘 깨달았죠.

파리는 이미 꼭대기 쪽은 완전히 밤 속에 잠겨 있으나 아래쪽은 아직도 활기가 넘치고 있었습니다. 내가 이 도시 위로 요란하게 울리는 미지의 소음을 듣기 위해 창문을 열었을 때, 내 밑으로 좁은 길에서 두 줄의 기병들이 횃불을 든 채 일련의 마차들을 호위하고 지나가는 모습이 보였습니다. 랜턴 불빛이 휘황한 마차들은 각기 네 필의 말이 거의 질주하다시피 끌고 있었습니다.

"얼른 좀 와서 봐. 왕이야"라고 올리비에가 나에게 말했습니다.

어렴풋이 나는 헬멧들과 날선 검들이 어른거리는 것을 보았습니다. 무장한 사람들과 편자를 박은 커다란 말들의 떠들썩한

---

13) 당시만 해도 가스를 사용해 도시의 야간 조명이 이루어졌다. (역주)

그 행렬은 포장도로를 금속성의 소리로 울리게 했고, 멀리서 모든 것은 횃불들의 빛나는 안개 속에 혼동되었습니다.

올리비에는 마차들이 잡은 방향을 확인해 주었고 마지막 마차가 사라졌을 때 "바로 그것이군. 왕은 오늘 밤 이탈리아인들한테 가는군"[14] 하고 올리비에는 자신의 파리를 알고 있고 그 파리를 되찾고 있는 사람의 만족감을 드러내면서 말했습니다.

비가 오고 있음에도 불구하고, 밤의 살을 에는 듯한 추위에도 불구하고, 잠시 동안 그는 모두가 수많은 긴급한 이해관계에 따라 대립적인 목적들을 향해 가는 것 같은 그 우글거리는 미지의 사람들이 빠르게 지나가면서 끊임없이 이어지는 모습을 굽어보고 서 있었습니다.

"만족해?" 나는 그에게 말했습니다.

그는 마치 그 놀라운 삶을 접촉하자 갑자기 엄청난 열망들로 가득 한 것처럼 일종의 충만한 한숨을 내쉬었습니다.

"그래 너는?" 그는 나에게 말했습니다.

나의 대답도 기다리지 않고 그는 말을 이었습니다.

"암, 그럴 테지. 넌 과거를 되돌아보고 있겠지. 너는 내가 오르메송에 존재하지 않았듯이 파리에 존재하지 않고 있다. 너의 운명은 언제나 그리워하는 것이지 결코 욕망하는 게 아니지. 이봐, 방침을 정할 필요가 있어. 사람들이 성년이 된 사내아이들을 어른들로 만들고 싶을 때 보내는 곳이 바로 여기야. 너는 그런 사내아이들에 속한 거야. 그래서 나는 너를 동정하지 않아.

---

14) 여기서 이 말은 왕(루이 필리프, 7월 혁명으로 왕위에 올라 1830-1848년까지 재위)이 이탈리아인들에 의해 창시된 오페라를 보러 오페라극장에 가고 있음을 암시한다.〔역주〕

너는 부유하고, 아무나가 아니며, 사랑을 하고 있다!" 그는 나에게 가능한 한 낮은 목소리로 덧붙였습니다.

그리고 나서 그는 내가 결코 그에게서 들어본 적이 없었던 내면적 토로를 하면서 나를 포옹하고 말했습니다.

"내일 보자, 영원한 친구."

한 시간이 지나자 시골 한가운데 있는 것처럼 깊은 침묵이 흘렀습니다. 이처럼 정지된 삶, 다시 말해 백만 명의 사람들이 살고 있는 이 도시의 갑작스러운 절대적 마비는 도시의 소란보다 훨씬 더 나를 놀라게 했습니다. 나는 이 엄청난 잠이 상정하는 피로에 대한 요약 같은 것을 해보았고, 용기가 없어서라기보다는 내 의지가 사라진 것 같아서 두려움에 사로잡혔습니다.

나는 행복하게 오귀스탱을 다시 만났습니다. 그와 악수할 때 나는 내가 누군가에게 의지하고 있다는 것을 느꼈습니다. 그는 비록 아직도 매우 젊었지만 이미 늙어 버렸습니다. 그는 야윈 모습이었고 매우 창백했습니다. 두 눈은 더욱 크게 뜨고 있었고 더 많은 광채를 발하고 있었습니다. 보다 섬세해진 살갗을 드러낸 매우 하얀 손은 말하자면 정화되었고 오로지 글만을 쓰는 그 작업 속에서 예민하게 된 것 같았습니다. 그의 차림새만을 보아선 아무도 그가 가난한지 부자인지 말할 수 없을 것 같았습니다. 그는 매우 단순한 옷을 입고 있었고 수수한 모습이었지만, 옷이란 아무것도 아니라는 매우 긍지 있는 감정에서 비롯된 자연스러운 자신감을 드러냈습니다.

그는 올리비에를 전적으로 친구라기보다는 경계해야 할 젊은이로, 그러니까 자신의 또 다른 분신으로 만들려면 기다리는 게 좋다고 판단된 그런 젊은이로 맞이했습니다. 한편 올리비에는 자신을 반밖에 내보이지 않았습니다. 이 인간의 외관이 이상하다고 생각해서인지, 아니면 자신의 것만큼이나 담금질되고 보다 순수한 금속으로 형성된 의지의 저항을 그 속에서 느껴서인지는 모르겠습니다. 오귀스탱은 나에게 이렇게 말했습니다.

"나는 전체적인 모습과 정신적인 면을 통해 당신의 친구를 간파했었습니다. 그는 매력적입니다. 그는 사람들을 속일 수 있는 능력이 있어도 속이지는 않겠지만, 사람들을 지극히 고상한 의미에서 희생시킬 것입니다. 그 자신보다 약하면서도 같은 팔자를 타고난 사람들에게 위험한 인물이 될 것입니다."

내가 올리비에에게 오귀스탱에 대해 질문했을 때, 그는 이렇게 대답하는 것으로 그쳤습니다.

"그에게는 언제나 가정교사와 갑자기 출세한 자의 모습이 있을 것이다. 자신들을 위한 의지밖에 없고 일을 통해서만 성공하는 모든 사람들이 그렇듯이, 그는 현학적이 될 것이고 항상 땀을 흘리고 있을 것이다. 나는 정신의 타고난 천품이나 출신을 더 좋아한다. 그렇지 않을 경우 나는 아무것도 아닌 것을 더 좋아한다."

나중에 그들의 의견은 달라졌습니다. 오귀스탱은 결국 올리비에를 좋아하게 되었지만 결코 그렇게 많이 존경하지는 않았습니다. 올리비에는 오귀스탱에게 진정한 존경을 품게 되었지만 좋아하지는 않았습니다.

우리의 삶은 상당히 빠르게 체계가 잡혔습니다. 우리는 이웃하지만 분리된 두 개의 아파트에 살았습니다. 우리의 매우 긴밀한 우정과 각자의 독립 역시 이러한 배치로 만족스럽게 되지 않을 수 없었죠. 우리의 습관은 자신의 취향이나 지위에 따라 선택하고, 되는대로 다소 배우며, 여러 원천에서 필요한 것을 길어 올린 뒤, 자신의 정신이 머물러야 할 원천을 결정하는 자유로운 대학생의 것이었습니다.

그로부터 불과 며칠이 지난 후, 올리비에는 나와 그를 니에브르로 방문해 달라고 초청하는 편지를 사촌누이로부터 받았습니다.

밤나무와 참나무로 된 커다란 숲 속에 완전히 파묻힌 오래된 저택이었습니다. 나는 거의 나뭇잎이 떨어진 우람한 숲 한가운데서 춥고 가혹한 일주일의 청명한 날을 보냈습니다. 집 앞으로는 트랑블의 전망을 망각케 하는 게 아니라 그리워하지 못하게 만드는 전망이 펼쳐져 있었습니다. 그만큼 그것은 아름다웠고, 웅장한 배경처럼 보다 활기찬 삶과 훨씬 더 진지한 투쟁을 포함하게 되어 있는 것 같았습니다. 성(城)은 그 망루가 오래된 참나무 지대 바깥으로 조금밖에 비어져 나오지 않았고, 군데군데 나무들이 잘려진 빈 공간들을 통해서만 보였으며, 정면은 회색빛으로 낡았고, 높은 굴뚝들에서는 연기가 솟아오르고 있었으며, 오렌지나무 온실은 닫혀 있었고, 오솔길들은 낙엽이 흩어져 있었습니다. 이처럼 성 자체는 계절과 장소의 그 서글픈 특징을 몇몇 인상적인 모습들로 요약하고 있었습니다. 그곳의 생활은 마들렌에겐 온전히 새로운 것이었습니다. 대단한 부자의 관행과 책임이 주는 무언지 알 수 없는 우월하고 상당히 위압적인 것, 자유로운 거동, 규모가 큰 습관이 수반된 방대한 조건들 속에 그녀가 그토록 갑작스럽게 옮겨진 것을 발견하는 일 역시 매우 새로운 무엇이었습니다.

단 한 사람만이 카르멜리트 가(街)를 아직도 그리워하는 것 같았습니다. 다름 아닌 도르셀 씨였습니다. 한편 나에게 장소들은 이제 더 이상 아무것도 아니었습니다. 어떤 동일한 성향이 나의 현재와 과거를 뒤섞고 있었습니다. 마들렌과 드 니에브르 부인 사이에는 불가능한 사랑과 죄를 짓는 사랑의 차이만이 있었습니다. 내가 니에브르를 떠날 때, 나는 카르멜리트 가에서 태어난 그 사랑이 어떤 일이 일어나든 여기에 묻혀 버릴 것이라고 확신했습니다.

마들렌은 겨울 내내 파리에 오지 않았습니다. 여러 상황으로 인해 드 니에브르 씨가 파리에서 마련하고자 계획했던 거처가 지연되었던 것입니다. 그녀는 자신의 가족 모두에 둘러싸여 행복했습니다. 쥘리가 있었으며 아버지가 있었습니다. 그녀가 수수하고 규칙적인 지방 생활로부터 사교계에서 그녀를 기다리고 있는 놀라운 생활로 별 동요 없이 이동하는 데는 상당한 시간이 필요했으며, 니에브르 성에서의 그 반쯤 고독한 삶은 그녀에게 불쾌하지 않았던 일종의 견습기였던 것입니다. 나는 여름에 그녀를 한두 번 다시 만났지만 그 간격은 길었으며 그것도 매우 짧은 시간이었습니다. 나는 그때 나로 하여금 그녀를 피하게 만든 어찌할 수 없는 의무를 지키다가 무기력하게 불시에 붙들린 것입니다.

나는 영웅적이 되고자 단호하게 시도하고 나를 치유하기 위해서 그처럼 매우 적절한 멀어짐을 이용하겠다는 생각을 했던 것입니다. 니에브르로부터 우리에게 끊임없이 도착하는 초대에 저항한다는 일이 이미 대단한 것이었습니다. 나는 한 걸음 더 나아갔고 그곳에 대해 더 이상 생각하지 않으려고 애썼습니다. 나는 일에 몰두했습니다. 내가 자연적으로 그런 성향이 없었다면 오귀스탱의 본보기가 그런 대항의식을 나에게 주었을 것입니다. 파리는 특히 정신활동의 차원에서 커다란 활동 중심지들을 지닌 그 특별한 분위기를 발산하고 있습니다. 그래서 나는 현실의 움직임에 거의 개입하지 않고 있긴 했지만, 이런 분위기 속에서 사는 것을 결코 거부하지 않았습니다.

올리비에가 의미하는 것과 같은 파리 생활에 대해서 말하자면, 나는 환상을 품지 않았고 그런 생활을 어떤 출구로 간주하지도 않았습니다. 나는 기분전환을 위해 그것에 좀 기대긴 했지만 결코 마비되지 않았고 위안을 받은 것은 더더욱 아닙니다. 뿐만 아니라 시골 사람이 내 안에서 집요하게 버티고 있어서 환경을 바꾸었다고 해서 자신을 벗어던지는 결심을 할 수가 없었습니다. 고향의 영향을 부정할 수 있는 사람들에게는 실례가 되겠지만, 나는 내 안에서 어떤 알 수 없는 저항적이고 향토적인 것을 느꼈고 그것을 절반밖에 이식시킬 수 없을 것 같았습니다. 그래서 환경에 적용하고자 하는 욕망이 일어났다 할지라도, 근본에 자리한 수많은 인연이 그것은 쓸데없는 수고라는 점을 지속적이고 헛된 고통을 통해 경고했을 것입니다. 의심 많고, 은둔적이며, 익숙한 친구들과만 붙임성이 있고, 새로운 사귐은 한결같이 경계했던 나는 성격들을 반들반들하게 다듬고 평준화시켜 급기야 마모시키는 파리 생활의 그 끔찍한 마찰력을 가능한 한 회피했습니다. 나는 그 생활이 지닌 현혹적인 면에도 눈멀지 않았고, 그것이 지닌 모순적인 면에 의해서도 동요되지 않았으며, 그것이 젊은이의 모든 욕망과 순진한 야망에 약속하는 측면에 매료되지도 않았습니다. 파리 생활이 주는 충격으로부터 나를 보호할 수 있도록 나는 우선 하나의 품성이라 할 결점을 지니고 있었는데, 다름 아닌 내가 모르는 것에 대한 두려움이었습니다. 시련에 대한 이와 같은 교정 불가능한 공포는 나에게 말하자면 경험에 대한 온갖 통찰력을 주었습니다.

나는 혼자였거나 거의 혼자였습니다. 왜냐하면 오귀스탱은 자유롭지 않았고 첫날부터 나는 올리비에가 오랫동안 나에게 속할 인간이 아니라는 것을 깨달았기 때문입니다. 즉시 그는 나의 습관을 전혀 방해하지도 않고 전혀 닮지 않은 습관을 들였습니다. 나는 도서관들을 뒤지고 다녔고, 육중한 계단식 교실에서 추위로 창백해졌으며, 저녁때는 독서실[15]에 파묻혔는데, 그곳에는 배고파 죽을 지경인 비참한 존재들이 자신들을 유명하게도 부유하게도 해주지 못할 책들을 눈에 불을 켠 채 집필하고 있었습니다. 나는 그곳에서 정신적·육체적 무력함과 비참함을 간파했으며, 이것들과 함께 있다고 해서 내가 결코 강하게 되지 않았습니다. 나는 그곳에서 비탄에 빠져 나왔습니다. 나는 나의 집에 틀어박혀 다른 책들을 펼쳐보곤 했으며 나이를 먹어갔습니다. 또한 나는 카니발의 온갖 밤 축제가 창문 아래로 지나가는 것을 들었습니다. 때때로 한밤중에 올리비에가 문을 두드렸습니다. 나는 그가 갖고 다니는 지팡이의 금장식 끄트머리의 짧은 소리를 알아보았습니다. 그는 내가 테이블에 앉아 있는 모습을 보고는 나와 악수를 한 뒤, 오페라 한 곡조를 콧노래로 부르면서 자신의 방으로 갔습니다. 그 다음날 나는 이와 같은 엄격한 생활 방식이 훌륭하다고 순박하게 확신한 채,

---

15) 독서도 하고 책도 대여받을 수 있으며 최근 신간들도 볼 수 있는 사설 도서관과 같은 것이다. [역주]

순교자가 되겠다는 생각도 허영도 없이 다시 시작했습니다.

그렇게 몇 달을 보내자 나는 더 이상 견딜 수 없었습니다. 나의 힘은 고갈되었고, 기적적으로 세워진 건물처럼, 어느 날 아침 깨어나면서 나는 나의 용기가 무너지는 것을 느꼈습니다. 나는 전날 밤 추구했던 생각을 되찾고자 했지만 불가능했습니다! 나는 수레를 끌지 못하고 주춤거리는 말을 적당한 말로 자극하듯이, 몇 마디 규율적인 말을 반복해 보았지만 소용이 없었습니다. 책들을 찾아다니는 이같은 끔찍한 직업을 단 하루를 더 계속한다는 생각만 해도 엄청난 구역질이 났습니다. 여름이 왔습니다. 거리에는 즐거운 햇볕이 내리쬐었습니다. 나의 창문에서 보이는 뾰족한 종루 주변에서는 명매기들이 활기 있게 맴돌고 있었습니다. 그토록 많은 달 동안의 현명한 처신이 가져다 준 혜택을 단 한순간에 상실할 것이라는 점을 숙고하지도 않고 전혀 망설임 없이 나는 마들렌에게 편지를 썼습니다. 내가 그녀에게 말한 것은 무의했습니다. 내가 그녀로부터 받은 짧은 편지들은 우리의 서신교환이 지닌 어조를 결정적으로 확립해 놓았던 것이죠. 나는 이 편지에 그 이상도 그 이하도 담아 넣지 않았습니다만, 편지가 떠나자 나는 하나의 사건처럼 답장을 기다렸습니다.

파리에는 지겨워하는 사람들을 위해 만들어진 커다란 정원이 하나 있습니다. 그곳에 가면 상대적으로 고독한 장소, 나무들과 초록빛 잔디, 꽃이 활짝 핀 화단들, 음울한 오솔길들, 거의 들판의 서식지에서처럼 즐거워하는 듯이 보이는 수많은 새들을 만날 수 있습니다. 나는 그곳으로 달려갔습니다. 거기서 나머지 낮 동안 내가 배회하면서 놀란 것은 나의 멍에를 벗어던졌다는 것이었고, 더욱 놀란 것은 내가 진정시켰다고 굳게 믿었던 추억 하나가 극도로 강렬하게 남아 있다는 것이었습니다. 불꽃이 다시 일어나는 것처럼 조금씩 나는 내 안에서 그것이 열렬하게 되살아나는 것을 느꼈습니다. 나는 나무들 아래를 걸으면서 홀로 이야기했고, 오랫동안 사슬에 묶여 있다가 해방되는 인간처럼 무의식적으로 움직였습니다.

"어떻게 그런 일이!" 나는 생각했습니다. "그녀는 내가 그녀를 사랑해 왔다는 것을 모르지도 않을 것이다! 그녀는 내가 그녀를 위해서, 그녀 때문에 내 삶을 소모시켰고, 모든 것을 희생시켰다는 것을 모를 것이다. 내가 그녀의 휴식을 위해 했던 것이 무엇인지 그녀에게 보여주는 매우 순진한 행복까지 희생시켰다는 것을! 그녀는 내가 그녀를 만나지도 않은 채 그녀의 옆을 지나갔고, 우리 두 존재는 서로 무심한 두 냇물처럼 뒤섞이지도 않고 서로 접촉하지도 않은 채 나란히 흘러왔다고 생각할 것이다! 뒷날에 내가 '마들렌, 내가 당신을 얼마나 사랑했는지 아시나요?'라고 말하게 될 때, 그녀는 '그게 있을 수 있는 일입니까?'라고 대답하겠지. 그때는 그녀가 나를 믿을 수 있는 나이가 더 이상 아닐 것이다!"

이어서 내가 느꼈던 바는 사실 우리의 두 운명은 평행하고 매우 가까이 있지만 융합할 수 없다는 것이었고, 나란하게 떨어져 살아야 한다는 것이었으며, 나는 끝장났다는 것이었습니다. 그래서 나는 몇몇 가정들을 상상해 보았습니다. '불가능한 것은 아니야'라는 말이 곧바로 유혹처럼 떠오르곤 했습니다. 그 말에 나는 '아니야, 그런 일은 결코 있을 수 없을 거야!'라고 응대했습니다. 그러나 이런 몰상식한 상정들로부터 무언지 알 수 없는 끔찍하게 달콤한 맛이 남아 있었고 내가 지니고 있는 빈약한 의지마저 그 맛에 도취되었습니다. 나는 그런 상태에 다다르고 보니 그토록 용기 있게 싸울 만했었다고 생각했습니다.

나는 내 안에 너무도 에너지가 없음을 알았고 나 자신에 대한 멸시를 너무도 품었기 때문에 그날 내 삶에 대해 매우 심각하게 절망했습니다. 그 삶은 아무짝에도 더 이상 쓸모가 없고 평범한 일에조차도 사용될 수 없을 것 같았습니다. 아무도 그것을 받아들이지 않았고 나는 그것에 더 이상 애착이 없었습니다. 어린아이들이 나무 아래로 놀러 왔습니다. 행복한 커플들이 꼭 붙어서 지나갔습니다. 나는 그들이 다가오는 것을 피하고 멀어지면서 내가 더 이상 홀로가 아니기 위해 어디로 갈 수 있을지 찾아보았습니다. 나는 인적이 없는 작은 길들을 통해 돌아왔습니다. 그쪽에는 닫힌 채 소란스런 소리를 내는 커다란 작업장들이 있있고, 굴뚝에서 연기가 피어오르는 공장들이 있었으며, 거기서는 보일러들이 끓는 소리와 톱니바퀴들이 요란하게 울리는 소리가 들렸습니다. 나는 여러 달 전부터 나를 소진시키고 있던 그 열광에 대해, 항상 불이 켜져 있는 그 내적 진원지에 대해 생각했습니다. 그 진원지는 항상 불타고 있지만 예기치 않은 사용을 위한 것이었습니다. 나는 검은 유리창들, 가마들의 그림자를 바라보았습니다. 나는 기계들의 소리에 귀를 기울였습니다.

"저들은 그 안에서 무엇을 하는 것일까?" 나는 자문했습니다. "저곳에서 나오게 되어 있는 게 무엇인지, 나무인지 금속인지, 큰 것인지 작은 것인지, 매우 유용한 것인지 불필요한 것인지 누가 안단 말인가?" 나의 정신도 마찬가지라는 생각은 이미 완전해진 낙담에 아무것도 덧붙이지 못했지만 그것을 확인해 주었습니다.

나는 엄청난 양의 종이를 충당했었지요. 나의 작업 테이블에는 그것들이 산처럼 쌓여 있었습니다. 나는 그것들을 별 다른 긍지도 못 느끼면서 바라보았습니다. 보통 나는 그것들을 너무 자세히 바라보는 것을 피했고 그날그날 그 전날의 환상을 먹고 살았습니다. 그 다음날부터 나는 그것들의 잘잘못을 가려냈습니다. 나는 그것들을 부분부분 되는대로 훑어보았습니다. 무미한 냄새의 초라함이 강한 혐오감을 일으켰습니다. 나는 모든 것을 집어 불 속에 던져 버렸습니다. 나는 이러한 희생을 치르면서 매우 침착했습니다. 다른 상황 같았으면 그것은 나로 하여금 어떤 회한을 갖게 했었을 것입니다. 바로 그 순간에 마들렌의 답장이 도착했습니다. 그녀의 편지는 마땅히 그래야 하는 것처럼 다정했고, 부드러웠으며, 감미로웠습니다만, 나는 마음에 어떤 실망을 느끼고는 망연자실해 있었습니다. 불타 버린 그 많은 원고의 불빛이 아직도 나의 방을 비추고 있었고 나는 마들렌의 편지를 손에 든 채, 물에 빠진 사람이 끊어진 줄을 잡는 것처럼 서 있었습니다. 그때 우연히 올리비에가 들어왔습니다.

그는 연기 나는 그 잿더미를 바라보고 이해했습니다. 그는 편지를 흘끗 보고는 차갑게 말했습니다.

"니에브르 쪽은 잘 지내지?"

조그만 의심도 갖지 않도록 나는 그에게 편지를 내밀었습니다. 그러나 그는 그것을 읽지 않는 척했고, 마치 이제 이치를 따져 말해야 하고 아무런 결과도 없이 지지부진하는 상처를 확 도려내야 할 때가 왔다는 듯이 말했습니다.

"기가 막혀, 너 지금 어디까지 와 있는 거야? 여섯 달 전부터 너는 주의를 기울이고 있고 불안해하고 있다. 너는 소원을 빈 신학생과 같은 삶, 육욕을 진정시키기 위해 지식에 몸을 담그는 베네딕트파 수도사와 같은 삶을 영위하고 있어. 그렇게 해서 네가 도달한 곳이 어디야?"

"아무데도 아니야." 나는 그에게 말했습니다.

"안됐구나. 왜냐하면 모든 실망은 적어도 한 가지를 증명해 주기 때문이지. 즉 성공에 이르는 방법이 틀렸다는 거야. 너는 자신이 의심스러울 때 고독이 가장 좋은 조언자라고 상상했지. 지금은 어떻게 생각하니? 고독이 너에게 어떤 조언을 주었니? 너에게 유용한 어떤 견해, 어떤 행동 지침을 주었니?"

"끊임없이 입 다물고 있으라는 것이다." 나는 절망적으로 말했습니다.

"그게 결론이라면, 시스템을 바꾸는 게 좋다. 네가 너 자신으로부터 모든 것을 기대한다면, 또 지극히 자존심이 강한 자들을 낙담하게 만들었던 상황을 네 스스로 해결할 것이고 많은 용감한 자들이 무너졌던 그 가공할 어려움을 군말 없이 견딜 수 있으리라 생각할 만큼 네가 자존심이 강하다면, 낭패야. 왜냐하면 넌 위험에 처해 있는 것 같고, 단연코 내가 더 이상 편안히 잠을 잘 수가 없을 것이기 때문이지."

"나는 자존심도 자신감도 없어. 그건 너도 잘 알고 있지. 욕망하는 게 나가 아니야. 네가 말하는 것처럼, 나를 지배하는 것은 상황이야. 나는 존재하는 것을 막을 수가 없고 존재하게 되어 있는 것을 예견할 수가 없어. 나는 내가 있는 곳에, 어떤 위험 위에 머물고 있어. 왜냐하면 내가 다른 곳에 있는 것은 금지되어 있기 때문이야. 마들렌을 더 이상 사랑하지 않는다는 것은 나에게 불가능한 일이고, 그녀를 달리 사랑하는 것은 나에게 허용된 일이 아니야. 내가 내려올 수 없는 그 어려움을 이기지 못하고 균형감각을 잃게 되는 날, 그래, 바로 그날 너는 나를 죽은 사람처럼 애도할 수 있을 것이다."

"죽는다고! 아니야. 높은 곳에서 떨어지는 거지." 올리비에는 다시 말했습니다. "아무래도 좋지만, 이건 불길하다. 난 네가 그런 식으로 끝내기를 원하는 게 아니야. 삶이 우리를 매일같이 조금씩 죽이는 것만으로 충분한 거야. 제발, 신이 우리의 삶을 보다 빨리 종식시키도록 도와주지는 말자. 매우 가혹한 말을 들을 테니 각오해. 파리가 거짓말처럼 너를 두렵게 한다면, 최소한 진실과 마주하고 이야기하는 데 익숙해져 보라."

"말해봐. 말해보라고." 나는 그에게 말했습니다. "너는 내가 수없이 속으로 되풀이한 것을 아무것도 말하지 못할 거야."

"틀렸다. 단언하건대 넌 너 자신에게 이런 언어를 결코 사용한 적이 없어. '마들렌은 행복하다. 그녀는 결혼했다. 그녀는 가족이 주는 당연한 즐거움들을 아무런 예외 없이 누릴 것이다. 나는 그러길 바라고 또 희망한다'라고 말이야. 그렇다면 그녀는 너 없이도 지낼 수 있을 것이다. 그녀는 너에게 매우 다정한 친구에 불과하며, 너 역시 그녀에게 훌륭한 친구에 불과하다. 그녀는 너를 친구로서 잃는다면 절망할 것이고 너를 연인으로서 간주한다면 용서받을 수 없을 것이다. 그러니까 너희 둘을 결합하는 것은 끈에 불과하다. 그것이 단지 끈에 불과하다면 그것은 매력적이며, 그것이 사슬이 된다면 그것은 끔찍하다. 우정이 삶에서 중요하고 없어서는 안 된다는 점에서 너는 그녀에게 필요한 존재이다. 그 어떠한 경우에도 너는 너 자신을 거추장스러운 존재로 생각해서는 안 된다. 나는 나의 매제에 대해서는 이야기하지 않겠다. 그와 의논한다면, 그는 잘 알려진 형식에 따라, 그리고 명예가 위협받는 남편의 논지를 빌려 자신의 권리를 부각시킬 것이며, 이렇게 되면 사태는 훨씬 더 심각하게 된다. 지금까지 말한 것은 드 니에브르 부인을 위한 것이다. 너와 관련해 말하자면, 입장은 보다 복잡하다. 우연히 너는 마들렌을 만났지만, 또 우연히 너는 6년 내지 8년 늦게 태어났다. 이것은 분명 너에게 큰 불행이고 어쩌면 그녀에게도 아쉬운 우발사일 것이다. 다른 사람이 와서 그녀와 결혼했다. 그러니까 드 니에브르 씨는 아무에게도 속하지 않은 것만을 취했던 것이다. 그런 만큼 너는 이의를 제기한 적이 없다. 왜냐하면 너는 정이 많긴 하지만 센스가 뛰어나기 때문이다. 네가 마들렌의 남편이 되겠다는 보는 바람을 접은 마당에 그녀에 대해 달리 무엇을 원하고 원할 수 있겠니? 하지만 너는 그녀를 계속해서 사랑하고 있다. 네가 틀리진 않았다. 왜냐하면 네 것과 같은 감정은 결코 틀리지 않기 때문이다. 그러나 너는 진실 속에 있지 않다. 왜냐하면 막다른 궁지는 아무데로도 통하지 않기 때문이지. 그러나 더없이 꽉 막힌 삶에는 궁지들이라야 가짜뿐이고, 지극히 비좁은 교차로들에서 좋든 싫든 탈 없이 결정적으로 빠져나와야 한다. 그러니 너는 이번 교차로에서 빠져나올 것이고 아무것도, 희망사항이지만, 너의 명예도 너의 삶도 그곳에 남기지 않을 것이다. 한마디 더하겠는데 기분 나빠할 것은 없다. 마들렌은 이 세상에서 유일하게 선량하고, 예쁘며, 예민한 여자도 아닐 뿐더러, 너를 이해하고 너를 존경하기 위해 성장한 여자도 아니다. 어떤 다른 우연을 가정해 보라. 예컨대 다른 여자가 마들렌이고, 네가 똑같이 오로지 그녀만을 사랑하며 '그녀 말고 다른 여자는 안 돼!'라고 마찬가지로 말하는 경우를 말이다. 그러니까 절대적이고 필연적인 것은 단 한 가지, 즉 사랑하고자 하는 욕구와 힘밖에 없는 거야. 내가 논리학자로서 추론하는지 알려고 애쓰지 말고, 또 나의 이론이 끔찍하다고 말하지 마라. 너는 사랑하고 있고 사랑하지 않을 수 없다. 그 나머지는 운으로 이루어진다. 너에게 어울리는 여자를 전제로 한다면, '당신 감정의 유일하고 진정한 대상은 저입니다'라고 너에게 말할 자격이 있는 그런 여자는 나는 알지 못한다."

"그러면 더 이상 사랑해서는 안 된단 말이냐?" 나는 외쳤습니다.

"그 반대야. 하지만 다른 여자를 사랑하라."

"그렇게 해서 그녀를 잊어버려야 한단 말이냐?"

"아니지. 그녀를 대체하는 거야."

"그럴 순 없어!" 나는 그에게 말했습니다.

"'그럴 순 없다'고 말하지 말고 '지금은 안 돼'라고 말해라."

올리비에는 그렇게 말하고 나갔습니다.

나는 무감동했지만 끔찍한 고통이 내 마음을 괴롭혔습니다. 나는 마들렌의 편지를 다시 읽었습니다. 그 편지에서는 흔해 빠진 우정의 그 막연한 온기, 우리가 더 많은 것을 원할 때 절망을 주는 그런 온기가 발산되었습니다. "그가 옳다. 백번 옳고말고." 나는 그렇게 생각하면서 올리비에의 괴로운 논지를 돌이킬 수 없는 판결처럼 내 스스로 되풀이했습니다. 그리고 정열적으로 사랑에 빠진 마음이 지닌 전적인 증오로 그의 결론을 물리치면서 나는 반박할 수 없는 진실을 이렇게 반복했습니다.
"나는 마들렌에게 아무것도 아니다. 다만 장애물이고, 위협이며 불필요하거나 위험한 존재에 불과해!"

나는 나의 텅 빈 책상을 바라보았습니다. 검은 잿더미가 아궁이를 가득 메우고 있었습니다. 내 자신의 또 다른 일부를 이처럼 파괴해 버리자, 나의 노력과 나의 행복이 이처럼 완전히 무너져 버리자, 마침내 나는 완전한 무(無)의 비할 데 없는 느낌 속에 쓰러졌습니다.

"대체 나는 무엇에 소용이 있단 말인가?" 나는 외쳤습니다.

얼굴을 손에 묻고, 두 눈은 허무 속에 잠긴 채, 나는 낭떠러지처럼 바닥없는 엄청나고 의심스러운 내 모든 인생을 앞에 두고 그렇게 서 있었습니다.

한 시간이 지난 후에 올리비에는 내가 여전히 같은 상태, 다시 말해 넋을 잃은 채 무기력하며, 꼼싹하시 않는 상태에 있는 것을 발견했습니다. 매우 다정하게 그는 내 어깨에 손을 얹고 말했습니다.

"너 나하고 오늘 저녁 연극 보러 갈래?"

"너 혼자 가는 거야?" 나는 그에게 물었습니다.

그는 미소를 지으며 대답했습니다.

"아니야."

"그럼 내가 필요 없는 거 아냐." 나는 그에게 말하고 등을 돌렸습니다.

"좋아!" 그는 참지 못하겠다는 투로 말했습니다.

그러고 나서 갑자기 생각을 바꾸고는 내 앞에 떡 버티고 서서 이렇게 말을 이었습니다.

"넌 어리석고 올바르지 못하며 건방지다. 도대체 네가 믿는 게 뭐야? 어째서 내가 너를 이처럼 현장에서 붙잡고자 해야 하니? 넌 나에게 기막힌 직업을 부여하는구나! 아니야, 이 친구야. 나는 너의 성실한 마음이 말려들 수 있는 시험은 아무리 순수한 것이라도 결코 준비하지 않을 것이다. 그런 짓은 저열한 계산일 뿐 아니라 어설픈 방식이다. 내가 원하는 것은——내 말 알겠지?——네가 틀어박힌 소굴인 침울한 정신과 상처받은 마음에서 빠져나오라는 거야. 너는 대지가 상(喪)을 당했고, 아름다움이 날아가 버렸으며, 모든 얼굴이 눈물을 흘리고 있고, 이제 희망도, 즐거움도 소원성취도 더 이상 없다고 상상하고 있어. 지금 이 순간에 운명이 너를 학대하고 있다고 보기 때문이지. 그러니 너의 주변을 좀 돌아보고 행복하거나 행복하다고 생각하는 수많은 사람들과 어울려 보라. 그들의 무심을 부러워하라는 게 아니라 그들에게서 이런 것을 배워라. 즉 네가 믿는 신의 섭리는 모든 것을 고려했으며, 모든 것을 조화롭게 했고, 굶주린 마음을 지닌 자들의 욕구를 위해 무진장한 자원을 배치해 놓았다고 말이다."

나는 그처럼 유창하게 흘러나오는 말에 흔들리지 않았지만 결국 그 말에 귀를 기울이고 말았습니다. 올리비에의 애정 어린 격분은 진정제처럼 작용하여 끔찍하게 긴장된 내 신경을 누그러뜨렸습니다. 나는 그의 손을 잡았습니다. 나는 그를 내 옆에 앉게 했습니다. 아무런 불신도 포함하지 않는 한마디를 명하게 말하여 그에게 용서를 구했습니다. 나는 이처럼 생의 의지를 상실한 위기가 지나가도록 그대로 내버려두라고 간청했습니다. 나는 그에게 이 위기가 오래 가지 않을 것이며 오래된 피로에서 왔다고 말했습니다. 뿐만 아니라 나는 행동을 바꾸겠다고 그에게 약속했습니다. 우리는 같은 세계를 지니고 있었습니다. 내가 그 세계에 결코 가지 않는 것은 지극히 잘못된 것이었습니다. 그 세계에 나를 알리는 것도, 융통성 없는 간극을 통해 유별난 행동을 하지 않는 것도 나의 의무였습니다. 마치 갑작스럽게 내가 이성을 되찾은 것처럼 나는 그에게 이치에 맞는 수많은 것들을 말했습니다. 그리고 그 자신이 우리 두 사람 모두를 보다 부드럽게 해주고, 보다 화해시켜 주며 보다 훌륭하게 해주는 내면적 토로의 영향을 받았음으로 나는 그에 대해서 이야기했고, 나와는 거리가 멀었고 거의 완전히 지나가 버린 그의 삶에 대해서 이야기했습니다. 나는 그가 무엇을 하고 있었는지, 또 그가 만족할 만한 이유들이 있었는지 보다 잘 알지 못했던 것을 아쉬워했습니다.

"민족이라는 말 참 질렸다." 그는 반쯤 희극적인 표징을 지으며 말했습니다. "저마다 인간은 자신의 야망에 따른 어휘를 사용한다. 맞다. 현재 나는 대체적으로 만족한다. 내가 공상적인 게 전혀 없는 만족에 머문다면, 나의 삶은 완전히 균형 있게 흘러갈 것이고 포만할 정도로 충족될 것이다."

"오르메송에서는 소식이 있니?" 나는 그에게 물었습니다.

"아무 소식이 없다. 넌 이야기가 어떻게 끝났는지 알고 있지."

"결별로 끝나지 않았어?"

"떠남으로 끝났지. 결별과 떠남은 같은 게 아니다. 왜냐하면 우리 둘 모두는 추억을 망가뜨리지 않는 아쉬움만 간직했기 때문이다."

"지금은 어때?"

"지금이라! 너 알고 있니…?"

"난 아무것도 몰라. 하지만 나는 네가 지금 나에게 권하는 행동을 하지 않을 수 없었다고 상상해."

"맞다." 그는 미소 지으며 말했습니다.

그러고 나서 그는 진지해져 말했습니다.

"다른 때 같으면 너에게 이야기해 줄 수 있지만 오늘은 안 된다. 이 방의 공기는 존중할 만한 감동으로 가득 차 있다. 내가 너에게 이야기해 줄 수 있는 여자와 이 여자가 문제될 때에는 이름조차 거론해서는 안 되는 여자를 뒤섞는 것은 허용되지 않는다."

대기실에서 들리는 발소리가 그의 말을 중단시켰습니다. 그 시간에 잘 오지 않았던 오귀스탱이 왔음을 나의 하인이 알렸습니다. 그의 열정적이고 굽힐 줄 모르는 모습을 보자, 나는 이를 테면 용기의 서광 같은 것을 되찾았습니다. 그것은 정말로 필요한 순간에 우연이 나에게 보내 준 원군 같은 것으로 생각되었습니다.

"마침 잘 왔어요." 나는 태연자약하게 말했습니다. "자 보세요, 나에게 그토록 많은 고생을 시킬 필요가 있었지요. 나는 모든 것을 없애 버렸습니다."

나는 다소 옛 스승에게 제자가 말하듯이 그에게 이야기했으며, 그가 내 작업에 대해 물을 수 있는 권리가 있음을 인정했습니다.

"다시 시작해요." 그는 별다른 감정을 드러내지 않고 말했습니다. "나는 그게 어떤 것인지 알아요."

올리비에는 말이 없었습니다. 잠시 침묵을 지킨 후 그는 자신의 곱슬머리를 손으로 쓰다듬고선 조용히 하품을 하고 말했습니다.

"심심하군, 불로뉴 숲에 가야겠어."

X

"그는 일을 합니까?" 올리비에가 떠났을 때 오귀스탱이 나에게 물었습니다.

"거의 안 하죠. 하지만 그는 마치 일을 하듯이 배우고 있습니다."

"잘됐군요. 그는 행운을 사로잡았군요. 삶이 로토 같은 운수 소관에 불과하다면 그 젊은이는 당첨되는 번호를 언제나 *꿈꿀* 수 있을 것입니다."

오귀스탱은 행운을 유혹하는 사람들에 속하지도, 좋은 번호를 꿈꾸어 부자가 되는 사람들에 속하지도 않았습니다. 내가 당신에게 그에 대해서 언급했던 것을 통해 당신은 그가 우연의 혜택을 받기 위해 태어나지 않았다는 점을 이해할 수 있을 것입니다. 또 그가 지금까지 자신의 의지를 걸었던 그 모든 수단들에서 목적은 획득물보다 훨씬 많은 것을 나타냈다는 점도 이해할 수 있을 것입니다. 당신이 보았듯이 그가 파리에서 온 편지를 손에 쥔 채 여행허가증을 지닌 젊은 병사처럼 트랑블을 떠났던 그날 이후로, 그의 희망은 많은 실패를 겪었다고 생각되지만 그의 견고한 신념도 줄어들지 않았고, 영광은 아니라 해도 성공은 파리 자체에 있지 않고 그가 그곳에서 추구하는 길의 그 끝에 있다는 것을 그는 한순간도 의심하지 않았습니다. 그는 불평을 결코 하지 않았으며, 아무도 비난하지 않았고, 아무것에도 절망하지 않았습니다. 그는 아무런 환상을 지니지 않은 채 맹목적인 희망을 집요하게 추구했으며, 다른 사람들의 경우 같으면 오만으로 간주될 수 있었던 것이 그의 경우엔 자신의 권리에 대한 매우 정확하게 규정된 감정처럼 존재했습니다. 그는 질이 의심스러운 보석을 시험해 보는 보석상인의 냉정함을 가지고 현상들을 평가했고, 그가 노력과 시간을 바칠 만한 일들을 선택하는 데 틀린 경우는 드물었습니다.

그는 후원자들이 있었죠. 그는 후원을 간청하는 게 명예롭지 못하다고 생각하지 않았습니다. 왜냐하면 그 경우 그가 제안하는 것은 대등한 가치들의 교환에 불과했기 때문이고, 그의 말에 따르면 그와 같은 계약은 자신의 지성·열의·재능을 통해 자신의 사회적 몫에 기여하는 자를 결코 모욕하지 않기 때문입니다. 그는 돈을 멸시하는 것 같은 태도를 취하지 않았습니다. 그가 말은 하지 않았지만 돈이 많이 필요했다는 것을 나는 알고 있었습니다. 그는 돈의 결과물을 무시하지 않았지만 돈을 사상의 자본보다 한참 아래에 두었으며, 그에 따르면 아무것도 이 자본을 표상할 수도 매수할 수도 없다는 것이었습니다.

"나는 돈이 거의 들지 않는 연장들을 가지고 작업을 하는 노동자입니다." 그는 말했습니다. "맞습니다. 그러나 그 연장들이 생산해 내는 것이 훌륭할 때, 그것은 값으로 환산할 수 없지요."

그러니까 그는 자신을 어느 누구의 채무자로도 간주하지 않았습니다. 그는 사람들이 그에게 해줄 수 있었던 서비스를 샀고 잘 지불했습니다. 그의 쪽에서 보면 모든 에티켓은 아니라 해도 최소한 모든 겸손을 배제하는 그런 종류의 거래에서, 그는 그가 받고자 하는 높은 가격을 가장 정확히 나타내는 자기 제시의 방식이 있었습니다. 그는 이렇게 말했습니다.

"우리가 돈을 다루는 순간, 관련된 일에는 그 어떠한 이유로도 마음이 개입되지 않을 뿐 아니라 감사가 절대로 끼어들지 않습니다. 그런 경우에는 재능조차도 의무적인 솔직함에 불과합니다."

그는 적성에 따라서가 아니라 필요에 의해 지위를 얻기 위해 많이 애썼으며, 많은 시도를 했습니다. 수단을 선택할 수 없었기 때문에 그는 수단들을 유연하게 활용한다기보다는 모든 수단들을 사용하는 데 전념했습니다. 의지·명철·열의를 통해서 그는 자신에게는 없다고 알고 있는 타고난 품성들을 보완하다시피 했습니다. 그의 의지만이 흔치 않은 양식과 완벽한 올곧음을 바탕으로 기적 같은 일들을 해냈습니다. 그것은 지극히 높은 것들, 지극히 고상한 것들, 때로는 지극히 빛나는 것들까지 온갖 형태들을 띠었습니다. 그는 모든 것을 다 느끼지는 못했지만 그가 이해하지 못하는 것은 아무것도 없었습니다. 그리하여 그는 관념의 세계가 포함하고 있는 가장 훌륭하고 가장 아름다운 것과 끊임없이 접촉하는 정신의 긴장을 통해서 상상력에 접근했습니다. 또 그는 삶의 혹독한 측면들을 완벽하게 인식함으로써, 그리고 수많은 투쟁의 대가를 치르더라도 삶의 정당한 즐거움들을 쟁취하겠다는 탐식적인 야망을 통해서 비장미에 도달했습니다.

그는 연극에 자신의 능력상 충분히 바람직하지도 충분히 성숙하지도 않다고 판단했지만 초기에는 이 분야에 접근했고, 그런 다음 저널리즘에 투신했습니다. 투신했다는 말은 그 어떠한 일도 경솔하게 하지 않았던 사람, 성공을 위해서만 많은 위험을 무릅쓰는 신중함이 밴 그런 과감성을 드러내면서 전장에 나섰던 사람에게는 정확하지 않습니다. 보다 최근에 그는 유명한 정치인의 집무실에 비서로 들어갔습니다. 그는 나에게 말했습니다.

"그곳에서 나는 하나의 운동, 그러니까 나를 교화시키는 게 아니라 나에게 흥미가 있고 나를 계몽시키는 그런 운동의 중심에 있습니다. 현재 정치는 많은 사상과 연관되고 많은 문제를 만들어 내고 있기 때문에 출구를 찾고 있는 야심가에게는 이보다 더 교훈적인 공부도, 더 나은 교차점도 없습니다."

나는 그의 경제적인 상황을 알지 못했습니다. 나는 어려울 거라고 생각했습니다. 그러나 그것은 내가 보기에 그에게 물어보는 게 금지되었다고 생각된 드문 주제들 가운데 하나였습니다.

다만 때때로 그런 요지부동의 용기가 망설임이 아니라 괴로움을 드러내곤 했습니다. 금욕주의적인 오귀스탱은 괴로움에 대해 아무 말도 하지 않았습니다. 그의 태도는 나의 것이었고, 그의 확고한 이성 또한 언제나 명료했습니다. 마치 그는 조금도 상처를 입어 본 적이 없는 것처럼 계속해서 행동했고, 생각했으며 해결해 나갔습니다. 그러나 그의 내면에는 무언지 알 수 없지만 상처받은 병사의 옷에서 보이는 그 붉은 얼룩 같은 것이 있었습니다. 오랫동안 나는 어떤 해악이 이 철통같은 체질의 어떤 부분에 타격을 줄 수 있었을까 자문했습니다. 그런 다음 나는 오귀스탱이 다른 모든 사람과 마찬가지로 하나의 마음을 가지고 있음을 알게 되었고, 바로 이 가련한 굳센 마음이 피를 흘리고 있음을 마침내 깨달았습니다.

 나는 그가 들어와서 방문 목적도 잊은 채, 아무 할 말이 없는 사람의 태도를 취하면서 발을 꼬고 앉는 모습을 보자마자 그에게 물었습니다.

"오귀스탱 선생님, 선생님도 행복하지 않습니까?"

"짐작하고 있군요." 그는 다소 씁쓸하게 말했습니다.

"짐작할 수밖에 없습니다. 왜냐하면 선생님은 자존심이 강해 결코 고백하지 않기 때문이죠."

"내 사랑하는 도련님" 하고 말을 이었습니다. 그가 버리지 않는 다소 아버지 같은 그 형식적 표현은 그의 딱딱한 충고에 어떤 매력을 부여해 주었습니다.

"문제는 우리가 행복한지 행복하지 않은지 아는 게 아니라, 우리가 행복해지기 위해 모든 노력을 다했는지 아는 것입니다. 신사가 마땅히 행복해야 한다는 것은 이론의 여지가 없습니다. 그러나 그가 아직 행복하지 않다고 해서 불평을 늘어놓을 권리가 항상 있는 것은 아닙니다. 이것은 시간, 순간 그리고 알맞은 상황의 문제입니다. 괴로워하는 데는 많은 방식이 있죠. 어떤 사람들은 실수 때문에 괴로워하고, 또 어떤 사람들은 무력감 때문에 괴로워합니다. 내가 이처럼 다소 겸손을 떠는 것을 용서해 줘요. 나는 아마 다만 너무도 안달하고 있는 것 같습니다."

"안달하다니요? 무엇을요? 그게 무언지 알 수 있을까요?"

"더 이상 혼자 있고 싶지 않아서죠." 그는 특이한 감동을 드러내면서 말했습니다. "내가 언젠가 어떤 명성을 얻게 되었을 때, 내가 그것으로 나의 이기주의를 마무리하는 그런 슬픈 결과에 떨어지지 않기 위해서입니다."

그러고 나서 그는 이렇게 덧붙였습니다.

"이런 일들에 대해서 너무 일찍 이야기하지 맙시다. 때가 되면 나는 당신에게 맨 먼저 알려 줄 것입니다. 여기에 있지 말지요." 그는 잠시 후 말했습니다. "혼란스럽다는 냄새가 납니다. 여기서 있으면 지겨움이 느껴지는 게 아니라, 되는 대로 자신을 내맡기고 싶은 생각에 물들어 버립니다."

우리는 함께 나왔고, 길을 가면서 나는 나의 피로와 낙담의 개인적 동기들을 그에게 알려 주었습니다. 나의 편지들은 이미 그것들을 그에게 알려 준 바 있었습니다. 그에게 나머지는 드 니에브르 부인과 그가 만났을 때 매우 명료해졌습니다. 따라서 나는 그가 나만큼 잘 알고 있는 상황의 어려움을 설명함에 있어서도, 또 그에 의해 모든 저항력과 모든 취약점이 평가된 내 정신의 난감함을 설명함에 있어서도 곤란을 느끼지 않았습니다.

"당신이 사랑에 빠졌다는 것을 내가 알게 된 지가 4년이 되었습니다." 그는 나의 첫마디에 그렇게 말했습니다.

"4년이라고요?" 나는 말했습니다. "하지만 나는 그때 드 니에브르 부인을 알지 못했습니다."

"친구여." 그는 말했습니다. "당신은 당신이 한니발의 불행을 슬퍼하며 울고 있던 모습을 나한테 현장에서 들킨 일을 기억합니까? 나는 콜레주 수준의 작문이 그 정도까지 누군가를 감동시킬 수 있다고는 받아들이지 않았기 때문에 우선 놀라움을 금치 못했습니다. 그 후로 나는 한니발과 당신의 감동 사이에는 아무런 공통점이 없다고 생각했습니다. 그래서 당신의 편지를 처음 뜯었을 때 '나는 그를 알고 있었다'라고 생각했습니다. 그리고 드 니에브르 부인을 처음 보았을 때, 나는 그녀가 문제라는 것을 이해했습니다."

 나의 행동에 대해서 그는 지도하기가 불가능하지는 않더라도 어렵다고 생각했습니다. 올리비에의 것과는 매우 다른 관점에서 그는 나에게 나 자신을 치유하기를 권했지만, 그 방법은 그가 나한테 어울리는 유일한 방법이라고 생각한 것이었습니다.

 우리는 센 강의 부두를 따라 오랫동안 돌아다닌 후 헤어졌습니다. 저녁이 오고 있었습니다. 나는 익숙하지 않은 시간에, 목표도 없이, 더 이상 습관도, 연고도, 의무도 없이 파리의 한가운데 다시 홀로된 채 불안하게 생각했습니다. "오늘 밤 무얼 하지? 내일은 무얼 하지?" 나는 기나긴 겨울 동안 여러 달 전부터 시간의 4분의 3을 친구 없이 보내왔다는 것을 완전히 망각했습니다. 내 안에서 행동하며 움직였던 존재가 나를 떠나 버렸기 때문에, 이제 텅 빈 허무와 무료함으로 나를 짓누르게 될 하나의 삶을 책임질 수 있는 보조자는 나에게 더 이상 남아 있지 않다고 생각했습니다. 집에 돌아가야 한다는 생각조차 떠오르지 않았으며, 책장을 넘기며 훑어본다는 생각만 해도 구역질이 나 몸이 아플 것 같았습니다.

 나는 올리비에가 극장에 있게 되어 있다는 사실을 상기했습니다. 나는 어떤 극장에 누구와 함께 있는지 알고 있었습니다. 나는 또 한 번의 무기력에 대항해 버틸 필요가 없었기 때문에 마차를 불러 타고 극장으로 갔습니다. 나는 어두운 좌석을 예약했는데, 들키지 않고 올리비에를 발견하고자 하는 희망 때문이었습니다. 나는 나와 마주한 복스 좌석들 어디에서도 그를 볼 수가 없었습니다. 나는 그가 계획을 바꾸었거나, 나에게 보이지 않는 홀의 다른 부분의 위쪽에 자리를 잡았다고 결론을 내렸습니다. 그가 여자를 꼬드기는 현장을 목격하겠다는 나의 이상하고 분별없는 욕망이 좌절되자, 나는 그같은 장소에 내가 무엇을 하러 왔는지 자문했습니다. 하지만 나는 그곳에 머물렀는데, 나는 그 이유를 당신에게 설명하기는 어려울 것 같습니다. 그만큼 내 정신의 혼란은 슬픔·답답함·유약함, 변태적인 호기심으로 복잡했습니다. 나는 여자들로 가득한 모든 복스 좌석들을 굽어보았습니다. 아래쪽에서 보니 그 모습은 거의 상의도 입지 않고 장갑이 짧아 팔을 드러낸 상반신들이 자극적으로 배치된 형상이었습니다. 나는 머리 모양·안색·눈·미소를 살펴보았습니다. 내가 거기서 찾고 있던 것은 마들렌에 대한 저 완벽한 추억을 파괴할 수 있는 설득력 있는 비교였습니다. 나는 단 한 가지 생각밖에 없었는데, 그것은 이 유일한 추억이 가하는 학대로부터 여하간에 벗어나겠다는 열렬한 갈망이었습니다. 나는 내 멋대로 그 추억의 품격을 떨어뜨리고, 그것의 명예를 실추시켰습니다. 그러면서 나는 그것이 그녀의 격에 맞지 않기를 바랐고, 그처럼 더럽힘을 통해 그것으로부터 벗어나고 싶었습니다. 극장에서 나와 회랑을 건너가고 있을 때, 나는 군중 속에서 어떤 목소리를 듣고 올리비에임을 알아보았습니다. 그는 내 옆을 지나가고 있었지만 나를 보지 못했습니다. 나는 그와 함께 있는 큰 키의 우아한 사람을 겨우 알아볼 수 있었습니다. 우리는 말하자면 함께 집에 돌아온 셈이었습니다. 그가 내 방 문턱에 나타났을 때 나는 외출복 차림이었습니다.

"너 어디서 오는 거니?" 그는 물었습니다.

"극장에서."

나는 그에게 극장 이름을 알려 주었습니다.

"너 날 찾았니?"

"나는 너를 찾으러 간 게 아니라 너를 만나러 간 거야." 나는 대답했습니다.

"널 이해할 수 없구나. 어쨌든 그건 나 말고 다른 사람 같으면 널 용서하지 않을 유치한 짓이거나 짓궂은 짓이야. 도대체, 너 제 정신이 아니지. 불쌍하군."

그 후 나는 이틀 내지 사흘 동안 그를 보지 못했습니다. 그는 가혹하게도 나를 용서하지 않았습니다. 그는 나의 하인한테 나에 대해 물어보았고, 나는 그가 나의 상태에 대해 신경을 쓰고 있고 나에 대해 주의를 기울이고 있으면서도 그렇지 않는 척하고 있음을 알았습니다. 매일같이 아무것도 하지 않고 지내자 나는 더욱 기진맥진해지고 의기소침해졌습니다. 나는 아무런 결정적인 방침도 정하지 못했으나 나의 허약함은 그마저 비틀거리게 할 아무거나 돌발적인 일 앞에서도 무너져 내릴 것 같았습니다.

불과 며칠이 지난 후, 나는 홀로 절망에 싸여 산책을 하던 불로뉴 숲속의 길에서 완벽하게 갖춘 경쾌한 마차 한 대가 조용히 다가오는 것을 보았습니다. 그 안에는 세 사람이 타고 있었습니다. 두 여자가 올리비에와 함께 있었습니다. 올리비에는 내가 그를 알아본 순간 나를 발견했습니다. 그는 마차를 멈추고 길 위로 날렵하게 뛰어내려 나의 팔을 붙잡았고, 한마디도 하지 않은 채 나를 마차 안으로 밀어 넣었습니다. 그리고 내 옆에 앉은 다음 마치 납치라도 하듯 마부에게 말했습니다. "계속 가시오." 나는 뭐가 뭔지 갈피를 잡을 수 없는 것 같은 느낌이 들었고 사실 최소한 얼마 동안 그랬습니다.

이같은 쓸데없는 방황은 기껏해야 두 달 지속되었기에, 그처럼 지속된 두 달에 대해서 다만 나는 당신에게 그 방황을 종식시킨 예상하기 어렵지 않은 돌발적 사건을 언급할 것입니다. 우선 나는 마들렌을 잊어버리겠다고 생각했었죠. 그녀에 대한 추억이 되살아날 때마다, 존중하는 시선에서는 상처를 주거나 부끄러운 어떤 그림들을 보고 싶지 않아 피하듯이 나는 그 추억에게 "꺼져!" 하고 말하곤 했습니다. 나는 단 한 번도 그녀의 이름을 입에 올리지 않았습니다. 나는 그녀와 나 사이에 장애물들과 수치스러운 짓들로 된 하나의 세계를 만들어 놓았습니다. 올리비에는 잘 끝났다고 한순간 생각했습니다. 그러나 내가 그 성가신 기억을 없애고자 애쓰는 데 함께한 여인은 착각하지 않았습니다. 올리비에는 나의 이성에 대해 보다 확신함에 따라 자신의 언행에 주의를 덜 기울였습니다. 그런 올리비에의 경솔함을 통해 나는 어느 날 사업상의 필요 때문에 도르셀 씨가 지방으로 가지 않을 수 없으며 니에브르의 모든 거주자들이 오르메송으로 곧 떠나게 된다는 것을 알았습니다. 바로 그 순간에 나의 결정도 이루어졌고, 나는 그 여인과 절교하고자 했습니다.

"당신에게 결별 인사를 하러 왔습니다." 나는 더 이상 발을 들여놓아서는 안 되는 한 아파트에 들어서면서 말했습니다.

"나 같으면 당신이 하는 행동을 조금 늦게, 하지만 오래지 않아 했을 거예요." 그녀는 놀라움도 곤란함도 나타내지 않고 말했습니다.

"그럼 당신은 날 원망하지 않는 것입니까?"

"전혀 하지 않아요. 당신은 자유롭지 않군요."

그녀는 자신의 거울을 통해 나를 바라보고 미소를 지었습니다. 나는 아무런 설명도 하지 않고 그녀를 떠났습니다.

"또 한 번 어리석은 짓을 했군!" 올리비에는 내가 한 행동을 알고는 그렇게 나에게 말했습니다.

"어리석은 짓이든 아니든 나는 자유로워졌어." 나는 그에게 말했습니다. "나는 트랑블로 떠날 거야. 나는 너를 데리고 가겠다. 그들 모두로 하여금 그곳에서 바캉스를 보내도록 결정하게 만드는 것은 어렵지 않을 거야."

"너와 함께 트랑블에서. 마들렌이 트랑블에서!" 올리비에는 그같은 갑작스럽고 무모한 결정으로 자신의 모든 행동 계획이 뒤죽박죽되자 그렇게 말했습니다.

"이 친구야, 나에게 아무 말도 하지 말고, 아무런 반대도 하지 마라." 나는 정신없이 그의 품안으로 뛰어들면서 말했습니다. "나는 현명할 것이고, 신중할 것이지만 행복할 거야. 다시는 놀아오지 않을 것이고 결코 다시 맛볼 수 없을 그 두 달을 나에게 다오. 짧은 기간이야. 아마 그것은 내가 내 인생에서 얻을 수 있는 행복의 모든 것이 될 것이다."

나는 그에게 너무도 진실한 욕망의 충동에 사로잡혀 이야기했고, 또 그는 내가 그 여행의 예기치 않은 전망을 통해 너무도 활기를 되찾고 너무도 변모되는 모습을 보았습니다. 그리하여 그는 유혹에 넘어갔고 모든 것에 동의하는 허약함과 관용을 드러냈습니다.

"좋아." 그는 말했습니다. "결국 그건 네 문제야. 나는 도덕적 책임을 지지 않는다. 너와 나 같은 두 미치광이를 홀로 통제해야 한다면, 그건 너무한 거지."

XI

 여름에 특히 아름다운 바닷가 시골 한가운데 있는 한적한 우리 집에서 마들렌과 보낸 두 달의 체류, 나의 추억에서 유일한 그 체류는 지속적인 환희와 고통이 뒤섞인 것이었고, 그 뒤섞임 속에서 나는 나를 정화시켰습니다. 단 하루도 크고 작은 유혹이 나타나지 않은 날은 없었고, 단 한순간도 두근거리는 마음이나 전율, 희망이나 실망이 없었던 때는 없었습니다. 엄청난 기억의 집적에 불과한 나는 오늘 당신에게 수많은 감동의 날짜와 장소를 말할 수 있을 것 같습니다. 그 감동들은 매우 가볍지만 그것들의 흔적은 지금까지 남아 있었습니다. 나는 당신에게 공원의 어떤 구석, 테라스로 가는 어떤 계단, 들판·마을·절벽의 어떤 장소를 보여줄 수도 있습니다. 그곳에서 무감각한 사물들의 영혼은 마들렌과 나의 추억을 너무도 잘 간직해 왔기 때문에 내가 그것을 다시 찾아본다면, 하느님이 보호하사 나는 우리가 떠난 다음날처럼 그것을 되찾아 알아볼 수 있을 것입니다.

 그 전에 마들렌은 트랑블에 결코 와본 적이 없었고 체류는 다소 침울하고 매우 평범했으나 그녀를 즐겁게 해주었습니다. 비록 그녀가 그 체류를 좋아하는 데 나와 똑같은 이유가 있었던 건 아니지만, 그녀는 내가 트랑블에 대해 너무도 자주 이야기하는 것을 들은 바 있었기 때문에 나 자신의 추억이 그녀에게 트랑블을 이미 아는 고장같이 만들어 주었으며 어쩌면 편안함을 느끼도록 도와주었을 것입니다.

"당신의 고장은 당신을 닮아 있어요." 그녀는 말했습니다. "나는 당신을 보기만 해도 이 고장이 과거에 어떻게 생겼는지 짐작했을 거예요. 이 고장은 무심하지 않고 평화로우며 부드러운 열기가 있어요. 삶은 매우 고요하고 사색적이에요. 이제 나는 당신의 정신이 지닌 어떤 이상한 측면들을 훨씬 잘 이해할 수 있어요. 그것들은 당신의 고향의 진정한 특징들이에요."

그리하여 나는 나의 삶과 밀접하게 연결된 많은 것들과 그녀를 친숙하게 하는 데 더없는 즐거움을 발견했습니다. 그것들은 나의 과거 모습에 그녀를 입문시켜 나의 현재 모습을 이해하게 만드는 일련의 속내 이야기와 같았습니다. 그녀에게 안락·기분전환·정성을 한껏 베풀고자 하는 의지 이외에도 우리 사이에 교육·지성·감성, 그리고 거의 출생과 동족성의 온갖 관계를 확립하고자 하는 은밀한 욕망이 있었습니다. 이런 관계들로 인해 우리의 우정은 얼마인지 모르는 세월을 거슬러 올라가면서 보다 정당하게 되리라 보았던 것이죠.

특히 나는 나 자신이 지속적으로 예속되었던 정신적이기보다는 육체적인 어떤 영향의 효과를 마들렌에게 시험해 보고 싶었습니다. 나는 다소간의 녹음, 풍부한 햇살, 그리고 광대한 바다로 구성되어 나를 감동시키지 않을 수 없었던 예술성을 지닌 그림들 가운데 선택된 몇몇 전원적 그림들과 그녀를 마주하게 했습니다. 나는 그녀가 어떤 의미에서 그것들로부터 감동을 받는지, 또 늘 헐벗은 그 슬프고 장엄한 지평이 어떤 측면의 빈곤이나 위대함을 통해 그녀 마음에 들 수 있을지 관찰했습니다. 나에게 허용된 한에서 나는 전적으로 외적인 감성의 그런 세부적 요소들에 대해 그녀에게 질문했습니다. 그리고 내가 희망했던 것보다 훨씬 자주 일어난 일이긴 하지만, 그녀가 나와 합치하고 있음을 알았을 때, 그러니까 그녀의 내부에서 전적으로 동일한 반향이 일어남과 아울러 내 안에서 감동된 현이 떨리며 화합하는 것 같은 느낌을 내가 지각했을 때, 내가 새로운 결합처럼 즐겼던 것은 또 하나의 일치였습니다.

그리하여 나는 그녀가 짐작할 수는 있었지만 이해하지는 못한 많은 측면들을 통해 나 자신을 있는 그대로 보여주기 시작했습니다. 그녀는 내 생활의 통상적인 습관을 대략적으로 평가함으로써 나의 본성의 감추어진 본질이 무엇인지 정확히 알게 되었습니다. 내가 특히 좋아하는 것들은 내 적성의 일부를 그녀에게 드러내 주었고, 그녀가 이상한 것들이라 불렀던 것은 그녀가 그것들의 근원을 발견함에 따라 그녀에게 보다 명료하게 되었습니다. 이 모든 것 가운데 계산된 것은 아무것도 없었습니다. 혹 거기에 유혹의 조그만 기미라도 있다 해도, 나는 나 스스로에게 어떠한 비난도 가하지 않기 위해 아주 솔직하게 임했습니다. 그러나 별 뜻을 갖고 했든 아니든 나는 그런 일에 매진했습니다. 그녀도 행복해 보였습니다. 나로 말하면, 우리 사이에 무수한 관계를 만들어 냈던 이와 같은 지속적인 소통들 덕분에 나는 보다 자유롭고 보다 확고해졌으며 모든 의미에서 나 자신에 대해 보다 확신하게 되었습니다. 이것은 대단한 전진이었습니다. 왜냐하면 그렇게 해 마들렌은 솔직함이 더 진전되었다고 생각했기 때문이죠. 이와 같은 완전하고 한결같은 융합은 그 대단했던 두 달 동안 아무런 사고 없이 계속되었습니다. 나는 무수하고 한없는 은밀한 상처는 당신에게 숨길 것입니다. 그것들은 그것들을 곧바로 치유해 준 위안들에 비하면 아무것도 아니었습니다. 요컨대 나는 행복했습니다. 그렇습니다, 행복이 빠른 속도로 사는 데 있고, 후회할 것도 없고 희망할 것도 없이 온 힘을 다해 사랑하는 데 있다면, 나는 행복했다고 생각합니다.

드 니에브르 씨는 사냥꾼이었습니다. 내가 사냥꾼이 된 것은 그의 덕분이었습니다. 그는 그 최초의 시험 사냥에서 나를 아주 성심을 다해 지도해 주었으며, 나는 그 후로 이 운동을 열정적으로 좋아하게 되었습니다. 때때로 드 니에브르 부인과 쥘리는 좀 멀찌감치 떨어져 우리를 따라다녔고, 우리가 바다 쪽에서 오랫동안 몰이를 하는 동안 절벽 위에서 기다리곤 했습니다. 멀리 보이는 그녀들은 푸른 물결이 일렁이는 바닷가의 조약돌 위에 놓인 빛나는 작은 꽃들 같았습니다. 시골에서 사냥을 하다가 우연히 우리가 너무 멀리까지 가거나 너무 늦게까지 머물게 될 때면, 우리는 마들렌이 돌아오라고 부르는 소리를 듣곤 했습니다. 그녀는 때로는 그녀의 남편을, 때로는 올리비에와 나를 불렀습니다. 우리 세 사람의 이름을 번갈아 가면서 부르는 소리가 바람을 타고 들려왔습니다. 바닷가에서 거대한 공간 속으로 외쳐진 그 목소리의 가냘픈 음조는 그 지방을 넘어가면서 약해져 메아리도 들리지 않게 되었습니다. 그것은 약간의 소리를 수반한 바람같이 도달할 뿐이었습니다. 내가 그 속에서 내 이름을 분간해 냈을 때, 내가 경험했던 그 무한한 슬픔과 감미로움의 느낌은 당신에게 말할 수가 없습니다. 태양이 지고 있을 때 때때로 우리는 높은 해안가에 앉아 아메리카로부터 오는 넘실대는 긴 파도를 물끄러미 바라보곤 했습니다. 배들이 석양의 노을빛에 붉게 물든 모습으로 지나가고 있었습니다. 불들이 켜지면서 물결 위에 어른거리고 있었습니다. 등대들의 강렬한 불빛이거나,

먼 바다에 정박중인 배들의 불그스름한 전조등이거나, 아니면 고기잡이배들의 수지를 이용한 등불이었습니다. 물결의 움직임은 밤새 계속되면서 살랑거림을 통해서만 자신을 드러냈으며, 우리로 하여금 침묵 속에 잠기도록 했고, 그 침묵 속에서 우리 각자는 어떤 헤아릴 수 없는 몽상의 세계를 거두어들일 수 있었습니다.

그 고장 끝에 삼면이 파도가 몰아치는 자갈투성이의 작은 반도 같은 곳에는 등대가 하나 있었습니다. 지금은 파괴된 그 등대는 위성류나무로 울타리가 쳐진 작은 정원으로 둘러싸여 있었으며, 이 나무들은 바닷가에 매우 가까이 심어져 있었기 때문에 다소 강한 밀물이 밀려올 때마다 하얀 거품에 잠기곤 했습니다. 그곳은 내가 당신에게 지금 이야기하는 사냥의 약속을 위해 상당히 통상적으로 선택된 장소였습니다. 그곳은 매우 인적이 드문 곳이었고, 그곳에서 절벽은 더욱 높이 깎아지른 듯했으며, 바다는 더욱 광대했고, 우리가 끝없는 그 푸른 사막과 고독 속의 그 일렁임에 대해 품는 관념과 더욱 일치했습니다. 해안가의 가장 높은 그 지점에서 우리가 관제탑 아래를 떠나지 않고도 한눈에 볼 수 있었던 둥그런 원경은, 형상이 너무도 빈곤하여 윤곽도 전망도 거의 결코 지니지 못하는 고장에서 놀라운 웅대함을 보여주고 있었습니다.

어느 날 마들렌과 드 니에브르 씨가 등대의 꼭대기에 올라가고자 한 일이 생각납니다. 바람이 불고 있었죠. 밑에서는 들리지 않았던 바람 소리는 위로 올라감에 따라 커졌고, 나선형 계단에서는 천둥 소리처럼 노호했으며, 우리의 머리 위에서 채광창의 크리스털 벽면을 흔들리게 했습니다. 우리가 땅바닥으로부터 백 보쯤의 높이에 도달했을 때 폭풍 같은 것이 우리의 얼굴을 때렸으며, 수평선 전체로부터 어떤 알 수 없는 성난 속삭임이 올라오고 있었습니다. 그 속삭임은 사람들이 높은 곳에서 바닷소리를 들어본 적이 없을 때는 그게 무엇인지 결코 생각할 수 없는 것이었습니다. 하늘은 잔뜩 흐려 있었습니다. 간조 때면 거품이 이는 파도의 가장자리와 절벽의 맨 꼭대기 사이에 바위들과 거무칙칙한 식물들로 뒤덮인 우중충한 해안 암석층이 드러났습니다. 멀리 해조들 사이로 물웅덩이들이 어른거렸고, 너무도 작아 보여 물고기를 잡는 새들 같은 두세 명의 게 잡는 사람들은 진흙지대의 가장자리를 돌아다니고 있었는데, 대단히 넓은 석호들 속에 잠겨 가물가물한 모습이었습니다. 그 너머로는 가볍게 흔들리는 회색빛 대양이 시작되고 있었으며 그 끝은 안개 속에 잠겨 있었습니다. 바다가 어디서 끝나고 하늘이 어디서 시작되는지 알기 위해서는 그곳을 주의 깊게 바라보아야 했습니다. 그만큼 경계는 모호했으며, 바다와 하늘은 똑같이 불확실하게 희미했고, 똑같이 비바람으로 요동치고 있었으며, 똑같이 무한으로 열려 있었습니다. 등대의 전망대에서 보았을 때, 그 광막한 광경은 바다와 하늘에서 두 번 반복되었고, 따라서 광대한 넓이를 이중으로 드러냈으며, 무한한 깊이만큼이나 높이를 드러냈습니다. 나는 그것이 얼마나 대단했는지, 얼마나 똑같은 감동으로 우리를 사로잡았는지 당신에게 말할 수 없습니다. 아마 우리들 각자는 다양하게 강한 인상을 받았을 테지만, 내 기억으로는 그 광경을 보자 모든 대화가 중지되어 버렸고, 우리는 똑같이 혼미할 정도로 아득해져 갑자기 창백해지고, 진지해졌습니다. 일종의 불안이 마들렌의 입술에서 새어 나왔고,

우리 모두는 유일하게 우리를 심연과 갈라 놓는 가벼운 난간에 기댄 채 한마디 말도 하지 못하고, 바람이 불 때마다 우리의 발 아래서 거대한 탑이 흔들리는 것을 매우 분명하게 느끼며, 엄청난 위험에 매료되고, 저 밑에서 아우성치며 밀려오는 밀물에 의해 유혹된 듯, 더할 수 없이 어안이 벙벙해져 오랫동안 그대로 있었습니다. 우리는 부서지기 쉬운 삶에 발을 들여놓고 있다가 어느 날 기적에 의해 피안을 응시하고 바라보는 전혀 새로운 모험을 하게 되는 사람들 같았습니다.

그곳은 특별히 지목된 장소 같았습니다.

나는 그와 같은 전율 속에서는 인간적인 끈이 끊어질 수밖에 없다는 것을 완벽하게 느꼈습니다. 우리들 가운데 누군가가, 가장 감동된 자는 아니라 할지라도 최소한 가장 허약한 자가 무너지지 않을 수 없었습니다. 쥘리였습니다.

그녀는 올리비에 곁에서 꼼짝 않고 있었고, 젊은 남자의 손 옆에 바짝 놓인 그녀의 손은 떨면서 난간을 강하게 움켜쥐고 있었으며, 머리는 바다 쪽을 향하고 있었고, 두 눈은 반쯤 감고 있었으며, 현기증으로 정신 나간 듯한 표정을 짓고 있었고, 곧 죽을 것 같은 어린아이의 창백한 모습을 드러내고 있었습니다. 올리비에가 맨 먼저 그녀가 실신하리라는 것을 알아차리고 그녀를 팔에 안았습니다. 잠시 후 그녀는 얇은 상의를 들썩이게 하는 한숨을 내쉬면서 정신을 차렸습니다.

"아무렇지도 않아." 곧바로 그녀는 도리 없이 기절할 것 같은 느낌에 반응하면서 말했습니다. 우리는 내려왔습니다.

우리는 이 돌발사에 대해선 더 이상 이야기할 필요가 없었으며, 그것은 다른 많은 것들처럼 망각되었다 할 것입니다. 오늘 나는 등대에서의 산책에 대해 당신에게 이야기하면서 그것을 매우 모호한 어떤 일들에 대한 최초의 징후로 기억하고 있습니다. 그 일들은 먼 훗날에 결말이 나게 되어 있었던 것입니다.

 때때로 날씨가 매우 잔잔하고 청명할 때면, 배 하나가 초원과 맞닿은 해안가로 우리를 태우러 왔고 우리는 상당히 먼 바다까지 나아갔습니다. 그것은 고기잡이배였는데, 난바다에 이르자마자 돛이 내려졌습니다. 그리고 나서 배의 주인은 주석처럼 태양빛에 은백색으로 반짝이는 잔잔한 짙은 바다 속으로 납을 단 그물을 던져 놓았습니다. 매 시간 그물이 걷어 올려질 때마다, 우리는 비늘이 생생한 물고기들과 이상한 해산물들로 이루어진 온갖 것들이 나타나는 것을 보았습니다. 그것들은 지극히 깊은 심해에서 잡혔거나 그것들의 은거 장소인 바닥의 해초들과 뒤섞여 끌려나온 것이었습니다. 매번 새로운 수심에 그물이 던져질 때마다 놀라운 일이 벌어졌습니다. 그런 다음 모든 것은 바다에 다시 던져졌고, 배는 다만 키에 의해 유지되고 그물이 잠긴 쪽으로 약간 기울어진 채, 물결치는 대로 흘러갔습니다. 그리하여 우리는 무겁게 내리누르는 낮과 침묵에 무기력해지고, 강렬한 빛에 눈은 부시며, 의식은 몽롱하고, 잔잔한 물결 위에서 완만한 흔들거림에 맞춰 망각에 휩싸인 채 온통 여러 날을 바다를 바라보거나, 아니면 멀어진 육지가 작아지거나 위로 올라가는 것을 보거나, 아니면 문자반의 긴바늘을 따라 돌 듯 돛대를 중심으로 도는 태양의 그림자를 측정하는 데 보냈습니다. 그렇게 하루가 저물어 갔으며, 때로는 한밤중이 되어서야 우리는 밀물을 타고 해안가로 돌아와 자갈밭에 내릴 수 있었습니다.

 우리 모두에게 그 어떤 것도 이보다 더 순수한 것은 없었습니다. 하지만 지금 나는 이른바 휴식과 우수의 그 시간들을 내 인생에서 보낸 가장 아름답고 어쩌면 가장 위험한 시간들로 기억하고 있습니다. 어떤 날에는 배가 거의 더 이상 나아가지 않은 때도 있었습니다. 느껴지지 않을 정도의 완만한 물결을 따라 배는 겨우 흔들리면서 움직였습니다. 그것은 단단한 평면 위를 살며시 미끄러져 가듯이 직선으로 아주 느리게 나아갔습니다. 배의 항적 소리는 전혀 나지 않았습니다. 그만큼 물은 용골 밑에서 조용하게 갈라졌습니다. 배에 탄 사람들은 어설픈 갑판에 모여 있었지만 말이 없었으며, 쥘리를 빼면 모두가 나의 친구인 그들은 뒤쪽에 텐트 모양으로 펼쳐진 돛을 방패삼아 뜨거운 널빤지 위에서 잠을 자곤 했습니다. 뱃전에서 움직이는 것은 아무것도 없었습니다. 바다는 반쯤 녹은 납처럼 굳어져 고정되어 있었습니다. 정오의 강렬한 햇살에 탈색되고 투명해진 하늘은 뿌옇게 된 거울에 반영되듯 바다 속에 비치고 있었습니다. 고기잡이배는 하나도 보이지 않았습니다. 다만 난바다에서 수평선에 의해 이미 반쯤 보이지 않는 선박 하나가 모든 돛을 펼친 채, 육지의 산들바람이 돌아오기를 기다리고 있었습니다. 그것은 장대하게 날아가는 새처럼 커다란 흰 날개를 높이 펼치면서 대비하고 있었습니다.

마들렌은 반쯤 누워서 자고 있었습니다. 그녀의 부드럽고 약간 펴진 손은 백작의 손과 떨어져 있었습니다. 그녀는 잠이 주는 그 자연스러운 자세를 취하고 있었습니다. 텐트 아래 후끈한 열기로 인해 그녀의 볼은 보다 강렬한 열기를 뿜어내고 있었고, 나는 그녀의 벌려진 입술 사이로 조금 드러난 작고 하얀 이가 진주모빛 조가비의 두 접합부처럼 빛나는 것을 보았습니다. 이 매력적인 존재의 잠을 목도하는 자는 나 이외는 아무도 없었습니다. 쥘리는 무언지 알 수 없는 모호한 동경 속에 잠긴 채, 출범 준비를 하는 대형 선박의 출발을 주의 깊게 지켜보고 있었습니다. 그때 나는 두 눈을 감고자 애썼습니다. 나는 더 이상 아무것도 보고 싶지 않았고 망각하고자 진지한 노력을 기울였습니다. 나는 일어서서 앞으로 가 선채 앞쪽의 그늘도 없는 곳에 비스듬히 설치된 뜨거운 돛대에 기대어 앉았습니다. 나의 의지와는 상관없이 나의 두 눈은 마들렌이 가벼운 모슬린 옷을 입은 채 거친 천을 융단 삼아 자고 있는 곳으로 되돌아가곤 했습니다. 나는 황홀한 기쁨에 잠겨 있었을까요? 고통을 겪고 있었을까요? 모든 조심성과 모든 매력을 동시에 포함하고 있는 그 정숙하고 감미로운 이미지를 넘어 무언가를 내가 소망했는지 당신에게 말하는 것은 더욱 어려울 것 같습니다. 무슨 일이 있어도, 나는 그 모습의 매력을 성지시킬 수 있는 것이라면 미동도 하지 못할 것 같았습니다. 나는 그 매혹의 시간이 얼마나 지속되었는지 모릅니다. 아마 여러 시간, 아니면 다만 몇 분 동안이었을지도 모르죠. 그러나 나는 어떤 정신이 완전히 침착성을 잃은 마음과 싸울 때 그렇게 할 수 있는 만큼이나 깊이 생각할 수 있는 시간을 많이 가졌습니다.

나의 일행이 깨어났을 때 그들은 내가 항적을 바라보는 데 열중하고 있는 것을 보았습니다.

"정말 날씨 좋아요!" 마들렌은 행복한 여인의 밝은 표정을 드러내면서 말했습니다.

"모든 것을 잊어버릴 수 있을 것 같군요. 나쁘지 않은 거죠." 올리비에가 덧붙였습니다.

"근심이 있다는 말인가요?" 드 니에브르 씨가 미소를 지으면서 물었습니다.

"누가 알겠습니까?" 올리비에가 대답했습니다.

바람 한 점 불지 않았습니다. 완전히 죽어 버린 바다는 해질녘까지 우리를 난바다에 묶어 놓았습니다. 7시경 둥그런 만월이 더운 안개로 붉게 물든 모습으로 육지 위로 나타났을 때, 우리는 바람이 불지 않아 노를 잡지 않을 수 없었습니다. 내가 당신에게 이야기하는 것은 내가 젊었을 당시에 여러 번에 걸쳐 글로 써보겠다거나 노래해 보겠다는 생각이 머리를 스쳐간 것입니다. 그 당시에 나는 그와 같은 추억에는 표현 불가능한 것이 있다고 생각했는데, 그것을 훌륭하게 고정할 수 있는 언어는 단 하나밖에 없다고 보았습니다. 오늘날 내가 다른 사람들의 책에서 나의 이야기를 재발견하는 상황에서 당신에게 무슨 말을 할 수 있겠습니까? 우리는 엘비르의 사공들[16]이 젓는 노의 소리로, 별들로 되돌아갔습니다.

그렇게 해서 그 계절과의 결별이 이루어졌습니다. 얼마 되지 않아 첫 안개가 왔고 이어서 겨울이 다가오고 있음을 알리는 비가 내렸습니다. 우리를 기쁨으로 넘치게 했던 태양이 사라진 뒤 창백하게 이지러진 모습으로 겨우 이따금씩만 나타나게 되던 날, 나는 그 속에서 가슴을 조이는 듯한 슬픈 전조를 보았습니다.

---

16) 라마르틴의 《명상시집》에 나오는 엘비르란 이름을 상기시키고 있다. 그는 그가 사랑한 여인을 엘비르라는 이상적·신화적 이름으로 부르고 있는데, 특히 죽음으로 인해 그를 절망해 빠지게 만든 두번째 여인 쥘리 샤를르는 〈호수〉〈가을〉〈고독〉 등 주옥같은 작품을 낳게 했다. [역주]

그날 마치 우리 각자에게 떠난다는 똑같은 예고가 주어지기라도 한 것처럼, 마들렌은 나에게 말했습니다.

"진지한 일들에 대해 생각할 때가 되었군요. 우리가 그토록 잘 모방하지 않을 수 없었던 새들은 이미 한 달 전에 떠났습니다. 그 새들처럼 행동합시다, 그래요. 이제 가을이 끝났어요. 파리로 돌아갑시다."

"벌써요?" 나는 어쩔 수 없이 새어 나오는 아쉬운 표정을 지으며 말했습니다.

그녀는 마치 처음으로 어떤 새로운 소리를 듣기라도 한 것처럼 돌연 말을 멈추었습니다.

저녁이 되자 그녀는 더욱 진지해진 것 같았으며 지극히 놀라운 수완을 발휘하면서 나를 아주 가까이서 지켜보는 것 같았습니다. 물론 매우 가볍겠지만 상당히 불안한 그런 표시들에 맞게 나의 태도를 조절했습니다. 그 다음날들에 나는 더욱 언행에 조심했고, 그리하여 마들렌의 신뢰를 되찾고 나 자신이 완전히 평온해지는 즐거움을 맛보았습니다.

나는 나의 기억 속에 매우 혼란스럽게 쌓인 모든 감동들을 미래를 위해 정돈하는 데 우리에게 남은 마지막 순간들을 보냈습니다. 그러니까 나는 그 감동들이 지닌 가장 훌륭하고 가장 덜 소멸하기 쉬운 것을 가지고 그림 같은 것을 구성했습니다. 그 마지막 구름을 제외하면, 그 날들은 많은 걱정거리가 뒤섞여 있긴 하지만 조금만 멀리 떨어져 보면 어두운 그림자는 없는 것 같았습니다. 그것들은 평화롭고 강렬한 숭배에 의해 지속적인 섬광에 싸여 있었습니다.

나의 추억 속에서 한번은 마들렌이 공원의 구불구불한 오솔길들에서 나를 불시에 만난 적이 있습니다. 쥘리가 살롱의 꽃병들에 꽂기 위해 딴 국화를 한 다발 가득 안고 그녀를 따라오고 있었습니다. 우리 둘 사이에는 밝은 월계수 나무숲이 있었습니다.

"소네트 시를 쓰고 있나요?" 그녀는 나무들 사이로 나를 부르면서 말했습니다.

"소네트요?" 나는 말했습니다. "무엇에 대해서요? 내가 그런 능력이 있을까요?"

"아, 그럼은요." 그녀는 그렇게 말하면서 꾀꼬리의 노랫소리처럼 숲 속에 울리는 작은 웃음을 터뜨렸습니다.

나는 가던 길을 되돌아왔고, 측면의 길에서 그녀를 따라갔지만 우리 둘 사이를 갈라 놓는 빽빽한 잡목림은 그대로 있었습니다.

"올리비에는 수다쟁입니다!" 나는 그녀에게 외쳤습니다.

"수다쟁이라니, 전혀 아니에요." 그녀는 말했습니다. "그가 나에게 알려 준 것은 참 잘한 일이에요. 그가 없었다면, 나는 당신이 불행한 정념의 소유자라고 생각했을 것입니다. 이제 나는 무엇이 당신을 즐겁게 해주는지 알아요. 그것은 시예요." 그녀는 그렇게 덧붙이면서 시라는 말에 힘을 주었고, 그 말은 엉뚱하지만 즐거운 소리처럼 멀리서 울렸습니다.

우리는 떠나야 할 순간에 다가가고 있었지만 나는 아직도 결심을 할 수가 없었습니다. 파리는 그 어느 때보다 나를 더 두렵게 만들었습니다. 마들렌은 파리에 올 생각이었습니다. 나는 파리에 가면 그녀를 볼 수 있을 것이지만 그 대가는 무엇이겠습니까? 나는 더 이상 쇠약해질 위험은 없었지만 그녀는 적어도 내가 매우 낮은 곳으로 추락할 위험을 나타내고 있었습니다. 그러나 하나의 위험을 줄이려면 얼마나 많은 다른 위험들이 나타납니까! 우리가 여기서 영위한 삶, 앞날을 생각하지 않고 여가 속에서 지냈던 고요하면서도 열정적이었으며 그토록 지속적이고 그토록 다양하게 감동적이었던 그 삶은 완전히 지난날의 습관을 그대로 따랐으며, 그 기원에서 다시 시작되었으면서도 달라진 나이의 감각에 따라 새로워졌던 것이고, 아련한 추억들과 정열들로 가득한 것이었습니다. 그 삶, 한마디로 꿈같았던 그 두 달은 그 어느 때보다도 더 깊이 변화에 대한 두려움과 세상사의 망각 속으로 나를 다시 빠지게 했던 것이죠. 당신도 기억하듯이, 내가 참으로 독하게 초연한 마음을 먹으면서 처음으로 트랑블을 떠났던 것은 그보다 4년 전이었습니다. 그 고별의 추억은 내가 좋아했던 물건들과 나누어야 했던 최초의 고별이었는데, 대략 유사한 외적 조건들 속에서 정확한 날짜와 장소에서 되살아났지만, 이번엔 그것을 유달리 비통하게 만드는 새로운 감정들과 결부되었습니다.

나는 떠나기 바로 전날 산책을 제안했는데, 받아들여졌습니다. 그것은 마지막 산책이 될 수밖에 없었으므로 나는 미래를 예견하지 않은 채, 마을의 길들이 우리가 함께 있는 것을 다시는 보지 못할 것이라고 생각했습니다. 날씨는 비가 뿌리다 말다 하였고, 마들렌은 바로 이런 날씨 때문에 지방에서 받은 자신의 교육은 고별 방문에 익숙하게 하고 매우 잘 적응하게 만들었다고 말했습니다. 마지막 나뭇잎들이 떨어지고 있었습니다. 다갈색의 부스러기들이 헐벗은 딱딱한 나뭇가지들에 슬프게 엉켜 있었습니다. 황량하고 을씨년스런 벌판은 이제 마른 짚더미 하나 없어 여름도 가을도 상기시키지 않았으며, 비옥한 계절의 회귀를 기대하게 하는 새로운 풀을 보여주지 않았습니다. 아직도 적갈색 황소들이 끄는 쟁기들이 기름진 땅의 흙에 걸린 듯 완만하게 움직이면서 이따금 왔다 갔다 했습니다. 상당한 거리를 두고 있었지만, 황소들을 독려하는 머슴 일꾼들의 목소리가 들려왔습니다. 완전히 지방 사투리인 그 불평하는 소리는 회색빛으로 물든 그날의 절대적 고요 속에 무한히 울리고 있었습니다. 때때로 따듯한 가는 비가 가벼운 가스 장막처럼 대기를 뚫고 내려오고 있었습니다. 바다는 저 멀리 항로들에서 울부짖기 시작했습니다. 우리는 해안가를 따라갔습니다. 습지들이 물속에 잠겨 있었습니다. 만조로 인해 등대의 정원이 부분적으로 물속에 침수되어 있었고 파도가 오직 하나의 작은 섬에만 의존하고 있는 탑의 하단을 평화롭게 때리고 있었습니다.

마들렌은 물에 젖은 축축한 길을 경쾌하게 걸어갔습니다. 발을 옮길 때마다 그녀는 볼이 좁은 뾰족구두의 형태를 물렁한 땅에다 새겨 놓았습니다. 나는 그 지워지기 쉬운 흔적을 바라보면서 따라갔습니다. 그만큼 그것은 우리의 발자국에 비해 알아보기가 쉬웠습니다. 나는 그것이 얼마나 지속될까 헤아려 보았습니다. 내가 마들렌 없이 그곳을 다시 지나가게 될 불확실한 시기를 위해 나는 그것이 존재함의 증언처럼 영원히 새겨지길 소망하고 싶었습니다. 나는 처음 지나가는 행인이 그것을 지워 버릴 것이고 비가 조금만 와도 그것이 사라질 것이라고 생각했습니다. 나는 내가 태어난 바로 그 땅에서 내가 가장 사랑하는 존재가 남긴 그 특이한 자취를 구불구불한 오솔길에서 다시 한 번 식별해 보기 위해 멈추어 서곤 했습니다.

우리가 빌르뇌브에 가까이 다가갔을 때, 멀리서 나는 마을에서 뻗어 나와 지평선까지 직선으로 펼쳐지는 희끄무레한 길을 가리켰습니다.

"저것이 오르메송 도로입니다." 나는 마들렌에게 말했습니다.

오르메송이라는 말에 그녀는 내부에서 이미 희미해진 일련의 추억들을 떠올리는 것 같았습니다. 그녀는 모두가 바닷바람에 한쪽으로 휘어진 느릅나무가 심어진 그 긴 대로를 두 눈으로 주의 깊게 따라갔습니다. 그 대로 위에는 멀리 짐수레들이 굴러가고 있었는데, 일부는 빌르뇌브에 돌아오고 있었고 일부는 멀어져 가고 있었습니다.

"이번엔 당신 홀로 여행하지 않을 거예요." 그녀는 말을 받았습니다.

"그렇다고 내가 행복하겠습니까?" 나는 대답했습니다. "내가 보다 확실하게 아무것도 그리워하지 않을 수 있을까요? 내가 이곳에 남겨두는 것을 어디서 다시 만날 수 있겠습니까?"

그러자 마들렌은 내 팔을 붙잡고 완전히 몸을 맡기는 듯한 모습으로 기댄 뒤 단 한마디로 대답했습니다.

"오 친구여, 당신은 정말 배은망덕하군요!"

우리는 11월 중순 서리가 하얗게 내린 차가운 아침에 트랑블을 떠났습니다. 예전에 내가 그렇게 했듯이, 마차들은 대로를 따라갔고 빌르뇌브를 가로질러 갔습니다. 나는 우리들 뒤로 사라지는 시골과 내 앞에 앉아 있는 마들렌의 정숙한 얼굴을 번갈아 가며 바라보았습니다.

XII

 나는 행복했던 나날들을 그렇게 마감했습니다. 그 짧은 전원생활이 끝나자 나는 커다란 근심에 다시 빠졌습니다. 마들렌과 드 니에브르는 파리에서 자신들에게 임시거처 구실을 해줄 작은 저택에 자리를 잡자마자, 사람들을 맞이하기 시작했으며 사교계의 움직임이 우리의 공동생활에 파고들었습니다.

 "나는 일주일에 한 번 집에서 낯선 사람들을 맞이할 거예요. 당신은 매일 나의 집에 와도 돼요. 다음 주에 무도회를 열거예요. 오시겠어요?"

 "무도회라고요…! 별로 내키지 않는데요."

 "왜요? 사교계 사람들을 만나는 게 두려워요?"

 "정말 나의 적 같아요."

 "그럼 나, 난 사교계에 홀딱 빠졌다고 생각하나요?" 그녀는 다시 말했습니다.

 "좋아요. 시범을 보여주세요. 그럼 당신을 따르겠습니다."

 지정된 날 저녁 나는 일찍이 도착했습니다. 아직은 몇몇 초대받은 자들만이 제1살롱의 벽난로 가까이에서 마들렌을 중심으로 모여 있었습니다. 그녀는 내 이름을 알리는 소리를 듣자, 전혀 자제하고 싶지 않은 친근한 흥분을 드러내면서 나를 향해 몸을 움직였습니다. 그리하여 그녀는 자신의 주변 사람들로부터 벗어나서 머리부터 발끝까지 온갖 매력을 지닌 예기치 않은 이미지로 자신의 모습을 나에게 보여주었습니다. 내가 무도회 복장을 한 여인처럼 화려하고 과감한 차림을 한 그녀의 그런 모습을 본 것은 처음이었습니다. 나는 내가 얼굴이 붉어지는 것을 느꼈으며, 나의 두 눈은 그녀의 평온한 시선에 답하지 못하고 그녀의 드레스 몸통 부분에서 빛을 발하는 다이아몬드 매듭 장식에 어설프게 머물렀습니다. 그녀는 당황하고 나는 매우 동요된 채, 우리는 한순간 마주하고 서 있었습니다. 물론 아무도 서로가 받은 인상들의 그 짧은 교환을 짐작하지 못했습니다만, 이 교환으로 우리 둘 모두는 섬세한 정숙함이 상처받았다는 것을 알았다고 생각됩니다. 그녀는 얼굴을 붉혔고 마치 갑자기 추위를 느끼듯 어깨가 떨리는 것 같았습니다. 그러고 나서 그녀는 아무것도 의미하지 않는 말을 하다가 중단하고는 자신이 앉았던 안락의자로 다가갔으며, 레이스 숄을 집어 들어 지극히 자연스럽게 자신의 몸을 가렸습니다. 이 동작만으로도 많은 것을 의미할 수 있었습니다. 그러나 내가 그 동작에서 다만 보고자 했던 것은 나로 하여금 그녀를 더욱 숭배하게 만들고 야회의 나머지 시간 동안 나의 마음을 뒤흔들었던 행동, 관대하고 선한 진솔한 그런 행동이었습니다. 그로 인해 그녀 자신은 잠시 동안 약간의 어색함을 간직하고 있었습니다. 나는 그녀를 너무도 잘 알고 있었기 때문에 지금 내 생각은 틀릴 수가 없습니다. 두세 번 나는 그녀가 아무런 이유 없이 나를 쳐다보는 모습을 포착했습니다. 마치 그녀는 아직도 지속되는 어떤 느낌을 벗어나지 못하는 것 같았습니다. 그리고는 예의상의 도리로 인해 그녀는 침착성을 조금씩 되찾았습니다. 무도회의 흐름은 그녀와 나에게 반대 방향으로 작용했습니다. 그녀는 거의 완전히 자유롭고 거의 즐거움을 느끼게 되었습니다. 반면에 나는 그녀가 점점 즐거워하는 모습을 보임에 따라 더욱 음울해졌고, 그녀에게서 거의 천사 같은 존재를 다만 성숙한 여인으로 만들어 주는 매력들을 발견함에 따라 더욱 혼란스러워졌습니다.

그녀는 경탄스러울 정도로 아름다웠으며, 다른 많은 사람들도 나와 마찬가지로 이를 알고 있다는 생각이 나의 마음을 날카롭게 사로잡았지만 오래가진 않았습니다. 그때까지 마들렌에 대한 나의 감정은 말초적인 성적 느낌들의 무자비한 공격으로부터 기적적으로 벗어나 있었습니다. "이런, 또 하나의 고통이 생겼군!" 나는 그렇게 속으로 중얼거렸습니다. 나는 모든 약점들을 다 퍼내 버렸다고 생각하고 있었습니다. 외관상으로 보면 나의 사랑은 완벽하지 않았습니다. 사랑의 속성들 가운데 하나가 결여되어 있었던 것이죠. 그것은 가장 위험한 것이 아니라 가장 추한 것이었습니다.

나는 그녀가 사람들에 둘러싸여 있는 모습을 보았습니다. 나는 그녀한테 다가갔습니다. 나를 불타오르게 하는 말들이 내 주위에서 들려왔습니다. 나는 질투를 느꼈습니다.

질투하고 있음을 사람들이 고백하는 경우는 거의 없습니다. 그러나 그 느낌을 내가 부인하는 것은 아닙니다. 모든 모욕감이 불어난다는 것은 좋은 일이죠. 그것은 나에게 많은 진실을 드러내 주었습니다. 내가 그것을 망각할 수 있었다 해도 그것은 나에게 다음과 같은 것을 상기시켜 주었을 것입니다. 그러니까 저지당하고, 불행하며, 다소 점잔 빼고, 긍지를 뽐내려 한 그 고양된 사랑은 통상적 정념보다 그렇게 높이 올라간 게 아니었고, 그것을 이런 정념과 구분시켜 주는 것 같은 유일한 요소는 다른 많은 사랑에 비해 그 성사 가능성이 보다 적었다는 것이죠. 어떤 수월한 방법들이 있었다면, 그 사랑은 그것이 갈망하는 위대함을 틀림없이 상실했을 것입니다. 이 세상의 많은 것들의 유일한 우월적 측면은 논리와 충만함이 부족하다는 데서 비롯됩니다. 그런 것들과 마찬가지로, 이 사랑이 보다 덜 합리적이었거나 보다 행복했다면 그것이 어떻게 되었을지 누가 알겠습니까?

"춤 안 추어요?" 마들렌은 시간이 조금 지난 후 지나가면서 나를 보고는 말했습니다. 나는 나도 모르게 그녀가 지나가는 통로에 자주 있었습니다.

"추지 않을 거예요." 나는 대답했습니다.

"나하고도 안 추어요?" 그녀는 다소 놀랍다는 듯이 다시 말했습니다.

"당신과도 어느 누구와도 추지 않을 것입니다."

"좋으실 대로 해요." 그녀는 나의 무뚝뚝한 모습에 퉁명스럽게 대답했습니다.

나는 그녀에게 야회에 대해 더 이상 이야기하지 않았고, 그녀를 피하면서도 가능한 한 그녀를 눈으로 좇았습니다.

올리비에는 자정이 지나서야 도착했습니다. 그가 미소 지으면서 조용하고 자연스러운 모습으로 들어왔을 때, 나는 마지못해 춤을 추었다가 더 이상 춤을 추지 않고 있는 쥘리와 이야기했습니다. 그의 두 눈은 그가 매번 새로운 얼굴들, 특히 여자들의 얼굴과 마주할 때마다 검을 빼든 듯 그 직접적인 시선으로 무장하고 있었습니다. 그는 마들렌에게 다가가 손에 입맞춤을 했습니다. 나는 그가 너무 늦은 것에 대해 사과하는 말을 들었습니다. 그런 뒤 그는 살롱을 한 바퀴 돌아보면서 자신을 알고 있는 두세 명의 여자에게 인사를 건넸고, 쥘리한테 다가가 친근하게 그녀 곁에 앉았습니다.

"마들렌은 정말 아름답군… 너 또한 아름다워, 쥘리." 그는 그녀의 옷차림을 살펴보기도 전에 사촌누이에게 말했습니다. 그는 지겹게 피곤하다는 같은 어조로 다시 말했습니다. "다만 너의 장밋빛 매듭들이 너를 약간 지나치게 갈색을 띠게 하는구나."

쥘리는 움직이지 않았습니다. 우선 그녀는 못 들은 척한 뒤, 검푸른 도료 같은 광채 없는 눈동자를 올리비에에게 고정시켰습니다. 그녀는 올리비에의 한결같은 견고한 모습을 뿌리째 뽑아 버릴 수도 있을 것처럼 잠시 동안 살펴본 후 일어서면서 나에게 말했습니다.

"날 좀 언니 옆에 데려다 주겠어요?"

나는 그녀가 원하는 대로 해주었고, 그런 다음 서둘러 올리비에한테 되돌아갔습니다.

"네가 쥘리에게 상처를 주었지?" 나는 그에게 물었습니다.

"그럴지도 모르지. 쥘리가 나를 성가시게 하거든." 그는 그렇게 말하면서 나에게 등을 돌리고는 어떠한 주장도 잘라 버렸습니다.

나는 무도회가 끝날 때까지 용기——그게 용기였을까?——를 내 머물러 있었습니다. 나는 마들렌을 거의 나 혼자서만 보고 싶었고, 그녀를 말하자면 공유한 많은 사람들이 떠난 후 보다 내밀하게 그녀를 소유하고 싶었습니다. 나는 올리비에한테 늦게 온 것을 벌충해야 한다는 구실을 내세워 나를 기다려 달라고 간청했습니다. 좋든 나쁘든 그런 이유가 그를 속일 수는 없었지만, 그로 하여금 결심하게 해준 것 같았습니다. 우리는 서로에 대해 무언가를 숨겨 주는 요행적 관계에 있었으며, 이로 인해 언제나 매우 명료했던 우리의 우정은 지극히 불평등하고 지극히 괴상한 것이 되었습니다. 트랑블로 우리가 떠난 이후로, 특히 우리가 파리로 돌아온 후, 그가 나의 행동에 대해 어떤 판단을 하든 그는 나를 아무런 감시 없이 행동하도록 내버려두겠다는 방침을 정한 것 같았습니다. 새벽 3시나 4시였습니다. 몇몇 카드놀이를 하는 자들이 버티고 앉아 늑장을 부리고 있는 작은 살롱에서 우리는 잊혀진 것 같았습니다. 마침내 더 이상 아무 소리도 들리지 않는 상황에서 우리가 그곳으로부터 나왔을 때는 음악가도, 춤추는 자도 아무도 없었습니다. 드 니에브르 부인은 텅 빈 커다란 살롱 안쪽에 앉아서 소파에 어린고양이처럼 웅크리고 있는 쥘리와 격한 어조로 이야기하고 있었습니다. 그녀는 매우 잘못 사용된 그 기나긴 밤 이후에 그런 적막 속에서 그런 시간에 우리가 나타나는 것을 보고 놀라움의 탄성을 질렀습니다. 그녀는 지쳐 있었습니다. 피곤의 자국이 그녀의 아름다운 두 눈을 에워싸고 있었고, 축제의 밤에 이어지는 그 비상한 광채를 두 눈에 부여해 주고 있었습니다. 드 니에브르 씨는 카드놀이를 하고 있었고 도르셀 씨 역시 그와 같이 있었습니다. 그녀는 쥘리와 단 둘이 있었습니다. 나는 올리비에의 팔에 기댄 채 혼자 서 있었습니다. 촛불들이 꺼져 가고 있었습니다. 위에서 내려오는 불그스름한 희미한 빛은 냄새나는 미세한 먼지와 무도회의 보이지 않는 수증기로 구성된 일종의 빛나는 안개만을 형성하고 있었습니다. 가구들과 양탄자들 위에는 부스러기 꽃들, 흩어진 꽃다발들, 놓고 간 부채들이 간밤에 카드리유 춤곡들이 기록된 수첩들과 함께 놓여 있었습니다. 마지막 마차들이 저택의 마당을 굴러가고 있었습니다. 발판이 올라가는 소리와 유리창이 끼워진 문이 닫히는 둔탁한 소리가 들렸습니다.

무언지 알 수 없는 어떤 신속한 회귀를 통해 나는 다른 시절로 되돌아갔는데, 그 시기에도 우리는 넷이 이처럼 가까이 있었지만 상황은 매우 달랐고 이제는 영원히 상실되어 버린 단순한 마음의 상태에 있었습니다. 이 회귀는 나로 하여금 내 주위를 둘러보게 했고 당신에게 지금 말하는 모든 것을 단 하나의 느낌으로 요약하게 해주었습니다. 나는 무도회의 끝에 친밀하게 모인 네 인물로 구성된 그 특이한 풍경을 극장의 관객처럼 관찰하기 위해 나 자신으로부터 충분히 초연했습니다. 네 사람은 서로를 살폈고, 침묵했으며, 평범한 말로 자신들의 생각을 나누었고, 지난날의 결합 속에서 서로에게 다가가면서 장애물을 발견했으며, 예전처럼 서로 화합하고자 노력했지만 더 이상 그럴 수가 없었습니다. 나는 우리들 사이에 벌어지는 어두운 드라마를 완벽하게 느꼈습니다. 각자는 역할이 있었습니다. 어느 정도로 있었을까요? 나는 그것을 몰랐지만 이제 충분히 냉정해져 내 자신의 역할이 지닌 위험들과 대결할 수 있었습니다. 적어도 나는 이 역할이 모든 역할들 가운데 가장 위험하다고 생각했습니다. 내가 나의 고모의 집에서 우리를 즐겁게 해주었던 카드놀이 하나로 밤을 끝내자고 제안하면서 과거의 추억들 속으로 과감하게 들어가고자 했을 때, 도르셀 씨와 드 니에브르 씨가 살롱으로 되돌아왔습니다.

도르셀 씨는 자신의 큰딸을 포함해 우리 모두를 어린애 취급했으며, 계산된 애정을 통해서 자기 딸을 더욱 젊게 보이게 하는 데 즐거움을 느꼈고, 그녀가 교육받았던 수도원을 상기시키는 이름들을 통해 그녀를 미성년자처럼 다루었습니다. 드 니에브르 씨는 보다 냉정하게 들어왔으며 친밀한 우리 4인조 목도는 그에게 전혀 다른 효과를 만들어 내는 것 같았습니다. 나는 이게 상상인지 실제인지 모르겠지만, 그가 어색하고 무뚝뚝하며 단호한 모습이라고 생각했습니다. 나는 그의 태도가 마음에 들지 않았습니다. 그는 넥타이를 다소 높게 맨 나무랄 데 없는 옷차림을 하고 있었고, 예복을 입고 사람들을 맞이한 참이었고 편안함을 느끼는 그런 사람의 언제나 다소 특별한 그 모습을 보여주고 있었습니다. 그는 트랑블에서 나의 손님이었던 상냥하고 허술한 차림의 사냥꾼을 별로 닮아 있지 않았습니다. 그보다 마들렌은 드레스의 몸통 부분에서 반짝이는 꽃문양 장식, 다이아몬드가 총총히 박힌 기막힌 머리 모양을 한 모습이 한 달 전 비가 오는 가운데 바다 속에 발을 담그고 우리를 따라왔던 그 수수하고 대담한 보행자를 닮고 있었습니다. 다만 그가 옷차림을 바꾸었기 때문에 그린 짓이있을까요? 그보다는 정신이 바뀐 게 아닐까요? 그가 처음으로 도르셀 씨의 살롱에서 엄숙하게 마들렌에게 구혼했던 모습을 내가 현장에서 목격한 그날 저녁, 나에게 강한 인상을 심어 주었던 그 다소 부자연스러운 거동, 특히 그 거만한 어조를 그는 되찾았습니다. 나는 그에게서 내가 알지 못하는 차가운 시선이 느껴진다고 생각했습니다. 또 마들렌은 그의 아내이고 나는 아무것도 아니라는 것을 다시 한 번 나에게 가르쳐 준 남편으로서의 그의 지위에서 무언지 모를 오만한 자신감이 느껴진다고 생각했습니다. 병든 마음의 기발한 착각이든 아니든, 한순간 나는 이와 같은 교훈이 너무도 분명하게 보여 더 이상 의심할 수가 없었습니다. 우리의 작별 인사는 짧았습니다. 우리는 밖으로 나왔습니다. 우리는 마차에 몸을 던졌습니다. 나는 자는 척했습니다. 올리비에도 나를 흉내냈습니다. 나는 그 야회에서 벌어졌던 모든 것을 정리해 보았습니다. 야회는 그 이유는 알 수 없지만 많은 폭풍우의 씨앗을 품고 있다고 보였었습니다. 그런 다음 내가 영원히 용서했다고 생각했던 드 니에브르 씨에 대해 생각했고, 나는 내가 그를 미워하고 있음을 분명하게 알아차렸습니다.

나는 여러 날 동안, 최소한 일주일 동안 마들렌에게 전혀 소식을 주지 않았습니다. 나는 그녀의 집에다 나의 명함을 놓아두기 위해 그녀가 부재중인 상황을 이용했습니다. 이와 같은 예의상의 빚을 청산하자, 나는 드 니에브르 씨에 대한 의무를 다했다고 생각했습니다. 드 니에브르 부인에게는 나는 원망을 품었습니다. 무엇에 대해서? 나는 그것을 고백하지는 않았지만 이 잔인한 원통함은 그녀를 피할 수 있는 힘을 나에게 일시적으로 주었습니다.

그날부터 파리의 움직임은 우리를 사로잡았고, 우리는 아무리 강한 사고력을 지닌 자들이라 해도 도취될 위험이 있고 제아무리 강심장을 지닌 자들이라 해도 한 번은 난파당할 가능성이 무척 많은 그 회오리 속으로 끌려 들어갔습니다. 나는 사교계에 대해 거의 아무것도 모르고 있었습니다. 1년 동안 그 세계를 피한 후, 나는 드 니에브르 부인의 살롱에서 갑자기 그 세계에 들어가게 되었습니다. 다시 말해 나는 그 세계를 겪게 될 가능한 온갖 이유들이 있었습니다. 나는 그런 삶에 맞지 않다고 그녀에게 되풀이 말해보았자 소용이 없었습니다. 그녀가 나에게 대답할 수 있는 것은 "돌아가세요"라는 말뿐이었을 것입니다. 그러나 그런 말을 했다면 아마 그녀는 대가를 지불해야 했을 것이며, 어떤 경우에도 나는 그것을 따르지 않았을 것입니다. 그녀는 그녀가 드나들었던 대부분의 살롱에 나를 소개하고자 했습니다. 그녀는 그녀의 말에 따르면 자신의 후원 아래 있는 가문 좋은 사람에게 마땅히 요구되는 그 모든 작위적인 의무들에 있어서도 내가 충실하기를 바랐습니다. 자주 그녀는 어떤 예의적인 욕망을 다만 표현했으며, 모든 것을 능란하게 변모시킬 줄 아는 나의 상상력은 이 욕망과 관련한 명령들을 나에게 내렸습니다. 도처에서 상처를 받고 끊임없이 불행했던 나는 그녀를 항상 따라다녔고, 그녀를 따라다니지 않을 때면 그녀가 그리웠습니다. 나는 그녀의 존재를 차지하고자 나와 다투었던 사람들을 저주했고 절망에 빠졌습니다.

아무 결과도 없이 나의 정신을 산만하게 만들었고, 나의 행복에 대단한 것을 덧붙여 주지 못했으며, 나에게서 조금 남아 있는 분별력마저 앗아가 버리는 습관들에 대항해 때때로 나는 진지하게 저항했습니다. 신중함이나 다른 이유들로 인해 내가 마들렌의 집과 소원했을 때, 나는 마들렌에게 다다르기 위해 사람들을 이용했지만 그들까지도 마음속 깊이 증오했습니다. 나는 그들이 나의 적이자 마들렌의 적이라고 느꼈으며, 이것은 틀리지 않았습니다. 그런 세계에서 요동치는 그 영원한 비밀은 비밀 자체를 드러내는 무분별한 불티들을 바람을 타는 화덕처럼 날리지 않을 수 없다는 것은 의심의 여지가 없었습니다. 사람들은 그것을 알 수밖에 없었으며 최소한 그것을 들어서 알 수 있었습니다. 나는 수많은 사람들에 대해 격분하여 속으로 이렇게 생각했습니다. "저들은 나와 속내 이야기를 할 수 있는 자들이 틀림없다." 내가 그들에게서 무엇을 기대할 수 있었겠습니까? 충고

이겠습니까? 나는 올리비에라는 유일한 사람으로부터 충고를 이미 받았기 때문에 그게 무언지 알고 있었으며, 그와의 우정 때문에 그것을 견딜 수 있었습니다. 공모와 환심적인 호의이겠습니까? 결코 그런 것들은 아니었습니다. 나는 그런 것들을 두려워했습니다. 두려움은 그 슬프고 굶주린 행복이 그 어떤 누군가에게 선망을 불러일으킬 수 있었다고 가정했을 때, 내가 나의 행복을 저해하는 어떤 방대한 은밀한 음모에 대해 느꼈을 공포보다 더 큰 것이었습니다.

마들렌에게 나는 진실의 반밖에 말하지 않았습니다. 나는 사교계에 대한 나의 혐오에 관해선 아무것도 숨기지 않았습니다. 유일하게 숨긴 것은 몇몇 불만들에 대한 아주 개인적인 이유뿐이었습니다. 나로 하여금 사교계를 내 행복의 도둑으로 통째로 간주하지 않을 수 없게 만든 지속적인 의심과는 별도로 보다 일반적으로 그 세계를 판단해야 했을 때, 나는 강렬한 즐거움을 느끼면서 욕설을 마구 퍼부어댔습니다. 나는 그 세계를 내가 좋아했던 것에 적대적이며, 모든 선에 무심하다고 묘사했고, 감정과 견해의 차원에서 보면 지극히 존중할 만한 것에 대한 멸시가 가득하다고 그려냈습니다. 나는 그녀에게 감각 있는 사람이라면 모두가 상처를 받지 않을 수 없는 수많은 광경들에 대해 이야기했고, 경박한 윤리적 규범들, 이보다 더 훨씬 경박한 정념들, 안이한 의식들에 대해 말했습니다. 이것들이 야심이나 명예 혹은 허영에 대한 그 어떠한 대가라 할지라도 말입니다. 나는 그녀에게 하나의 의무뿐만 아니라 모든 의무들을 생각하는 그 자유로운 방식, 언어의 그 남용, 모든 척도들의 그 혼란스러움을 특기해 주었습니다. 이 혼란스러움 때문에 사람들은 가장 단순한 관념들조차도 타락시켰으며, 선에 대해서도, 진리에 대해서도, 나쁜 것에 대해서도, 가장 해로운 것에 대해서도, 요컨대 아무것에 대해서도 합의를 이루지 못하게 되었다고 말입니다. 또 그 때문에 악랄한 짓과 경솔한 짓 사이에 분명한 경계가 없듯이 영광과 인기 사이에 이렇다 할 거리가 없어졌다고 말입니다. 여자들에 대한 그 경박한 숭배, 희롱이 뒤섞인 그 경배는 사실 어떤 일반적 멸시를 감추고 있으며, 남자들이 여자들에 대해 더 이상 조금도 존경 같은 것을 간직하지 않는 상황에서 여자들이 남자들에 대해 미덕의 기색을 간직한다는 것은 잘못된 것이라고 나는 그녀에게 말해 주었습니다. 나는 그녀에게 이렇게 말했습니다.

"이 모든 것은 추악합니다. 내가 버림받은 자들의 이 도시에서 단 한 집이라도 구해야 한다면, 내가 하얗게 표시해둘 집은 단 하나밖에 없습니다."

"당신 집은요?" 마들렌은 말했습니다.

"내 집도 구해야겠지요. 그 이유는 오직 당신과 함께 달아나기 위해서입니다."

이 긴 저주가 끝나자 마들렌은 꽤 슬프게 미소를 지었습니다. 나는 그녀가 나의 의견에 동의한다는 것을 잘 알고 있었습니다. 그녀는 지혜였고, 올바름이었으며 진실 자체였으니까요. 하지만 그녀는 내 말이 옳다는 것을 인정하는 데 망설였습니다. 왜냐하면 오래 전부터 이미 그녀는 내가 진실한 많은 것들을 말하면서도 모든 것을 말했는지 자문했기 때문입니다. 얼마 전부터 그녀는 젊은이로서의 내 삶의 이와 같은 또 다른 부분에 대해서 조심스럽게만 이야기했습니다. 이 또 다른 부분의 삶은 그녀의 삶에 속하지 않았지만 그래도 완전한 신비로 순결했습니다. 그녀는 내가 어디에 살고 있는지 거의 모르고 있었으며, 최소한 모르거나 잊어버린 것 같은 모습이었습니다. 결코 그녀는 그에게 속하지 않은 저녁 시간들을 내가 어떻게 사용하는지 묻지 않았으며, 그것들에 대해서는 말하자면 어떤 의심이 감돌게 내버려두는 게 좋다고 본 것입니다. 나의 잠을 보잘것없는 것으로 만들었고 나를 지속적인 꿈의 상태로 머물게 한 그 일관성 없는 습관 가운데서도 나는 일종의 병적인 에너지를 되찾았으며, 만족을 모르는 정신적 욕구 같은 것을 회복했다고까지 말할 수 있습니다. 이것들은 보다 자극적인 일에 대한 취향을 나에게 되돌려 주었습니다. 몇 달 만에 나는 잃어버린 시간을 대충 벌충했으며, 나의 책상 위에는 타작마당에 쌓인 곡식 다발들처럼 새로운 수확물이 쌓여 있었는데, 이것으로 만들 가공품만이 의심스러웠습니다. 이것이 아마 마들렌이 나에게 스스럼없이 말한 유일한 점이었을 것입니다. 그러나 여기서 장애물을 설치한 것은 나였습니다. 나의 정신적 관심사에 대해, 나의 독서에 대해, 나의 작업에 대해——그녀가 이것들의 진행 상황을 얼마나 자랑스럽게 배려하면서 지켜보았는지 아무도 모릅니다!——나는 그녀에게 단 하나의 세부적인 사항, 언제나 같은 것, 즉 내가 만족하지 않는다는 것만을 알려 주었습니다. 다른 사람들과 나 자신에 대한 이와 같은 절대적 불만은 불만을 해명하는 데 필요한 것보다 훨씬 많은 것을 말하고 있었습니다. 아직도 어떤 사정이 하나의 엄청난 비밀을 제외하면 비밀이라곤 없는 우정의 울타리를 넘어서 어둠 속에 남아 있었는데, 그것은 마들렌이 그 불만에 대한 설명이 불필요하거나 혹은 별로 신중치 못하다고 판단하고 있었다는 점입니다. 우리 사이에는 때로는 의심 속에 있고 때로는 빛 속에 훤하게 드러나는 하나의 미묘한 문제가 있었는데, 모든 위험한 진실들처럼 투명하게 밝혀져서는 안 되는 것이었습니다.

마들렌은 이를 잘 알고 있었으며 그녀가 모른다는 것은 있을 수 없는 일이었습니다. 언제부터일까요? 아마 그녀 자신이 보다 흥분된 어떤 분위기를 호흡하면서, 그 속에 우리의 고요한 옛 우정의 온도를 더 이상 유지하지 못하는 열기가 흐르고 있음을 느꼈던 날부터일 것입니다. 내가 이와 같은 사실이 확실하다고 생각한 날, 나는 그것만으로 만족할 수가 없었습니다. 나는 그 증거를 얻고자 했으며 말하자면 마들렌 자신이 그것을 나에게 주지 않을 수 없게 만들고 싶었습니다. 나는 그런 술책이 혐오스럽고, 심술궂으며 가증스럽다는 생각에 단 한순간도 신경 쓰지 않았습니다. 서로를 깊숙이 알고 있는 사람들 사이에서 그렇듯이, 우리로 하여금 다 말하지 않고도 서로를 이해하게 해 준 수많은 암시들에 나는 보다 분명한 것들을 덧붙였습니다. 우리는 여기저기 덫들이 설치된 지면 위를 조심스럽게 걷고 있었습니다. 나는 매 발걸음마다 함정을 파놓았습니다. 나는 그녀를 괴롭히고, 포위하고 싶고, 마지막 신중함을 지키고 있는 그녀를 억압하고 싶은 무언지 알 수 없는 타락한 욕망에 사로잡혔습니다. 나는 우선 소심함이, 그 다음에는 배려가, 그 다음에는 존중이, 그리고 마지막에는 연민이 강제한 그 긴 침묵에 대해 복수하고 싶었습니다. 3년 전부터 쓰고 있던 그 가면을 난 견딜 수가 없었습니다. 나는 그것을 벗어던져 버렸습니다. 나는 우리 사이에 빛이 생성되는 것을 두려워하지 않았습니다. 나는 그 빛을 공포로 뒤덮어 버릴 폭발 같은 것까지 원했으며, 그와 같은 눈멀고 살인적인 무례함이 파괴시켜 버릴 수 있는, 그 폭발의 휴식을 나는 망각했습니다.

이 위기는 모욕적인 것이었으며 나는 당신에게 그것을 설명하기 어려울 것 같군요. 나는 더 이상 거의 괴로워하지 않았습니다. 그만큼 나는 하나의 고정관념에 걸려들어 있었습니다. 나는 투명한 정신과 폐쇄적인 의식을 지닌 채 직접적인 방향으로 행동했습니다. 마치 내가 나의 자존심만을 걸고 싸워야 하는 검술시합을 하고 있는 것처럼 말입니다.

이와 같은 무분별한 전략에 마들렌은 갑자기 예기치 않은 방어 수단들로 맞섰습니다. 그녀의 응대는 완벽하게 평온한 태도였으며, 전혀 술책을 쓰지 않는 모습이었고, 그 어떤 것도 더 이상 상처를 입힐 수 없는 진솔한 행동이었습니다. 그녀는 침투 불가능한 차가움과 저항력을 지닌 강철 벽 같은 것을 우리 사이에 조용하게 설치했습니다. 나는 이 새로운 장애물에 화가 났지만 그것을 무너뜨릴 수 없었습니다. 나는 다시 나를 이해시키고자 시도했습니다. 모든 지적 통찰력이 멎어 버리고 말았습니다. 나는 언어를 갈고 다듬었지만 그녀에게까지 제대로 도달하지 못했습니다. 그녀는 그 언어를 붙잡아 들어 올린 뒤, 반박이 없는 응답을 통해 무장해제시켜 버렸습니다. 그녀는 교묘하게 화살을 맞은 듯, 그 화살에서 상처를 줄 수 있는 뾰족한 화살촉을 없애 버렸습니다. 그녀의 태도, 맞이하는 방식, 애정 어린 악수, 선량하지만 뜻 없는 짧은 시선을 요약하자면, 그러니까 힘 있고 단순하며 지혜로운 그녀의 그 경탄할 만하고 절망적인 행동의 의미를 한마디로 말하자면 이런 것이었습니다. "난 아무것도 몰라요. 그러니 당신이 내가 무언가를 짐작하고 있다고 생각했다면, 당신은 틀린 것입니다."

그리하여 나는 나 자신이 부끄러웠고, 무력함에 화도 났고 신경이 날카로워져 잠시 사라져 버렸습니다. 내가 보다 나은 생각을 드러내고 후회의 뜻을 내비치면서 그녀에게 돌아왔을 때, 그녀는 다른 것들을 받아들이지 않았듯이 이것들도 이해하지 못하는 듯한 모습을 보였습니다.

이 일은 사교계에 충동적으로 끌려가는 가운데 일어났으며, 그해 이와 같은 충동적 이끌림은 봄이 한창일 때까지 지속되었습니다. 때때로 나는 마들렌의 허점을 현장에서 잡아 그토록 자신하는 그녀의 정신을 지배하기 위해 그 쇠잔한 생활의 돌발사들에 의지했습니다. 그러나 그렇게 되지 않았습니다. 나는 초조해 반쯤 병이 나 있었습니다. 나는 내가 마들렌을 사랑하는지 거의 더 이상 알지 못했습니다. 그만큼 나로 하여금 그녀에게서 적을 느끼게 만들었던 대결이라는 그 관념은 모든 다른 감정을 대체해 버렸고 내 마음을 나쁜 정열들로 가득 채워 버렸던 것입니다. 한여름 며칠 동안 뿌옇게 먼지가 날리고 구름이 끼었고, 햇빛은 희끄무레하고 북풍이 불었습니다. 때로는 몹시 뜨겁고 때로는 얼음장 같은 그 지독한 시기를 닮아 있었습니다. 그런 때면 나는 한순간 마들렌에 대한 나의 정념이 머지않아 지극히 슬프게 원통함으로 마감될 것이라는 생각을 했습니다.

내가 그녀를 보지 않은 지 여러 주가 되었습니다. 나는 악착같이 일을 함으로써 나는 내 원한을 소진시켰습니다. 나는 그녀가 나에게 다시 나타나라고 신호를 보내리라 기대했습니다. 나는 드 니에브르 씨를 한 번 만났습니다. 그는 나에게 말했습니다. "어떻게 지내십니까?" 아니면 "얼굴 보기가 어렵군요." 내가 망각하고 있는 이런 관례적 표현 어느 것도 자기 집에 다시 들르라는 간절한 초청이 아니었습니다. 나는 또 며칠 동안을 잘 버텼습니다. 그러나 이와 같은 멀어짐은 아무것도 결정하지 못한 채 무한히 지속될 수 있는 부정적 상태가 되었습니다. 결국 나는 사태를 거칠게 다루기로 방침을 정했습니다. 나는 마들렌의 집으로 달려갔습니다. 그녀는 혼자 있었습니다. 나는 내가 말하거나 행하려는 것에 대한 분명한 생각 없이 신속하게 들어갔습니다. 그러나 그 얼음판을 부숴 버리고 그 아래서 내 옛 여인의 심장이 여전히 살아 있는지 찾아보겠다는 단호한 계획이 있었습니다.

그녀는 유일한 큰 사치라곤 꽃들뿐인 규방의 조그만 원탁 곁에 지극히 단순한 옷차림으로 앉아서 수를 놓고 있었습니다. 그녀는 진지한 모습이었으며, 두 눈은 다소 충혈되어 있었습니다. 마치 몇 날 밤을 제대로 잠을 자지 못했거나 몇 분 동안 운 것 같았습니다. 그녀는 자기 자신에 대한 성찰을 하는 순간에 때때로 되찾는 그 고요하고 명상적인 모습을 하고 있었습니다. 그 모습은 예전의 수도원 기숙생의 모습을 되살아나게 했습니다. 깃을 세운 부인복, 그녀를 둘러싸고 있는 꽃들, 나무들을 향해 열려진 창문들과 함께 그녀는 마치 오르메송에 있는 그녀의 정원에 있는 것 같았습니다.

그와 같은 완벽한 변신, 복종적이고 말하자면 반쯤 굴복한 것 같은 그 서글픈 자태는 승리하겠다는 나의 생각을 모두 앗아가 버렸고 갑자기 나의 과감한 행동을 접어 버리게 만들었습니다. 나는 그녀에게 말했습니다.

"난 당신에 정말 죄를 지었습니다. 당신에게 사과하러 왔어요."

"죄가 있다고요? 사과한다고요?" 그녀는 자신의 놀라움에서 벗어나려고 하면서 말했습니다.

"그렇습니다. 나는 당신 앞에 엎드려 용서를 구하러 온 미치광이고, 잔인하고 침통한 친구입니다…."

"대체 내가 당신에게 무엇을 용서해야 합니까?" 그녀는 자신의 고요한 은거지에 그처럼 열을 내며 침범한 것에 다소 질겁한 채 말을 이었습니다.

"나의 과거 행동, 당신에게 상처를 주겠다는 어리석은 의도로 내가 행한 모든 것, 내가 말했던 모든 것이죠."

그녀는 평정을 되찾았습니다.

"당신은 있지도 않은 것들을 상상하고 있군요. 아니면 적어도 그것들은 정말 대수롭지 않은 것들이기 때문에 당신이 그것들을 망각하고 있다고 느껴지는 날 나는 그것들을 더 이상 기억하지 못할 것입니다. 당신이 저지른 유일한 잘못이 무엇인지 아세요? 한 달 전부터 나를 버린 것입니다. 당신이 내일 보자고 말하면서 우리가 어느 날 저녁 헤어진 지 한 달이 된 것 같아요." 그녀는 자신이 날짜를 살펴보고 있음을 감추지 않으면서 말했습니다.

"맞아요. 나는 돌아오지 않았어요. 하지만 내가 비통하게 사과하려 하는 것은 그게 아녜요. 아녜요. 내가 죽고 싶을 정도로 사과하고 싶은 것은…"

"아무것도 없어요." 그녀는 단호하게 내 말을 중단시키면서 말했습니다. 그리고 곧바로 말을 이었습니다. "그 후로 어떻게 지냈습니까? 무얼 했습니까?"

"많은 일을 했지만 대수로운 게 아니죠. 그건 결과에 달려 있습니다."

"그리고요?"

"그게 전부예요." 나는 그녀처럼 내가 하고 싶을 때 대화를 중단시키겠다는 생각을 하면서 말했습니다.

잠시 어색한 침묵이 흐른 다음 마들렌은 완전히 자연스럽고 매우 부드러운 어조로 나에게 말하기 시작했습니다.

"당신은 불행하고 까다로운 성격을 지녔어요. 당신을 이해하는 데는 힘이 들고, 당신을 돕는다는 것은 더욱 힘이 들어요. 우리는 당신을 격려하고 싶고, 지원하고 싶으며, 때로는 동정하고 싶어요. 당신에게 질문하면 당신은 당신을 드러내지 않아요."

"당신이 신뢰하는 자는 아무도 감탄하게 하지 못할 것이고 친구들의 호의적인 희망을 저버릴 것이라는 것 말고는 내가 당신에게 무슨 말을 했으면 좋겠습니까?"

"왜 당신이 당신에게 어울리는 지위를 얻었으면 하고 바라는 사람들의 희망을 저버린다는 것입니까?" 마들렌은 훨씬 확고하다고 생각되는 분야에 의지해 완전히 두려움에서 벗어나면서 말했습니다.

"아, 이유야 매우 단순하죠. 나는 아무런 야망이 없기 때문입니다."

"당신을 발작적으로 사로잡는 작업의 그 아름다운 불꽃은 어떻게 하고요?

"그건 잠시 지속되며, 이상하게도 신속하고 강력하게 타오르다가 꺼져 버립니다. 아직도 몇 년 동안 지속되겠죠. 그런 다음 환상이 깨지고 젊음이 멀어져 가면 그같은 기만을 끝내야 한다는 것을 분명히 알게 되겠죠. 그렇게 될 때 나는 나한테 어울리는 유일한 삶을 영위하겠죠. 자극과 회환이 나에게 상처를 주지 않는 지방의 어떤 구석에서 즐거운 도락의 삶 말입니다. 나는 다른 사람들의 천재성이나 재능을 찬양하면서 살 것입니다. 그만하면 바보는 아닌 평범한 인간의 여가를 채워 주기에는 넉넉할 것입니다."

"당신이 말하는 것은 지지할 수 없어요." 그녀는 매우 격렬한 어조로 다시 말했습니다. "당신은 당신을 존경하는 사람들을 괴롭게 하는 데 즐거움을 느끼고 있군요. 당신은 거짓말을 하고 있어요."

"맹세컨대 그건 전혀 사실이 아니에요. 오래되진 않았지만 예전에 내가 당신에게 말했듯이, 나는 어떤 대단한 인물이 되고 싶은 생각이 없다는 걸 느꼈습니다. 그런 생각은 내가 보기엔 터무니없어요. 그보다는 그냥 생산해 내고 싶은 것입니다. 이것이 우리의 보잘것없는 삶에서 유일한 구실이라고 봅니다. 난 이것을 당신에게 말했고 이것을 시도할 것입니다. 분명히 알아두세요. 이건 인간으로서의 나의 존엄성, 나의 즐거움, 나의 허영을 위해서도 아니고 다른 사람들과 나 자신이 덕을 보기 위한 것도 아닙니다. 나를 괴롭히는 무언가를 내 머릿속에서 몰아내기 위한 것입니다."

그녀는 제법 고상한 현상에 대한 이같은 기이하고 통속적인 설명에 미소를 지었습니다.

"당신의 역설을 들으니 당신은 참 특이한 사람이군요! 당신은 모든 것을 분석해 문장의 의미와 사상의 가치를 바꾸어 버리는군요. 난 당신이 다른 많은 사람들보다 잘 조직화되고 많은 점에서 보다 나은 정신의 소유자라고 믿고 싶었어요. 나는 당신이 의지는 박약하나 어떤 천부적 영감을 지녔다고 생각했어요. 당신은 의지가 없다고 털어놓고 있고, 영감에 대해선 마귀를 쫓아내는 행동 같은 것을 하고 있군요."

"당신이 붙이고 싶은 대로 이름을 붙이세요." 나는 말했습니다. 그리고 나는 그녀에게 대화의 주제를 바꾸자고 간청했습니다.

대화의 주제를 바꾸는 것은 불가능했습니다. 출발점으로 되돌아가거나 계속해야 했습니다. 그녀는 이치를 따져 가면서 말하는 것에 보다 자신 있어 하는 것 같았습니다. 나는 그녀가 말하도록 내버려두었고, "그래 보았자 무슨 소용이 있어요?"라는 완전히 낙담하는 절대적 표현으로밖에 대답하지 않았습니다.

"당신은 지금 올리비에처럼 말하고 있어요." 마들렌은 말했습니다. "반대로 당신은 그 누구보다 더 그를 더 닮지 않았는데 말이에요."

"그렇게 생각합니까?" 나는 그녀를 다시 지배할 수 있을 만큼 제법 열정적으로 갑작스럽게 응시하면서 말했습니다. "그러니까 당신은 우리가 그토록 다르다고 생각합니까? 그 반대로 나는 우리가 많이 닮았다고 생각합니다. 우리는 둘 다 모두 우리를 매료시키는 것에 절대적이고 맹목적으로 복종하고 있습니다. 우리를 매료시키는 것은 그와 나에게 다소간 쟁취 불가능하거나, 망상적이거나 금지된 것입니다. 그렇기 때문에 우리는 매우 대조된 길들을 가면서도 어느 날 모두가 가족도 없이 낙담한 채로 동일한 목표에서 만나게 될 것입니다." 나는 입에서 나오려는 보다 명료한 낱말을 하지 않고 가족이라는 말을 하면서 그렇게 덧붙였습니다.

마들렌은 내리깐 두 눈을 자수품에 고정시키고는 약간 무턱대고 뜨개바늘로 찌르고 있었습니다. 그녀는 얼굴 모습과 태도를 완전히 바꾸었습니다. 다시 한 번 순종적이고 무장해제된 그녀의 모습을 보자, 나는 측은한 마음이 들어 급기야 나의 분별없는 방문 목적까지 망각하고 말았습니다.

"내 말 잘 이해하세요." 그녀는 목소리를 약간 떨면서 다시 말했습니다. "모두가 그렇게 말하고 있듯이, 나도 그렇게 믿고 있어요…. (그녀는 낱말을 선택하는 데 약간 망설였습니다) 누구에게나 어려운 순간이 있습니다. 그런 때면 다른 사람에 대해서가 아니면 자기 자신에 대해서 의심을 합니다. 가장 중요한 것은 자신의 의심을 명료하게 밝혀 해소하는 것입니다. 마음은 때때로 '난 원하고 있어!' 라고 말하고 싶어 합니다. 적어도 나는 이미 한 번 그걸 체험했기 때문에 상상할 수 있어요." 그녀는 우리 모두에게 그녀의 결혼 이야기 전체를 상기시키는 기억에 대해 더욱 주저하면서 말했습니다. "금세기 초의 한 후작부인이 인구에 회자되고 있는데, 그 부인은 죽고자 하면서도 죽는 것을 자제할 수 있다고 주장했답니다. 그녀는 아마 기분전환 삼아서만 죽었을 것입니다. 무의지적이라 추정되는 많은 돌발사들도 마찬가지입니다. 심지어 행복의 대부분은 행복하겠다는 의지 속에 있는 게 아닌지 누가 알아요?"

"하느님이 듣고 계실 거예요, 마들렌!" 나는 3년 전부터 부르지 않았던 이름을 부르면서 외쳤습니다.

나는 내가 어찌할 수 없는 측은함이 밴 이 말을 마지막으로 일어섰습니다. 나의 동작은 매우 갑작스럽고 매우 예기치 않았으며, 내 말의 이미 매우 단호한 어조에 대단한 열정을 덧붙여 주었기 때문에 마들렌은 마음에 충격 같은 것을 받아 창백해졌습니다. 나는 그녀의 마음속에서 비탄의 고통스러운 탄성 같은 것을 들었지만, 그녀가 이것을 입에 담지는 않았습니다.

자주 나는 나를 짓누르는 너무 무거운 무게로부터 벗어나기 위해, 마치 나의 여자 친구 마들렌은 드 니에브르 부인에게 호소하는 느낌의 고백을 너그럽게 들어 줄 수 있는 것처럼, 매우 단순하게 내가 마들렌에게 사랑한다고 말하면 어떤 일이 벌어질까 자문했습니다. 나는 매우 심각한 그 설명을 연출했습니다. 나는 그녀가 홀로 있으며, 모든 위험을 없애 버린 상황 속에서 내 말에 귀를 기울일 수 있다고 생각했습니다. 그래서 나는 말을 했습니다. 아무런 사전 준비도 없이, 솜씨도 없이, 빠져나갈 구실도 없이, 내 젊은 날의 가장 절친한 친구에게 말하는 것만큼이나 솔직하게, 나는 그녀에게 어린아이 같은 우정에서 생겨나 갑자기 사랑이 되어 버린 나의 애정을 이야기했습니다. 나는 이와 같은 점진적인 변화가 어떻게 나를 무관심에서 유혹으로, 두려움에서 충동으로, 그녀의 부재에 대한 아쉬움으로부터 다시는 그녀를 떠나지 않겠다는 욕망으로, 그녀를 곧 잃을 것이라는 느낌으로부터 그녀를 열렬히 사랑하고 있다는 확신으로, 그녀의 평온함에 대한 배려에서 거짓말로, 끝으로 영원히 침묵해야 한다는 필요성으로부터 모든 것을 그녀에게 고백하고 용서를 구해야 한다는 저항할 수 없는 욕망으로 이끌었는지 설명했습니다. 나는 저항했고 싸웠으며 많이 고통받았다고 그녀에게 말했습니다. 이를 가장 잘 증언해 주는 것이 나의 행동이었습니다. 나는 아무것도 과장하지 않았으며, 그 반대로 내 고통의 반밖에 그려 주지 않았습니다. 이것은 내가 말을 신중히 하고 성실하다는 것에 대해 그녀를 보다 잘 설득하기 위해서였습니다. 한마디로 나는 내가 그녀를 절망적으로 사랑한다는 것을 말했습니다. 다시 말해 내가 다만 기대하는 것은 스스로를 단죄하는 의지박약에 대한 그녀의 용서이고, 대책 없는 아픔에 대한 그녀의 연민뿐이라고 말했습니다.

마들렌의 고운 심성에 대한 나의 믿음은 너무도 컸기 때문에 이런 고백은 나를 포위하고 있는 광적이고 잘못된 관념들 가운데도 가장 자연스러운 것처럼 생각되었습니다. 그래서 내가 본 그녀의 모습은——적어도 나는 그렇게 그녀를 상상하고 싶었던 것이죠——슬펐고, 매우 진지하게 애통해했지만 화는 내지 않았으며, 여자 친구의 동정을 드러내면서 내 말에 귀를 기울이고 있었습니다. 그 여자 친구는 나를 위로하기에는 무력했지만, 사실상 치유책이 없는 나의 아픔을 고귀한 영혼과 관용을 통해 동정하고자 했습니다. 그리고 이상한 일이지만, 이해받는다는 이와 같은 생각은 예전엔 나에게 그토록 많은 두려움을 야기했지만 그날은 아무런 당혹감도 야기하지 않았습니다. 나는 당신에게 내가 매우 소심한 정신의 소유자라는 것을 앞에서 보여준 바 있습니다. 그런데 그런 정신의 소유자한테서 어떻게 그런 과감한 엉뚱한 행동이 나올 수 있었는지 설명하기는 어려울 것 같군요. 하지만 많은 시련이 나를 단련시켰습니다. 나는 이제 마들렌 앞에서 떨지도 않았으며, 적어도 예전처럼 두려워하지는 않았습니다. 모든 우유부단은 내가 진실과 뻔뻔스럽게 과감하게 맞서자마자 멈추지 않을 수 없었던 것 같습니다.

극도로 불안했던 짧은 순간 나는 끝내 버린다는 그 생각을 그 어느 때보다 더 강력하고 더 저항할 수 없는 유혹처럼 다시 떠올렸습니다. 나는 내가 무엇 때문에 왔는지 갑자기 상기했습니다. 나는 아마 다시는 이런 기회가 주어지지 않을 것이라고 생각했습니다. 우리는 단 둘이 있었습니다. 우연히도 우리는 내가 선택했던 정확한 상황 속에 자리하고 있었습니다. 고백은 반쯤 이루어졌습니다. 우리 둘 다 일정한 감정의 상태에 도달해 나는 많은 것을 과감하게 말했고, 그녀는 모든 것을 들어 주었습니다. 내가 그녀를 매번 생각할 때마다 나를 질식시켰던 침묵의 그 끔찍한 나사를 부숴 버리기 위해 내가 할 수 있는 말은 단 한 마디밖에 없었습니다. 나는 다만 하나의 문장, 첫번째 문장을 궁리하고 있었습니다. 나는 매우 고요했으며, 적어도 그렇게 느낀다고 생각했습니다. 심지어 나의 얼굴은 내 안에서 벌어지고 있는 놀라운 논쟁을 별로 드러내지 않고 있다고 생각했습니다. 마침내 나는 말을 하려던 참에 더욱 과감해지기 위해 두 눈을 들어 마들렌을 쳐다보았습니다.

내가 당신에게 말한 대로 그녀는 공손한 태도를 보이고 있었습니다. 안락의자에서 꼼짝하지 않았으며, 자수품을 떨어뜨리고 있었고, 의지적 노력을 통해 두 손을 겹쳐 놓고 있었으며, 이런 노력으로 전율을 줄이려는 것 같았습니다. 온몸은 연민을 불러일으킬 정도로 창백한 모습으로 약간 떨리고 있었고, 두 볼은 아주 창백했으며, 크게 뜬 두 눈은 눈물을 머금고 빛나는 두 별처럼 나에게 고정된 채 응시하고 있었습니다. 눈물에 촉촉이 젖은 그 반짝이는 부드러운 시선은 비난과 부드러움과 형언할 수 없는 통찰의 의미를 담고 있었습니다. 그녀는 해서는 안 되었던 고백에 놀랐다기보다는 그녀가 내 안에서 감지하는 불필요한 불안에 훨씬 더 두려워하는 것 같았습니다. 그녀의 애정과 긍지의 모든 에너지가 나에게 입을 다물라고 애원하고 명령하고 있던 순간에 그녀가 말하는 게 가능했다면, 그녀는 내가 너무도 잘 알고 있었던 단 한 가지밖에 말하지 않았을 것입니다. 그것은 속내 이야기는 나와 버렸고 나는 비겁자처럼 행동했다는 것입니다! 그러나 그녀는 꼼짝하지 않은 채 몸을 움직이지 않았고, 말이 없었으며, 입은 꽉 다물었고, 두 눈은 나에게 고정시켰으며, 두 볼엔 눈물이 흘러내렸고, 불안·고통·의연함의 숭고한 모습을 보여주고 있었습니다.

"마들렌, 마들렌, 날 용서해 줘요…." 나는 그녀의 무릎에 쓰러지면서 외쳤습니다.

그러나 이번엔 그녀가 결코 잊지 못할 화난 여인의 몸짓을 하면서 일어섰습니다. 그리고 나서 그녀는 자신의 방 쪽으로 몇 걸음 옮겼습니다. 나는 기어가면서 그녀를 따라갔고 그녀의 감정을 더 이상 상하게 하지 않는 말, 마지막 고별의 말을 찾으려고 애썼습니다. 이는 적어도 그녀는 예지와 착함의 천사였다는 것을 말하고, 내가 미친 짓거리들을 하지 않도록 해준 데 대해——여전히 연민·너그러움·신망을 담은 보다 무거운 표현으로——감사하기 위해서였습니다. 그러자 멀리서 그녀는 내가 말하는 것을 막기 위해 손을 입술에 대듯 들어 올리고는 다시 한 번 침묵하라는 몸짓을 한 뒤 사라져 버렸습니다.

XIII

 여러 날 동안, 아니 여러 달 동안이라 말할 수 있겠죠, 마들렌의 상처받고 불안이 가득한 이미지가 회한처럼 나를 따라다녔고 나로 하여금 잔인하게 잘못을 회개하도록 했습니다. 지혜의 망각이 흘리게 만든 그 눈물의 반짝이는 모습이 나에게 끊임없이 떠올랐습니다. 그녀에게 많은 아픔을 줄 뻔했던 가벼운 입을 영원히 봉하라고 나에게 명령했던 그 몸짓의 위엄 있는 부드러움 앞에서, 나는 얼이 빠진 듯 복종하면서 엎드려 있다시피 했습니다. 나는 나 자신이 부끄러웠습니다. 나는 그 미치광이 같고 비난받아 마땅한 기도(企圖)를 진지한 후회를 통해 속죄했습니다. 마들렌에 대항해 나를 무장시켰고 나 자신의 자존심과 싸우게 만들었던 그 비겁한 오만, 내가 열렬히 사랑했던 순수하고 관대한 존재를 적으로 삼고자 했던 그 악의적인 욕망, 병든 마음의 반항, 슬픔에 젖은 정신의 표리부동, 그 불건전한 위기가 말하자면 지극히 순수한 내 감정들에 배출하는 모든 것, 이 모든 것은 마술에 걸린 듯 흩어져 버렸습니다. 나는 내가 졌음을 인정하는 것도, 모욕받은 나 자신을 보는 것도, 나를 사로잡고 있는 악마가 한 여인에 의해 다시 한 번 짓밟히는 것을 느끼는 것도 더 이상 두려워하지 않았습니다.

 처음부터 나는 애써 마들렌을 다시 보아야겠다고 마음먹었고, 그리하여 내가 그녀를 처음으로 다시 보았을 때, 그녀는 내가 대단히 변해 있음을 알아보고는 곧바로 안심했습니다. 나는 내가 어떤 온순한 의도로 그녀에게 되돌아왔는지 보여주는 데 어려움이 없었습니다. 그녀는 우리가 교환한 첫번째 시선으로 그것을 알아차렸습니다. 그녀는 이 의도가 진정으로 확고한지 확실히 하기 위해 잠시 기다렸습니다. 그녀는 내가 몇몇 어려운 시험 앞에서 지속적으로 잘 버텨내는 것을 보자, 곧바로 방어적인 태도를 버렸고 더 이상 아무것도 기억하지 않는 것 같았습니다. 이것은 나를 용서하는 모든 방법들 가운데 그녀에게 허용된 가장 자비롭고 유일한 것이었습니다.

이로부터 얼마 동안의 시간이 지난 후 어느 날이었습니다. 고요함을 되찾았고, 모든 위험이 지나갔으며, 그녀에게 내 뇌리를 떠나지 않는 후회를 말하는 데 별다른 불편을 느끼지 못했기 때문에 나는 이렇게 말했습니다.

"당신에게 많은 아픔을 주었습니다. 나는 그것을 속죄하고 있습니다!"

"그만해요." 그녀는 말했습니다. "그것에 대해선 더 이상 말하지 말자고요. 다만 당신을 치유하세요. 내가 도와줄 거예요."

그 순간부터 마들렌은 나에 대해서만 생각하기 위해 자신을 잊어버린 것 같았습니다. 용기와 끝없는 자비를 보이면서 그녀는 내가 그녀 옆에 있는 것을 용인했고, 나를 주의 깊게 살폈으며, 지속적으로 함께 있음으로써 나를 도와주었습니다. 그녀는 나의 기분을 전환시켜 주고, 나를 진정시키며, 나를 진지한 일들에 관심을 갖도록 해 집중하도록 하는 수단들을 상상했습니다. 그녀는 그녀 때문에 생긴 나의 감정들에 대해 반쯤 책임을 느끼는 것 같았고, 일종의 영웅적인 의무가 그녀 자신으로 하여금 그것들을 겪도록 하고, 특히 끊임없이 치유책을 찾아보도록 권유하고 있는 것 같았습니다. 그 어떠한 경우에도 그녀에게 상처를 줄 수 없었던 위험들 앞에서 언제나 침착하고 신중하며 단호했던 그녀는 내가 싸울 수 있도록 용기를 북돋아 주었습니다. 그녀가 나에 대해서 만족할 때, 다시 말해 내 마음이 깊이 상처를 받아 보다 조용하게 싸우지 않을 수 없을 때, 그녀는 나로 하여금 울음을 터뜨리게 하는 진정시키는 말을 통해서 혹은 나를 위로하는 포옹을 통해 보상해 주었습니다. 그렇게 그녀는 불꽃 속에 살면서도 지극히 격정적으로 타오르는 느낌들과 그 어떠한 접촉도 피하고 있었으며, 말하자면 순진무구함과 신의의 옷을 입고 있었고, 그 옷은 나로부터 그녀에게 가는 열정들과 세상으로부터 그녀에게 올 수 있는 의혹들에 대해 끄덕하지 않게 해주었습니다.

마들렌이 나를 위해 힘을 쓰지만 내 건강은 회복되지 않는 그 특이한 공모관계는 그 어떤 것보다 더 감미로웠고 더 가슴 아팠습니다. 그것은 여러 달, 어쩌면 1년 동안 계속되었을 것입니다. 왜냐하면 여기서 나는 매우 혼란스럽고 동요된 시기에 접어들기 때문입니다. 그 시기에서 나에게 남아 있는 것은 어떤 지속적인 커다란 불안에 대한 막연한 감정뿐이며, 이 감정을 헤아리게 하는 아무런 주목되는 돌발사도 일어나지 않았습니다.

그녀는 파리를 떠나 독일의 온천장으로 갔습니다.

"나를 따라오지 않았으면 해요." 그녀는 말했습니다. "그곳에는 당신과 나에게 수많은 위험이 있을 거예요."

그녀가 자기 자신의 안전을 걱정하는 모습을 본 것은 그때가 처음이었습니다. 그녀가 떠나고 일주일이 지난 후, 나는 그녀한테서 놀랍도록 현명하고 호의적인 편지 한 통을 받았습니다. 나는 그녀의 간청에 따라 답장을 하지 않았습니다. 그녀는 나에게 이렇게 쓰고 있었습니다. "나는 멀리 있지만 할 수 있는 한 당신과 함께할 거예요." 그녀가 부재했던 기간 내내 그녀는 규칙적으로 나에게 편지를 쓰는 한결같은 인내를 보여주었습니다. 그런 식으로 그녀는 내가 그녀를 따라가지 않고 복종한 데 대해 보상을 해주었던 것이죠. 권태와 고독은 나쁜 조언자라는 것을 그녀는 잘 알고 있었습니다. 그녀는 자신에 대한 추억과 함께 나를 홀로 놓아두고 싶지 않았기에 자신이 나와 함께 있다는 분명한 표시를 때때로 보내왔던 것입니다.

나는 그녀가 돌아오는 날을 알고 있었습니다. 나는 그녀의 집으로 달려갔습니다. 나를 맞이한 것은 드 니에브르 씨였는데, 그를 만날 때마다 나는 강한 불쾌감을 느꼈습니다. 아마 나는 그에 대해서 전혀 온당치 못했을 것입니다. 나는 내가 한 무례한 추정들이 아무런 근거가 없다고 믿고 싶습니다. 그러나 나는 별로 명철하지 못한 상상을 통해 드 니에브르 부인의 남편을 바라보았습니다. 옳건 그르건 간에 이러한 상상으로 인해 나에게 그는 신중하고, 경계하며, 거의 적대적인 모습으로 보였습니다. 그들은 아침경에 도착했습니다. 쥘리는 건강이 좋지 않고 피곤해서 잠을 자고 있었습니다. 드 니에브르 부인은 나를 맞이할 수 없었습니다. 그녀는 내가 이런 설명을 듣고 있을 때 나타났고 드 니에브르 씨는 곧바로 우리를 떠났습니다.

내가 많은 위험을 겪게 만들었던 이 굳센 여자의 손을 잡았을 때, 갑작스러운 생각이 신중하라는 충고처럼 떠올랐습니다.

"잠시 동안 여행하고 싶은 생각이 있어요." 나는 그녀가 보여준 호의에 감사하면서 말했습니다. "어떻게 생각해요?"

"그게 유익하다고 생각하면 그렇게 하세요." 그녀는 다만 약간의 놀라움을 나타내면서 말했습니다.

"유익이라! 그럴지도 모르겠습니다. 어쨌든 해볼 필요가 있어요."

"아마 해보는 게 좋을 것 같군요." 마들렌은 꽤 심각하게 다시 말했습니다. "그런데 그 경우 어떻게 서로에게 소식을 전하죠?"

"어떻게요? 당신이 동의한다면 같은 방법을 쓰는 거죠."

"오, 안 돼요. 그렇게는 안 될 것이고 될 수도 없습니다. 독일에서 파리로 당신에게 편지를 쓰는 것은 가능했지만 파리에서… 우연하게라도" 그녀는 말했습니다. "그 방법이 무분별하다는 것을 당신도 잘 알 거예요."

설령 간접적이라 해도 마들렌과 전혀 아무런 접촉도 없이 여러 달 동안 지낸다는 그 가혹한 전망을 하자, 나는 우선 망설였습니다. 또 다른 숙고를 한 후 나는 지극히 근본적인 시험을 결정했습니다. 나는 그녀에게 말했습니다.

"좋아요. 올리비에가 가장 확실한 통신원이라고 할 수는 없지만, 나는 그를 통해서가 아니고는 당신에 대한 이야기를 듣지 못할 것입니다. 당신은 나를 부끄럽게 만든 너그러움에 대한 증거를 수없이 보여주었습니다. 나는 내가 체념함으로써만 그에 대한 걸맞은 모습을 보여줄 수 있습니다. 이러한 노력이 나한테 어떤 대가를 치르게 할 것인지는 당신이 헤아릴 수 있을 것입니다."

"그러니까 당신은 진정 떠나려는 것입니까?" 마들렌은 아직도 의심스럽다는 듯이 다시 말했습니다.

"내일이에요. 잘 있어요." 나는 말했습니다.

"그렇게 하세요!" 그녀는 그렇게 말하면서 눈살을 찌푸렸고, 그러자 특이한 표정이 나타났습니다. "하느님의 가호가 있길 바랍니다!"

실제로 그 다음날 나는 마차에 몸을 실었습니다. 올리비에는 나에게 편지를 쓰겠다고 명예를 걸고 약속했으며, 자신의 치유 불가능한 나태가 허용하는 만큼 충실하게 자신의 약속을 지켰습니다. 그를 통해서 나는 마들렌의 건강 상태를 알았습니다. 마들렌도 나라는 여행자의 삶에 대해 걱정할 게 아무것도 없다는 것을 알았을 것입니다. 그러나 그게 전부였습니다.

나는 내가 한 여행 가운데 가장 멋이 있었으면서도 유용성은 가장 적었던 그 여행에 대해선 아무것도 말하지 않겠습니다. 세상에는 내가 매우 평범한 괴로움들을 가지고 다니면서 눈물을 흘렸기에 모욕감 같은 것을 느끼는 곳이 여럿 있습니다. 기억하건대 어느 날 나는 신적인 기적이 아니라 인간적인 기적이 일어난 어떤 바닷가에서, 부끄러움 없이 눈물을 흘리는 어린아이처럼 비통하고 진솔하게 울었습니다. 나는 예전에 선박들을 묶어두었던 청동 고리들이 보이는 노출된 바위에 앉아서 발을 모래 속에 담근 채 혼자 있었습니다. 역사가 방치한 그 해변에도, 범선 한 척 지나가지 않는 바다에도 사람은 아무도 없었습니다. 하얀 새 한 마리가 하늘과 물 사이에서 날면서 변함없이 푸르른 창공에 폭이 좁은 날갯짓을 그려내고 있었고, 고요한 바다에는 그 모습이 반영되어 재현되고 있었습니다. 그 시간에, 하나의 유일한 장소에서, 홀로 나는 살아 있는 한 인간의 하찮음과 위대함을 떠올렸습니다. 나는 마들렌의 이름을 바람에 날려 보내고 온 힘을 다해 외쳐서 그것이 해안가의 울리는 바위들 속에서 무한히 반복되도록 했습니다. 그러자 오열이 나와 목소리를 낼 수가 없었고, 마음이 혼란스러웠습니다. 나는 2천 년 전의 그토록 용감하고 그토록 위대하고 그토록 강했던 인간들도 우리만큼 사랑했는지 자문했습니다.

나는 여러 달 동안 부재할 것이라고 예고했습니다만 몇 주가 지나자 되돌아왔습니다. 세상의 그 어느 것도 나의 여행을 단 하루도 연장하게 해줄 수 없을 것 같았습니다. 어느 날 내가 마들렌을 만날 수 있는 살롱에 들어갔을 때, 그녀는 내가 아직도 그녀와 수백 킬로미터 떨어져 있다고 생각하고 있었습니다. 그녀는 나를 알아보고는 아주 신중치 못한 몸짓을 했습니다. 나의 부재를 알고 있던 사람들은 아주 극소수였습니다. 그 거대한 파리에서는 누구나 너무도 손쉽게 사라질 수 있기 때문에 자신의 출발을 사람들이 알기도 전에 지구를 한 바퀴 돌 수 있는 시간적 여유를 가질 수 있지요. 나는 마치 전날에 마들렌을 보았던 것처럼 그녀에게 인사를 건넸습니다. 단번에 그녀는 내가 기진맥진해지고, 마음이 전혀 변하지 않은 채 그녀가 보고 싶어 되돌아왔음을 알았습니다.

"당신 때문에 많이 불안했어요." 그녀는 나에게 말했습니다.

그러고 나서 그녀는 안도의 한숨을 쉬었습니다. 내가 돌아온 것이 그녀를 두렵게 한 것이 아니라 그 반대로 그 어떤 것보다 더 슬픈 근심에서 그녀를 해방시켜 준 것 같았습니다.

그녀는 몹시 힘든 자신의 임무를 과감하게 다시 시작했습니다. 나를 구제하기 위해(이것은 사실 나의 구제와 그녀의 구제가 문제인 기도(企圖)를 규정하기 위해 그녀가 사용한 유일한 낱말이었습니다) 사용된 모든 수단들은 그녀의 지원으로부터 직접적으로 오지 않았을 때는 모두가 나빴습니다. 이때부터 그녀는 그녀가 문제된 그 논쟁에서 홀로 개입하고 싶어 했습니다.

"난 내가 이룩했던 것을 파괴해 버릴 거예요." 어느 날 그녀는 자긍적인 반항이 미칠 정도까지 발작해 말했습니다.

그녀는 완전히 냉정함을 잃어버렸습니다. 그녀는 절망이 느껴지는 놀라운 경솔한 짓을 저질렀습니다. 가능한 한 가까이서 내 삶을 지켜보면서 내가 약해질 경우엔 용기를 북돋아 주고, 내가 신경이 날카로워질 때엔 나를 진정시켜 주는 것만으론 이제 더 이상 충분하지 않다고 그녀는 생각한 것입니다. 그녀는 자신의 추억 자체가 불꽃을 포함하고 있음을 느꼈습니다. 그녀는 지극히 은밀한 나의 생각들을 말하자면 시간시간 감시하면서 그 불꽃을 꺼버리는 것을 상상했습니다. 그러기 위해선 이미 너무도 자주 반복되었던 방문을 무한히 증가시켜야 했습니다. 그래서 그녀는 자신의 집 밖에서 나를 만나는 방법들을 과감히 궁리해 냈습니다. 그것들에다 그녀는 자신들의 명예를 위태롭게 하는 여자들에게나, 아니면 순진무구한 행동에나 허용되는 그 무서운 뻔뻔함을 드러냈습니다. 용감하게 그녀는 나에게 약속을 해주었습니다. 지정된 장소는 비록 그녀의 저택에서 별로 떨어져 있지 않았지만 아무도 없는 곳이었습니다. 이러한 위험천만한 원정을 위해서 그녀가 드 니에브르 씨가 자주 부재한 때를 선택했다고 생각해서는 안 됩니다. 그렇지 않았어요. 그는 파리에 있었으며, 그한테 들킬 수 있고 자신을 파멸시킬 수 있는 위험을 무릅쓰고 그녀는 정해진 시간에 달려왔습니다. 그녀는 자신이 모든 것을 희생시키겠다는 듯이 자신을 거의 언제나 지배했고 그만큼 단호했습니다.

그녀의 첫 눈길은 나를 살펴보는 것이었습니다. 그녀는 나의 의식의 깊이를 헤아려 보고 싶고 그 전날 이후로 쌓이거나 흩어진 폭풍을 내 마음속에서 알아보고자 하는 그 커다란 빛나는 시선으로 나를 에워쌌습니다. 그녀의 첫마디는 이런 질문이었습니다. "어떠세요?" 이 **어떠세요?**라는 말은 "좀 현명해졌나요?"를 의미했습니다. 때때로 나는 그녀에게 용기 있게 반쯤 거짓말로 대답했지만 그녀는 거의 속지 않았고, 그보다 그것은 그녀에게 또 다른 종류의 호기심과 불안을 야기했습니다. 그녀는 나의 팔을 잡았고, 우리는 나무 아래를 걸으면서 때때로 침묵하거나, 우연히 만난 두 친구처럼 외관상 고요하게 이야기를 나누었습니다. 그처럼 부드럽게 타오르면서 결합된 시간 동안, 그녀는 나에게 그녀의 깊은 자비에 거의 버금가는 선견지명 있는 방책, 소중한 헌신과 희생을 비밀처럼 경이롭게 드러내 주었습니다. 그녀는 제대로 통제가 되지 않는 나의 삶, 보다 정확히 말하면 악착같은 작업 아니면 순전한 나태와 같은 그 모든 대립적인 극단으로 무절제하게 흐르는 고장난 삶에 규율을 잡았습니다. 그녀는 나의 무기력을 질타했고, 나의 약해진 모습에 화를 냈으며, 내가 까닭 없이 뱉어내 나 자신을 짓누르는 욕설들에 대해 비난했습니다. 왜냐하면 그녀에 따르면 이런 나의 행태에는 제대로 균형이 잡히지 않고 공정하다기보다는 훨씬 더 난감한 정신의 불안이 있다고 생각했기 때문이죠. 내가 보다 강력한 야망을 조금이라도 품을 줄 알았다면, 그녀가 나로 하여금 함께 나누게 해준 진정 용기 있는 것은 내 안에서 그 야망에 불꽃을 지펴 타오르게 했을 것입니다.

  "난 당신이 행복하기를 원해요." 그녀는 말했습니다. "내가 얼마나 열렬하게 그걸 원하는지 당신이 알아 주면 좋겠어요!"

통상 그녀는 미래라는 말에 주저했는데, 그 말이 유감스럽게도 너무 합리적인 견해들을 통해 우리한테 잔인하게 상처를 주었기 때문입니다. 그녀는 우리의 꿈을 제한했던 내일을 넘어서 어떤 전망, 어떤 탈출구를 생각했을까요? 아마 아무것도 생각하지 않았을 것입니다. 그보다 그녀는 더 이상 희망이 없는 사람들에게 남은 그 마지막 희망처럼 무언지 모를 막연하고 공상적인 것을 생각했습니다.

어떤 의사가 열정적으로 헌신하듯이 그녀가 거의 매일같이 수행하는 그 임무를 할 수 없게 되는 일이 일어날 때면, 그 다음날 그녀는 잘못을 저지른 것처럼 나에게 용서를 구했습니다. 나는 그처럼 대단한 부드러운 조력을 받아들여야 할지 받아들이지 않아야 할지 알 수가 없게 되어 버렸습니다. 나는 배신적 행위가 내 안에 슬며시 끼어들고 있음을 느끼고 있었기 때문에 내가 얼마나 죄를 짓고 있는지, 아니면 얼마나 단순히 불행한지 더 이상 분간할 수가 없었습니다. 나 자신의 의지와는 상관없이, 나는 가증스러운 계획들을 짰습니다. 매일 마들렌은 아마 자신도 모르게 그랬겠지만, 부정한 행위들에 발을 들여놓았습니다. 나는 어떤 시련을 넘어서면 용기가 통하지 않으며, 매순간 잠식되는 불굴의 미덕이 커다란 위험을 겪고 있고, 모든 질환들 가운데 나를 치유코자 하는 것이 분명 가장 전염성이 강하다는 사실을 모르지 않게 되었습니다.

드 니에브르 씨가 파리를 갑자기 떠났을 때, 마들렌은 우리의 산책이 중단되어야 할 것이라고 알려 주었습니다. 우리는 그녀의 남편이 돌아오자마자 보다 열광적이고 보다 단호하게 다시 산책을 재개했습니다. 그 영속적인 "므, 므 아드숨 키 페시 (me, me adsum qui feci)"[17]——원인은 나야, 오직 나야——라는 말은 나를 부끄러움과 행복으로 어쩔 줄 모르게 만든 극도의 너그러움 속에서 온갖 형태로 되풀이되었습니다.

그리하여 그녀는 아무리 영웅적인 여자라도 도달하게 되면 머리부터 곤두박질치지 않을 수 없는 지극히 가파른 지점에까지 다다랐습니다. 그녀는 그곳에서 무너지지 않고 용기 있게 그럭저럭 잠시 버텼습니다. 초자연적인 도움을 받고 있지만, 현기증으로 감각을 잃어버리고, 과도한 위험으로 심연의 경계에 있으며 갑자기 이성이 마비된 존재 같았습니다. 그 순간에 나는 그녀의 힘이 한계에 이르고 있음을 알았습니다. 그 기적 같은 체질은 저절로 이완되었습니다. 그녀는 불평하지 않았고 자신의 나약함을 드러낼 수 있는 것은 아무것도 고백하지 않았습니다. 자신이 무력하고 좌절되었다는 것을 인정하는 태도는 모든 것을 우연의 손에 맡기는 것이었습니다. 우연은 모든 부차적인 것들 가운데 가장 불확실하고, 가장 불충하고 어쩌면 가장 위협적인 것으로 그녀를 두렵게 했습니다. 그녀 자신이 탈진 상태에 있다고 말하는 것은 나에게 자신의 마음을 두 손으로 여는 것이고 내가 그 마음에 준 치유 불가능한 아픔을 보여주는 것이었습니다. 그녀는 고뇌의 절규를 외치지 않았습니다. 그녀는 말하자면 지쳐 무너졌습니다. 이것이 그녀가 더 이상 견딜 수 없다는 것을 나에게 알려 준 유일한 표시였습니다.

어느 날 나는 그녀에게 말했습니다.

---

17) 베르길리우스의 《아이네이스》 제9권에 나오는 말이다. [역주]

"마들렌, 당신이 나를 낫게 해주었어요. 나는 이제 당신을 더 이상 사랑하지 않아요."

그녀는 갑자기 멈추었고 끔찍하게 창백해졌습니다. 그녀는 그녀의 영혼 깊숙이 상처를 준 사악함에 질겁한 듯 머뭇거렸습니다.

"오, 안심해요. 어느 날 그게…" 나는 말했습니다.

"어느 날 그게…?" 그녀는 다시 말했고 목소리가 나오지 않자 울음을 터뜨렸습니다.

그러나 그 다음날 그녀는 다시 왔습니다. 나는 마차에서 내리는 그녀의 모습이 너무 변했고, 너무 초췌해져 불안을 느꼈습니다.

"왜 그런 모습이에요?" 나는 그녀를 맞이하러 달려가면서 말했습니다. 그만큼 나는 그녀가 발걸음을 떼자마자 기절하지 않을까 염려되었습니나.

그녀는 내 눈을 속일 수 없는 엄청난 노력을 하면서 정신을 차리고는 다만 이렇게 대답했습니다.

"너무 피곤해서 그래요."

그때 나는 끔찍한 후회에 사로잡혔습니다.

"난 무정하고 예의도 없는 불쌍한 놈입니다!" 나는 외쳤습니다. "나는 나 자신을 구제할 줄도 몰랐습니다. 당신은 나한테 오는데 나는 당신을 잃어버리다니! 마들렌, 난 당신이 더 이상 필요하지 않아요. 더 이상 도움을 원하지 않아요. 아무것도 원하지 않아요… 난 이토록 비싼 대가를 지불하는 도움도, 내가 너무 무겁게 만들어 당신을 죽이는 것 같은 우정도 원하지 않아요. 내가 괴로워하든 안 하든 그건 내 문제예요. 나 자신밖에 나를 위로하지 못할 거예요. 나의 비참은 내 문제예요. 그 결말이 어떠하든 그것은 아무에게도 더 이상 상처를 주지 않을 거예요."

그녀는 우선 반응하지 않고 듣기만 했습니다. 그녀는 우리로 하여금 어떤 어려운 관념을 이해할 수 없도록 만들어 해법을 찾지 못하게 할 수 있는 그런 병적으로 허약하거나 어린애같이 취약한 상태에 떨어진 것 같았습니다.

"헤어집시다. 완전히." 나는 그녀에게 말했습니다. "그래요. 헤어져요. 그게 낫겠어요. 더 이상 만나지 말고 서로를 잊읍시다…! 우리가 수십 킬로미터 떨어져 살고 있지 않더라도 파리는 우리를 충분히 갈라 놓을 것입니다. 당신이 날 필요로 하고 있음을 나에게 알려 주는 당신의 첫마디가 떨어지자마자, 당신은 날 만나게 될 것이며 나는 곧 나타날 것입니다. 그렇지 않으면…"

"그렇지 않으면?" 그녀는 자신의 무기력으로부터 서서히 깨어나면서 말했습니다.

잠시 그녀는 우리 모두에게 결정적인 이별의 위협을 가하는 그 말을 정신적으로 검토했습니다. 우선 그 말은 잘 이해될 수 있는 의미가 있는 것 같지 않았습니다.

"그래요. 난 매우 나쁜 후원자예요, 그렇지 않아요?" 그녀는 말을 이었습니다. "피곤하게 따지는 사람이고, 아마 불필요한 친구…"

그러고 나서 그녀는 다른 출구와 보다 덜 강경한 해법을 찾아보는 것 같았습니다. 내가 질식할 것 같은 불안 속에서 대답을 기다렸기 때문에, 그녀는 너무도 진지한 사안에 대해 이야기를 들을 때 괴로워하는 탈진한 환자와 같은 몸짓을 했습니다.

"대체 왜 당신은 불가능한 것을 나한테 제안하러 왔어요? 당신은 나를 멋대로 괴롭히고 있어요. 그래요, 제발 가버리세요. 지금 나는 괴로워요. 나는 당신에게 해줄 좋은 조언의 첫마디가 떠오르지 않아요. 당신은 그런 방침이 당신에게 어떤 기회를 주는지 나보다 더 잘 알고 있어요. 당신이 정하게 될 방침이 유일하게 합당할 거예요. 내가 당신에 대해 지닌 존경과 당신이 나에 대해 지닌 우정으로 볼 때 그건 의심의 여지가 없어요."

나는 마음이 혼란스러운 상태로 그녀를 떠났습니다. 곧바로 나는 우리를 영원히 갈라 놓는 돌이킬 수 없는 극단적 행동을 단념했습니다. 우리 둘 모두 그런 의지는 없었던 것이죠. 다만 나는 점진적으로 초연하기 위해 나의 행동을 조절했습니다. 아마 이 행동이 뒤에 가서 우리 사이에 보다 부드러운 합의를 가져다주었을 것이고 과도한 희생 없이 모든 것을 진정시켰을 것입니다. 나는 망각이라는 그 말을 통해 그녀를 더 이상 위협하지 않았습니다. 그것은 너무 설망석이어서 신시할 수가 없었고, 내가 그것을 하나의 방책으로 제안했던 날 그녀가 조금만 더 상식이 있었다면 그녀는 연민의 미소를 지었을 것입니다. 나는 내가 보다 덜 극단적인 방침을 택했다는 것을 그녀에게 보여줄 수 있을 만큼 충분히 가깝게 살았으며, 날 부끄럽게 만드는 공모를 그녀에게 더 이상 강요하지 않고 그녀를 자유롭게 해줄 만큼 충분히 멀리 떨어져 살았습니다.

그렇다면 마들렌의 정신 속에서는 무슨 일이 일어났을까요? 당신의 판단에 맡기겠습니다. 속내 이야기를 들어 주는 자와 구제자의 비상한 역할에서 벗어나자마자, 그녀는 갑자기 변했습니다. 그녀의 기분, 그녀의 몸가짐, 한결같이 부드러웠던 그 시선, 다루기 쉬운 금과 강철, 다시 말해 너그러움과 순수한 정조가 완벽히 균등하게 조합된 그 성격, 바람막이가 잘된 호수의 안정된 균형 속에 있는 것처럼 항상 통합되고 저항적이면서 가혹하지 않으며 참을성 있는 그 천성, 위안자의 그 진솔한 모습, 감미로운 말을 무한히 쏟아내는 그 입, 이 모든 것이 변했습니다. 그리하여 나는 새로운 존재, 기이하고 일관성 없으며, 설명할 수 없고 변덕스러우며, 날카롭고 우울하며, 상처를 주고 신경질적인 그런 존재가 나타나는 것을 보았습니다. 이제 내가 그녀의 삶에서 장애물을 없애고 근심의 그림자를 물리치기 위해 아낌없이 헌신적으로 배려하고 있는데, 마치 그녀는 함정에 둘러싸인 것같이 행동했습니다. 때때로 나는 그녀가 눈물을 흘리고 있는 모습을 발견했습니다. 곧바로 그녀는 눈물을 삼켰으며, 화가 나거나 혐오스럽다는 형언할 수 없는 동작을 하면서 더러운 것이나 되는 것처럼 눈물을 손으로 훔쳤습니다. 그녀는 이유 없이 얼굴을 붉혔고 어떤 나쁜 생각에 잠겼다가 불시에 들킨 것 같은 모습이었습니다. 나는 그녀가 그 어느 때보다도 그녀의 동생과 가까워지고 그녀의 아버지의 팔에 기대어 보다 자주 외출하는 것을 보았습니다. 그녀의 아버지는 그녀를 무척 사랑했지만 사교계에 대해 그녀가 지닌 취향도 습관도 없었습니다. 어느 날 내가 그녀의 집에 갔을 때, 나의 방문들은 예상되어 있었습니다.

"드 니에브르 씨를 만나 보겠어요?" 그녀는 나에게 말했습니다. "그분은 서재에 있을 거예요."

그녀는 종을 쳐서 드 니에브르 씨를 불러오게 한 뒤 우리 사이에 끼도록 했습니다.

나의 이 방문 동안 그녀는 지극히 명랑했는데, 아마 처음으로 내가 격식을 갖춘 태도로 방문했던 것 같습니다. 드 니에브르 씨는 보다 부드러운 모습을 보였지만 어떤 유보적 자세를 버리지 않았고, 이런 자세는 점점 더 분명해져 보다 철저해졌다고 생각됩니다. 그녀는 대화가 매순간 깨져 우리로 하여금 입을 다물지 못하게 만들 위험이 있는 그 무거움을 거의 혼자서 지탱했습니다. 이와 같은 재주 있는 힘과 요령과 의지 덕분에 우리의 코미디는 거짓으로 반박되지 않고 끝까지 갔으며 그것을 지나치게 충격적으로 만들어 주는 일은 아무것도 나타나지 않았습니다. 그녀는 일주일 동안 그녀가 바쁘게 책임져야 할 야회들의 일정을 내 앞에서 간추려 이야기했습니다. 물론 그 야회들에 나는 빠져 있었습니다.

"오늘 저녁 나와 함께하겠어요?" 그녀는 남편에게 물었습니다.

"당신은 내가 결코 거부한 적이 없는 일을 해달라고 하는 것 같군요." 드 니에브르 씨는 상당히 쌀쌀맞게 대답했습니다.

그녀는 이러한 확고한 지원에 안심한 모습으로 남편의 팔에 의지한 채, 똑바로 방문까지 나를 배웅했습니다. 나는 그녀의 작별인사가 지닌 진실하면서도 차가운 어조에 전적으로 호응해 답하면서 인사를 했습니다.

"내 가엾은 소중한 여인아!" 나는 떠나가면서 속으로 그렇게 말했습니다. "그처럼 고귀한 여인의 의식에 난 공포를 집어넣고 말았어!"

더없이 훌륭한 비약을 한순간에 실추시키는 그런 반전을 통해, 나는 동상들이 지지대에 의해 균형 있게 유지되다가 이 받침대가 없으면 무너지고 마는 모습에 대해 생각했습니다.

XIV

 바로 그 시기에 예의바른 마음씨를 지녔던 오귀스탱은 자신이 오래전부터 품어 왔고 추구해 왔던 계획이 이루어졌음을 나한테 알려 왔습니다. 아마 당신은 그가 나에게 이 계획을 들려주었다는 점을 기억할 것입니다.

 나는 계속해서 오귀스탱을 만나 보았지만 내 자신이 한가할 때 만난 것은 아니었습니다. 그 반대로 나는 그를 찾아다녔고 매번 내 명령에 따라 그를 찾아냈습니다. 흔히 내가 보다 건전한 물에 나 자신을 담금질할 필요성을 보다 크게 느꼈기 때문이었습니다. 그는 나에게 보다 나은 충고나 보다 효율적인 위안을 줄 필요가 없었습니다. 비록 나의 이기주의적 슬픔이 나의 모든 말에 투명하게 나타났지만, 나는 그에게 나에 대해서는 결코 이야기하지 않았습니다. 하지만 그의 삶 자체가 많은 가르침보다 더 강장제 같은 모범을 보여주고 있었습니다. 내가 매우 지치고, 매우 낙담해 있으며, 새로운 비굴한 행동으로 모멸감을 느낄 때면, 나는 그에게 가서 그가 살아가는 모습을 바라보곤 했습니다. 사람들이 격투사들의 공격을 참관하면서 신체적 힘에 대한 구상을 하게 되듯이 말입니다. 그는 행복하지 않았습니다. 성공이 그 엄격하고 근면한 용기에 가져다준 보상은 아직 빈약한 호의들뿐이었습니다. 그러나 그는 적어도 자신의 나약함을 인정할 수 있었고, 그토록 강렬한 싸움을 하도록 그를 단련시켰던 난관들은 사람들이 부끄러워하는 그런 것들이 아니었습니다.

 어느 날 나는 그가 더 이상 혼자가 아니라는 사실을 알았습니다.

 오귀스탱은 나의 침대 머리맡에서 나와 이야기하면서 꼬박 지샜던 어느 기나긴 밤, 많은 이유로 인해 심각하게 비밀이 지켜졌던 그 소식을 나에게 알려 주었습니다. 나는 그때가 겨울이 끝나갈 무렵이라고 기억합니다. 밤은 아직 길었고 차가웠습니다. 그는 그토록 늦게 자기 집으로 돌아가는 게 난처했기 때문에 내 방에서 아침이 오길 기다리기로 마음먹었습니다. 올리비에가 한밤중에 와서 우리의 대화를 중단시켰습니다. 그는 무도회에서 오는 중이었습니다. 그의 옷에는 사치, 여인들의 무리와 쾌락의 냄새 같은 것이 묻어나고 있었습니다. 잠을 자지 못해 다소 피곤한 그의 얼굴에는 그를 무한히 매력적으로 우아하게 해주는 축제의 잔영과 흥분된 창백한 빛깔 같은 게 있었습니다. 기억하건대, 그가 오귀스탱 옆에 서서 왈츠의 휴식시간에 도박을 해 번 금화들을 세면서 여송연을 마저 피우던 그 짧은 순간 나는 그를 살펴보았습니다. 오귀스탱의 자세, 옷차림 그리고 다소 교조주의적 딱딱함이 대조를 이루었기 때문에 내가 거의 통속적인 측면에서 슬픔을 느꼈다는 것을 당신에게 고백한다면 아마 잘못일 것입니다. 나는 올리비에가 모든 정신적 유산에 대한 의지와 일밖에 모르는 사람들에 대해 언급한 것을 상기했습니다. 그리고 욕망하는 한 인간이 전개한 영웅적 행동의 의심할 여지없이 아름다운 광경 뒤에서 나는 나 자신의 의지와 상관없이 나를 전율케 한 초라한 생활의 모습들을 보았습니다. 오귀스탱한테는 다행한 일이지만, 그는 이러한 차이들을 거의 느끼지 못했으며, 그가 높은 지위에 도달하고자 하는 야망은 그가 볼 때, 올리비에처럼 옷을 잘 입고, 삶의 우아한 멋을 체험하고 호흡하겠다는 야망과 결코 뒤섞일 수 없게 되어 있었습니다.

올리비에가 떠나자 오귀스탱은 나한테 자신의 상황에 대해 다시 이야기하기 시작했습니다. 그가 나에게 그처럼 많은 속내 이야기를 한 것은 처음이었습니다. 그는 그때부터 그가 자신의 동반자라 불렀던 여자가 어떤 사람인지도, 자신의 삶의 목표도 말하지 않았습니다. 그러면서 그는 미래가 그로 하여금 구상하게 만드는 다른 의무들을 기대하면서 이것들에 대해 미리 탐욕적으로 미소를 지어 보였습니다. 심지어 그는 매우 모호한 표현으로 말을 시작했기 때문에 처음에 나는 그로 하여금 자신의 기대를 그토록 분명하게 해주고 그토록 호기로울 정도로 행복하게 만들어 주는 그 인연들의 성격이 무엇인지 정확히 이해하지 못했습니다.

"나는 혼자입니다. 세상에 혼자지요." 그는 말했습니다. "가난과 불행과 요절로 인해 흩어지거나 파괴되어 버린 가정에서 나 홀로 남은 것이죠. 나에게 남아 있는 것은 프랑스에 살지도 않고 어디 사는지도 알 수 없는 먼 친척들뿐입니다. 당신의 올리비에는 그런 상황 같으면 언젠가 유산이라도 돌아오리라 기대할 것입니다. 그는 자신이 운명을 잘 타고난 것을 믿고 그 유산을 미리 쓸 수 있을 것이고, 유산은 정해진 때에 도착할 것입니다. 하지만 난, 난 아무것도 기대하지 않으며 현명하게 처신하고 있어요. 요컨대 나는 어쩌면 몇몇 어려움을 야기했을 수 있는 동의를 얻기 위해 아무도 필요하지 않았습니다. 나는 곰곰이 생각했고, 확률과 부담을 계산해 보았으며, 모든 책임을 분명히 헤아렸고, 장애물들을 예상해 보았습니다. 모든 일에는, 심지어 행복조차도 이런 것들이 도사리고 있지요. 나는 나의 부양자가 둘일 경우, 언젠가는 셋일 경우, 혹은 여럿일 경우 나의 건강과 용기로 충분한지 나 자신을 살펴보았습니다. 나는 나의 미래의 평온과 즐거움과 충만함을 얻는 데 있어서 조금 더 노력을 하면 되기 때문에 그렇게 많은 대가를 지불한다고 생각하지 않았습니다.

"그러니까 결혼을 했군요?" 나는 그가 진지하고 결정적인 남녀관계를 말하고 있음을 알아차리고 그에게 말했습니다.

"물론이죠. 내가 전에 당신에게 나의 애인에 대해 이야기한 것으로 생각하나요? 이봐요 친구, 난 시간도, 돈도, 정신도 그런 관계에 낭비할 만큼 충분하지 못해요. 게다가 당신이 나를 알고 있듯이, 모든 것을 진지하게 받아들이는 편집증 때문이지만, 나는 그런 관계가 보다 행복하다 해도 다른 결혼들과 마찬가지로 비싼 대가를 치르면서도 덜 만족스럽고 흔히 끊기도 더 어려운 결합이라 간주해요. 이것은 우리가 얼마나 악순환을 좋아하는지 다시 한 번 증언해 줍니다. 많은 사람들은 결혼을 피하기 위해 관계를 맺지만, 사실 그 반대로 그들은 고리를 끊기 위해 결혼을 해야 할 것입니다. 난 그런 함정을 많이 두려워했지요. 내가 그런 덫에 걸릴 수 있는 경향이 너무 강하다는 것을 알고 있었기 때문입니다. 그래서 당신도 알다시피, 나는 방침을 확고하게 정했습니다. 나는 파리 근교에 있는 시골에 나의 아내를 정착시켰습니다.——내 당신에게 말하지 않을 수 없지만, 가난하게 말입니다." 그는 자신의 내면을 나의 내면과 비교하는 듯한 모습을 보이면서 이렇게 덧붙였습니다. 하지만 나의 내면은 매우 겸허했습니다. "그리고 약간은 슬프게 말입니다. 나는 이것이 그녀한테 좀 염려됩니다. 그런 만큼 나는 우리를 보러 오라고 당신을 초대하겠다고 감히 말하기가 쉽지 않군요."

"당신이 원할 때 초대하세요." 나는 그의 손을 애정 있게 잡으면서 말했습니다. "당신의 가장 오래되고 가장 훌륭한 친구 하나를 …부인께 소개하겠다는 마음이 생길 때." 나는 부인이라는 말 앞에 오귀스탱이라는 성(姓)을 말하려 했습니다.[18]

"성을 바꾸었습니다." 그는 내 말을 중단시키면서 말했습니다. "내 어머니의 성을 따르도록 허용해 달라는 인가를 요청했지요. 나의 어머니는 내가 너무 어려서 여의었지만 훌륭하고 존경할 만한 분이었습니다. 그분에 대한 추억은 내가 우연히 태어나게 해준 것밖에 한 일이 없는 내 아버지의 추억보다 값집니다."

나는 오귀스탱이 가족이 있는지에 대해서 알아보겠다는 생각을 해본 적이 없었습니다. 그만큼 그는 고아 같은 태도, 다시 말해 버림받은 것 같은 독립적 모습, 달리 말하면 출신도 연고도 의무도 낙도 없는 개인적 삶의 성격을 드러내 주었습니다. 그는 "우연히 태어나게"라는 말을 하면서 얼굴을 조금 붉혔으며 나는 그가 고아보다 훨씬 그 이상이라는 것을 깨달았습니다.

그는 다시 말을 이으며 나에게 말했습니다.

"새로운 질서가 잡힐 때까지 당신의 친구 올리비에를 나한테 데려오지 않았으면 좋겠습니다. 그가 우리 집에 와보았자 그의

---

18) 문장 구조상 프랑스어 문장에서는 "…부인(madame…)"이라는 표현이 마지막에 나온다. (역주)

마음에 드는 것은 매우 선량하고 전적으로 헌신적인 나의 아내를 제외하면 아무것도 없을 것입니다. 내 아내는 내가 자기와 결혼해 준 데 대해 매일같이 감사하고 있으며, 나를 통해서 미래를 온통 장밋빛으로 보고 있고, 야망이라고는 내가 우선 행복한지 아는 것밖에 없을 것이며, 내가 나의 성공을 맛보게 하는 날 좋아할 것입니다."

날이 새고 있었지만 오귀스탱은 분명 그 어느 때보다 길게 이야기했음에도 아직도 말을 계속했습니다. 여명이 밝아옴에 따라 램프 불빛은 희미해지고 물건들이 보이기 시작하자마자, 그는 창가로 가서 아침의 차가운 공기에 얼굴을 묻었습니다. 나는 그의 각지고 창백한 모습이 불확실한 미광으로 인해 제대로 조명되지 않은 채, 괴로워하는 마스크처럼 하늘을 배경으로 그려지는 것을 보았습니다. 그는 칙칙한 색깔의 옷을 입고 있었습니다. 그의 풍모 전체가 꼼짝 않고 일만 많이 하는 사람들의 그 한정되고 억압된, 말하자면 축소된 모습이었습니다. 비록 그가 그 어떠한 피로도 이겨내고 있긴 하지만, 그의 마른 손은 더 길어졌고, 팔은 더 늘어지고 있었습니다. 오늘과 내일의 두 일과 사이에 잠이 들었다가 아침 닭이 울면 깨어나는 노동자처럼 말입니다.

"잠을 좀 자요." 그는 나에게 말했습니다. "내 말에 경청해 준 당신의 호의를 내가 너무 남용했습니다. 한 시간만 더 있다 가겠습니다."

그러고 나서 내 책상에서 그는 그날 아침 끝내야 하는 작업을 준비하기 시작했습니다.

나는 그가 내 방에서 나가는 소리를 듣지 못했습니다. 그는 소리 없이 빠져나갔기 때문에 내가 깨어났을 때 나는 나를 대상으로 하는 도덕성을 지닌 엄격하고 감동적인 이야기 하나를 온전하게 꿈꾸었다고 생각할 정도였습니다.

오전 중에 그는 다시 왔습니다.

"오늘 나 한가합니다." 그는 행복한 모습으로 말했습니다. "그래서 이 기회에 집에 가려 합니다. 날씨가 더럽군요. 나와 함께 억지로라도 가보고 싶은 생각이 있습니까?"

마들렌을 보지 않은 지가 여러 날 되었습니다. 상처를 주는 오해나 괴로운 과민한 반응밖에 가져다주지 못하는 만남들 사이의 비어 있는 시간은 어떤 것이든 기회로 잡는 게 좋다는 생각이 들었습니다.

"파리에서 오늘 붙잡는 건 아무것도 없어요." 나는 오귀스탱에게 말했습니다. "당신 좋을 대로 하지요."

그가 살고 있는 집은 한 마을의 끝에 고립되어 있었지만 가능한 한 들판과 가까이 있었습니다. 그 집은 매우 비좁았고, 창문들 사이에 배치된 과수장(果樹墻)과 녹색 덧문이 갖추어져 있었으며, 집 전체는 깨끗하고, 단순했으며 주인 자신처럼 수수했지만 안락함은 없었습니다. 이런 안락함의 부재는 총각 오귀스탱의 집이라면 아무런 편견을 갖게 하지 않았을 테지만, 그의 부부 생활의 차원에서 보면 즉각적으로 불편함을 알리고 있었습니다. 그의 아내는 그가 나에게 말했던 대로, 매우 상냥한 젊은 여자였습니다. 심지어 나는 내가 사물의 외적인 멋에 대한 오귀스탱의 획일적인 견해에 따라 상상했던 것보다 그녀가 훨씬 예쁜 것을 보고 놀랐습니다. 그녀는 그날 기대하지도 않았던 뜻밖의 즐거운 일이 있자 남편의 목을 끌어안았습니다. 그리고 나서 그녀는 불시에 방문을 당한 사람의 그 우아하고 수줍은 격식을 갖추어 나를 환대하면서 자신의 작은 정원으로 안내했습니다. 정원에는 하이신스가 막 피기 시작하고 있었습니다.

날씨는 추웠습니다. 나는 즐겁지 않았습니다. 장소들과 계절에 새겨진 무언지 알 수 없는 슬픔, 내 눈에 들어오는 것이 드러내는 분명한 빈곤함, 보이지 않는 것의 예상되는 내용, 우리를 편안하게 해주기에는 별로 적절치 못한 상황에서 비가 내리는 그 긴 하루를 보내야 하는 어려움, 이 모든 것은 나를 얼음장 같은 분위기로 둘러싸고 있었습니다. 내 기억으로는 창문을 통해 울타리 벽 위로 두 개의 커다란 풍차가 보였는데, 칙칙한 막대로 줄무늬를 이룬 회색빛 날개가 눈앞에서 지루하고 단조롭게 움직이고 있었습니다. 오귀스탱은 수많은 가사일과 자잘한 집안손질을 직접 챙겼는데, 이를 보고 내가 내린 결론은 그의 아내가 하녀의 도움을 별로 받지 못하거나 어쩌면 전혀 받지 못하고 있으며 아내와 남편이 최소한 많은 일을 그들이 직접 하고 있다는 것이었습니다. 오귀스탱은 다음날과 그 다음날들에 집에서 필요한 것들에 대해 불안해했습니다. 그는 아내에게 말했습니다. "당신, 나 일요일까지는 돌아오지 못한다는 것 알지." 그는 장작 곳간을 힐끗 쳐다보았습니다. 잘라 놓은 장작 비축분이 고갈되어 있었습니다. "15분만 기다려 줘요." 그는 나에게 말했습니다. 그는 프록코트를 벗고 톱을 집어든 후 일을 하기 시작했습니다. 나는 그에게 도와주겠다고 했습니다. 그는 나의 도움을 받아들이면서 다만 이렇게 말했습니다. "기꺼이 받아들이겠소. 친구여. 둘이 하면 보다 빨리 끝낼 것입니다." 나는 아주 서툰 이 일에 나의 자존심을 걸었습니다. 5분이 지나자 나는 기진맥진했지만 그는 아무렇지도 않아 보였습니다. 내가 마지막 톱질을 할 때 오귀스탱 자신은 멈추었습니다. 나는 내 인생에서 지극히 커다란 의무를 수행했으며 나로 하여금 그보다 더 진정한 즐거움을 느끼게 한 의무는 알지 못합니다. 근육을 통한 그 작은 노력은 도덕적 행위의 차원에서 단련된 의식이 견고해지면서 무엇을 할 수 있는지 나에게 가르쳐 주었습니다.

저녁때가 되자 날씨가 호전되어 우리는 외출했습니다. 잡목숲에 뚫린 미끄러운 오솔길이 커다란 숲으로까지 이어져 있었고, 이 숲이 칙칙한 겨울 색깔로 지평선의 일부를 뒤덮고 있었습니다. 반대편에는 근교의 일부로 인해 더욱 확장된 밀집된 도시가 연기에 휩싸인 채, 언덕들 사이로 둥그렇게 빽빽하게 펼쳐진 거대한 전체 모습을 드러내고 있었습니다. 동일한 꼭짓점으로 모이는 바퀴 살대들처럼 그 거대한 중심지로 향하면서 이 고장 곳곳을 가로지르는 모든 도로들에서는 마구의 방울소리가 땡그랑거리고, 무거운 마차들이 굴러가며, 채찍이 부딪치고, 난폭한 목소리가 울리는 게 들렸습니다. 이 고약한 경계 지점에서 사람들은 보기 흉한 교외를 지나, 활기차게 소용돌이치는 파리로 진입하기 시작했습니다.

"당신이 여기서 보고 있는 모든 것은 아름답지 않아요." 오귀스탱은 나에게 말했습니다. "어찌하겠습니까. 이곳을 쾌적한 체류지가 아니라 다만 기다림의 장소로 간주해야 합니다."

그날 저녁에 그의 지위상 필요한 일이 그를 불렀기 때문에 우리는 밤에 돌아왔습니다. 우리는 우리를 파리로 데려다 줄 상용 마차 정거장까지 진흙탕 길들을 거쳐 걸어가야 했습니다. 길을 가는 도중에 오귀스탱은 자신이 기대하는 것들에 대해 다시 한 번 이야기했습니다. 그는 "나의 아내"라고 말할 때 조용하고 확실한 소유의 모습을 드러냈으며, 이 모습은 나로 하여금 그의 직업이 지닌 모든 혹독한 측면들을 망각하게 했고 행복의 가장 완벽한 표현을 나에게 나타내 주었습니다.

내가 그를 데려다 준 곳은 그가 책의 거리라 불렀던 파리의 그 구역에 위치한 그의 아파트가 아니라, 내가 당신에게 말했듯이 그가 비서로 있던 인물의 저택이었습니다. 그는 다소 자기 집에 있는 것처럼 자신을 간주하는 데 익숙한 사람의 동작으로 초인종을 눌렀습니다. 그가 화려한 안뜰로 들어가 현관계단을 천천히 올라가서 작은 궁 같은 대기실로 사라지는 것을 보았을 때, 그 어느 때보다 나는 검소하고 단호한 모습의 수척한 이 젊은이가 어떤 경우에도 그 누구의 하인도 되지 않을 것이란 이유를 보다 잘 이해했으며, 그의 운명에 대한 분명한 느낌을 갖게 되었습니다.

내가 집에 돌아왔을 때, 나는 내가 방금 손으로 만진 은밀한 상처들로 인해 슬픔에 잠겼다기보다는 아무것도 실질적인 결론을 내리지 못하는 내 무능력에 대해 모멸감을 느꼈습니다. 나는 나를 기다리고 있던 올리비에를 만났습니다. 그는 지쳤고 지겨워하고 있었습니다.

"오귀스탱의 집에서 오는 거야." 나는 그에게 말했습니다.

그는 진흙이 묻어 있는 내 옷을 살펴보았습니다. 그는 내가 그런 상태로 어떤 장소에서 나올 수 있었는지 이해하지 못하는 모습이었기에 나는 그에게 말했습니다.

"오귀스탱은 결혼했어."

"결혼했다고! 그가!" 올리비에는 말을 받았습니다.

"왜 결혼해선 안 된단 말이냐?"

"그럴 수밖에 없었겠지. 그런 인간은 반드시 그렇게 시작할 수밖에 없는 거야." 그는 진지하게 계속했습니다. "일찍 결혼하고 싶어 안달하는 두 부류의 사람들이 있다는 것을 너는 주목해 보았니? 자신들의 상황으로 볼 때 자기 아내와 함께 사는 게 불가능하거나 아니면 자기 아내의 생계를 책임진다는 게 불가능하다는 게 확실한데도 말이다. 그 두 부류는 선원들과 돈이 없는 사람들이지." 그는 다시 말을 이었습니다. "그래 오귀스탱 부인은?"

"이름이 오귀스탱 부인이 아닌 그의 아내는 시골에 살고 있어. 그가 오늘 그녀를 나한테 소개하고자 했던 거야."

그에게 나는 오귀스탱의 가정생활에 대해 알려 줄 필요가 있다고 생각되는 내용을 몇 마디로 전해 주었습니다.

"그렇게 해서 넌 너에게 가르침을 준 것들을 보았니?"

근면하게 청렴한 그런 사례에 감동받지 않으려는 그의 저항적 자세는 내 마음에 들지 않았기 때문에 나는 대답하지 않았습니다.

"좋아." 올리비에는 기분이 좋지 않을 때면 나타내는 씁쓸한 무례를 저지르며 다시 말했습니다. "그런데 넌 그 네 귀퉁이 담벼락 사이에서 무얼 할 수 있었던 거니?"

"우리는 장작을 잘랐어." 나는 내가 농담하는 게 아니라는 것을 그에게 분명하게 보여주면서 말했습니다.

"너 춥구나." 올리비에는 떠나려고 일어서면서 말했습니다. "너 빗속에서 헤매었구나. 네 젖은 옷에서 가난한 삶과 겨울의 가증스러운 가혹한 냄새가 뿜어져 나오고 있다. 너는 금욕주의·가난·오만이 듬뿍 배어 돌아왔다. 보다 이성적으로 이야기하기 위해 내일을 기다리자."

나는 그에게 더 이상 한마디도 하지 않은 채 그가 나가도록 내버려두었습니다. 나는 그가 성마르게 문을 닫는 소리를 들었습니다. 나는 아마 그가 그를 온당치 못하게 만든 특별한 골칫거리가 있으리라 생각했으며, 내가 이 골칫거리의 실질적 대상은 모르고 있었지만 적어도 그것의 성격은 짐작할 수 있었습니다. 나는 이미 매우 옛 것이 되었을 뿐 아니라 그 기간도 별로 되지 않았을 것 같은 어떤 남녀관계에서 새로운 사건이나 우발적인 일이 터지지 않았나 상상했습니다. 나는 그가 사태에서 수월하게 벗어나며, 그 반대로 새로운 것들을 향해서는 병적으로 성급하게 달려든다는 것을 알고 있었습니다. 따라서 어떤 결별이든지 아니면 변심이든지 이 두 가정 사이에서 나는 두번째 것을 선택했습니다. 나는 너그러움의 기질이 있었습니다. 오귀스탱의 집을 방문한 것은 나에게 관대하고 싶은 기분을 심어 주었다고 말할 수 있습니다. 그런 만큼 그 다음날 아침이 되자마자 나는 올리비에의 집으로 들어갔습니다. 그는 자고 있거나 자는 척했습니다.

"무슨 일이지?" 나는 토라진 기분을 없애 주고 싶은 친구에게 하듯이 그의 손을 잡으면서 말했습니다.

"아무것도 아니야." 그는 간밤에 잠을 자지 못했거나 고통스러운 꿈을 꾼 듯 피곤한 얼굴을 보이면서 나에게 말했습니다.

"지겹니?

"늘 그래."

"뭐가 지겹니?"

"모든 게." 그는 지극히 분명하게 진지함을 드러내면서 말했습니다. "난 모든 사람을 싫어하게 되었어. 그리고 어느 누구보다 나 자신을 말야."

그는 입을 다물고 싶어 했습니다. 나는 어떤 질문을 해보든 빠져나갈 구실밖에 나오지 않을 것이고 만족할 만한 대답을 듣지 못한 채 그를 화나게 할 것이라 느꼈습니다.

"난 너한테 근심이나 곤경을 야기한 어떤 우발적인 원인이 있다고 생각했고 그래서 너를 도와주거나 조언을 해주러 왔던 것이다."

그는 마지막 말에 미소를 지었습니다. 사실 그는 그것을 가소롭다고 생각했지요. 그만큼 우리가 서로에게 주었던 조언들은 지금까지 별 도움이 되지 못했던 것이죠.

"네가 나한테 어떤 도움을 주고 싶다면 기꺼이 받아들이겠다." 그는 다시 말했습니다. "너는 별 어려움 없이 그렇게 할 수 있을 것이다. 마들렌한테 가서 내가 어제 마들렌과 쥘리가 백부와 함께 있었던 공공장소에 나타남으로써 저지른 어리석은 짓을 최선을 다해 바로잡기만 하면 돼. 난 혼자가 아니었어. 내가 눈에 띄었을 가능성이 있어. 왜냐하면 쥘리는 내가 없는 곳에서도 나를 찾아낼 수 있는 눈을 가지고 있거든. 네가 두 자매에게 수완 있게 질문을 해서 사실 확인을 해주면 매우 고맙겠다. 내가 염려하는 일이 일어났다면, 그 어떤 누구의 평판도 해치지 않는 그럴듯한 설명을 상상해서 해주어야 돼. 나와 함께 있었던 여자의 이름 · 관계 · 습관, 마지막으로 그녀를 천거하는 사람들을 생각해 내야 하는 거야. 하지만 우연히 나의 매제나 마들렌이 정확한지 확인하고 싶은 생각이 들지라도 확인할 수 없도록 해야 돼."

그날 저녁에 나는 드 니에브르 부인을 만났습니다. 그녀가 방문객을 맞이하는 날인 금요일이었습니다. 내가 할 일은 다만 올리비에의 심부름을 수행하는 것이었습니다. 그의 이름은 발설되지 않았습니다. 따라서 나는 확증적인 아무것도 알아내지 못했습니다. 쥘리는 다소 괴로워하고 있었습니다. 그녀는 전날 저녁에 가벼운 열병이 발작했는데 아직도 힘이 없었고 신경이 날카로웠습니다. 여기서 내가 당신한테 말하지 않을 수 없는 것은 오래 전부터 쥘리의 상태가 나를 불안하게 했다는 점입니다. 나는 그녀의 상태에 대해 많은 생각을 한 바 있었지만 침묵했습니다. 왜냐하면 이 조그만 인물에 대한 염려는 그녀에 대한 나의 애정이 아무리 진실하다 해도, 나 자신에 대한 이기주의적 염려 속으로 사라졌기 때문입니다.

아마 당신도 기억할 테지만, 마들렌이 결혼하기 바로 전인 어느 날 저녁 그녀는 나에게 자신이 처녀로서의 마지막 의지라 불렀던 것에 대해 이야기하면서 쥘리라는 이름을 개입시켰고 그 의미가 분명한 공통의 기대 속에서 이 이름과 내 이름을 나란히 놓았습니다. 그 이후로 니에브르에서든 파리에서든 그녀는 같은 암시를 되풀이했지만 쥘리도 나도 그것을 받아들이는 듯한 모습을 보이지 않았습니다. 어느 날 이러한 기발한 유치한 행동을 조용하게 웃어넘기는 그녀의 아버지 앞에서, 그녀는 동생의 팔을 잡아 내 팔에 끼워 넣고는 정말로 즐거운 표정을 지으면서 우리를 주시했습니다. 그녀는 나를 극도로 불편하게 만들고 쥘리 역시 마음에 들어 하지 않는 그런 자세로 우리를 자기 앞에 세워 놓았습니다. 그러고 나서 그녀는 그녀의 동생과 나 사이에 이미 많은 장애물이 형성되어 그녀가 맺어 주고자 하는 계획을 좌절시키고 있다는 사실을 짐작하지 못한 채, 어머니가 하듯이 쥘리를 양 팔에 껴안고는 애정을 담아 길게 입맞춤을 한 뒤 이렇게 말했습니다. "내 귀여운 동생, 우린 헤어지지 말자꾸나. 결코 헤어지지 않으면 좋겠어!"

이 일은 마들렌의 주의력이 내 감정의 진정한 상태에 대해 눈을 뜰 수 있었던 날로 거슬러 올라가는데, 그 이후로는 이 문제에 대해 한 마디도 언급되지 않았으며 마들렌이 아직도 그것에 대해 생각하고 있다고 알려 주는 그 어떠한 조그만 징후도 결코 없었습니다. 그 반대로 우연히 그녀는 하나의 계획에 대한 발상을 해 이론의 여지없이 유달리 몰두했지만, 완전히 그 계획을 잊어버린 모습이거나 그런 계획을 결코 세운 일이 없는 것 같은 모습이었습니다. 다만 때때로 그녀는 보다 애정 어리거나 보다 슬픈 표정으로 쥘리를 바라보았습니다. 그래서 나는 이렇게 결론을 내렸지요. 그러니까 그녀는 불가능하게 된 기대를 완전히 꺾어 버렸고, 한때 공상적인 결합에 따라 방향이 잡혔던 동생의 미래는 이제 다시 검토하기가 어려운 난제처럼 그녀를 불안하게 하고 있다는 것이었습니다.

한편 쥘리는 그토록 멀리서 되돌아올 필요가 없었습니다. 그녀의 감정은 처음부터 확고했고 동일한 대상에 변함없이 결부되어 있었기 때문에 흔들리지 않았습니다. 다만 올리비에가 불평했던 과민한 성격은 매일같이 더욱 두드러졌으며 사촌오빠의 너무도 긴 부재나 지나치게 격렬한 말, 혹은 보다 방심한 모습과 변함없이 우연하게 일치했습니다. 그녀의 건강은 악화되고 있었습니다. 그녀는 언니에 대한 긍지가 있었고 이것이 그녀로

하여금 괴로움을 참아내게 해주었습니다. 그러나 그녀는 그녀에게 상처를 주는 사람들에게 도움을 줄 수 있는 그 경이로운 천품이 없었습니다. 마들렌은 이 천품이 있어 자신의 고통을 헌신으로 변화시키게 되어 있었던 것이죠. 쥘리가 자신에 대해 기대할 수 있었던 모든 관심 가운데 가장 희귀한 것이었던 올리비에의 관심을 제외하면, 그 누구의 관심이 되었든 그녀에게 모욕을 주는 것 같았습니다. 그보다 차라리 그녀는 자신을 모욕하는 연민을 구걸하기보다는 올리비에의 가차 없는 경멸을 받아들였던 것 같아요. 지나칠 정도로 까다로운 그녀의 성격은 나날이 더 괴팍해져 갔고, 그녀의 얼굴은 더욱 불가해한 모습을 드러냈으며, 그녀의 인격 전체가 어떤 고정관념을 집요하게 고집하는 성격을 더욱 선명하게 그려내고 있었습니다. 그녀는 말수가 점점 적어졌습니다. 그녀의 두 눈은 그 어느 때보다도 답변을 피하고 싶어서셨지만, 더 이상 거의 질문을 나타내지 않았으며, 다른 사람들의 사유와 연결해 주는 다소나마 살아 있는 유일한 불꽃마저 거두어 버린 것 같았습니다.

"쥘리의 건강이 만족스럽지 못해요." 마들렌은 자주 나에게 말했습니다. "분명 그 애는 상태가 좋지 않으며, 심지어 그 애가 가장 좋아하는 사람들과 함께 있을 때조차도 불쾌한 성격을 드러내요. 하지만 그 애한테 결핍된 것은 사람들에 대해 애착을 느끼는 힘이 아니라는 건 하느님도 아실 거예요!"

다른 때 같았으면, 분명 마들렌은 그런 표현으로 동생에 대해 이야기하지 않았을 것입니다. 게다가 마들렌이 동생과 관련해 부각시킨 과도한 애정이란 발상과 정다운 품성은 쥘리의 차가운 겉모습과 그렇게 잘 일치하지도 않았습니다. 사실 이런 겉모습 때문에 그녀의 응대는 그토록 얼음장같이 되어 버렸습니다.

나의 추측이 이런 형국이었을 때 내가 당신한테 언급하지 않는 여러 부수적 사건들이 나의 두 눈을 완전히 뜨게 해주었습니다. 그러니까 올리비에가 나한테 임무로 준 그 행동 방식은 나에겐 지극히 중대한 의미를 띠었습니다. 비록 내가 외교에서 임무의 비밀을 철저히는 모른 채 활동하는 외교관이라도 되듯이, 그가 나에게 이 의미를 반밖에 드러내 주지 않았다 할지라도 말입니다. 나는 쥘리가 갑작스럽게 드러내는 불쾌감의 기원과 시간에 대해 특별히 주의를 기울여 알아보았습니다. 그리하여 내가 알게 된 것은 올리비에가 준 정보들과 정확하게 일치했습니다. 마들렌은 동요되지 않고 능숙하게 대답했고 영혼의 의사가 이야기하듯이 자기 동생의 열병에 대해 이야기했습니다.

나는 매우 늦게 돌아왔고 올리비에는 서서 나를 기다리고 있었습니다.

"그래 어떻게 되었나?" 그는 나에게 격한 어조로 말했습니다. 마치 내가 마들렌의 집을 방문하는 동안 그의 초조함이 갑자기 커진 것 같았습니다.

"아무것도 알아내지 못했어." 나는 그에게 말했습니다. "내가 아는 것이라곤 쥘리가 어제 열이 나 콘서트에서 돌아왔고, 열이 아직도 계속되고 있으며 그녀가 아프다는 것이야."

"그 애를 보았니?" 그는 물었습니다.

"아니." 나는 거짓말로 대답했습니다. 나는 그가 쥘리의 매우 가벼운 불쾌감에 보다 흥미를 느끼도록 하기 위해 이런 거짓말이 필요했습니다.

그는 화가 난 몸짓을 했습니다. "난 확신해. 그녀가 나를 보았어!" 그는 말했습니다.

"나도 그게 걱정이다." 나는 그에게 말했습니다.

그는 매우 빠르게 걸으면서 방 안을 한두 번 돌았습니다. 그러고 나서 그는 멈춘 뒤 욕설을 퍼부으면서 발로 방바닥을 두드렸습니다.

"쳇, 할 수 없지!" 그는 소리를 질렀습니다. "그녀한테는 안됐지만 할 수 없는 일이야! 난 자유롭기 때문에 내 마음에 드는 것을 하는 거야."

나는 올리비에의 정신에 담긴 모든 뉘앙스를 알고 있었습니다. 그가 원통해서 격분하는 경우는 드물었습니다. 따라서 나는 하나의 정숙한 처녀의 마음이 연루된 문제에 접근하면서 혹시 내가 착각하고 있지 않나 하는 염려가 없었습니다.

"올리비에, 쥘리와 너 사이에 무슨 일이 있는 거니?" 나는 그에게 물었습니다.

"쥘리가 나를 사랑하고 있는데, 나는 그 애를 사랑하지 않는 거야."

"나도 알고 있었어." 나는 다시 말했습니다. "너희 둘에 대한 관심으로…"

"고맙구나. 넌 내가 원하지 않은 일로 나를 위해 고생할 필요가 없다. 그 일은 내가 조장한 것도 아니고 받아들인 것도 아니며, 나에게 결코 상처를 줄 수도 없고 아무래도 상관없다." 그는 엽궐련의 재를 허공에 털면서 말했습니다. "쥘리에 대해 말하자면, 난 네가 그녀를 동정하는 걸 말리지 않겠다. 왜냐하면 그 애는 광적인 관념에 고집스럽게 집착하고 있기 때문이야. 그 애는 제멋대로 자신의 불행을 만들어 내고 있는 거야."

그는 화가 잔뜩 났고, 매우 큰 소리로 말했습니다. 그가 낱말이나 관념의 의미를 끊임없이 축소하여 사용하는 상황에서 과장법을 쓴 것은 아마 그의 생애에서 처음일 것입니다.

"그러니까 결국 내가 어떻게 해주길 원하니?" 그는 계속했습니다. "터무니없는 상황이야. 최소한 이 상황만큼 터무니없는 다른 상황들이 있지."

"나에 대해선 이야기하지 말자." 나는 그렇게 말했습니다. 그리고 내 자신의 일은 개입되지 않고 있으며, 비난하는 게 옳은 건 아니라는 점을 이해시켰습니다.

"좋아. 다른 사람을 본받거나 누구한테 조언을 구하지 않고 이 상황에서 벗어나야 할 자는 어려움에 처한 자이니까. 그래, 내가 벗어날 수 있는 방법은 하나밖에 없다. 안 돼, 안 돼, 끊임없이 안 돼라고 말하는 것이지."

"그건 아무것도 개선해 주지 못할 거야. 왜냐하면 넌 내가 너를 알기 시작했을 때부터 항상 안 돼라고 말하고 있고, 쥘리는 내가 그녀를 알기 시작했을 때부터 너의 아내가 되고 싶어 하거든."

"나의 아내라고!" 그는 발광으로 보이는 발상에 대해 상상할 수 없는 멸시의 표정을 지으면서 대꾸했습니다. "내가! 쥘리의 남편이라고! 기가 막히구나! 그러니까 도미니크, 넌 우리가 만난 지 한 시간밖에 안 된 것처럼 날 모르는 거니? 우선 내가 왜 쥘리와 결코 결혼할 수 없는지 말해 주마. 그런 다음 왜 난 그 누가 되었든 아무하고도 결혼하지 않을 것인지 말해 주마. 쥘리는 내 사촌누이동생이야. 이것이 아마 그 애가 다른 애보다 덜 마음에 드는 이유일 것이다. 나는 그 애를 항상 알고 지내 왔어. 우리는 말하자면 같은 요람 속에서 잠을 자면서 살아 왔다. 이런 거의 형제 같은 사이가 매력으로 느껴질 수 있는 사람들이 있지. 난 내가 소녀 시절을 알고 있는 누군가와 결혼한다는 발상만 해도 두 장난감을 짝짓기하겠다는 생각만큼이나 희극으로 보인다. 쥘리는 예쁘고 멍청하지 않으며, 네가 원하는 모든 품성을 지니고 있다. 어쨌거나 그 애가 날 열렬히 사랑한다면—내가 나를 열렬히 사랑할 만한 존재로 만들고 있는지는 신만이 알고 있다!——그 애는 불굴의 집요함을 보이게 될 것이다. 난 그 애의 숭배 대상이 될 것이고, 여자들 가운데 가장 훌륭한 여자일 것이다. 일단 욕망이 충족되면 그녀는 지극히 부드러워질 것이다. 행복해지면 지극히 매력적이 될 것이다…. 하지만 난 쥘리를 사랑하지 않아! 사랑하지 않으며 그녀를 원하지 않아. 이런 식으로 계속하면 나는 그녀를 증오할 것이다." 그는 다시 격분하면서 말했습니다. "세나야 나는 그 애를 불행하게, 끔찍하게 불행하게 만들 거야. 내가 결혼하는 다음 날 그녀는 질투를 하게 될 것이고, 잘못을 저지를 것이다. 여섯 달이 지나면, 그녀가 옳을 게다. 나는 그녀를 버릴 것이고 나는 비정하게 될 것이다. 나는 나 자신을 알고 있었고, 난 그걸 확신해. 이렇게 지속된다면, 나는 떠나 버릴 것이다. 차라리 나는 세상 끝으로 달아나 버릴 것이다. 오, 사람들은 날 독점하려 하는구나! 사람들이 날 감시하고, 날 엿보며, 내가 애인들이 있다는 것을 발견하고 있고, 나의 장차 아내가 나의 스파이라니!"

"넌 당치 않은 말을 하고 있어, 올리비에." 나는 그의 말을 갑자기 중단시키면서 말했습니다. "아무도 너의 거동을 엿보고 있지 않아. 아무도 불쌍한 쥘리와 공모하여 너의 의지를 점령한 뒤 꽁꽁 묶어 그녀한테 데리고 가지는 않는다. 넌 나에 대해 이야기하고 싶지, 그렇지 않니? 그래, 난 단 하나의 소망밖에 품어 오지 않았다. 그것은 쥘리와 네가 어느 날인가 화합하는 것이다. 그렇게 되면 그 애는 확실한 행복을 얻을 것이고, 너는 그 어디에도 없다고 보이는 행운을 얻을 것이라고 생각했지."

"쥘리한테는 확실한 행복이고 나한테는 유일한 행운이라고! 놀랍구나! 그럴 수 있다면, 너의 결론은 나를 구원할 것이다. 자, 내 다시 한 번 너에게 선언하건대, 넌 쥘리를 불행하게 만드는 도구가 되고 있고, 그 애를 실망하지 않도록 하기 위해 넌 날 비겁한 범죄자로 만들 것이며, 넌 그 애를 죽일 것이다. 나는 그 애를 사랑하지 않는다. 이거면 충분히 분명하나? 넌 사랑하거나 사랑하지 않는다는 게 무슨 의미인지 잘 알고 있다. 그 두 감정은 에너지가 같으며 똑같이 통제할 수 없다는 것을 넌 잘 알고 있지. 그렇다면 마들렌을 잊도록 해보라. 나도 쥘리를 열렬히 사랑해 보도록 해볼 테니. 우리는 우리 둘 가운데 누가 보다 일찍 성공하게 될지 보게 될 것이다. 내 마음을 뒤집어서 뒤져보고, 내 동맥을 열어보려무나. 네가 호감을 닮은 맥박을 조금이라도 발견하고, 언젠가 '이건 사랑인데'라고 말할 수 있는 흔적을 조금이라도 찾아낸다면, 날 곧바로 쥘리한테 데려가려무나. 그러면 난 그 애와 결혼할 것이다. 그렇지 않으면 그 견딜 수 없는 아이에 대해선 이제 더 이상 이야기하지 마라…."

그는 말을 중단했습니다. 논지가 한계에 이르렀기 때문은 아니었습니다. 그는 무궁무진한 병기고에서 되는대로 그 논지를 선택했던 것이죠. 그보다 마치 그는 자기 자신에 대한 순간적인 반성으로 갑자기 고요해진 것 같았습니다. 올리비에의 경우 자신이 우스꽝스럽게 보이지 않을까 하는 두려움, 너무 많이도 너무 적게도 말하지 않으려는 조심성, 엄밀하게 절도를 지키려는 감각은 그 어느 것보다 우선했습니다. 그는 자신의 내면적 소리를 들음으로써 자기가 15분 전부터 횡설수설하고 있다는 것을 알아차렸습니다.

"내 명예를 걸고 말하지만, 넌 나를 바보로 만들고 있어." 그는 소리쳤습니다. "너는 내 머리를 돌게 만들고 있어. 너는 연극에서 심복 역이 지닌 냉정함을 드러내면서 내 앞에 있고 나는 비극적 소극(笑劇)의 장면을 너에게 보여주는 것 같구나."

그리고 그는 소파에 가서 앉았습니다. 그는 더 이상 거드름 피우며 말하는 게 아니라 가벼운 관념들에 대해 이야기하려는 사람의 자연스러운 자세를 취했습니다. 그는 거동을 바꾼 만큼 신속하고 완벽하게 어조를 바꾸고, 두 눈을 다소 껌벅거리며 입가에는 미소를 머금고 계속 말했습니다.

"언젠가는 내가 결혼할 수도 있다. 나는 결혼하리라 생각하지 않지만 말이다. 그러나 지혜롭게 말한다면, 글쎄 뭐라 할까, 난 너에게 미래에는 모든 가능성이 열려 있다고 말하겠다. 우리는 보다 놀라운 전향들을 목격한 바 있지. 나는 내가 찾아내지 못하는 무언가를 쫓고 있다. 언젠가 이 무언가가 내 이름과 즐거운 인연을 만드는 어떤 이름으로 장식되어 나를 유혹하는 형태로 내 앞에 모습을 드러낸다면, 운명이 어떻게 되든 내가 미친 짓을 저지르는 일이 일어날 수 있을 것이다. 왜냐하면 어찌 되었든 그게 미친 짓일 것이기 때문이다. 하지만 적어도 그 미친 짓은 내가 선택한 것이고 나의 취향에서 나오게 될 것이다. 그것을 불러일으키는 것은 오로지 나의 몽상이 될 것이다. 현재

로선 난 내 마음대로 살고 싶구나. 모든 문제는 이것이다. 즉 자기 자신의 천성에 맞는 것을 찾아내고 그 누구의 행복도 모방하지 않는 것이다. 우리가 서로 역할을 바꾸고 싶은 생각을 한다 해도, 너는 나라는 인물을 결코 받아들이지 못할 것이고 나는 너라는 인물에 더욱 곤란을 느낄 것이다. 네가 무슨 말을 하든, 너는 소설들, 복잡한 구성의 희곡들, 위험한 상황들을 좋아한다. 넌 손상을 입지 않은 채 난관을 스쳐 지나갈 수 있을 만큼만 힘이 있고, 난관의 공포를 미묘하게 맛볼 수 있을 만큼 나약함이 있다. 너는 상스러운 인간이 되지 않을까 하는 두려움에서부터 너 자신을 거의 영웅으로 느끼는 오만한 즐거움까지 온갖 극단적인 감정들을 너 자신이 품고 있다. 여기서도 보이지만, 너의 삶은 궤적이 그려져 있다. 너는 끝까지 갈 것이고, 고약한 짓을 저지르지 않고 갈 수 있는 만큼 멀리까지 너의 모험을 끌고 갈 것이며, 어떤 과오를 곧 저지를 것 같이 느끼면서도 그것을 피한다는 그 감미로운 생각을 품고 있다. 넌 내가 모든 것을 말해 주길 원하니? 언젠가 마들렌은 너의 품안에 떨어져 너에게 용서를 빌 것이다. 너는 한 성스러운 여자가 피곤에 지쳐 너의 발 아래 기절하는 모습을 보게 되는 비교할 수 없는 즐거움을 맛볼 것이다. 확신컨대, 너는 그녀를 용서해 줄 것이고, 죽은 영혼을 안고 떠나가 여러 해 동안 그 상실을 슬퍼할 것이다."

"올리비에, 올리비에." 나는 그에게 말했습니다. "나를 동정해서가 아니라면 마들렌을 생각해서 제발 그만해."

"이제 다 말했다." 그는 아무런 감정도 없이 말했습니다. "내가 너에게 말하는 것은 비난도, 위협도, 예언도 아니다. 왜냐하면 나를 비난하는 것은 너에게 달려 있기 때문이다. 다만 난 우리가 어떤 면에서 서로 다른지 너에게 보여주고자 하며, 우리 둘 가운데 어느 쪽도 옳은 게 아니라는 것을 너에게 설득시키고자 하는 거야. 난 내 인생을 분명히 이해하고 싶다. 나는 이와 같은 상황들에서 사람들이 위험을 무릅쓴 게 무엇이고 나 자신이 위험을 무릅쓴 게 무엇인지 항상 알았다. 양쪽 모두 다행히도 매우 귀중한 것을 위태롭게 한 것은 아무것도 없었지. 나는 신속하게 결정되고 역시 빠르게 결말이 나는 일들을 좋아한다. 행복, 진정한 행복은 전설적인 말에 불과하다. 이 지상에서 낙원은 우리의 최초 조상의 발치에서 다시 닫혀 버렸다. 사람들이 이 지상에서 절반의 완벽, 절반의 행복, 절반의 수단에 만족하며 살아온 지가 4만 5천 년이 되었다. 나는 나와 유사한 사람들의 욕망과 즐거움의 진실 속에 존재하고 있다. 나는 보잘것없으며, 한 인간에 지나지 않는다는 것에 대해 깊이 모욕감을 느끼고 있디. 그러나 나는 이길 체념하고 받아들이고 있다. 넌 나의 가장 큰 걱정거리가 무엇인지 아니? 권태를 죽이는 것이다. 인류에게 이런 서비스를 해줄 수 있는 자는 괴물들의 진정한 파괴자일 것이다. 저속한 것과 권태로운 것을 말이다! 야만스러운 이교도들의 모든 신화는 이런 내용을 가장 정교하고 가장 무섭게 상상해 냈지. 저속한 것과 권태로운 것은 비록 다양한 형태를 띤다 하더라도 둘 다 추하고 밋밋하고 창백하지. 또 그것들은 우리가 그것들에 발을 들여놓은 첫날부터 관념적 삶에 대해 혐오를 느끼게 하지. 이런 점에서 그것들은 서로 많이 닮아 있지. 게다가 그것들은 분리 불가능한 거야. 그것들은 끔찍한 한 쌍인데 모든 사람이 다 이것을 알지는 못하고 있지. 그것들은 너무 젊어서 알아차리는 자들은 불행하지! 난 그것들을 늘 경험해 왔다. 그것들은 콜레주에 있었고, 아마 그곳에서 너도 그것들을 깨달을 수 있었을 것이다. 그것들은 내가 시시함과 치사함 속에서 보낸 그 3년 동안 단 하루도 콜레주에 깃들지 않은 날이 없었다. 이런 말을 해도 좋을지 모르겠지만, 때때로 그것들은 너의 고모와 나의 두 사촌누이들한테도 찾아오곤 했다. 나는 그것들이 파리에도 들어앉아 있다는 것을 거의 망각했었지. 나는 소문 속에, 예기치 않은 것 속에, 사치 속에 몸을 던지면서 그것들로부터 계속해서 달아나고 있다. 인색하고 두려움이 많으며 단조로운 이 두 부르주아적인 유령이 거기까지 나를 쫓아오지는 않으리라 생각하는 거지. 그것들 둘이서 이른바 치명적인 많은 정열들보다 희생물을 더 많이 만들어 냈지. 나는 그것들이 살인의 습관을 지니고 있음을 알고 있다. 나는 그것들이 무섭다…."

그는 반쯤 진지한 어조로 그렇게 계속 이야기했습니다. 그 어조에는 돌이킬 수 없는 잘못에 대한 고백이 담겨 있었으며, 그 어조 때문에 나는 당신이 그 해법을 알고 있는 낙담이 막연하게 두려웠습니다. 나는 그가 말하도록 내버려두었으며 그가 이야기를 끝냈을 때 이렇게 물었습니다.

"쥘리의 소식을 얻으러 갈 거니?

"그래, 대기실로 갈 거야."

"그 애를 다시 볼 거니?"

"가능한 한 보지 않을 거야."

"넌 너를 기다리고 있는 게 무엇인지 예상해 보았니?"

"난 그 애가 다른 사람과 결혼하거나 아니면 처녀로 남을 것이라고 예상했다."

"잘 가라." 그가 나의 방을 떠나지 않았지만 나는 그렇게 말했습니다.

"잘 가라." 그는 나에게 말했습니다.

우리는 이 말을 마지막으로 헤어졌습니다. 그 말은 우리 우정의 바탕을 해치지는 않았지만 컵이 깨질 때처럼 별다른 파편 없이 건조하게 우리의 신뢰를 깨버렸습니다.

XV

내가 아무도 없는 데서 마들렌을 연속해 5분 이상 만난 지는 무려 한 달이 넘었고, 그 무엇이 되었든 그녀에게서 예전의 온화한 모습을 닮은 것을 본 지는 그보다 더 오래되었습니다. 어느 날 나는 내가 살고 있던 거리의 인적 없는 도로에서 그녀를 우연히 만났습니다. 그녀는 혼자였고 걷고 있었습니다. 그녀가 나를 알아보았을 때, 그녀 심장의 모든 피는 두 볼로 역류했습니다. 내가 그녀에게 달려가 길 한복판에서 두 팔로 그녀를 껴안지 않기 위해선 단호한 결의가 필요했다고 생각됩니다.

"어디서 오는 길이고 어디 가는 겁니까?"

이것이 드 니에브르 부인에게는 세상의 끝일 수밖에 없었던 파리의 한 귀퉁이에서 그녀가 그처럼 정신 나간 상태로 위험하게 모험하는 것 같은 모습을 보았을 때, 그녀에게 던진 첫 질문이었습니다.

"여기서 가까운 곳에 방문하러 가는 참이었어요." 그녀는 다소 당황하여 대답했습니다.

그녀는 그녀가 방문하는 사람의 이름을 나한테 말했습니다.

"내 뜻이 수용되든 그렇지 않든, 헤어집시다." 그녀는 곧바로 다시 말을 했습니다. "우리가 함께 있는 게 사람들 눈에 띄지 않는 게 좋겠어요. 당신의 행동 방식에는 이제 순수한 게 아무것도 없어요. 당신은 어리석은 짓들을 했기 때문에 이제부터 내가 신중하지 않으면 안 되겠어요."

"나 가보겠소." 나는 그녀에게 인사하면서 말했습니다.

"그건 그렇고" 내가 멀어지는 순간에 그녀는 다시 말을 이었습니다. "나 오늘 저녁 아버지와 동생이랑 극장에 갑니다. 당신이 원한다면 자리가 하나 있어요."

"미안하지만…" 나는 있지도 않은 약속에 대해 생각하는 척하면서 말했습니다. "오늘 저녁 시간이 없군요."

"예전의 내 생각은…" 그녀는 잘못을 들킨 어린아이의 부드러움을 드러내면서 덧붙였습니다. "내 기대는…"

"그건 전혀 불가능하다고 생각합니다." 나는 잔인할 정도로 냉정하게 대답했습니다.

저녁 8시 30분에 나는 그녀가 앉아 있는 복스로 들어갔습니다. 나는 가능한 조용히 문을 밀었습니다. 마들렌은 내가 왔다는 것을 느꼈습니다. 왜냐하면 그녀는 머리조차 돌리지 않는 척했기 때문입니다. 그녀는 두 눈을 무대에 고정시킨 채 완전히 음악에 몰두해 있었습니다. 가수들이 첫 휴식을 취할 때가 되어서야 비로소 나는 그녀 곁으로 다가가 그녀가 나의 인사를 받지 않을 수 없게 만들 수 있었습니다.

"당신의 복스에 자리 하나 달라고 왔습니다." 나는 그녀를 교활한 짓에 반쯤 끌어들이면서 말했습니다. "이 자리가 드 니에브르 씨에게 예약된 게 아니라면 말입니다."

"드 니에브르 씨는 오지 않을 거예요." 마들렌은 홀 쪽으로 몸을 다시 돌리면서 대답했습니다.

불후의 명작 하나가 공연되고 있었습니다. 홀은 찬란했습니다. 비할 바 없는 가수들은 무대에서 사라진 이후로 축제의 도가니를 야기하고 있었습니다. 방청객들은 광적으로 박수갈채를 하고 있었습니다. 열광적인 음악이 전기처럼 흐르게 하는 그 경이적인 작용은 무거운 정신이나 방심한 마음을 지닌 그 군중을 손으로 휘젓듯이 동요시키고 있었고 관객들의 가장 무감각한 영역에 영감의 곡들을 전달하고 있었습니다. 이름만으로도 권위 있는 테너 가수가 우리 옆의 난간 가까이 왔습니다. 그는 곧 노래를 하게 될 나이팅게일처럼 좀 어설프고 명상적인 고고한 모습으로 잠시 머물렀습니다. 그는 못생겼고, 살이 쪘으며, 옷을 잘 입지 못했고, 날개 돋친 달인을 닮은 모습을 빼면 다른 매력이 없었습니다. 첫 음조에서부터 홀 안에는 숲 속에서 나뭇잎이 떨듯이 가벼운 전율이 있었습니다. 그날 저녁만큼 대단한 적은 없었던 것 같았습니다. 그 저녁은 내가 그 가수의 노래를 듣고 싶었던 유일한 마지막 저녁이었습니다. 관념에 소리의 충격을 주고 이탈리아 어휘를 악보로 만들어 주는 언어, 나부끼는 듯하고 리듬을 타는 그 유려한 언어까지 모든 게 감미로웠습니다. 그는 희망을 품는 연인들에 바쳐진 영원히 감동적인 애절한 찬가를 노래했습니다. 처음 들어보는 선율 하나하나에다 그는 사랑에 불타는 마음들의 온갖 슬픔, 온갖 열정 그리고 온갖 희망을 펼쳐냈습니다. 그는 마들렌한테 호소하는 것 같앉습니다. 그만큼 그의 목소리는 폐부를 찌르며 감동적으로 우리에게 직접 도달했습니다. 마치 감정이 없는 그 가수가 내 자신의 고통을 털어놓을 수 있는 친구 같았습니다. 나는 백 년 동안이나 내 괴롭고 불타는 마음 깊은 곳에서 찾아 헤맸지만, 참으로 많은 것을 말하면서도 아무것도 느끼지 못하는 이 선율적인 악기(목소리)의 탄식만큼 가치 있는 말을 한마디도 발견하지 못한 것 같았습니다.

마들렌은 숨을 헐떡거리면서 듣고 있었습니다. 나는 그녀의 뒤에 앉아 있었고, 그녀의 의자 등받이에 기댄 채 가능한 최대한 그녀와 가까이 있었습니다. 때때로 그녀는 그녀의 머리칼이 내 입술을 쓸고 지나갈 정도로 의자 등에 몸을 젖히곤 했습니다. 그녀가 내 쪽으로 몸짓을 하면 나는 곧바로 그녀의 고르지 않은 숨결을 느꼈고, 그것을 또 하나의 열정처럼 들이마셨습니다. 그녀는 가슴에 두 팔을 교차시키고 있었는데, 심장이 두근거리는 것을 억제하기 위한 것 같았습니다. 그녀의 육체 전체는 뒤로 기울어진 채 저항할 수 없게 전율하는 마음에 굴복하고 있었으며, 그녀의 가슴에서 나오는 숨소리는 의자에서 나의 팔로 전해지면서 내 생명력의 움직임과 똑같은 경련적인 움직임을 나한테 새겨 주었습니다. 마치 분할할 수 없는 한 몸인 것처럼 똑같은 숨결이 동시에 우리 둘에게 열기를 띠게 했으며, 나의 피가 아니라 마들렌의 피가 사랑에 의해 완전히 박탈된 내 심장 안에서 돌고 있는 것 같았습니다.

바로 그 순간에 홀의 반대편에 위치한 복스에서 약간의 소음이 났습니다. 두 여자가 보다 많은 시선의 집중 효과를 내기 위해 매우 늦게 요란한 모습으로 들어왔던 것입니다. 자리에 앉자마자 그녀들은 곁눈질을 하기 시작했으며, 그녀들의 두 눈은 마들렌의 복스에 멈추었습니다. 마들렌은 무의식적으로 그녀들처럼 행동했습니다. 한순간 서로를 살피는 모습은 나를 공포로 얼어붙게 했습니다. 왜냐하면 첫눈에 나는 지난날의 허약한 나를 증언하는 한 사람의 얼굴을 알아보았고 혐오스러운 추억을 되찾게 되었기 때문입니다. 마들렌은 우리에게 고정된 그 시선을 보았을 때 어떤 의심을 했을까요? 나는 그렇게 생각합니다. 왜냐하면 그녀는 나를 현장에서 붙잡기라도 하려는 듯 갑자기 몸을 돌렸기 때문입니다. 나는 내가 직면한 것 가운데 가장 직접적이고 가장 명철한 불꽃 같은 그녀의 시선을 견뎌냈습니다. 그녀의 생명이 달려 있는 듯 나는 극도의 노력을 요구하는 무모한 행동을 지극히 단호하게 해야 할 것 같았습니다. 그날 저녁 나머지 시간은 좋지가 않았습니다. 마들렌은 음악에 덜 몰두해 있고 불쾌한 생각에 수의가 산만한 것 같았습니다. 마치 그 재수 없는 대좌가 그녀를 괴롭히고 있는 것 같았습니다. 한두 번 그녀는 자신의 의심을 밝혀 보려고 시도했습니다. 그러고 나서 그녀는 자기 주위에서 벌어지고 있는 모든 일에 무심해졌습니다. 나는 그녀가 자신의 생각 속에 깊이 빠져 있다는 것을 알았습니다.

나는 그녀를 그녀의 마차가 있는 곳까지 동반해 주었습니다. 그곳에 도착한 뒤 발판이 내려지자 마들렌은 자신의 모피옷 속에 파묻혔습니다.

"집에까지 바래다 줄까요?" 나는 그녀에게 물었습니다.

그녀는 아무 대답도 해줄 수가 없었습니다. 특히 도르셀 씨와 쥘리가 있었기 때문이죠. 게다가 그 물음은 지극히 간단했습니다. 나는 그들의 의사를 듣기도 전에 마차에 올랐습니다.

말들이 소음을 내는 포장 도로 위로 반향을 일으키면서 집까지 빠르게 달리는 동안 아무도 한마디도 하지 않았습니다. 도르셀 씨는 극작품을 생각하면서 콧노래를 흥얼거렸습니다. 쥘리는 몰래 나를 살펴보고는 유리창에 얼굴을 대고 거리를 바라보았습니다. 마들렌은 마치 소파에 있는 것처럼 반쯤 몸을 뒤로 젖히고는 저녁 내내 나를 도취시켰던 거대한 제비꽃 다발을 신경질적인 동작으로 구기고 있었습니다. 나는 그녀의 고정된 두 눈이 흥분된 이상한 광채를 발하는 것을 보았습니다. 내 마음은 몹시 동요되었으며, 나는 그녀와 나 사이에 무언지 알 수 없는 매우 심각한 결정적인 논쟁 같은 게 있다는 것을 분명하게 느꼈습니다.

그녀는 마지막으로 마차에서 내렸으며, 내가 아직도 그녀의 손을 잡고 있는데 도르셀 씨와 쥘리는 저택의 현관계단을 오르고 있었습니다. 그녀는 그들을 따라가기 위해 한 걸음 내딛다가 꽃다발을 떨어뜨렸습니다. 나는 못 본 척했습니다.

"내 꽃다발을 좀 주워 주세요." 그녀는 제복 입은 하인에게 말하듯이 나에게 말했습니다.

나는 한마디 말도 하지 않고 그것을 집어 그녀에게 내밀었습니다. 나는 오열이라도 할 것 같았습니다. 그녀는 꽃다발을 받아서 재빠르게 입술에 대고는 발작적으로 물어뜯었습니다. 마치 그것을 산산조각 내고자 하는 것 같았습니다.

"당신은 나를 학대하고 찢어발기고 있어요." 그녀는 지극히 절망적인 어조로 아주 조용히 말했습니다. 그러고 나서 그녀는 내가 당신에게 설명할 수 없는 그런 동작으로 꽃다발의 절반을 뽑아 버렸습니다. 그녀는 반은 갖고 있고 반은 말하자면 나의 얼굴에 던졌습니다.

 나는 마들렌의 마음 한 조각처럼 그 꽃 뭉치를 짊어진 채 한밤중에 미친놈처럼 달리기 시작했습니다. 그 꽃에다 그녀는 입술을 댔고 물어뜯은 자국을 새겨 놓았으며, 나는 그 자국을 키스처럼 만끽했습니다. 나는 즐거움에 도취된 채 무턱대고 가면서 떠오르는 태양처럼 나를 현혹시키는 한마디 말을 반복했습니다. 나는 시간도 거리도 신경 쓰지 않았습니다. 나는 내가 파리에서 가장 잘 알고 있는 거리에서 열 번을 헤맨 뒤 강변에 도착했습니다. 나는 그곳에서 아무도 만나지 못했습니다. 파리 전체가 아침 3시와 6시에 잠을 자듯이 자고 있었습니다. 달빛은 아득히 펼쳐진 적막한 강변을 비추고 있었습니다. 더 이상 날씨도 거의 춥지가 않았습니다. 3월이었지요. 강은 강물을 하얗게 만드는 달빛으로 떨리고 있었고 양안을 장식하는 높은 나무들과 호화로운 건물들 사이에서 아무 소리 없이 흘러가고 있었습니다. 인구가 밀집된 도시가 탑들, 돔들, 화살 모양의 장식들과 함께 멀리 파묻히고 있었고, 별들은 각등처럼 켜진 모습을 하고 있었으며, 파리의 중심지는 안개 속에 희미하게 펼쳐진 채 잠에 빠져 있었습니다. 그 침묵과 그 고독은 삶과 삶의 위대함·충만함·강렬함으로부터 나에게 오는 갑작스러운 감정을 절정으로 끌고 갔습니다. 나는 군중 속에든, 내 삶에서든 언제나 고립된 채, 내 자신이 가망 없고 보잘것없으며 끊임없이 버림받았다고 느끼면서 괴롭게 겪었던 것을 상기했습니다. 나는 그 기나긴 나약함이 나한테 달린 문제가 아니며, 모든 초라함은 행복이 결핍된 사태라는 것을 깨달았습니다. "하나의 인간은 모든 것이든지, 아니면 아무것도 아니다. 아무리 하찮은 인간도 지극히 위대한 인간이 된다. 아무리 비참한 인간도 부러움을 사게 할 수 있다!" 나는 그렇게 속으로 생각했습니다. 나의 행복과 나의 긍지가 파리를 가득 채우고 있는 것 같았습니다.

나는 지각없는 몽상들을 했고, 괴물 같은 계획들을 세웠는데, 이것들은 흥분 속에서 구상되지 않았다면 변명의 여지가 없을 것들입니다. 나는 마들렌을 그 다음날 보고 싶었고, 무슨 대가를 치르더라도 보고 싶었습니다. "내가 원하는 것, 내가 지닌 확신보다 더 우선하게 될 핑계도, 속임수도 수완도 더 이상 없을 것이다"라고 나는 생각했습니다. 나는 여전히 그 망가진 꽃들을 손에 들고 있었습니다. 나는 그것들을 바라보았습니다. 나는 그것들에 키스를 퍼부었습니다. 나는 마치 그것들이 마들렌의 비밀을 간직하고 있는 것처럼 그것들에 질문을 했습니다. 나는 그것들에게 마들렌이 그것들을 망가뜨리면서 말했던 게 무엇인지, 호의적인 말인지 욕설인지 물었었습니다…. 무언지 알 수 없는 억제할 수 없는 느낌이 나에게 이렇게 대답했습니다. 너는 마들렌을 잃어버렸고 이제 대담하게 감행해야 할 게 더 이상 아무것도 없다!

그 다음날이 되자 나는 드 니에브르 부인의 집으로 달려갔습니다. 그녀는 외출중이었습니다. 나는 그 다음날들에도 그 집에 다시 갔습니다. 마들렌은 찾아낼 수 없었습니다. 나의 결론은 그녀가 그녀 자신을 더 이상 감당하지 못하고 있으며 유일한 불굴의 방어 수단에 의존하고 있다는 것이었습니다.

그런 식으로 3주가 흘러갔습니다. 그 기간 동안 나는 닫힌 문들과 싸웠으며 극도로 화가 났습니다. 이로 인해 장벽에 대항해 집요하게 도전하는 일종의 정신 나간 짐승이 되어 버렸습니다. 어느 날 저녁 나는 쪽지 하나를 받았습니다. 나는 그것이 마치 내 운명을 담고 있는 것처럼 개봉하지 않고 잠시 내 앞에 정지시켜 놓았습니다.

마들렌은 이렇게 말하고 있었습니다.

"당신이 나에 대한 우정이 조금이라도 있다면, 나를 집요하게 쫓아다니는 일을 그만 두세요. 당신은 날 불필요하게 아프게 해요. 당신을 잘못과 미친 짓으로부터 구제할 수 있다는 희망을 내가 간직해 왔기 때문에 그만큼 나는 성공할 수 있는 것은 어떤 일이든 시도했어요. 이제 나는 내가 너무 잊고 있었던 다른 일들에 헌신해야 합니다. 적어도 당분간은 당신이 파리에 살고 있지 않은 것처럼 행동하세요. 내가 당신한테 영원한 이별 인사를 하느냐 아니면 또 보자고 인사하느냐는 당신에게 달려 있어요."

지극히 냉담한 이와 같은 진부한 작별은 나에게 무너지는 듯한 효과를 나타냈습니다. 그리고는 낙담에 이어 분노가 치밀었습니다. 나를 구제한 것은 아마 분노였다 할 것입니다. 그것은 나에게 반작용을 일으키고 극단적인 결정을 할 수 있는 에너지를 주었습니다. 바로 그날 나는 파리를 떠난다는 내용의 쪽지를 한두 번 써 보냈습니다. 나는 아파트를 옮겼고, 외진 거리로 가 숨어 버렸으며, 선에 대한 사랑, 이성과 지성의 측면에서 나에게 남아 있는 모든 것에 호소했고, 얼마나 지속될지 모르지만 어쨌거나 마지막이 될 수밖에 없었던 새로운 고난을 다시 시작했습니다.

XVI

 이와 같은 변화는 갑자기 이루어졌고 철저했습니다. 더 이상 머뭇거릴 계제도 목이 빠지게 기다릴 계제도 아니었습니다. 이제 나는 어중간한 것은 질색했습니다. 나는 투쟁을 좋아했습니다. 내 안에서 에너지는 넘쳐났습니다. 한쪽에서 혐오감을 느낀 나의 의지는 다른 방향으로 전환해서 쳐부숴야 할 장애물을 찾을 필요가 있었으며, 이 모든 것을 말하자면 몇 시간 안에 끝내기 위해 달려들어야 했습니다. 시간이 촉박했습니다. 나이의 문제를 제외하면, 나는 내가 늙지는 않았다 해도 적어도 매우 성숙했음을 느꼈습니다. 이제 나는 조그만 괴로움에도 청춘의 무기력한 비탈에 아프게 고정되어 버리고 마는 청년이 더 이상 아니었습니다. 나는 긍지 있고 성급하며, 상처받았고, 욕망과 슬픔을 겪은 인간, 결정적인 행동의 날 정오에 있는 특진한 병사처럼 삶의 한가운데 갑자기 떨어져 있는 그런 인간이었습니다. 나의 마음은 불만이 가득하고, 영혼은 무력감으로 쓰라리며, 정신은 계획들로 폭발할 지경인 상태에 있었습니다.

 나는 더 이상 사교계에 발을 들여놓지 않았습니다. 나를 눈에 띄게 할 위험이 있고 나의 마음을 유혹할 수 있는 추억들을 만날 위험이 있는 그런 사회에는 드나들지 않았습니다. 나는 지나치게 갑갑하게 나를 닫아 버리지도 않았습니다. 그렇게 되면 나는 질식해 죽어 버릴 것입니다. 나는 그 대신 활동적이고, 면학적이며, 전문적이고, 몰입적인 정신의 소유자들이 만든 모임에 등록했습니다. 그들은 망상을 적으로 간주하는 자들로서 과학과 박식에 관심이 있거나, 혹은 투시법을 창조한 저 순박한 피렌체 사람처럼[19] 예술을 했습니다. 이 예술가는 밤에 자신의 아내를 깨워 이렇게 말했다 합니다. "투시법은 얼마나 부드러운 것인가!" 나는 상상력의 일탈을 경계했습니다. 나는 그것에 적절한 질서를 부여했습니다. 내가 그때까지 매우 관능적으로 배려했던 나의 신경으로 말하자면, 나는 그것을 징벌했으며 그것도 지극히 거친 방법을 썼고, 병적인 것은 모두 멸시하고 강건하고 건전한 것만 존중한다는 방침을 도입했습니다. 센 강변의 달빛, 부드러운 태양빛, 창가에서의 몽상, 나무 아래에서의 산책, 한줄기 햇빛 혹은 빗방울이 야기하는 불편함이나 안락함, 내게 너무 강렬한 모습으로 오는 쓰라린 일들, 바람 따라 영감처럼 나에게 떠올랐던 좋은 생각들, 마음의 그 모든 나약한 현상들, 정신의 그 노예 상태, 그 하잘것없는 이성적 추리, 그 과도한 느낌들, 나는 이 모든 것을 검토의 대상으로 삼았습니다. 그 검토는 그 모든 것이 한 인간에 어울리지 않는다고 선포했으며, 나를 그물처럼 둘러싸 영향을 미치고 불구가 되게 만든 그 다양한 선들이 해롭다고 공표했습니다. 나는 이것들을 끊어 버렸습니다. 나는 매우 활동적인 삶을 영위했습니다. 나는 엄청나게 책을 읽었습니다. 나는 나를 낭비하지 않았고 축적했습니다. 어떤 희생에 대한 얼얼한 감정이 나 자신에 대해 수행해야 하는 어떤 의무의 매력과 결합되어 있었습니다. 그 속에서 나는 무언지 알 수 없는 음울한 만족을 길어 올렸는데, 이 만족

---

19) 이탈리아의 화가 파올로 우첼로(1397-1475)를 말한다. (역주)

은 기쁨이 아니었으며 충만함은 더욱 아니었습니다. 그보다 그 것은 충실하게 이행된 금욕적인 서약이 주는 고결한 쾌락 같은 것을 닮았습니다. 나는 그토록 중대한 명분이 있고 매우 진지한 결과를 가져올 수 있었던 개선 속에 유치한 것은 아무것도 없다고 판단하지는 않았습니다. 나는 내가 다른 수많은 것들을 가지고 이룩했던 일을 책읽기를 통해 했습니다. 나는 책읽기를 매우 중요한 정신적 자양으로 간주하면서도 그 속에서 불온한 부분을 삭제했습니다. 나는 마음의 일들에 대해 가르침을 받을 필요가 더 이상 없었습니다. 감동적인 책들에서 나 자신을 알아본다는 것은 내가 기분을 푸는 바로 순간에는 고통이 아니었습니다. 나는 보다 낫거나 보다 좋지 않은 나 자신의 모습을 재발견할 수 있을 뿐이었습니다. 보다 낫다는 것은 불필요한 가르침이었고 보다 좋지 않다는 것은 추구해서는 안 되는 사례였습니다. 나는 인간의 정신이 도덕적 관점에서 남겨 놓은 가장 고무적이고 가장 순수한 것, 이성의 관점에서는 가장 전형적인 것 가운데서 말하자면 일종의 건강한 모음집을 만들어 냈습니다. 요컨대 나는 마들렌에게 나의 힘을 시험해 보겠다고 약속한 바 있었고 나는 이를 지키고자 했습니다. 설령 이것이 내 안에서 사용되지 않고 있는 힘이 무엇인지 그녀에게 보여주기 위한 것이고, 결국은 사랑이 전향된 것에 불과한 야망의 에너지와 지속되는 시간을 그녀가 분명히 측정할 수 있도록 하기 위한 것이라 할지라도 말입니다.

이와 같은 불굴의 생활 태도를 몇 달 동안 견지하자 나는 많은 일을 하는 데 알맞다고 생각된 일종의 인위적인 건강과 견고한 정신에 도달했습니다. 우선 나는 과거의 문제를 해결했습니다. 당신도 알다시피, 나는 시에 대한 광적인 집착이 있었습니다. 다정한 그리운 날들에 대한 무의식적인 배려에서든 탐욕에서든 나는 내 청춘의 그 살아 있는 부분이 완전히 파괴되는 것을 원치 않았습니다. 나는 어린 시절의 일들과 겨우 깨어난 감각들로 된 그 오래된 레퍼토리를 뒤지는 임무를 나 자신에게 부과했습니다. 그것은 자기 자신을 심판하는 의식에는 아무런 위험이 없으면서도 관대하지만 단호한 일종의 총체적인 고백 같은 것이었습니다. 나는 다른 시절의 그 무수한 죄들을 가지고 두 권의 책을 썼습니다. 나는 이 책들에다 이것들이 지닌 약간 지나치게 봄처럼 화사한 성격을 결정짓는 제목을 붙였습니다. 나는 그것들에다 최소한 웃음거리를 막아 주게 되어 있는 서문을 덧붙였고 무명으로 출간했습니다. 그것들은 나왔다가 사라졌습니다. 나는 그 이상 원하지 않았습니다. 아마 나의 동시대인들 가운데 두세 명의 젊은이가 그것들을 읽었을 것입니다. 마땅히 무시될 만한 모든 것은 무시되며 진정한 태양의 빛줄기는 단 하나도 전체 우주에서 상실되지 않는다고 확신한 채, 나는 완전한 망각으로부터 그것들을 구하기 위한 아무것도 하지 않았습니다.

 이와 같이 의식의 청소가 이루어지자, 나는 보다 덜 하찮은 일들에 몰두했습니다. 당시엔 어디서나, 특히 내가 살고 있었던 관찰적이고 다소 우울한 세계에서는 정치적 행동이 많이 나타났습니다. 그 시기에는 불분명한 상태의 사상들, 기대 상태의 문제들, 용기 있는 행동들이 유포되고 있었습니다. 이것들은 나중에 집약되게 되어 있었고 오늘날 현대 정치의 이른바 폭풍 같은 전조를 형성하게 되어 있었습니다. 반쯤 순화되었지만 전혀 꺼지지 않았던 나의 상상력은 거기서 매혹적인 것을 발견했습니다. 내가 당신에게 이야기하는 시기에 국가원수의 신분은 필요한 정상의 자리였으며, 천재적이거나 재능 있으며 아니면 다만 재치 있는 정신을 지닌 모든 인간에게는 필요한 인간 직위에의 즉위 같은 것이었습니다. 한편 유명해지고 싶은 야망 역시 나에게 때때로 솟아올랐지만 그게 누구를 위한 것인지는 아무도 모릅니다! 우선 나는 공적인 일들의 대기실에서, 그러니까 야심찬 의지를 지닌 젊은이들, 자신을 바칠 준비가 된 헌신적인 젊은이들로 구성된 작은 의회 같은 곳에서 일종의 연수를 했습니다. 거기서는 당시에 유럽을 동요시킨 논쟁들의 일부가 축소판으로 재현되었습니다. 나는 그곳에서 성공을 거두었지만 지금은 우리의 의회 자체가 망각되고 있음을 자만하지 않고 말할 수 있습니다. 나의 길은 완전히 궤도가 그려진 것 같았습니다. 여기서 나는 나를 불태우는 지칠 줄 모르는 활동을 전개할 방도를 찾아냈습니다. 마들렌을 되찾을 수 있다는 무언지 알 수 없는 극복 불가능한 희망이 나한테 남아 있었습니다. 그녀는 "영원한 이별 아니면 또 보자"라고 말하지 않았던가요? 나의 정념을 고귀하게 하는 또 하나의 광택을 지닌 보다 나아지고 변모된 나의 모습을 그녀가 다시 보았으면 하는 게 내 마음이었습니다. 그리하여 모든 것은 나를 분발시키는 자극제들 속에 뒤섞였습니다. 마들렌에 대한 악착같은 추억은 이른바 나의 야심 속에서 소리를 내고 있었습니다. 그래서 어떤 때 나는 미리 꾼 정치적 꿈에서 인류를 사랑하는 자로부터 오는 것과 사랑에 빠진 자로부터 오는 것을 더 이상 구분해 낼 수가 없었습니다.

어쨌거나 우선 나는 가명으로 나온 한 권의 책으로 나의 생각을 요약했습니다. 몇 달이 지난 후 나는 두번째 책을 내놓았습니다. 그 두 권 모두 내가 상정했던 것보다 훨씬 큰 반향을 일으켰습니다. 절대적으로 무명이었던 내가 매우 짧은 시간 안에 유명해질 뻔했었습니다. 나는 내 가명을 지닌 사람을 통해 내가 찬양되는 것을 듣는 그 일시적이고 매우 특별한 거만한 즐거움을 미묘하게 만끽했습니다. 성공이 확실하게 되었던 날 나는 내 두 권의 책을 오귀스탱에게 가지고 갔습니다. 그는 진심으로 나를 포옹해 주었고, 내가 대단한 재능이 있다고 말해 주었으며, 그토록 빨리 단번에 재능이 드러난 것에 놀라워했고, 내 머리를 멍하게 하는 운명이 반드시 도래할 것이라고 예언해 주었습니다. 나는 마들렌이 나의 명성을 미리 맛보아 주기를 원했고, 드 니에브르 씨에게 내 책들을 보냈습니다. 나는 그에게 나를 저버리지 말라고 부탁했습니다. 나는 그에게 나의 은둔에 대해 그럴 듯한 설명을 해주었습니다. 그 은둔은 녹석이 있넌 게 느러난 후로 대체적으로 용서할 만한 것이 되었습니다. 드 니에브르 씨의 답장은 공적인 소문을 모방한 찬사와 고맙다는 말 이외는 별다른 것을 포함하고 있지 않았습니다. 마들렌은 남편의 고맙다는 말에 한마디도 덧붙이지 않았습니다.

  나의 문학적 삶이 시작되는 그 행복한 데뷔에 따른 약간의 정신적 동요는 매우 신속하게 사라졌습니다. 거의 본능적인 활기차고 신속한 창조가 야기한 열광에 이어 커다란 고요가, 그러니까 냉정하고 매우 명철한 순간이 이어졌습니다. 내가 오래 전부터 당신에게 더 이상 이야기하지 않고 있는 옛날의 나 자신이 내 안에는 있었습니다. 그 나는 침묵하고 있었지만 살아남아 있었습니다. 그것은 이와 같은 휴식의 순간을 이용해 다시 나타나서 나에게 가혹한 말을 했습니다. 나는 내 마음의 훈련을 통해 그것을 완전히 벗어나 있었던 것입니다. 그것은 보다 논의의 여지가 있는 일들이 문제되자마자 위세를 떨쳤으며, 내 정신이 기울이는 보다 실리적인 관심을 냉혹하게 심의하기 시작했습니다. 달리 말하면, 나는 그와 같은 성공의 토대에 자리한 합당한 것은 무엇이며, 거기에 나를 고무시킬 만한 것이 있다면 어떤 결론을 내려야 할 것인지 조용히 검토했습니다. 나는 나의 지식, 다시 말해 내가 얻은 성공수단과 나의 타고난 천품, 다시 말해 나의 활력에 대한 매우 분명한 결산을 했습니다. 나는 형성된 것과 타고난 것을 비교했고, 모든 사람이 가지고 있는 것과 나만이 가지고 있는 아주 적은 것을 저울질했습니다. 사업을 청산하듯이 방법적으로 이루어진 이와 같은 공정한 비판의 결과는 내가 고상하면서도 보잘것없는 인간이라는 것이었습니다.

나는 예전에 보다 잔인한 다른 실망들을 한 적이 있었죠. 이번 실망은 나에게 조금도 쓰라림을 야기하지 않았습니다. 게다가 그것은 거의 실망이랄 것도 없었습니다.

많은 사람들은 그와 같은 지위를 만족스러운 것 이상이라 판단했을 것입니다. 나는 그것을 매우 다르게 간주했지요. 올리비에는 이 작은 현대적 괴물을 저속한 것이라 명명했고, 그것을 매우 끔찍하게 혐오했습니다. 당신은 그것이 그를 어디로 끌고 갔는지 알고 있습니다. 그와 마찬가지로 나 역시 그것을 다른 이름으로 경험하고 있었습니다. 그것은 사실들의 열등한 세계와 마찬가지로 사상의 지대에도 똑같이 자리 잡고 있었습니다. 그것은 모든 시대의 해로운 악령이었고, 우리 시대의 상처였습니다. 내 주변에는 나를 속일 수 없는 사상의 타락이 있었습니다. 나는 그 어떤 경우에도 더 이상 내 견해를 바꾸게 할 수 없었던 격찬에 반발하지 않았습니다. 나는 그런 찬사를 한 시대에 독자의 판단이 주는 순진한 표현으로 간주했습니다. 그 시대에는 보잘것없는 것이 넘치다 보니 취향이 관대해졌고 고급한 것들에 대한 날카로운 감각이 무뎌져 있었습니다. 나는 나에 대한 여론이 매우 공평하다고 생각했습니다. 다만 나는 그것을 비판함과 동시에 나 자신을 비판했습니다.

기억하건대, 어느 날 나는 다른 모든 것들보다 훨씬 더 설득력 있는 시험을 시도했습니다. 나는 나의 서재에서 모두가 현대에 나온 상당수의 책들을 뽑았습니다. 그리고 분명 후대의 사람들이 세기 말에 실행하게 되는 것과 같은 방법을 대략적으로 사용하면서, 나는 각각의 책에 대해 수명이 지속될 수 있는 자격과 스스로 유용하다고 말할 수 있는 권리를 따져 보았습니다. 하나의 작품이 생명을 지니게 해주는 첫번째 조선을 충족시키는 책들은 거의 없으며 필요한 책들도 거의 없다는 것을 나는 깨달았습니다. 많은 책들이 동시대인들에게 일시적인 즐거움을 주었을 뿐이고 즐거움을 준 후 망각된 것 이외에 다른 결과는 없었습니다. 어떤 것들은 필요한 것 같은 가짜 모습을 하고 있어 자세히 보면 기만하고 있었지만 그 필요성은 미래가 결정할 몫으로 남아 있었습니다. 내가 질겁한 것이지만, 아주 적은 수의 책들만이 우리가 완전히 신적이거나 인간적인 창조물로 인정할 수 있는 그 희귀하고 절대적이며 의심할 여지없는 특징을 지니고 있었습니다. 그런 창조물만이 보완될 수 있는 게 아니라 모방될 수 있고 부재할 경우 세상의 필요에 결핍되는 것입니다. 지극히 자격이 없는 자가 엘리트 정신의 많은 소유자들에 대해 내린 이와 같은 일종의 사후적 판단은 내가 그런 예외적 존재들에 결코 속하지 못하리라는 것을 보여주었습니다. 공로가 있는 망령들을 배에 태우는 뱃사공은 나를 태우지 않고 강의 반대편에 남겨 놓을 게 분명했습니다.[20] 나는 그곳에 머물렀습니다.

다시 한 번 나는 독자에게 나의 이름에 대해, 그러니까 적어도 내 상상의 인물에 대해 이야기했습니다. 그게 마지막이었지요. 그리하여 나는 내게 남아 있는 할 일이 무엇인지 자문했고 얼마 동안 결심하는 데 보냈습니다. 거기에는 지극히 어려운 문제가 있었습니다. 당신도 보시다시피, 많은 인연을 끊고 많은 잘못들을 각성한 나의 삶은 단 하나의 끈에만 기인하고 있었지만, 이 끈은 무섭게 팽팽하게 당겨졌고 그 어느 때보다 질기게 나를 졸라매고 있었습니다. 나는 아무것도 그것을 잘라 버릴 수 없다고 상상했습니다.

나는 내가 거의 만나지 않았던 올리비에나 오귀스탱을 제외하면 어느 누구한테도 마들렌에 대해 거의 듣지 못했습니다. 드니에브르 부인은 내가 사라진 시기 이후로 자기 집에 오귀스탱을 끌어들였습니다. 나는 그녀의 외적인 생활이 어떻게 짜여 있는지 막연하게 알고 있었습니다. 내가 아는 바로는 그녀는 여행을 하고 와 다시 니에브르에 거주했고, 다시 두세 번 파리에서 자신의 습관적인 생활을 했습니다. 그러다가 거의 별다른 이유 없는 가운데 항상 불안정한 기분과 이동하고 싶은 욕구로 해석될 수 있는 어떤 불편 때문인지 다시 그런 생활을 그만두었습니다. 때때로 나는 그녀를 언뜻 보았지만, 너무도 순간적이었고

---

20) 그리스 신화에서 영혼을 실어 나르는 뱃사공 카론을 암시한다. (역주)

동요가 매우 심했기 때문에 나는 일종의 고통스러운 꿈을 꾸고 있다고 생각했습니다. 이와 같이 그녀가 덧없이 나타난 모습들에서 나에게 남아 있던 것은 이상한 이미지, 초췌한 얼굴의 인상뿐이었습니다. 마치 내 정신의 우울한 색깔들이 그 빛나는 용모에 영향을 주어 퇴색시켜 버린 것 같았습니다.

  대략 그 시기였던 것으로 생각되는데, 나는 커다란 감동을 맛보았습니다. 현대회화전이 열렸던 것입니다. 나는 그 예술에 대해 아무런 교양도 없이 본능적 감각밖에 없었고, 그 예술을 존중하면 할수록 그것에 대해 말을 적게 했습니다. 비록 나는 그것에 대해 무지했지만 때때로 회화와 관련한 고찰을 계속하고자 했으며, 이 고찰은 나의 시대를 제대로 판단하는 방법을 가르쳐 주었습니다. 또 나는 내 마음에 거의 들지는 않은 것이지만 비교를 추구해 보고자 했습니다. 어느 날 나는 전문 감식가늘임에 틀림없는 몇몇 소수의 사람들이 한 점 그림 잎에 밈추어 이야기하고 있는 것을 보았습니다. 그 그림은 반신상의 초상화였고, 옛 화풍으로 구상되었으며, 어두운 배경에 의상은 불명확했고, 아무런 소품이 없었습니다. 두 손은 빛났고, 두 발은 반쯤 상실되어 있었으며, 뚜렷한 윤곽에 정면으로 제시된 머리는 화폭에 새겨져 선명한 유약이 발라져 있었고 무언지 알 수 없는 간결하고 대담하지만 모호한 수법으로 빚어져 있었습니다. 이런 수법은 전체적 용모에 비상한 불확실한 면들을 부여했고, 메달의 새겨진 것처럼 기운차게 잘라낸 그 과감한 선을 통해 하나의 감동된 영혼이 느껴지게 했습니다. 나는 현실과 슬픔을 담아내는 이 놀라운 초상화 앞에서 망연자실하여 있었습니다. 서명된 작자는 유명한 화가였습니다. 나는 카탈로그를 참조

했습니다. 나는 거기서 드 니에브르 부인의 이니셜을 발견했습니다. 나는 이 증인이 필요하지 않았습니다. 마들렌이 내 앞에서 나를 바라보고 있었습니다. 그런데 그 두 눈은 어떠했던가! 그 자세는 어떠했던가! 얼마나 창백하고 얼마나 신비로운 표정으로 기대와 쓰라린 불쾌감을 표현하고 있던가!

나는 소리를 지를 뻔했고, 어떻게 나를 자제하게 되어 나를 둘러싸고 있던 사람들에게 미친 모습을 보여주지 않았는지 모르겠습니다. 나는 맨 앞줄에 있었습니다. 나는 이 초상화와 나 사이에서 아무것도 할 일이 없는 그 호기심에 찬 모든 방해자들을 물리쳤습니다. 보다 가까이에서 보다 오랫동안 그것을 관찰하는 권리를 갖기 위해 나는 주시하는 몸짓·거동·방식을 모방했고 훈련된 애호가들의 그 공감적인 작은 탄성까지 질렀습니다. 나는 화가의 이 작품에 열광한 존재 같은 모습을 했지만, 사실 나는 모델만을 감상했고 열정적으로 사랑하고 있었습니다. 나는 다음날도 그 다음날들도 다시 왔으며, 이른 시간에 아무도 없는 진열실들을 가로질러 조용히 이동했고, 멀리서 안개처럼 그 초상화를 알아보곤 했습니다. 그것은 내가 앞으로 한 걸음씩 내디딜 때마다 부활하고 있었습니다. 나는 다가가고 있었고 그러자 모든 두드러진 인위적인 측면은 사라지고 있었습니다. 그 모습은 무언지 알 수 없는 불안, 꿈이 가득한 끔찍한 불안을 간직한 채 점점 더 고정되고, 점점 더 슬퍼하는 마들렌이었습니다. 나는 그녀에게 이야기를 했고 거의 2년 가까이 나의 마음을 괴롭혔던 모든 무분별한 일들을 언급했습니다. 나는 그녀를 위해서 그리고 나를 위해서 그녀에게 용서를 구했습니다. 나는 그녀에게 나를 받아 주고 내가 그녀한테 되돌아가게 해달라고 애원했습니다. 나는 지극히 비통하고 더없이 정당한 자존심을 가지고 나의 삶 전체를 그녀에게 이야기했습니다. 점점 멀어지는 듯 그려진 두 볼, 반짝이는 두 눈, 불가해하게 소묘된 입은 때때로 이 말없는 초상화에 나를 두렵게 하는 움직임을 부여하고 있었습니다. 그녀는 내 말에 귀를 기울이고 있고 나를 이해하는 것 같았고, 그녀를 그토록 엄격한 특징 속에 가두어 놓았던 무자비하고 교묘한 새김 기법만이 그녀로 하여금 감동을 못하게 하고 나에게 대답하지 못하도록 하는 것 같았습니다.

때때로 마들렌이 지금 일어나고 있는 일을 예상했다는 생각이 떠올랐습니다. 그러니까 내가 그녀를 알아볼 것이고, 살아 있는 한 남자와 한 점의 그림이 나누는 이 환상적인 대화를 통해서 내가 고통과 즐거움으로 미치게 되리라는 것을 예상했다는 것이죠. 내가 그 그림 속에서 연민을 보느냐 악의를 보느냐에 따라 이 생각은 나를 격분시키거나 감사의 눈물을 흘리게 했습니다.

내가 여기서 당신에게 말하는 내용은 무려 거의 두 달이나 지속되었습니다. 그런 다음 내가 이 그림과 진정으로 슬픈 이별을 했던 그 다음 날 전시회는 막을 내렸고 사라진 초상화는 그 어느 때보다 나를 더욱 외롭게 남겨 놓았습니다.

그로부터 얼마가 지난 뒤 나는 올리비에의 방문을 받았습니다. 그는 진지했으며 난처한 모습이었고 그를 짓누르는 양심의 문제를 안고 있는 것 같았습니다. 그를 보기만 했는데도 나는 내몸이 떨리는 것을 느꼈습니다.

"난 니에브르에서 무슨 일이 벌어지고 있는지 모른다." 그는 나에게 말했습니다. "그러나 모든 게 잘못 되어가고 있다."

"마들렌은 어떻게 되었어…? 나는 공포를 느끼면서 말했습니다.

"쥘리가 아프다." 그는 말했습니다. "불안할 정도로 아파. 마들렌도 좋지 않다. 가보고 싶지만 상황이 감당할 만하지 않은 것 같다. 백부는 매우 침통한 편지를 나에게 써 보내고 있다."

"그래 마들렌은 어떻게 되었어…?" 마치 그가 나에게 또 다른 불행을 감추고 있는 것처럼 나는 그에게 다시 한 번 물었습니다.

"되풀이 말하지만 마들렌은 건강이 형편없는 상태에 있다. 그런데 이 상태는 얼마 전부터 악화되지는 않지만 계속되고 있어."

"올리비에. 네가 니에브르에 가든지 말든지 나는 내일 가볼 것이다. 아무도 나를 마들렌의 집에서 쫓아낸 적이 없으며 내 자신이 의지적으로 멀어져 지내 왔다. 나는 마들렌한테 내가 필요하게 되는 날 편지를 보내라고 말한 바 있다. 그녀는 자신이 침묵해야 하는 이유들이 있고, 나는 그녀한테 달려가야 할 이유들이 있지."

"네가 원하는 대로 해. 이런 경우엔 치유가 병보다 더 고약하다 할지라도, 나 역시 후회할 각오를 하고 너처럼 행동할 것이다."

"잘 가라."

"잘 가라."

XVII

그 다음날 나는 니에브르에 갔습니다. 나는 밤이 되기 조금 전 저녁 때 도착했습니다. 11월이었습니다. 나는 숲 한가운데를 통해 철문에서 다소 떨어져 내려갔습니다. 나는 사람들의 눈에 띄지 않게 입구의 마당을 가로질러 갔습니다. 오른쪽 부속건물들의 끝에 있는 주방들에서 불빛이 빛나고 있었습니다. 이미 불이 밝혀진 두 개의 창문이 성의 전면에 훤하게 드러나 있었습니다. 나는 현관으로 곧바로 갔고 문은 다만 밀쳐져 있었습니다. 누군가가 내가 들어오는 순간에 그곳을 지나가고 있었습니다. 매우 어두웠습니다. "드 니에브르 부인은?" 나는 하녀에게 이야기한다고 생각하면서 말했습니다. 내가 말을 건 사람은 갑자기 돌아서서 곧바로 나한테 와서는 소리를 질렀습니다. 마들렌이었습니다.

그녀는 놀라서 아연실색했습니다. 나는 단 한마디라도 말할 수 있는 힘을 찾지 못한 채 그녀의 손을 잡았습니다. 바깥에서 들어오는 얼마 남지 않은 빛이 그녀에게 죽은 듯한 창백한 동상의 모습을 부여했습니다. 완전히 생기를 잃고 얼음장처럼 차가운 그녀의 손가락은 죽은 여자의 손처럼, 내가 꽉 죄고 있는 상태로부터 무감각하게 풀리고 있었습니다. 나는 그녀가 비틀거리는 것을 보았지만, 내가 그녀를 부축하는 몸짓을 하자 그녀는 상상할 수 없는 공포의 동작으로 몸을 빼내고는 정신 나간 두 눈을 비정상적으로 크게 뜨고 나에게 말했습니다. "도미니크…!" 마치 그녀는 두 해 동안 나쁜 잠을 잔 후 깨어나서 나를 알아보는 것 같았습니다. 그리고 그녀는 의식도 생각도 없이 나를 끌고 가면서 계단 쪽으로 몇 걸음 옮겼습니다. 우리는 여전히 손을 잡은 채 나란히 함께 올라갔습니다. 2층의 대기실에 도착했을 때 그녀는 희미한 빛과 같은 평정을 되찾았습니다.

"들어오세요." 그녀는 나에게 말했습니다. "아버지한테 알리러 가겠어요."

나는 그녀가 그녀의 아버지를 부르고 쥘리의 방으로 향하는 소리를 들었습니다.

도르셀 씨의 첫마디는 이랬습니다.

"내 사랑하는 아들이여, 난 괴로움이 많네."

이 말은 모든 비난보다 더 많은 것을 이야기하고 있었고 내 마음에 단검처럼 꽂혔습니다.

"쥘리가 아프다는 것은 알고 있었습니다." 나는 사그라져 가는 내 목소리의 떨림을 위장하려고 전혀 애쓰지 않고 말했습니다. "드 니에브르 부인이 몸이 편치 않다는 것도 알고 있었습니다. 그래서 이렇게 보러 오늘 길입니다. 매우 오래…"

"맞네. 매우 오래되었지." 도르셀 씨는 다시 말을 이었습니다. "삶은 헤어지게 만들고 각자는 나름의 의무와 근심거리가 있지…."

그는 초인종을 눌러 램프에 불을 켜게 했고 신속하게 나를 살폈습니다. 마치 그 두 해 동안 자신의 딸들한테 발생한 깊은 손상과 같은 변화를 내 안에서 확인하고 싶어 하는 것 같았습니다.

"자네도 나이가 들었구먼." 그는 매우 애정 있는 일종의 호의와 관심을 드러내면서 말을 이었습니다. "자네는 많은 일을 했더구먼. 우리가 그 증거를 가지고 있지…."

그리고 나서 그는 쥘리에 대해, 다행히 며칠 전부터 사라진 자신들의 불안에 대해 이야기했습니다. 쥘리는 회복중에 있으며 이제 간호하고 배려하면서 며칠 쉬도록 하기만 하면 된다는 것이었습니다. 그는 다시 한 번 화제를 바꾸었습니다.

"자네는 이제 성인이 되었고 이미 유명해졌네." 그는 계속했습니다. "우리는 지극히 진지한 관심을 가지고 그 모든 것을 지켜보았네."

그는 그렇게 앞뒤 없이 지극히 두서없는 방식으로 이야기하면서 종횡으로 왔다 갔다 했습니다. 그의 머리털은 완전히 백발이었고, 다소 구부정한 커다란 키는 조기에 늙었거나 피로에 지친 매우 고귀한 모습을 부여해 주고 있었습니다.

마들렌은 5분이 지나자 우리에게 와 대화를 중단시켰습니다. 그녀는 칙칙한 색깔의 옷을 입고 있었고 나를 매우 감동시켰던 그 초상화를 닮고 있었지만 생명력이 추가되어 있었습니다. 나는 일어서서 그녀를 맞이하러 갔습니다. 나는 아무 의미도 없는 두세 마디 앞뒤가 맞지 않는 말을 더듬거렸습니다. 나는 내가 온 것을 어떻게 설명하고, 비밀·망설임·모호함의 심연을 우리 사이에 파놓았던 그 엄청나게 텅 빈 두 해를 어떻게 갑자기 메워야 할지 몰랐습니다. 그러나 나는 그녀가 훨씬 더 자신감을 보이는 것을 보고 평정을 되찾았고 올리비에가 나에게 전해 준 위험한 상황에 대해 이야기했습니다. 내가 올리비에라는 이름을 말하자 그녀는 내 말을 차단했습니다.

"그는 언제 오죠?" 그녀는 나에게 말했습니다.

"적어도 며칠 내에는 오지 않으리라 생각합니다." 나는 대답했습니다.

그녀는 완전히 낙담한 몸짓을 했고 우리 세 사람 모두는 지극히 견디기 힘든 침묵에 다시 빠졌습니다.

나는 드 니에브르 씨는 어디에 있는지 물었습니다. 마치 올리비에가 나에게 드 니에브르 씨의 여행에 대해 알려 주지 않은 것을 받아들일 수 있는 것처럼 말입니다. 나는 그가 집에 없는 것을 알고 놀랐다는 모습을 보여주었습니다.

"오, 우리는 대단히 버림받은 상태에 있어요." 그녀는 다시 말했습니다. "모두가 아프거나 거의 아픕니다. 환경이 나쁜 영향을 주고 있고 계절이 해롭고 즐겁지 못해요." 그녀는 잠금장치가 구식인 높은 창문들에 눈길을 던지면서 덧붙였습니다. 햇빛은 4분의 3이나 사라졌지만 이로 인해 아직도 창문들의 유리창은 감지할 수 없을 만큼 푸른색을 띠고 있었습니다.

그녀는 아마 대화가 불가능하게 된 곤경을 벗어나기 위해서였겠지만 자기 주변 사람들의 비참함에 대해서 이야기하기 시작했습니다. 또 그녀는 어떤 사람들한테는 질병을 통해서 또 다른 사람들한테는 곤궁을 통해서 예고되는 겨울에 대해서뿐 아니라 마을에서 죽어가는 어린아이에 대해 언급했습니다. 그녀는 쥘리가 자신이 중병을 얻어 다른 사람들에 자신의 역할을 넘기지 않을 수 없었던 날까지 그 아이를 돌보며 간호했지만, 자비를 베푸는 수녀와 같은 그녀의 역할은 불행하게도 죽음에 대해 무력했다고 했습니다. 마들렌은 이런 딱한 이야기들을 하는 것을 좋아하는 것 같았고, 공조적인 슬픈 상황들을 자기 주위에 형성하는 주변의 그와 같은 모든 재앙들을 무언지 알 수 없는 우울한 탐욕을 드러내면서 열거하는 듯했습니다. 그리고 나서 그녀는 도르셀 씨처럼 나에 대해서 이야기했습니다. 그녀의 태도는 때로는 신중했고, 때로는 우리 모두를 편안하게 하기 위해 기막히게 계산된 자연스러움을 드러냈습니다.

나의 의도는 그녀를 단순하게 방문한 뒤, 내가 방을 하나 잡아둔 마을의 여관으로 저녁에 되돌아가는 것이었습니다. 그러나 마들렌은 내 의도를 다르게 생각했습니다. 나는 그녀가 성의 3층에 있는 작은 거처에 내 잠자리를 만들도록 명령해 놓았다는 것을 알았습니다. 나는 내가 니에브르에 최초로 머물렀을 때 그 거처를 사용한 적이 있었습니다.

그날 저녁 잠자리에 들기 전에 그녀는 내가 보는 앞에서 남편에게 편지를 썼습니다.

"당신이 여기 있다고 드 니에브르 씨에게 알리는 거예요." 그녀는 나에게 말했습니다.

내 앞에서 취해진 그런 신중한 조치가 남편에 대한 충실성에서 오는 거리낌과 결의의 측면이 포함되어 있음을 나는 이해했습니다.

나는 쥘리를 보지 못했습니다. 그녀는 허약하고 불안해하고 있었습니다. 내가 도착했다는 소식은 모든 가능한 신중한 배려에도 불구하고 그녀에게 매우 강렬한 동요를 야기했던 것입니다. 그 다음날 내가 그녀의 방에 들어가는 게 허용되었을 때, 환자는 긴 소파에 누워 있었고, 그녀가 입고 있는 헐렁한 실내복은 그녀의 초라한 상태를 감추고 있었으며 그녀에게 여인 같은 모습을 부여해 주고 있었습니다. 그녀는 매우 변해 있었고, 하루 종일 순간순간 그녀와 접촉하는 사람들이 알아차릴 수 있는 것보다 훨씬 많이 변해 있었습니다. 조그만 스패니얼 개가 머리를 그녀의 실내화 끝에 기댄 채 그녀의 발치에서 자고 있었습니다. 그녀의 손이 닿는 곳에 조그만 관목들과 꽃이 핀 식물들이 놓여 있는 작은 원탁이 있고, 그 위에서는 그녀가 기르는 새장의 새들이 그 미니 겨울정원 한가운데서 즐겁게 노래하고 있었습니다. 나는 열 때문에 쇠약해진 그 수척한 얼굴을 바라보았습니다. 관자놀이 주변이 여위어 푸르스름해져 있었으며, 움푹 들어간 두 눈은 그 어느 때보다 더 크게 뜨고 더 검었고, 검은 눈동자 속에서는 어둡지만 꺼지지 않는 불빛이 타오르고 있었습니다. 사랑에 빠졌지만 올리비에의 멸시 속에 반쯤 죽어 버린 이 가련한 처녀는 내 마음을 끔찍하게 아프게 했습니다.

"그녀를 치유하고 구제하세요." 나는 우리가 그녀의 방에서 나왔을 때 마들렌에게 말했습니다. "하지만 그녀를 더 이상 기만하지 마세요."

마들렌은 마치 어떻게 해서든 버리고 싶지 않은 희미한 희망이 아직도 남아 있는 것처럼 주저하는 것 같았습니다.

"더 이상 올리비에에 대해선 생각하지 말아요." 나는 단호하게 다시 말했습니다. "그를 지나치게 비난해선 안 됩니다."

나는 그녀의 동생의 운명을 결정지었던 좋은 혹은 나쁜 이유들을 그녀에게 알려 주었습니다. 나는 올리비에의 성격과, 모든 결혼에 대한 그의 절대적인 혐오를 설명했습니다. 나는 그가 한 여자가 아니라 예외 없이 어떤 여자이든 불행하게 하리라는 어쩌면 비상식적이지만 반박의 여지가 없는 그 느낌을 강조했습니다. 나는 그렇게 하여 그의 반항이 상처를 줄 수 있는 측면을 완화시켰습니다.

"그는 그걸 성실의 문제로 보고 있어요." 나는 마들렌에게 마지막 논지처럼 말했습니다.

그녀는 이 성실이라는 말에 슬프게 미소를 지었습니다. 그녀가 보기에 그 말은 올리비에게 그 책임이 있는 돌이킬 수 없는 불행과 잘 어울리지 않았던 것이죠.

"그는 우리 모두 가운데 가장 행복합니다." 그녀는 말했습니다.

닭똥 같은 눈물이 그녀의 볼을 타고 흘러내렸습니다.

그 다음다음 날부터 쥘리는 자신의 방에서 몇 걸음씩 옮길 수 있었습니다. 수많은 가혹한 시련을 통해 은밀하게 단련된 이 작은 존재가 지닌 불굴의 활력은 서서하게가 아니라 몇 시간 만에 되살아났습니다. 회복 상태에 들어가자마자, 그녀는 말하자면 허약한 모습이 들켰다는 모욕적인 기억에 강경하게 대항하고, 자신이 극복힐 수 있는 유일한 아픔인 신체적 아픔과 싸우며, 이것을 지배하는 행동을 보여주었습니다. 이틀이 지나자 그녀는 모든 도움을 물리치면서 홀로 살롱에 내려올 수 있는 힘이 생겼습니다. 비록 쇠약해 땀방울이 마른 살의 이마에 맺혔고, 잠깐 잠깐 아득한 현기증 같은 게 매 걸음마다 그녀를 소스라치게 했지만 말입니다. 그날 그녀는 마차로 외출하고 싶어 했습니다. 우리는 그녀를 숲 속에서 가장 포근한 오솔길로 데리고 갔습니다. 날씨는 화창했습니다. 그녀는 맑은 태양빛에 덥혀진 커다란 벌목더미에서 참나무 향기를 들이마신 것에 불과했는데도, 생기를 되찾아 돌아왔습니다. 그녀는 알아볼 수 없을 정도로 모습이 변해 돌아왔습니다. 얼굴에는 거의 홍조를 띠었으며, 완전히 감동되어 나타난 전율은 열이 있긴 했지만 좋은 징조였고 빈곤해진 동맥 속에서 피의 활발한 복귀에 지나지 않았습니다. 나는 그녀가 잘려진 나무의 송진 냄새와 겨울 햇살과 같은 그처럼 아무것도 아닌 것에 다시 태어나는 모습을 보고 깜짝 놀랐습니다. 나는 그녀가 자신에게 힘든 긴 세월을 약속해 주는 집요함을 드러내면서 악착같이 살아가리라는 것을 깨달았습니다.

"그녀는 때때로 올리비에에 대해서 이야기합니까?" 나는 마들렌에게 물었습니다.

"전혀 안 해요."

"그에 대해 끊임없이 생각하기는 하나요?"

"끊임없이 해요."

"그게 계속되리라 생각합니까?"

"영원히 계속될 거예요." 마들렌은 대답했습니다.

3주 전부터 그녀를 쥘리의 머리맡에 묶어두었던 너무도 현실적인 걱정에서 해방되자마자, 마들렌은 갑자기 이성을 잃은 것 같은 모습을 했습니다. 무언지 알 수 없는 착란에 휩싸여 그녀는 예측 불가능성·열광·과감성을 드러내면서 비상해지고 그야말로 광적이 되었습니다. 나는 극장에 갔던 그 옛날 저녁 우리가 위험에 처해 있다는 것을 나에게 알려 준 그 번쩍이는 무서운 시선을 알아보았습니다. 그녀는 그날 저녁 꽃다발로 그렇게 했듯이, 모든 것을 극단으로 밀고 가면서 말하자면 자신의 마음을 조각조각 내 머리에 던졌습니다.

그리하여 우리는 성에서 혹은 크게 자란 나무숲에서 산책도 하고 무모하게 뛰어다니기도 하면서 3일을 보냈습니다. 그녀의 휴식을 망가뜨리는 무언지 알 수 없는 열광적인 파괴의 감정이 행복이라 불릴 수 있다면 그 3일은 잊을 수 없는 행복한 날들이었습니다. 그것은 일종의 뻔뻔하면서도 절망적인 허니문이었으며, 감동에서도 회한에서도 전례가 없었고, 다음날이면 죽어야 할 운명에 처한 사람들에게 모든 것이 허용되는 그 풍요롭고 음산한 만족의 시간들을 빼면 아무것도 닮은 게 없었습니다.

세번째 날 그녀는 내가 거부했음에도 불구하고 그녀 남편의 말들 가운데 하나를 타보라고 요구했습니다.

"나와 함께 가주세요." 그녀는 말했습니다. "나는 빨리 달리면서 매우 멀리까지 산책하고 싶어요."

그녀는 옷을 입으러 달려갔고, 드 니에브르 씨가 그녀를 위해 길들여 놓은 말에 안장을 얹게 했습니다. 그리고는 마치 대낮에 하인들 앞에서 과감하게 자신을 납치토록 하는 일을 벌이는 듯 나에게 말했습니다.

"떠납시다."

숲 아래에 도착하자 그녀는 속력을 내 달렸습니다. 나도 그녀처럼 달리면서 따라갔습니다. 그녀는 내가 곁에 왔음을 느끼자마자 걸음을 재촉했고, 말을 채찍질했으며 이유 없이 전속력으로 내달리게 했습니다. 나는 그녀의 속도에 맞추었는데, 내가 가까이에 도달하려는 순간에 그녀는 다시 힘을 기울여 나를 뒤처지게 했습니다. 이와 같은 짜증스럽고 광적인 뒤쫓기로 인해 나는 극도로 흥분했습니다. 그녀는 날랜 짐승에 올라타 있었고 속력을 열 배로 증가시키도록 말을 다루었습니다. 안장에 앉자마자 그녀는 자신의 날씬한 키의 무게를 더 줄이기 위해서 몸 전체를 들어 올린 후, 소리도 몸짓도 없이 새에 의해 실려 가듯이 정신없이 질주했습니다. 나도 장거리경주에서 기수가 기계적으로 정면을 응시하는 것처럼 부동의 자세로 입술이 바싹바

싹 타면서 전속력으로 달렸습니다. 그녀는 양쪽이 다소 험하게 깎아지르고 길가가 파인 오솔길의 중앙을 차지하고 있었습니다. 오솔길은 말 하나가 비키지 않는 한, 두 마리가 함께 정면으로 지나갈 수 없게 되어 있었습니다. 나는 그녀가 나의 통과를 집요하게 막는 것을 보고 숲 아래쪽으로 해서 올라갔으며, 그런 식으로 잠시 그녀와 나란히 했습니다. 까딱하면 머리가 박살날 위험이 있었습니다. 그렇게 가다가 그녀의 길을 차단할 수 있는 순간이 왔을 때, 나는 비탈을 뛰어넘어 움푹한 길에 들어선 뒤 말을 가로로 세웠습니다. 그녀는 내 가까이에 와서 갑자기 멈추었습니다. 생기가 가득한 채 거품을 물고 있는 두 마리 짐승은 자신들의 기사들이 싸우고자 한다는 느낌이라도 드는 듯 한 순간 뒷발로 일어섰습니다. 정말로 나는 마들렌과 내가 화가 나 서로를 주시하고 있다고 생각했습니다. 그만큼 이 괴상한 싸움은 흥분과 도전을 다른 형언할 수 없는 감정들과 뒤섞어 놓고 있었습니다. 그녀는 조가비장식이 달린 채찍을 입에 문 채, 두 볼은 창백하고 붉게 충혈된 두 눈은 핏빛 광채를 뿜어내면서 내 앞에 서 있었습니다. 그리고는 그녀는 나를 얼어붙게 만드는 한 두 번의 경련적인 웃음을 터뜨렸습니다. 그녀의 말은 전속력으로 다시 출발했습니다.

베르나르 드 모프라가 에드메의 발치에 매달려 있듯이,[21] 최소한 1분 동안 나는 그녀가 주랑을 이룬 커다란 참나무들 아래

---

21) 베르나르 드 모프라와 에드메는 조르주 상드의 소설 《모프라 *Mauprat*》(1837)에 나오는 두 주인공이다. 사촌지간인 두 인물은 온갖 시련 끝에 마침내 결혼하여 행복한 삶을 살게 된다. 여기서는 두 사람이 말타는 장면이 상기되고 있다. 〔역주〕

로 달아나는 모습을 바라보았습니다. 그녀의 베일은 바람에 날렸고, 작은 검은 악마 같은 초자연적인 경쾌한 동작에 따라 긴 어두운 드레스가 부풀려 치솟고 있었습니다. 그녀가 오솔길의 끝에 도달해 그 모습이 적갈색 숲 속에서 하나의 점으로밖에 보이지 않게 되었을 때, 나는 본의 아니게 절망의 외침을 내지르면서 다시 달리기 시작했습니다. 그녀가 사라진 장소에 도착했을 때, 나는 그녀가 두 갈래 길이 교차하는 곳에 멈추어 숨을 헐떡이면서 입가에 미소를 머금고 나를 기다리고 있는 모습을 발견했습니다.

"마들렌, 이 잔인한 놀이를 그만해요." 나는 그녀에게 달려가 그녀의 팔을 잡으면서 말했습니다. "멈춰요, 그렇지 않으면 내가 죽을 것 같아요!"

대답 대신 다만 그녀는 나를 똑바로 쏘아봄으로써 내 얼굴을 새빨갛게 만든 뒤, 성으로 가는 오솔길로 조용히 섭어늘었습니다. 말들이 나란히 걸으면서 서로의 턱을 가볍게 접촉하고 거품으로 서로를 핥아 주는 가운데, 우리는 천천히 돌아왔지만 말 한마디 교환하지 않았습니다. 그녀는 철문에서 내려 채찍으로 모래를 후려치면서 걸어서 마당을 가로질러 갔고, 곧바로 자신의 방으로 올라간 뒤 저녁이 되어서야 다시 나타났습니다.

8시에 우편물이 우리에게 전달되었습니다. 드 니에브르 씨의 편지가 있었습니다. 마들렌은 편지를 개봉하자 얼굴색이 변했습니다.

"드 니에브르 씨는 잘 지내고 있어요." 그녀는 말했습니다. "그는 다음 달 이전에는 돌아오지 않을 거예요."

그리고 나서 그녀는 매우 피곤하다고 불평하고는 물러났습니다.

 그날 저녁도 전날 저녁들과 같았습니다. 나는 그 밤을 잠을 이루지 못한 채 서서 보냈습니다. 드 니에브르 씨의 편지는 그것이 아무리 무의미하다 할지라도, 망각된 수많은 것들의 요구처럼 우리 사이에 개입했습니다. 그는 "나 살아 있어"라는 이 단 한마디를 써놓았을지도 모르며 이보다 더 명확한 경고는 없었을 것 같았습니다. 나는 아무런 숙고도 계산도 없이 니에브르에 오기로 결심했던 것처럼 똑같이 그 다음날 그곳을 떠나기로 결심했습니다. 자정인데도 마들렌의 방에는 아직도 불이 켜져 있었습니다. 성의 옆에 창문들 바로 정면에 심어진 단풍나무 덤불이 불그스름한 반사광을 받고 있었고, 이것을 통해 나는 매일 저녁 마들렌이 몇 시에 잠자리에 드는지 알았습니다. 대개의 경우 매우 늦게 들었습니다. 새벽 1시에도 여전히 반사광은 나타나고 있었습니다. 나는 가벼운 신발을 신고 계단을 더듬어 내려갔습니다. 그렇게 하여 나는 끝없는 낭하 끝에 위치한 쥘리의 거처와 맞은편에 있는 마들렌의 거처 문 앞에까지 갔습니다. 남편이 부재한 가운데 침실의 하녀 하나만이 그녀 곁에서 자고 있었습니다. 나는 귀를 기울여 보았습니다. 마들렌이 분하거나 심한 불만이 있을 때 상당히 습관적으로 하는 신경질적인 작은 기침이 한두 번 건조하게 울리는 게 들리는 것 같았습니다. 나는 자물통에 손을 대보았습니다. 열쇠가 꽂혀 있었습니다. 나는 멀어졌다가 되돌아왔다 다시 멀어졌습니다. 나의 심장은 터질 듯이 뛰었습니다. 나는 문자 그대로 얼이 빠져 있었고 사지가 떨렸습니다. 나는 칠흑 같은 어둠 속에서 잠시 더 배회했습니다. 그러고 나서 나는 무엇을 해야 할지 아무 생각도 없이 그 자리에 꼼짝 않고 있었습니다. 어느 화창한 날 매우 강렬한 경보가 울려 나는 발작적으로 니에브르로 기계적인 발걸음을 했고 우연한 사건처럼, 아니 어쩌면 재앙처럼 이곳에 오게 된 적이 있었는데, 그와 똑같이 발작적으로 나는 한밤중에 잠에 빠진 이 믿음직한 집에서 배회하다가 마들렌의 침실까지 오게 되었으며, 꿈을 꾸는 남자처럼 그 방에 부딪쳤습니다. 나는 희생이 한계에 이른 불행한 자이고, 욕망으로 눈이 멀었으며, 나와 같은 동류의 인간들보다 더 낫지도 못하지도 않은가? 나는 악당인가? 이런 심각한 질문이 막연하게 나의 정신을 괴롭혔으나, 파렴치한 짓을 저지르겠다는 단호한 계획을 닮았거나 교양을 닮은 조그만 분명한 결정도 하지 못했습니다. 내가 의심하지 않았지만 나를 우유부단하게 만든 유일한 것은 한 번의 실수만 저질러도 마들렌은 죽어 버릴 것이며 나 역시 분명 한 시간도 더 살아남지 못할 것이라는 점이었습니다.

나는 무엇이 나를 구제해 주었는지 당신에게 말할 수 없을 것 같군요. 나는 정원으로 다시 돌아왔는데 왜 어떻게 왔는지 모릅니다. 복도의 완전한 어둠과 비교해서 그곳은 제법 밝았습니다. 비록 달빛도 별빛도 없었다고 생각되지만 말입니다. 나무들 전체가 산처럼 검은 급경사만을 형성하고 있었고 그 아래에는 오솔길들의 희끄무레한 곡선들이 드러나 있었습니다. 나는 무턱대고 걸었고 연못들을 따라 갔습니다. 새들이 갈대 속에서 깨어나 울어댔습니다. 한참이 지나자 오한이 드는 강한 느낌이 들어 다소 정신을 차렸습니다. 나는 돌아왔습니다. 나는 몽유병자나 도둑의 솜씨로 문을 닫은 뒤 옷을 그대로 입은 채 침대에 몸을 던졌습니다.

나는 해가 뜸과 동시에 일어나서 간밤 내내 나를 배회하게 만들었던 그 악몽을 가까스로 기억하고는 이렇게 생각했습니다. "오늘 떠나야지." 나는 마들렌을 보자마자 내 생각을 그녀에게 알려 주었습니다.

"원하는 대로 하세요." 그녀는 대답했습니다.

그녀는 끔찍하게 초췌했고 몸과 마음이 동요된 모습이 나를 아프게 했습니다.

"우리의 환자들을 보러 갑시다." 그녀는 정오가 조금 지나자 나에게 말했습니다.

나는 그녀를 동반해 마을을 방문했습니다. 쥘리가 말하자면 양자로 삼아 돌보았던 어린아이는 전날 저녁에 죽었습니다. 마들렌은 어린 사체를 간직하고 있는 요람 옆에 안내를 받았고 그 아이를 안아 주고 싶어 했습니다. 돌아오는 길에 그녀는 눈물을 많이 흘렸고 극심한 고통을 드러내면서 **아이**라는 낱말을 되풀이했습니다. 그 고통은 그녀의 삶을 갉아먹고 있던 슬픔, 내가 비정하게 질투했던 슬픔에 대해 많은 것을 가르쳐 주었습니다.

나는 일찍이 서둘러 쥘리에게 작별인사를 했고, 태연하게 하고 싶은 감사의 말을 도르셀 씨에게 했습니다. 그런 다음 남은 시간을 어떻게 보내야 할지 모른 채, 또 순간순간 나로부터 떨어져 가고 있음이 느껴지는 한 존재의 일과에 말하자면 전혀 무관심한 채, 나는 띠를 두른 듯 파놓은 도랑들을 굽어보는 난간으로 가 팔꿈치를 괴었습니다. 나는 그곳에서 바보처럼 멍하니 방심한 상태로 얼마인지 모를 시간을 머물렀습니다. 나는 마들렌이 어디에 있는지 더 이상 알지 못했습니다. 때때로 그녀의 목소리가 복도에서 들리는 것 같았고, 그녀 역시 안절부절 못하는 것 이외에 다른 목적 없이, 이쪽 마당에서 저쪽 마당으로 왔다 갔다 하면서 지나가고 이동하는 게 보이는 것 같았습니다.

성벽의 외호를 돌면, 망루들의 토대에는 반은 막혀 있는 일종의 방이 있는데, 예전에 비밀 문 같은 역할을 했습니다. 그 방을 큰 정원의 오솔길들과 연결해 주는 다리는 파괴되어 있었습니다. 남아 있는 것은 부분적으로 물속에 잠긴 세 개의 교각뿐이었으며 이것들도 웅덩이의 질퍽한 물이 거품을 일으키는 찌끼로 끊임없이 더럽히고 있었습니다. 나는 그 방에 나머지 낮 동안 숨어 있고 싶다는 무언지 알 수 없는 욕망에 사로잡혔습니다. 나는 기둥들을 차례로 딛고 건너가 그 폐허가 된 방에 웅크리고 숨었습니다. 공동세탁장의 물이 흐르는 그 방대하고 깊은 웅덩이의 음산하고 흐릿한 빛을 받으면서 두 발을 흐르는 물에 대고 있었습니다. 두세 번 나는 마들렌이 외호의 반대편 쪽으로 지나가면서 마치 누군가를 찾는 것처럼 오솔길로 눈길을 주는 것을 보았습니다. 그녀는 사라졌다가 다시 되돌아왔습니다. 그녀는 화단에서 정원으로 통하는 서너 개의 길 사이에서 망설이다가 느릅나무 그늘 아래에서 연못 쪽으로 난 길을 택했습니다. 나는 단숨에 뛰어가 한쪽 가장자리에서 다른 한쪽 가장자리로 달려갔습니다. 나는 그녀를 뒤쫓아 갔습니다. 그녀는 빠르게 걷고 있었고, 그녀의 시골풍 모자는 귀에 제대로 걸려 있지 않았으며, 그녀는 마치 매우 추위를 타는 듯 긴 캐시미어 숄에 둘러싸여 있었습니다. 그녀는 내가 오는 소리를 듣고 머리를 돌렸고, 갑자기 가던 길을 되돌아왔으며, 나를 쳐다보지도 않고 내 옆을 지나가서 화단의 층계에 이르자 계단을 오르기 시작했습니다. 나는 그녀가 규방으로 사용하면서 낮에 머무는 작은 살롱에 발을 들여놓는 순간에 그녀를 따라잡았습니다.

"내 숄을 접도록 도와줘요." 그녀는 나에게 말했습니다.

그녀는 정신과 눈이 다른 데 가 있었고 모든 것을 아무렇게나 대했습니다. 번쩍이게 장식된 긴 천은 길이 방향으로 접혀진 채 우리 사이에 있었고 우리 각자는 이미 좁은 띠가 되어 버린 그것의 양쪽 끄트머리를 잡고 있었습니다. 우리는 서로 가까이 다가갔습니다. 숄의 두 끝을 합치는 일만 남았습니다. 서툴러서인지 아니면 기력이 없어서인지 마들렌의 손에서 술 장식이 갑자기 빠져나왔습니다. 그녀는 다시 한 걸음 내디뎠고 뒤로 몸을 비틀거렸다가 앞으로 비틀거린 후 통째로 나의 팔에 안기고 말았습니다. 나는 그녀를 붙잡았고 나의 가슴에 그녀를 꼭 붙인 채 잠시 그대로 있었습니다. 그녀의 머리는 뒤로 젖혀 있었고, 두 눈은 감았으며, 입술은 차가웠고, 반쯤 죽은 듯 창백한 모습의 소중한 여인이 나의 키스를 받고 있었습니다. 그러자 심한 수축이 그녀를 소스라치게 했습니다. 그녀는 두 눈을 뜨고는 나의 키에 다다르기 위해 발끝으로 서서 온 힘을 다해 나의 목을 끌어안았고, 이번에는 그녀가 나에게 키스를 퍼부었습니다.

나는 다시 그녀를 붙잡았습니다. 나는 먹이가 발버둥 치듯이 그녀가 절망적인 포옹에 대항해 자신을 방어하도록 만들었습니다. 그녀는 우리가 볼장 다 보았다는 느낌을 갖고 있었습니다. 그녀는 소리를 질렀습니다. 내가 이런 말을 당신에게 하게 되어 부끄럽습니다만, 진정한 단말마의 그 외침은 나의 내부에 남아 있는 한 인간의 유일한 본능인 연민을 불러일으켰습니다. 나는 내가 그녀를 죽이고 있다는 것을 대략적으로 깨달았습니다. 나는 그녀의 명예가 문제인지 생명이 문제인지 잘 식별하지 못했습니다. 나는 거의 무의식적이었던 관용적 행위를 자랑할 필요가 없습니다. 그만큼 진정한 인간적 의식은 거기에 별로 개입하지 않았던 것이죠! 나는 짐승이 물어뜯는 것을 멈추기라도 하듯이 손을 놓았습니다. 내 사랑하는 희생자는 마지막 노력을 기울였습니다. 그것은 불필요한 수고였습니다. 나는 그녀를 더 이상 붙잡지 않고 있었습니다. 그러자 그녀는 정숙한 여자의 회한이 무엇인지 나에게 깨닫게 해준 그런 당황을 드러냈고, 내가 심사숙고할 상태에 있었다면 그녀가 얼마나 나를 타락한 상태로 보고 있는지 분명히 느끼게 해주었을 그런 공포를 나타냈으며, 마치 순간적으로 그녀가 우리 사이에는 더 이상 배려도, 존경도, 의무에 대한 분별도 없으며 순수하게 본능적인 그 연민도 반박될 수 있는 우연한 일에 불과하다고 느끼는 것 같았습니다. 오늘날까지도 그 해묵은 추억에 온갖 공포와 부끄러움을 불러일으키는 끔찍한 부언극을 연출하면서 마늘렌은 전전히 문을 향해 걸었습니다. 그녀는 불건전한 존재와 마주하면서 행동하고 있는 것처럼 나에게서 눈을 떼지 않은 채 뒷걸음쳐 복도에 이르렀습니다. 거기서 비로소 그녀는 몸을 돌려 달아났습니다.

나는 아직도 그대로 서 있긴 했지만 의식을 잃어버린 거나 마찬가지였습니다. 나는 할 수 있는 만큼 몸을 질질 끌면서 나의 거처까지 갔습니다. 나는 한 가지 생각밖에 없었는데, 그것은 내가 계단에서 기절해 있는 것이 발견되지 않기를 바라는 것이었습니다. 내 방문 앞에 도착했을 때 나는 문을 열기도 전에 더 이상 몸을 지탱할 수 없었습니다. 무의식적으로 나는 복도에 아무도 없음을 확인했습니다. 마들렌이 안전하다는 느낌이 한순간 최후로 스쳐가자 나는 타일바닥에 급작스레 무너졌습니다.

두세 시간 후에 완전히 밤이 되었을 때 내가 소름끼치는 장면을 기억하면서 깨어난 곳은 거기였습니다. 저녁식사를 알리는 초인종이 울리고 있었습니다. 나는 내려가야 했습니다. 나는 움직였고 사지는 자유로웠습니다. 머리에 강한 충격을 받은 것 같았습니다. 매우 현실적인 이와 같은 마비로 인해 나는 대단히 고통스럽다는 일반적 느낌을 체험했지만 생각은 하지 않았습니다. 내 자신의 모습이 비추어진 첫번째 거울은 나와는 대략 비슷한 유령 같은 이상하게 심란한 모습을 보여주어 내가 그것을 알아보기가 어려웠습니다. 마들렌은 나타나지 않았고 나는 그녀가 거기 있든 다른 곳에 있든 거의 무심했습니다. 피곤한 쥘리는 언니 때문에 울적하거나 불안해했고 십중팔구 의혹이 가득했을 것이기에——왜냐하면 이 명철하고 비밀스런 특이한 처녀를 생각하면 그 어떠한 가정도 가능했지만 의혹 상태로 남아 있었기 때문입니다——살롱으로 와 우리와 합류할 수가 없었습니다. 나는 저녁이 한창일 때까지 도르셀 씨와 단 둘이서 있었습니다. 나는 무기력했고, 무감각했으며 태연한 것 같았습니다. 그만큼 나에게는 생각할 감각도, 행동할 힘도 별로 남아 있지 않았습니다.

마들렌이 거의 죽을 뻔한 회복 환자처럼 무섭게 변했을 뿐 아니라 알아볼 수 없는 모습으로 들어왔을 때는 대략 10시 정도였습니다.

"아버지." 그녀는 결연하게 대담한 어조로 말했습니다. "저 드 브레 씨와 잠시 단 둘이 있고 싶어요."

도르셀 씨는 망설이지 않고 일어서서 딸을 인자하게 포옹한 뒤 나갔습니다.

"내일 떠나세요." 마들렌은 서서 이야기하면서 말했습니다. 나 역시 서 있었습니다.

"그러지요." 나는 그녀에게 대답했습니다.

"다시는 서로 만나지 않았으면 좋겠어요!"

나는 대답하지 않았습니다.

"다시는, 아시겠어요? 다시는 말입니다." 그녀는 다시 말했습니다. "나는 재회를 생각하지 못하도록 우리를 갈라 놓을 수 있는 유일한 장애물을 우리 사이에 설치했어요."

나는 그녀의 발치에 몸을 던져 그녀의 두 손을 잡았지만 그녀는 저항하지 않았습니다. 그녀는 잠깐 동안 나약해져 목소리가 끊어졌습니다. 그녀는 자신의 손을 뺐다가 단호함을 되찾자 그 손을 나에게 다시 돌려주었습니다.

"난 당신을 잊기 위해 할 수 있는 모든 걸 다 할 거예요. 날 잊어 주세요. 그게 당신한테는 더욱 수월할 거예요. 훗날에 당신이 원할 때 결혼을 하세요. 당신의 부인이 나를 질투할 수 있다고 상상하지 마세요. 왜냐하면 그때 가면 나는 죽었거나 행복할 테니까요." 그녀는 그렇게 덧붙이면서 넘어질 뻔할 정도로 몸을 떨었습니다. "안녕히 가세요."

나는 팔을 벌린 채, 그녀가 말하지 않은 보다 애정 있는 한마디를 기다리면서 무릎을 꿇고 있었습니다. 그녀는 마지막으로 일어난 나약한 마음 혹은 연민 때문인지 그 한마디를 해주었습니다.

"내 가련한 친구여!" 그녀는 나에게 말했습니다. "그렇게 되지 않을 수 없었어요. 내가 얼마나 당신을 사랑하는지 당신이 안다면! 어제 같으면 나는 당신에게 이 말을 하지 않았을 거예요. 오늘은 그걸 고백할 수 있어요. 왜냐하면 그것은 우리를 갈라 놓은 금지된 말이기 때문이에요."

조금 전까지만 해도 기진맥진했던 그녀는 무언지 알 수 없는 미덕의 힘을 기적적으로 되찾아 점차 확고해져 갔습니다. 그러나 나는 더 이상 아무런 그런 힘이 없었습니다.

그녀가 두세 마디 덧붙였지만 나는 듣지 못했다고 생각됩니다. 그리고 그녀는 소멸하는 영상처럼 조용히 멀어져 갔고, 나는 그날 밤도, 그 다음날도 영원히 그녀를 다시 보지 못했습니다.

나는 새벽에 아무도 보지 않은 채 떠났습니다. 나는 파리를 통과하는 것을 피했고 오귀스탱이 살고 있던 교외 끝의 집으로 곧장 향했습니다.

그는 나를 보자마자 어떤 불행이 나한테 닥친 것을 깨달았습니다. 우선 그는 드 니에브르 부인이 죽었다고 생각했습니다. 왜냐하면 지극히 교양 있는 남자와 남편으로서 그는 그보다 더 큰 불행은 없다고 상상했기 때문입니다. 내가 사람들이 인정하지 않는 그 홀아비 상태들 가운데 하나로 나를 떨어지게 만든 진짜 사건을 알려 주었을 때 그는 이렇게 말했습니다.

"나는 그런 슬픔들을 모릅니다. 하지만 내 마음속 깊이 당신을 동정합니다."

나는 그가 자기 삶의 불확실한 미래에서 생각할 수 있는 가장 나쁜 재난들에 따라 조금이라도 추론한다면, 실제로 진심으로 나를 동정하리라는 것을 의심하지 않았습니다.

내가 그를 불시에 방문했을 때 그는 작업을 하고 있었습니다. 그의 아내는 그의 곁에 있었고 내가 떨어져 있는 동안 태어난

여섯 달 된 아이를 무릎에 안고 있었습니다. 그들은 행복했습니다. 그들의 가세는 번창하고 있었으며 나는 이것을 상대적으로 풍요로워진 기미를 보고 알 수 있었습니다. 그들은 나에게 자고 가라고 했습니다. 밤은 끔찍했습니다. 가을이 갈 무렵의 폭풍이 저녁부터 그 다음날 해가 뜰 때까지 중단 없이 몰아쳤습니다. 그토록 오랫동안 살랑거리면서 음울하게 달래는 비바람 속에서 내가 한 일이라곤 마들렌이 자고 있다면 바람이 그녀의 방과 잠 주변에 일으키지 않을 수 없는 그 소란스러움에 대해 생각한 것이었습니다. 나의 사유하는 힘은 유치하고 완전히 육체적인 이런 느낌을 넘어서지 못했습니다. 뇌우가 사라지자, 오귀스탱이 아침부터 나를 나오게 했습니다. 그는 파리로 가기 전에 한 시간의 시간이 있었습니다. 그는 간밤의 바람에 황폐해진 숲으로 나를 데리고 갔습니다. 물이 오솔길들에 아직도 흥건하게 흐르고 있있고 그해의 마시막 낙엽들이 뒹굴고 있었습니다.

우리는 나로 하여금 오귀스탱의 집에 오게 만든 긴급한 결정들 가운데 하나의 명료한 생각이 그림자처럼 뇌리를 스칠 때까지 그렇게 오랫동안 걸었습니다. 마침내 나는 그에게 작별인사를 해야 한다는 것을 상기했습니다. 우선 그는 그 방침이 다만 전날에야 정해진 것이고 현명하게 반성하면 철회될 수 있는 것이라고 생각했습니다. 그가 나의 결심이 그보다 오래된 것이고, 반박의 여지가 없는 검토의 결과이며, 조만간 이행될 것이라는 점을 알았을 때, 그는 내가 나 자신에 대해 지닌 견해에 대해서도, 내가 나의 시간에 대해 내리는 판단에 대해서도 논의를 하지 않았습니다. 그는 다만 이렇게 말했습니다.

"나도 거의 당신처럼 생각하고 추론합니다. 나는 내 자신이 하찮은 존재로 느껴지지만, 또한 나는 대다수 많은 사람들보다 그렇게 많이 열등하다고도 생각하지 않습니다. 다만 나는 당신처럼 끝까지 일관성 있는 권리가 없습니다. 당신은 겸허하게 떠나가고 있습니다. 나는 남아 있을 것이지만 허세 때문이 아니라 필요 때문이고 무엇보다 의무 때문입니다.

"나는 지쳐 있습니다." 나는 그에게 말했습니다. "어쨌거나 나는 휴식이 필요합니다."

우리는 "또 만나자"는 인사를 나누고 파리에서 헤어졌습니다. 영원한 작별을 하기에는 너무 고통스럽지만 다시 만날 수 있는 장소도 시기도 예측할 수 없을 때 사람들이 하는 통상적 인사를 한 거죠. 나는 내 하인에게 맡겼던 간단한 일들을 해결했습니다. 나는 다만 올리비에와 작별하러 갔습니다. 그는 파리를 떠날 마음을 먹고 있었습니다. 그는 니에브르에 내가 체류한 일에 대해 질문하지 않았습니다. 나를 보면서 모든 게 끝났다는 것을 짐작했습니다.

나는 그에게 쥘리에 대해서 더 이상 이야기할 필요가 없었고, 그는 나에게 마들렌에 대해 더 이상 이야기할 필요가 없었습니다. 10년 전부터 우리를 묶어 놓았던 인연들은 적어도 오랫동안 동시에 끊어지게 되었던 것입니다.

"행복해지려고 노력해라." 그는 그렇게 말했지만 자신에 대해서도 나에 대해서도 이 말에 기대하지 않는 듯했습니다.

니에브르를 떠난 지 3일 후 나는 오르메송에 왔습니다. 나는 세이삭 부인의 집에서 그날 밤을 보냈는데, 나의 귀향은 그분에게 많은 것들을 밝혀 주었습니다. 그분은 경건한 여자와 반(半) 어머니로서의 자신의 애정 있는 연민의 차원에서 나의 탈선을 자주 한탄했다는 것을 들려 주었습니다. 그 다음날 한 시간도 진정으로 휴식을 취하지 않은 채, 나는 피를 흘리면서 길에서 쓰러지지 않으려는 상처 입은 동물처럼 집으로 가는 그 비통한 강행군을 한 끝에 저녁때 해질 무렵에 빌르뇌브가 보이는 곳에 도착했습니다. 내가 습지를 통해 나의 집으로 가는 지름길을 잡는 동안 마차는 길을 계속 따라갔습니다.

사흘 밤낮 동안 부동의 고통이 나의 마음을 옥죄었고 내 두 눈을 울어본 적이 없는 것처럼 건조하게 했습니다. 내가 트랑블로 들어서는 길로 첫 발을 내디뎠을 때, 내 안에서 추억들이 소스라치듯 떠올라 이 고통을 더욱 강렬하게 했지만 긴장감은 줄어들었습니다.

날씨는 매우 추웠습니다. 땅은 단단했고, 밤은 거의 완전하게 되어 해안선과 바다는 새까맣게 꽉 찬 수평선만을 형성하고 있었습니다. 하늘에 나지막이 남아 있던 붉은 빛은 사라져 가면서 순간순간 어슴푸레해지고 있었습니다. 짐수레 하나가 멀리 절벽 가까이 지나가고 있었습니다. 짐수레가 덜커덩거리며 내는 소리가 얼어붙은 도로에서 울리는 게 들렸습니다. 늪지의 물은 얼어 있었습니다. 다만 군데군데 네모난 모양의 넓은 민물이 얼지 않은 채 계속에서 부드럽게 움직이면서 희끄무레한 색조를 띠고 있었습니다. 빌르뇌브의 종이 6시를 알리고 있었습니다. 침묵과 어둠은 너무도 컸기 때문에 자정이 된 것 같은 느낌이 들 정도였습니다. 나는 습지의 둑 위를 걸었으며, 어떻게 해선지 모르지만 바로 그 장소에서 예전에 이처럼 추운 밤들에 오리 사냥을 했던 기억이 떠올랐습니다. 그같은 오리들이 매우 빨리 날아가면서 내는 그 급하고 특이한 속삭임이 내 머리 위에서 들렸습니다. 총소리 한 방이 울렸습니다. 나는 화약이 번쩍이는 빛을 보았고 폭발음에 갑자기 발길을 멈추었습니다. 사냥꾼 한 사람이 숨어 있던 곳에서 나와 늪지 쪽으로 내려가더니 발을 구르기 시작했습니다. 다른 사냥꾼이 그에게 말을 했습니다. 그 간단한 말은 매우 낮은 목소리로 교환되었지만 적막한 밤으로 인해 매우 뚜렷이 들렸습니다. 나는 그 속에서 내 뇌리를 때리는 목소리를 포착했습니다.

"앙드레!" 나는 외쳤습니다.

순간적인 침묵이 흐른 뒤 나는 다시 반복해 외쳤습니다. "앙드레!"

"무슨 소리지?" 더 이상 의심할 여지가 없는 목소리 하나가 말했습니다.

앙드레는 나를 맞이하러 몇 걸음 내디뎠습니다. 비록 어두운 강둑 위로 그의 몸 전체가 드러났지만 나는 그의 모습을 잘 식별할 수가 없었습니다. 그는 동물들의 발자국으로 다져진 그 길을 천천히, 다소 더듬어서 전진해 왔습니다. "거기 누구세요? 누가 날 부르는 거죠?" 그는 되풀이해 말하면서 점점 더 흥분되어 갔습니다. 마치 그는 아주 멀리 있다고 생각했는데 자신의 이름을 부르고 있는 자를 알아보는 데 차츰 망설임이 줄어드는 것 같았습니다.

"앙드레!" 나는 그가 내 앞에 한두 걸음 떨어진 거리까지 왔을 때 세번째로 그에게 말했습니다.

"어떻게 된 거예요? 대체 뭐가…? 아, 도련님! 도미니크 도련님!" 그는 총을 떨어뜨리면서 말했습니다.

"그래요. 나예요, 나라고요, 앙드레 아저씨…!"

나는 앙드레 아저씨의 품안에 달려들었습니다. 그 포옹이 끝나자 나의 마음은 저절로 폭발해 솔직하게 오열했습니다.

XIII

도미니크는 자신의 이야기를 끝냈다. 그는 이 마지막 말을 끝으로 멈추었는데, 목소리는 서두르는 사람처럼 조급했으며 표현은 너무 내밀한 토로에 통상 따라다니는 슬픈 조심성을 드러냈다. 그런 속내 이야기로 인해 매우 오랫동안 폐쇄된 까다로운 의식이 지불하지 않을 수 없었던 대가를 나는 짐작했으며, 감동된 몸짓으로 감사를 표하자 그의 회답은 머리를 끄덕이는 것뿐이었다. 그는 올리비에의 편지를 열어보았고, 그 편지의 음울한 작별인사가 말하자면 이 이야기를 주재했다. 그는 서 있었고 눈은 창문을 향해 있었으며, 그 틀 속에 고요한 수평선을 이루는 평야와 물이 펼쳐지고 있었다. 그렇게 그는 잠시 난처한 침묵 속에 있었고 나는 이 상태를 깨트리고 싶지 않았다. 그는 창백했다. 그의 전체적 용모는 피곤 때문에 다소 변하거나 다른 시절의 열정적인 빛 때문에 젊어졌다가 조금씩 자신의 나이, 쇠퇴 그리고 대단히 평온한 성격을 되찾았다. 평화로운 추억들이 그의 얼굴에 자리 잡게 됨에 따라 햇빛도 잦아들고 있었다. 고통스러운 것들이 많이 들어 있는 그 기나긴 일련의 환기된 추억들이 마감되고 있는 작은 방의 먼지 끼고 숨 막히는 내부로 그림자가 침투해 오고 있었다. 벽들에 새겨진 글들에서는 거의 더 이상 아무것도 식별되지 않았다. 그러니까 외적인 이미지와 내적인 이미지는 동시에 희미해져 갔다. 마치 우연히 부활된 그 모든 과거가 소멸하는 희미한 황혼과 망각 속으로 일시에 들어갔다가 더 이상 나오지 않는 것 같았다.

공원의 벽을 따라가는 농부들의 목소리로 인해 우리는 서로 침묵하거나 끊어진 대화를 재개해야 하는 현실적 궁지에서 벗어나게 되었다. "내려가야 할 시간이군요." 도미니크는 말했다. 나는 그가 매일 저녁 그 시간에 감독해야 할 몇 가지 일이 있는 농장까지 그를 따라 내려갔다.

소들이 경작을 하고 돌아오고 있어 그 시간에는 농가가 활기를 띠고 있었다. 축축한 흙덩이의 무게로 인해 수레에 소를 세 마리씩 달아야 했기 때문에 동물들은 두세 쌍씩 짝을 지어 수레채를 끌면서 도착하고 있었는데, 콧방울에서 콧김이 뿜어 나오고 있었으며, 뿔은 아래로 쳐져 있었고, 양옆구리는 흔들거렸고 진흙은 배에까지 묻어 있었다. 그날 일을 하지 않았던 교대용 동물들은 활동적인 동료 소들이 돌아오는 소리를 듣고서는 외양간 안에서 울고 있었다. 다른 곳에서는 이미 우리에 갇힌 양떼가 부산하게 움직이고 있었다. 사람들이 그들의 구유에 사료를 뒤적이고 있었기 때문에 말들은 발을 구르면서 울고 있었다.

하인들은 모자를 벗고 다소 피곤한 동작을 하면서 주인 주변에 와 정렬했다. 도미니크는 새로 사용한 농기구들이 기대한 만큼 결과를 낳았는지 자세히 문의했다. 그러고 나서 그는 내일 할 일을 명령했다. 그는 특히 파종과 관련해 많은 명령을 내렸다. 나는 그가 배분하라고 지시한 모든 종자가 다 그 자신의 땅에 할당된 게 아니라는 것을 깨달았다. 거기에는 아마 빌려주는 것도 많이 있었을 것이고, 미리 주는 것 혹은 무상으로 나누어 주는 것도 있었다.

이러한 주도면밀한 조처를 끝내자 그는 나를 테라스로 다시 데리고 갔다. 날씨는 맑게 개었다. 비록 11월 중순이 지났지만 계절은 햇빛과 온화함과 비가 교대하고 눈에 띄게 따뜻해 기본적으로 전원적인 정신을 지닌 자라면 누구나 즐거움을 느끼는 데 안성맞춤이었다. 정오에 매우 음산했던 하루는 황금빛 황혼으로 끝나가고 있었다. 어린아이들은 공원에서 놀고 있었고 드브레 부인은 숲으로 통하는 오솔길을 왔다 갔다 하면서 가까운 발치에서 그들의 놀이를 지켜보았다. 그들은 공상적인 짐승들의 소리를 모방하면서 덤불숲에서 술래잡기를 하고 있었는데, 가장 그럴듯한 소리는 그들을 질겁하게 하도록 지르는 것이었다. 그 늦은 시간에 들리는 마지막 새인 티티새들이 소란스러운 웃음소리와 같은 이상하고 난속석인 지저귐을 통해 그들에게 응답하고 있었다. 마지막 남은 햇빛이 긴 정자를 평화롭게 비추고 있었다. 이미 듬성듬성해진 포도나무 가지들은 매우 창백한 하늘을 날카롭게 재단하고 있었고, 작은 들보들을 따라 배회하며 약탈하는 쥐들은 포도나무들에 남아 있는 몇몇 시든 포도 알을 조심스럽게 털어내고 있었다. 보다 고요한 내일들로 이어지면서 조용하게 저물어 가는 바쁜 하루의 일과, 아름답게 청명해지는 그 확실한 하늘, 반쯤 잎이 떨어진 해묵은 공원에 생기를 불어넣는 즐거운 어린아이들, 아버지와 어린아이들 사이에 다정한 관계를 엮어 주는 믿음 있고 행복한 어머니, 포도덩굴들이 뻗어 있는 풍요롭고 비옥한 오솔길을 작은 걸음으로 돌아다니는 모습이 심각하고 몽상에 잠겨 있지만 안정된 아버지,

이런 평화가 깃든 그 풍요로움, 행복의 그 실현, 이 모든 것은 우리의 대화 이후에 너무도 고귀하고 너무도 정당하며 너무도 분명한 결론을 이루었기 때문에 나는 도미니크의 팔을 잡고 보통보다 훨씬 다정하게 꽉 죄었다.

"그래요 친구여, 이것이 내가 도달한 것입니다. 어떤 대가를 지불했는지는 당신도 아시죠. 어떤 확신을 가지고 도달했는지는 당신이 증인입니다."

그의 정신 속에는 계속해서 움직이는 관념들이 있었다. 마치 그는 그 자체로 드러나는 결단에 대해 보다 명료하게 자신의 생각을 전하고 싶다는 듯, 전혀 다른 어조로 천천히 다시 말했다.

"내가 고향집으로 돌아온 후 많은 해가 지나갔습니다. 아무도 내가 방금 당신에게 이야기한 사건들을 망각하지 않았다 해도, 적어도 아무도 그것들을 상기하지는 않는 것 같습니다. 서로 멀어지고 시간이 흐름에 따라 이 이야기의 몇몇 인물들 사이에 생긴 영원한 침묵으로 인해 그들은 서로를 용서했고 명예가 회복되었으며 행복하다고 생각했습니다. 올리비에만이 자신의 체계와 관심사 속에 마지막 순간까지 버텼다고 생각하고 싶군요. 당신도 기억하겠지만, 그는 자신이 다른 모든 것들보다 두려워했던 치명적인 적을 지적한 바 있었지요. 그는 권태와의 싸움 속에서 패했다고 말할 수 있어요."

"그럼 오귀스탱은요?" 나는 그에게 물었다.

"그는 나의 오랜 우정의 표시에서 유일하게 살아남은 자입니다. 그는 자신의 임무를 끝까지 다한 것입니다. 그는 어렵고 긴 여행의 목적지를 향한 무서운 보행자처럼 직진해 그 끝에 도달했습니다. 그는 대단한 인간이 아닙니다. 대단한 의지의 인간이죠. 그는 오늘날 우리 동시대인들 가운데 많은 사람들이 목표로 하는 대상과 같은 존재입니다. 정직한 사람들에게 모방의 욕망을 불러일으킬 정도로 높이 도달한 그와 같은 정직성은 흔치 않지요." 그는 다시 말을 이었다.

"나로 말하면, 나는 확고한 마음을 가진 이 인물이 자신의 세상살이 거의 초기에 보여준 모범을, 미덕도 적고 용기도 덜하지만 그만큼 행복하게 매우 늦게나마 따라간 거죠. 그는 아무런 동요가 없는 감정 속의 휴식에서 시작했고 나는 그런 휴식으로 끝났습니다. 그런 만큼 나는 그가 결코 경험하지 못한 감정, 즉 분명 해로운 내 지난날의 삶을 속죄하고 오늘날에도 내가 책임을 느끼는 잘못들을 만회한다는 감정을 새로운 생활 속에서 보여주고 있습니다. 왜냐하면 모두 다 똑같이 존중할 만한 여자들 사이에는 권리·명예·미덕에 대한 본능적인 연대가 있다고 보기 때문입니다. 한편 내가 세상으로부터 은거하겠다고 정한 방침에 대해선 전혀 후회하지 않았습니다. 서른 살도 안 되어 은거해 그런 삶을 고수하는 인간은 자신이 정념을 위해서도 공적인 삶을 위해서도 태어나지 않았다는 것을 꽤 공개적으로 보여주는 것이죠. 뿐만 아니라 나는 내가 살아가는 한정된 활동이 적극적으로 움직이는 인간들을 판단하는 데 나쁜 관점을 나타낸다고 생각하지 않습니다. 시간은 예전 같으면 나에게 의혹의 그림자를 드리웠을 많은 외양적 현상들에 대한 나의 견해에 유리하게 판결을 해주고 있음을 나는 깨닫고 있습니다. 그리고 시간은 대부분의 나의 짐작을 검증해 주었기 때문에 나의 비탄들 가운데 몇몇도 확인해 주었다 할 수도 있습니다. 나 자신을 많이 위한 것이었지만 존재의 의무 같은 것을 검토했던 나이에 다른 사람들에 대해 가혹했던 기억이 납니다. 이미 피곤한 세대들을 이으면서 보다 불확실한 모습을 보이는 각각의 세대와, 후손도 없이 죽어가는 각각의 위대한 정신적 존재는 한 나라의 정신적 기질이 쇠퇴하는 것을 알아보게 해주는 징후들이라고 하죠. 내가 말하고자 하는 것은 이런 것입니다. 즉 어떤 시대엔 야망이 동기들은 많으면서 구실은 거의 없고, 사람들이 통상적으로 종신연금을 변치 않는 것으로 간주하며, 모든 사람이 작품들의 희귀성을 불평하고, 아무도 인간들의 희귀성을 감히 인정하지 않는데, 그런 시대로부터 대단한 희망을 끌어낼 수는 없다는 것이죠."

"그게 진실이라면 좋겠습니다!" 나는 그에게 말했다.

"나는 그렇게 믿고 싶습니다만 다른 많은 것들에 대해서와 마찬가지로 이 점에 대해서도 입을 다물겠습니다. 탈주자는 자신이 머물 수 없었던 바로 그곳에서 투쟁하고 있는 많은 용기 있는 자들을 무시할 권한이 없습니다. 게다가 이것은 나, 나만의 문제이며 이 이야기의 주요 인물과 관계를 끊기 위한 나의 삶이 시작되고 있다고 당신에게 말하고 싶군요. 너무 늦은 것은 결코 아닙니다. 왜냐하면 어떤 성과를 이루는 데 오랜 시간이 걸린다 해도, 훌륭한 본보기는 곧바로 주어지기 때문입니다. 나는 대지에 대한 취향과 지식이 있는데, 이것은 당신이 나를 용서해 주었으면 하는 보잘것없는 내 자존심입니다. 보다 적은 비용, 보다 적은 불안 그리고 보다 많은 관계를 통해 나는 내 정신보다 나의 들판을 더 비옥하게 만들어 내 주변 사람들에게 최대한의 이익을 줄 것입니다. 나는 그 어떠한 저속한 요소도 허용하지 않았던 창작물들에 온갖 저급한 성격들로 이루어진 피할 수 없는 산문을 뒤섞을 뻔했습니다. 결코 쇠약해진 게 아닌 정신의 즐거움을 위해선 오늘날 매우 다행스러운 일이지만, 나는 농업과 (…) 아무튼 농업의 그 좋은 산문 속에 약간의 상상력을 도입할 수 있을 것입니다."

그는 자신의 새로운 사명에 대한 진정한 정신을 수수하게 설명해 주는 빠진 낱말을 찾고 있었다.

"농업과 선행의 산문인가요?" 나는 그에게 물었다.

"그렇다고 합시다." 그는 말했다. "그 말을 집사람을 위한 것으로 받아들이죠. 왜냐하면 그건 오로지 그녀에게만 관련된 것이기 때문입니다."

바로 그 순간에 드 브레 부인이 땀을 뻘뻘 흘리면서 숨을 헐떡이는 아이들을 데리고 오고 있었다. 한순간 완전한 침묵이 흘렀고, 무한히 작은 화음으로 마감되는 교향곡의 끝에서처럼 들리는 것이라곤 나뭇가지에서 아직도 재잘거리지만 더 이상 흥겨워하지 않는 티티새들의 속삭임뿐이었다.

이상과 같은 대화를 통해 나는 "너 자신을 알라"는 고대의 금언을 엄격하게 따랐던 지극히 현실적인 독특함을 지닌 한 정신의 내면 세계로 침투할 수 있었다. 이 대화가 있은 후 불과 며칠 지나지 않아 역마차 한 대가 트랑블의 마당에 멈추었다.

그 마차로부터 한 남자가 내렸는데, 짧게 깎은 회색빛 머리털은 몇 가닥 남지 않았고, 키는 작았으며, 신경이 예민했고, 여행 중이었지만 심각한 일에 몰두하고 있는 범상치 않은 인간 같은 전체적 외모·인상·태도·명확성을 드러내고 있었다. 완전히 다른 세계에 있었다 해도 거기서도 사람은 자신의 입장, 드나드는 세계 그리고 신분에서의 고상한 관례는 정할 수 있는 것이었다. 그 남자는 성에서 보이는 것, 정자, 정원의 한 구석을 신속하게 훑어보았다. 그는 망루들 쪽을 올려다보았다가 돌아서서 도미니크의 옛 거처 벽 구멍에 난 작은 창문을 응시했다.

도미니크는 테라스에 도착하고 있었다. 그들은 서로를 알아보았다.

"아, 이거 정말 뜻밖이군요, 내 진정 소중한 친구여!" 도미니크는 두 손을 다정하게 벌린 채 방문객 앞으로 걸어 나오면서 말했다.

"안녕한가요, 드 브레." 방문객은 평생 동안 진실을 통해 신선한 입을 유지한 것 같은 남자의 분명하고 솔직한 어투로 말했다.

그는 오귀스탱이었다.

작품 해설

롤랑 바르트

프로망탱:《도미니크》

프로망탱의《도미니크》를 지탱하고 있는 것은 하나의 신화 전체이다. 이 소설은 두 번 고독한 작품이다. 왜냐하면 그것은 저자가 쓴 유일한 소설일 뿐더러 이 저자는 작가가 아니라 화가였기 때문이다. 이 소박한 자전적 작품은 사랑의 위기에 대한 가장 일반적인 분석의 하나로 간주되고 있다. 문학적으로는(내가 여기서 말하고자 하는 것은 교과서에 나오는 문학사이다) 다음과 같은 역설이 아직도 지적되고 있다. 즉 실증주의와 사실주의가 한창이었던 시대에(《도미니크》는 1862년에 출간되었다), 프로망탱은 심리분석의 위대한 소설로 간주되는 작품을 생산하고 있다는 것이다. 이 모든 것으로 인해《도미니크》는 제도적으로(이 말을 쓰는 것은 이 소설을 누가 읽는지 아는 것은 별개의 문제이기 때문이다) 특이한 걸작으로 인정된다. 앙드레 지드는 이 작품을 사람들이 선호하는 그 문제적인 열 편의 작품 속에 집어넣었다.

사실《도미니크》는 보수주의적인 소설로, 이 작품에서 우리는 주체의 관념론적 심리학 속에 포섭되는 가치들, 다시 말해 이른바 부르주아적 이데올로기를 성립시키는 가치들을 재발견한다. 이 주체는 책 전체를 채우고 있다. 책은 그것의 통일성·내용·드러내기를 이 주체로부터 끌어내고 있다. 보다 많은 편리성을 위해 주체는 부르주아 문화의 모든 주체가 그렇듯이, 자신의 말과 자신의 의식을 혼동하면서, 그리고 이러한 혼동을 자랑삼으면서 **진정성**을 내세워 **나**라고 말한다(《도미니크》의 형태는 '고백'이다). 투명한 말과 비밀 없는 의식을 갖춘 주체는 스스로 자신을 오랫동안 분석할 수 있다. 그는 무의식이 없으며 다만 추억을 갖고 있다. 기억은 19세기 프랑스 문학이 경험했던 꿈의 유일한 형태이다. 아직도 이 기억은 끊임없이 구축된다. 그것은 (뒷날 프루스트의 작품에서 그렇게 되는 것과는 달리) 연상·침투가 아니라 상기이다(그러나 프로망탱의 작품에서——이것이 그의 매력들 가운데 하나이지만——연애 사건의 일화적 재구성은 흔히 어떤 순간이나 하나의 장소에 대한 집요한 토로적인 추억으로 넘쳐난다). 이 순수한 주체는 진부함이 없는 세계 속에서 살고 있다. 그에게 일상적인 대상들은 한 폭의 그림이나 '작품 구성'에 속할 수 있을 때에만 존재한다. 그것들은 관례적 존재를 결코 지니고 있지 못하며, 이런 관례를 넘어서 사유하는 주체를 방해할 수는 더더욱 없다. 이것이 미래의 소설에서 일어나게 되는 것이다(그러나 프로망탱은 마음만 먹었다면 진부한 것들도 창안해 낼 수 있었을 것이다. 젖은 리넨천으로 뿌리가 덮인 그 진달래꽃 다발이 이를 증언하는데, 이 꽃다발은 미래의 남편이 약혼녀에게 주는 상당히 우스꽝스러운 선물이다). 끝으로 고전주의적인 훌륭한 심리학에 따르면 주체의 모든 연애 사건은 어떤 의미가 있어야 하고, 이 의미는 일반적으로 연애 사건이 끝나는 방식 자체이다. 《도미니크》는 이른바 '지혜의 교훈'이라는 도덕적인 교훈을 포함하고 있다. 휴식은 가능한 드문 행복의 하나이며, 자제하는 정신이 있어야 하고, 낭만적인 공상은 비난받아 마땅하다는 것이다. 그래서 순수한 주체는 결국 자신의 땅과 농부들을 지혜롭게 이용하게 된다. 이것이 대략적으로 볼 때 《도미니크》의 이데올로기적 자료(이 말은 다소 법률적이지만 감수해야 한다. 문학은 소송 상태에 있기 때문이다)라 불릴 수 있는 것이다.

이 자료는 상당히 슬프지만, 다행히도 《도미니크》를 고갈시키지는 못한다. 프로망탱이 (정치에서도 문학에서도) 결코 혁명적이 아니라서가 아니다. 그의 소설은 한결같이 지혜롭고, 순응주의적이며, (우리가 그 후 현대성이 해방시킨 모든 것에 대해 생각한다면) 심지어 소심하고, 무거운 심리적인 기의(signifié, 記意)에 꼼짝 못하고 있으며, 점잖게 말하는 언술에 사로잡혀 있고, 이런 언술을 넘어서 기표·상징·관능성이 확산되는 데 많은 어려움이 있다. 적어도 모든 글쓰기가 지닌 애매성 때문에 이 이데올로기적 텍스트는 틈새들을 포함하고 있다. 이 위대한 관념주의적 소설을 보다 물질적으로—— 보다 유물론적으로 ——재주조하는 것이 가능하다 할 것이다. 텍스트로부터 최소한 그것이 우리에게 전해 줄 수 있는 모든 다의성을 끌어내자.

《도미니크》의 '주체'(프랑스어에서 이 낱말의 애매성을 즐기자——영어에서는 그것이 사라질 것이다—— 책의 '주체/주제(sujet)'는 이야기하는 자이자 동시에 이야기되는 것, 곧 주체와 대상이다), 《도미니크》의 주제는 사랑이다. 그러나 하나의 소설은 순전히 제도적 방식으로만 (예컨대 도서관의 방법적인 분류카드에서) 그것의 '주제'에 의해 규정될 수 있다. 허구적 작품에서 '주제' 보다 훨씬 더 작품의 장소가 그것의 진실일 수 있다. 왜냐하면 바로 장소의 차원(시각 · 냄새 · 숨결 · 체감 · 날씨)에서 기표(signifiant, 記票)는 가장 쉽게 진술되기 때문이다. 장소는 욕망의 모습이 될 위험이 있으며, 이 욕망이 없으면 텍스트는 존재할 수 없다. 이런 점으로 볼 때 《도미니크》는 사랑의 소설이 아니라 전원 소설이다. 여기서 농촌은 단지 배경인 것만이 아니다(배경은 이 책의 가장 명철하고 가장 현대적인 요소를 아마 구성한다 할 묘사의 기회가 된다). 그것은 하나의 정열의 대상이다(화자는 "내가 시골에 대해 지닌 나의 정열이라 부를 수 있는 것"이라고 말한다. 그리고 그가 그렇게 말할 수 있는 권리가 있는 것은 사랑의 의미에서 분명 하나의 정열이 문제이기 때문이다). 농촌에의 정열은 담화에 가을이라는 기본적인 은유를 부여하고 있는데, 이 은유에서 동시에 읽혀지는 것은 한 성격의 슬픔이고, 불가능한 사랑의 절망이며, 주인공이 자신에게 부과하는 포기이고, 폭풍이 지나자 겨울과 죽음으로 필연적으로 흘러가는 하나의 삶이 보여주는 예지이다. 이 정열은 담화에 또한 환유들, 다시 말해 문화적인 관계들을 부여하는데, 이 관계들은 매우 잘 알려져 있고 확실하기 때문에 농촌은 말하자면 어떤 동일화들이 이루어지는 의무적인 장소가 된다. 우선 농촌은 사랑이고, 청년기의 위기이다(이 위기는 참으로 많은 소설들에서 여름방학과 시골의 유년 시절에 연결되어 있다). 관계는 봄과 욕망, 수액과 정액, 식물적 개화와 사춘기의 폭발이라는 은유적 유사에 의해 조장된다(이와 관련해 청춘기의 도미니크가 4월의 어느 목요일 학교가 있는 도시의 근처에서 미친 듯이 산보하는 대목을 읽어보라). 프로망탱은 이러한 문화적 관계를 철저하게 활용하고 있다. 농촌은 그의 주인공에게 사랑의 에덴적인 장소인 것이다. 그곳은 사랑과 접촉하고 사랑을 빨아들이도록 영원히 운명 지어진 공간이다. 다음으로 농촌은 기억이고, 시간의 어떤 균형, 기억의 감미로운(혹은 고통스러운) 청취가 이루어지는 장소이다. 농촌은 또한(그리고 때로는 주요하게) 거처라는 점에서 농촌의 방은 반복의 사원과 같은 곳이 된다. 왜냐하면 도미니크는 그곳에서 수많은 새김과 기록을 통해서 "날짜·수치·상징·상형문자에 대한 그 광적 집착"을 실행하고 있기 때문이다. 이것들은 트랑블(Trembles)이라는 곳을 기념적인 봉인들이 덮여진 무덤으로 만든다. 끝으로 농촌은 서사 이야기이다. 사람들은 그곳에서 한없이 시간에 대해 이야기하고, 자신을 토로하며, 고백한다. (최소한 프로망탱이 속하는 그 후기낭만주의에서) 대자연은 침묵하고 어둡다고 간주된다는 점에서 그것은 순수하고 무한한 말이 출현할 수 있는 중립적 실체이다. 의미의 장소로서 농촌은 소음의 장소인 도시와 대립된다. 우리는 《도미니크》에서 얼마나 도시가 쓸쓸하게 불신받고 있는지 잘 알고 있다. 파리는 인공지능적 의미에서 소음의 생산자이다. 예컨대 도미니크가 수도에 머물 때 그의 사랑·실패·인내의 의미는 뒤죽박죽이다. 이런 측면에 비해 농촌은 삶이 한 운명의 형태로 읽혀질 수 있는 이해 가능한 공간이다. 그렇기 때문에 아마 농촌은 《도미니크》에서 사랑보다도 더 진정한 '주제'라 할 것이다. 농촌에서 사람들은 왜 사는지, 왜 사랑하는지, 왜 실패하는지 이해한다 (보다 정확히 말하면, 사람들은 이 모든 것에 대해 아무것도 이해하지 않기로 결심한다. 그러나 이 결심 자체가 지성의 최고 행위처럼 우리를 편안하게 한다). 사람들은 죽음의 품안이기도 한 어머니의 품안으로 가듯이 그곳으로 피신한다. 도미니크는 영화 〈아스팔트 정글〉의 갱으로 하여금 도시를 탈출하여, 자신이 어느 날 떠났던 시골집의 울타리로 죽으러 오게 만드는 동일한 미친 듯한 움직임을 통해 트랑블로 되돌아온다. 이상한 일이지만, 프로망탱이 전하는 사랑이야기는 우리에게 아무런 관심도 불러일으키지 못할 수도 있다. 그러나 시골에 대한 그의 정열은 우리를 감동시킨다. 밤에 트랑블과 빌르뇌브는 우리의 선망을 불러일으킨다.

이 지극히 순수한 소설(이 작품에서 유일한 관능적 행위는 한 번의 키스이다)은 상당히 심하게 계급 소설이다. 잊지 말아야 할 것은 문학사들이 프로망탱의 상처받은 정열과 낭만적인 환멸을 엄숙하게 상기시키고 있지만 그가 제2제정 시대의 사회에 완전히 통합되었다는 점이다. 마틸드 공주의 살롱에 드나들었고, 나폴레옹 3세로부터 콩피에뉴 성(城)에 초대받았으며, 1867년 만국박람회의 심사위원이었으며, 수에즈 운하 개통식에 참여한 대표단의 일원이었다. 다시 말해 시민으로서 그는 그의 작품의 주인공만큼 자기 시대의 역사적 삶으로부터 전혀 떨어져 있지 않았던 것이다. 이 주인공은 도시와 농촌만큼 사회적으로 추상적인 장소들을 통해서 외관상 진화한다. 사실 프로망탱의 작품에서 농촌은 좀 더 세밀하게 고찰해 보면, 사회적으로 무거운 장소이다. 《도미니크》는 반동적인 소설이다. 제2정은 프랑스 역사에서 거대 산업자본주의가 화재처럼 폭력적으로 전개되었던 바로 그 시기이다. 이와 같은 저항할 수 없는 운동 속에서 농촌이 농부들을 통해 나폴레옹의 파시즘을 위해 어떤 선거적 기여를 했던 간에, 그곳은 이미 시대착오적인 장소를 나타낼 수밖에 없었다. 피난처·꿈·비사회성·탈정치화 등 역사의 쓰레기 한 무더기가 그곳에서 이데올로기적 가치로 변모되고 있었다. 《도미니크》는 자본주의의 약진이 낳은 아무도 원하지 않는 버려진 계층을 직접적으로 등장시킨다(비록 간접적인 언어를 통해서라 할지라도 말이다). 이들 소외 계층이 살아남기 위해 요구받는 것은 역사가 그들을 내동댕이친 그 유기를 영광스러운 고독으로 변모시키라는 것이다("나는 혼자였으며, 내 혈통에서 혼자였고, 내 신분에서 혼자였다"라고 주인공은 말한다). 이 소설에서 야망을 부여받은 인물은 단 한 사람이다. 그는 고상한 사심 없음을 표현하는 고대의 문장들을 통해 권력 다툼에 합류하고 싶어 하는데, 이런 사심 없음은 부정을 통해 그의 탐욕을 나타내고 있다. 그는 다름 아닌 가정교사 오귀스탱이다. 그는 성(姓)이 없다. 그는 사생아인데, 이런 상황은 야망 있는 자가 되기 위한 낭만직인 좋은 소선이다. 그는 공장도 주식도 없는 사람들에게 19세기가 양보하는 유일한 힘의 길인 정치를 통해서 출세하고 싶어 한다. 그러나 다른 사람들은 실망한 계급에 속한다. 순수한 귀족인 올리비에는 결국 자살하려 하거나 훨씬 상징적인 것이지만 자신의 얼굴을 흉하게 만들어 버린다(그는 자살까지 실패한다. 그리하여 귀족은 더 이상 얼굴이 없다). 도미니크 역시 귀족인데 도시로부터 달아나고(이것은 고도한 사교생활·재정 상태·권력이 결합된 상징이다), **신사 농부**, 다시 말해 소영농자의 상태와 유사해질 때까지 추락한다. 이런 양상은 모든 소설이 **지혜**라는 이름으로 인정하려고 애쓰는 실추이다. 우리가 망각해서는 안 되는 것이지만, 지혜는 (자신의 땅과 자신의 노동자들을) 잘 개발/이용하는 데 있다. 지혜는 확장 없는 개발/이용이다.

따라서 도미니크 드 브레의 사회적 지위는 도덕적이면서 동시에 반동적이다. 그것은 친절한 가부장제의 형태로 승화되어 있다. 남편은 한가하다. 그는 사냥을 하고 추억을 가지고 소설을 쓴다. 아내는 가계부를 쓴다. 그는 허리가 굽거나 휘어진 막노동꾼들인 경작자들 사이를 왔다 갔다 한다. 그들은 주인에게 인사를 하기 위해 더욱 몸을 굽힌다. 그녀는 친절을 나누어 줌으로써 소유지를 정화시키는 임무를 띠고 있다("그녀는 약품, 란제리제품, 큰 땔나무와 포도덩굴을 처분하는 열쇠들을 지니고 있었다" 따위). 교차하여 연결시킨 것을 보면 한쪽에는 책(소설)과 착취가 있으며, 다른 한쪽에는 (장부) 책들과 자비가 있다. "이 모든 것을 그는 직책상의 속박으로서가 아니라 지위·재산·출신에 따른 의무로서 지극히 단순하게 수행했다."(대략적으로 프로망탱 자신이라 할) 첫번째 화자가 두번째 화자의 언어에 부여하는 '단순성'은 계급적인 행동들을 자연스럽도록 해줄 수 있는 문화적 기교에 불과한 게 분명하다. 이와 같은 '연극적인' 단순성(왜냐하면 우리에게 **그것이 언급되기** 때문이다)은 문화적 의식(儀式)들이 침전된 후 그 위에다 발라 놓은 옻칠과 같다. 예술(회화·음악·시는 도미니크의 위대한 사랑에 참조의 역할을 한다)과의 접촉 행위와 대화의 문체(인물들은 우리가 '엄격한 문체'라 부를 수 있는 그 이상한 언어를 말한다. 이 언어의 결구(結句)들이 적용되는 대상이 사랑·철학·심리학 등 그 무엇이든 말이다)가 그런 의식들이다. 이것들은 종교와 관련된 라틴어 번역본들과 개론서들로부터 비롯된다(예를 들어 보자. "자기 지방의 소멸 속으로 되돌아가는 것" 같은 문장은 고해신부의 문체이다). 고급한 언어는 인간관계의 물질성을 승화시키는 방법일 뿐 아니라 이런 관계 자체를 창조한다. 예컨대 마들렌에 대한 도미니크의 모든 사랑은 이전의 모든 책으로부터 비롯된다. 그것은 단테가 파올로와 프란체스카의 정념을 란슬롯과 기네비어의 정념에서 끌어낸 이래 사랑 문학에서 잘 알려진 주제이다. 도미니크는 다른 사람들의 책에서 자신의 이야기를 재발견하고는 놀란다. 그는 그것이 그 책으로부터 비롯된다는 것을 모른다.

그렇다면 육체는 사회적이면서 도덕적인(이는 육체를 추방하기 위한 두 가지 이유이다) 이 소설에 부재하는가? 전혀 그렇지 않다. 그러나 전혀 직접적으로는 에로스의 길이 아닌 길을 통해서 소설은 육체를 다룬다. 그것은 일종의 숭고한 언어인 대단히 비장한 표현의 길이다. 이런 언어는 프랑스 낭만주의의 소설들과 회화들에서 재발견된다. 몸짓들은 그것들의 육체적 영역에서 벗어나 있고 (육체에 대한 두려움과 매우 흡사한 어떤 조급함을 통해) 관념적인 의미에 직접적으로 관계되어 있다. 사랑하는 여자 앞에 무릎을 꿇는 일(다시 말해 그녀의 발 아래, 말하자면 **그녀 아래** 엎드리는 일)보다 더 관능적인 게 무엇인가? 우리의 소설에서 이러한 에로틱한 처신은 도덕적인 토로의 '움직임'(이것은 모든 고전주의 문명이 지속적으로 육체로부터 영혼으로 옮겨놓은 낱말이다)과 용서의 요구를 위해서만 오로지 제시된다. 우리에게 화자는 마들렌과 관련해 "내가 결코 잊지 못할 화난 여인의 몸짓"에 대해 이야기하면서, 화난 동작이 육체의 거부에 불과하다는 점을 모르는 체한다(여기서 매우 기만적인 동기들로 작용하는 게 어떤 것이든 말이다. 왜냐하면 사실 마들렌은 도미니크를 욕망하고 있기 때문이다. 결국 그 동작은 정확히 거부에 불과하다). 현대적인 표현을 쓴다면 우리는 프로망탱의 텍스트(게다가 이 텍스트는 시대의 한 언어 전체를 요약하고 있다)에서 기의가 기표를 즉시 **훔치고** 있다고 말할 수 있을 것이다.

그러나 이 기표(육체)는 되돌아온다. 마치 그것이 도둑맞은 바로 그 지점으로 되돌아와야 하는 것처럼 말이다.[22] 그것이 되돌아오는 이유는 여기서 (상호적인 체념의) 숭고한 방식으로 이야기되는 사랑이 **동시에** 하나의 병으로 취급되기 때문이다. 이 기표의 나타남은 육체적 위기의 나타남이다. 그것은 미약처럼 도미니크를 전율케 하고 열광시킨다. 그는 민중 설화에서처럼 (미약을 마셨기 때문에) 미친 듯한 산책에서, 다시 말해 위기의 상태에서 만나는 첫번째 사람을 사랑하지 않은가? 이와 같은 병에 대한 수많은 치유책들이 추구되지만 이 병은 말을 듣지 않는다(게다가 여기서도 또한 치유책들은 마법사들의 요법에서나 생각될 수 있는 특권적인 치유책들이다. 도미니크는 오귀스탱에 대해 이렇게 말한다. "그는 나에게 나 자신을 치유하기를 권했지만, 그 방법은 그가 나한테 어울리는 유일한 방법이라고 생각한 것이었습니다"). 위기가 (불완전하게) 지나가자, 휴식이 필요하다("나는 매우 지쳐 있습니다… 나는 휴식이 필요합니다")──그렇기 때문에 농촌으로의 떠남이 이루어진다. 그러나 불완전한 혹은 허위적 질병학적 묘사라도 되는 것처럼 장애의 중심, 곧 성(性)은 결코 명명되지 않는다. 《도미니크》는 성이 없는 소설이다(기표의 논리는 이러한 부재가 이미 이 책에 제목을 부여하는 이름의

---

[22] 에드가 앨런 포의 〈도둑 맞은 편지〉에 대한 정신분석학자 자크 라캉의 분석을 암시하고 있다.〔역주〕

흔들림 속에 새겨지고 있음을 말하고 있다. 왜냐하면 도미니크는 남성과 여성의 이중적 이름이기 때문이다). 모든 것은 **육체적 외피를 넘어서** 짜여지고, 전개되며 결론이 난다. 이야기가 진행되는 동안 두 번의 가벼운 쓰다듬기만이 일어난다. 그런 만큼 우리는 그것들이 그것들 자체가 개입되는 관능적으로 비어 있는 그 환경에서 어떤 폭발을 끌어내는지 상상할 수 있다. 드 니에브르 씨와 약혼한 마들렌은 "남작의 손에 자신의 장갑 벗은 손을" 포개 놓는다(손에서 **장갑을 벗은 것**은 피에르 클로소프스키[23]가 많이 이용했던 에로틱한 가치를 지닌다). 바로 거기에 모든 부부관계가 있다. 한편 불륜관계(결코 완성되지는 않지만)는 단 한 번의 키스만을 만들어 낸다. 이 키스는 마들렌이 화자와 영원히 결별하기 전에 그에게 부여하고 회수한다. 한 번의 키스를 위해 소설 한 권이 하나의 인생 전체가 필요한 것이다. 여기서 성은 **극도로 아끼는** 경세에 예속되어 있다.

지워지고 중심에서 벗어난 성욕은 다른 곳으로 간다. 어디로? 역시 육체적인 거리들을 생산할 수 있는 감동성으로 간다. 도덕에 의해 거세된 이 세계(대략적으로 말해 부르주아의 낭만적 세계)의 인간, 수컷은 통상 여성적이라고 간주되는 태도들을 취할 권리가 있다. 그는 (손을 위협적인 동작으로 남근처럼 쳐든 복수적이며 거세적인 여자 앞에서) 무릎을 꿇고, 넋을 잃는다("나는 몸이 굳어져 타일 바닥에 무너졌습니다"). 성이 일단 막히자,

---

23) 피에르 클로소프스키(Pierre Klossowski, 1905-2001): 초현실주의와 니체의 영향을 많이 받은 프랑스의 소설가로서 에세이스트·철학자·시나리오작가·배우·화가로도 활동했다. 주요 작품으로 《나의 이웃 사드》 등이 있다. 〔역주〕

생리학은 호화롭게 된다. (문화적이기 때문에) 법적인 두 개의 활동이 에로틱한 폭발의 영역이 된다. 하나는 음악이고(언제나 음악의 효과는 마치 오르가슴인 것처럼 과도하게 묘사된다. "마들렌은 숨을 헐떡거리며 듣고 있었습니다…"), 다른 하나는 산책(다시 말해 대자연이다. 도미니크의 고독한 산책, 마들렌과 도미니크의 승마 산책)이다. 마땅히 우리는 신경과민의 방식으로 체험되는 이러한 두 활동에 마지막 중요한 대체물을 덧붙일 수 있는데, 다름 아닌 글쓰기 자체이다. 아니면 적어도 언술 행위이다. 왜냐하면 그 시대는 말을 글쓰기와 대립시키는 현대적 구분을 하지 않고 있기 때문이다. 웅변적인 훈련이 어떠하든, 바로 성적인 장애가 젊은 도미니크의 시적인 편벽성으로 이동하고, 추억하고 감동하는 성인의 고백 속으로 이동한다. 소설에는 두 명의 화자가 있는데, 어떤 의미에서 그 이유는 불행하고 실망스런 에로틱한 활동의 대체물인 **표현적인 실천**이 두번째 화자(첫번째 화자의 고해신부이자 책의 저자)가 담당하는 단순한 문학적 담화와 구분되어야 하기 때문이다.

이 소설에는 육체의 마지막 전이가 있다. 그것은 주인공의 모든 담화를 조정하는 미친 듯한 마조히즘이다. 이 개념이 일반 독자의 영역에 떨어지자, 그것의 단순성에 만족할 수 없는 정신분석학은 그것을 점점 버려가고 있다. 우리가 여기서 다시 한 번 그것에 유념하는 것은 바로 그것이 지닌 문화적 가치 때문이다(《도미니크》는 **틀에 박힌** 방식으로 마조히즘적 소설이다). 또 그 이유는 이 개념이 우리가 이야기했던, 계급적 실망의 사회적 테마와 어렵지 않게 혼동되기 때문이다(두 개의 비판적 담화가 단 하나의 동일한 작품 위에서 이루어질 수 있다는 점, 바로 이것이 흥미 있다. 결정들의 결정 불가능성은 한 작품의 문학적 특수성을 **입증한다**). 하나의 계급(귀족 계급)이 권력으로부터 멀어져 오래된 소유지 속에 가족과 함께 파묻히는데, 이런 사회적 좌절에 사랑하는 두 사람의 행동 실패가 부합한다. 서사 이야기는 세 개의 차원에서 사회적인 것에서 에로틱한 것에까지 커다란 장례적 주름천으로 덮여 있다. 이것은 피곤한 아버지의 이미지로 시작된다. 그는 가을 햇살이 창백하게 비치는 가운데 정원의 담장 앞에서 등나무 지팡이에 의지해 몸을 끌고 가고 있다. 모든 인물들은 살아 있는 죽음 속에서 끝이 난다. 그들은 얼굴이 일그러지고(올리비에), 납작해지고(오귀스탱), 영원히 거부되고(마들렌과 도미니크) 치명상을 입는다(쥘리). 무(無)의 관념이 《도미니크》의 사람들을 끊임없이 괴롭힌다("그는 아무도 아니었다. 그는 모든 사람을 닮아 있었다" 등). 그러나 이 무는 조금도 기독교적 진정성이 없다(종교는 순응주의적인 배경에 불과하다). 그것은 실패의 강박적인 산물에 불과하다. 사실 사랑은 이 이야기, 이 페이지들 내내 엄격하게 마조히즘적 경제에 따라 **구축되어** 있다. 욕망과 좌절은 한 문장의 두 부분, 문장이 지녀야 할 의미에 따라 필요한 두 부분처럼 사랑 속에 결합된다. 사랑은 실패의 전망 자체 속에서 태어나며, 그것은 그것이 불가능하다는 게 확인되는 순간에만 명명될 수 있다(인정이 될 수 있다). 마들렌은 이렇게 말한다. "내가 얼마나 당신을 사랑하는지 당신이 안다면…! 오늘은 그걸 고백할 수 있어요. 왜냐하면 그것은 우리를 갈라 놓은 금지된 말이기 때문이에요." 매우 현명한 이 소설에서 사랑은 바로 고문 기계이다. 그것은 접근하고, 상처를 주며, 태우지만 죽이지는 않는다. 그것의 조작적 기능은 **불구로**

만드는 것이다. "마들렌을 잃어버렸는데 나는 그녀를 사랑하는구나!"라고 도미니크는 외친다. 그 반대로 읽어야 한다. 즉 마들렌을 잃어버렸기 때문에 나는 그녀를 사랑한다. 결국 사랑을 정의하는 것은 오래된 오르페우스 신화에 따라 상실 자체이다.

(프로망탱의 책에서 묘사되는 것 같은) 사랑의 정열이 지닌 강박적인 성격은 사랑의 서사 이야기가 지닌 구조를 결정한다. 이 구조는 복합적이다. 그것은 두 개의 체계를 뒤섞는다(이러한 불순이 아마 소설을 규정한다 할 것이다). 하나는 드라마틱한 체계이고, 다른 하나는 유희적인 체계이다. 드라마틱한 체계는 위기의 구조를 책임지고 있다. 그것의 모델은 유기체적이다(태어나고, 살아가며, 투쟁하고 죽는 것이다). 하나의 바이러스와 땅덩이(사춘기와 농촌)의 만남으로부터 태어난 정열은 정착하고 포위한다. 그런 다음 그것은 장애물(사랑하는 여인의 결혼)과 대결한다. 여기서 죽음(체념, 은거)으로 해결이 나는 것은 위기이다. 서술적 차원에서 보면, 모든 드라마틱한 구조에서 원동력은 **서스펜스**이다. 즉 그것은 어떻게 결말이 날까?라는 질문이다. 설령 우리가 "그것은 좋지 않게 끝날 것이다"라는 사실을 도입부에서부터 알고 있다 할지라도(그리고 이어서 화자의 마조히즘은 지속적으로 이 점을 우리에게 예고한다), 우리는 하나의 수수께끼가 지닌 불확실한 것들(그들은 결국 육체관계를 맺게 될까?)을 체험하지 않을 수 없다. 이러한 측면은 전혀 놀랍지 않다. 독서는 (정신분석학적 의미에서) 변태적 행동에 속하는 것 같고 우리가 프로이트 이후로 자아의 분열로 부르는 것에 의지하고 있는 것 같다. 우리는 그것이 어떻게 끝날 것인지 알고 있으면서도 **또** 알지 못한다. 앎과 기대의 이와 같은 분리(분열)는 비극의 속

성이다. 소포클레스를 읽을 때 누구나 오이디푸스가 그의 아버지를 죽였다는 것을 알지만, 모두가 그 지식으로 전율한다. 《도미니크》에서 사랑의 드라마 전체에 결부된 문제는 최초의 수수께끼와 중복된다. 대체 무엇이 도미니크를 산 채로 묻히는 존재로 만들 수 있었던 말인가? 그러나——이것이 사랑의 소설이 지닌 매우 교활한 측면인데——드라마틱한 구조는 어떤 순간에 정지되고 유희적 구조에 의해 침투당한다. 그래서 나는 반복——우리는 이런 반복이 프로이트가 말하는 아기의 놀이(포르다 vort/da 놀이)에 묘사되어 있음을 재발견한다——의 이원적인 왕복 운동 위에 분절되는 구조를 부동하다고 부르겠다. 그리하여 일단 정념이 정착되고 봉쇄되면, 그것은 욕망과 좌절, 행복과 불행, 정화와 공격, 사랑의 장면과 질투의 장면 사이에서 문자 그대로 **끝이 없는** 방식으로 흔들린다. 아무것도 호소와 반감의 유희를 종결짓는 것을 성냥화시키지 못한다. 사랑의 이야기가 끝나기 위해서는 드라마틱한 구조가 다시 우위에 서야 한다. 《도미니크》에서 수수께끼를 종결시키는 것은 욕망의 해결(이것은 매우 생략적인 해결이다!)인 키스이다. 왜냐하면 이제부터 우리는 두 파트너의 **모든 것**을 알기 때문이다. 이야기에 대한 지식은 욕망에 대한 지식과 합류했다. 독자의 '자아'는 더 이상 분열되어 있지 않으며, 읽을 게 아무것도 없고, 소설은 끝날 수 있으며 끝나야 한다.

이와 같은 회고적 소설에서 가장 놀라운 것은 결국 언어이다(이 책은 아무런 개인 언어적 차이를 나타내지 않기 때문에 각각의 인물과 화자의 언표를 포괄하는 유일한 층위가 이 언어이다). 이 언어는 언제나 **간접적**이다. 그것은 그것이 사물들로 하여금 고도한 추상의 정도에 도달하게 하고 압도적인 일반성을 통해 그것들이 거리를 두게 할 수 있었을 때에만 그것들을 명명한다. 예컨대 오귀스탱이 수행하는 것은 어떠한 동일화도 벗어나는 형태로만 담화에 다다른다. "그의 의지만이 흔치 않은 양식(良識)과 완벽한 올곧음을 바탕으로 기적 같은 일들을 해냈습니다." 어떤 기적들인가? 여기에 매우 신기한 방법이 있다. 왜냐하면 그것은 거의 현대적이 될 정도이기 때문이다(그것은 사람들이 마르그리트 뒤라스의 부정적 수사학이라 불렀던 것을 예고한다). 그것은 지시 대상을 비현실화시키고 말하자면 심리주의를 극도로 형식화시키는 데 있지 않은가(약간의 과감성을 발휘해 그렇게 했다면 소설을 탈심리화할 수 있었을 것이다)? 오귀스탱의 행동들은 암시들의 껍질 속에 묻혀 있기 때문에 이 인물은 결국 모든 육체성을 상실하게 되며, 노동·진실 등의 본질로 귀결된다. 오귀스탱은 하나의 숫자이다. 그런 만큼 《도미니크》는 중세의 한 알레고리만큼이나 놀라움을 가지고 읽혀질 수 있다. 언술의 암시성은 매우 멀리까지 나아가기 때문에 언술은 모호해지고 애매하여 뜻을 알 수 없게 된다. 오귀스탱은 야심이 있다고 끊임없이 우리에게 언급되지만 그의 성공 영역이 어떤 것인지는 매우 늦게 가서야 지나가면서 언급된다. 마치 그가 문학·연극 혹은 정치에서 성공하고자 하는지 아는 게 우리의 관심 밖에 있는 것처럼 말이다. 기교적으로 보면, 이러한 거리는 **요약**의 거리이다. 왜냐하면 태도들·행위들·동기들의 다양성이 총칭적인 낱말(사랑·정열·노동·의지·존엄성 등)로 끊임없이 요약되기 때문이다. 언어는 그것의 이른바 원천을 향해 거슬러 올라가려고 시도하는데, 이 원천은 대문자 본질이고 최소한 철학적으로 말하면 장르이다. 바로 이 점에서 《도미니크》는 근원의 소설이다. 화자는 추상 속에 몰입함으로써, 언어에 사실('사실주의적' 시각)이 아니라 관념('관념론적' 시각)인 하나의 기원을 강제한다. 따라서 아마 우리는 지속적으로 간접적인 이 언어의 이데올로기적 모든 이점을 보다 잘 이해할 수 있을 것이다. 이 언어는 'correction'[24]이라는 낱말의 모든 가능한 의미들을 존중한다. 《도미니크》는 'correct'한 책이다. 왜냐하면 그것은 어떠한 시시한 재현도 피하기 때문이다(우리는 포도 수확을 축하하기 위해 구운 간을 제공받는 포도 재배자들인 낮은 계급의 존재들을 제외하면, 인물들이 무엇을 먹는지 결코 알지 못한다). 왜냐하면 그것은 훌륭한 문학적 문체에 대한 고전적인 가르침들을 존중하기 때문이다. 왜냐하면 불륜에 대해 눈에 띄지 않는 발산, 즉 회피된 불륜의 발신민이 주어지기 때문이다. 왜냐하면 끝으로 이 모든 수사학적 거리들은 형이상학적 계층 체계를 상동적으로 재현한다. 이 계층 체계는 영혼을 육체와 분리한다. 왜냐하면 이 두 요소의 있을 수 있는 만남이 취향·도덕·언어의 어떤 무서운 전복, 가공할 과오를 구성하기 위해선 그것들이 분리되어야 하기 때문이다.

오귀스탱은 자신의 제자에게 이렇게 말한다. "제발 부탁하건대, 합리적인 것이 아름다운 것의 적이라고 말하는 자들을 결

---

24) 이 낱말은 수정·퇴고·고정·조정·정확성·올바름 등의 의미가 있다.〔역주〕

코 믿지 마세요. 왜냐하면 그것은 정의와 진리의 분리 불가능한 친구이기 때문입니다." 이런 종류의 문장은 오늘날 대체적으로 이해 가능하다. 우리가 우리의 놀라움에 보다 문화적인 형태를 부여하고자 한다 해도, 마르크스·프로이트·니체·말라르메를 읽은 다음에야 누가 그것을 들을 수 있겠는가? 《도미니크》의 시대착오는 확실하다. 그러나 그것을 구성하는 거리들 가운데 몇몇을 재검토할 때 내가 말하고자 한 바는 이 책을 읽을 필요가 없다는 것이 아니었다. 그 반대로 나는 강력한 그물망의 윤곽을 지적함으로써 이런 소설이 현대 독자에게 야기할 수 있는 이를테면 저항을 청산하고자 했다. 그리하여 실질적인 독서를 해 나가는 과정에서 한 마법적 글쓰기의 특징들이 나타나도록 하고 싶었다. 이 특징들은 보이지 않게 열기의 효과를 통해 조금씩 분절되어, 《도미니크》가 버티고 있는 이데올로기적 감옥의 틈새들이 된다. 마침내 읽을 수 있는 글쓰기를 생산해 내는 이 열기는 우리 즐거움의 열기이고 또 그럴 것이다. 이 소설에는 수많은 즐거움의 구석들이 있으며, 이것들은 우리가 주목했던 소외들과 반드시 구분되는 것은 아니다. 문장들의 재치 있는 솜씨, 우리가 어떤 낭만주의적인 그림들에서 끌어내는 즐거움만큼이나 파고드는 관능성, 다시 말해 농촌 묘사들의 섬세하고 가벼운 그 관능성, 그리고 보다 일반적으로 처음에 우리가 언급했듯이, 은거·휴식·균형에 대한 모든 관념과 결부된 환상적 충만함(나는 에로티시즘이라고까지 말하겠다), 이런 것들이 생산하는 어떤 주술적 매혹이 있다. 우리가 각성 상태에 있을 때, 다시 말해 우리가 가치들의 필연적 언어를 말할 때 순응주의적 삶은 가증스럽다. 그러나 피로하거나 쇠약한 순간들에,

인간관계의 언어적 현기증이나 도시의 소외가 절정일 때, 회고적 꿈은 불가능하지 않다. 트랑블에서 삶이 그런 것이다. 그때 모든 것들은 뒤집어진다. 그래서 《도미니크》는 우리에게 불법적인 책처럼 나타난다. 우리는 그 속에서 어떤 악마의 목소리를 지각하기 때문이다. 이 악마는 값이 비싸고 죄가 있다. 왜냐하면 그는 우리를 한가함·무책임·집, 한마디로, 지혜로 초대하기 때문이다.[25]

---

25) 이탈리아어로 번역된 《도미니크》(Turin, Einaudi, 1972)에 서문으로 씌어졌다. 〔역주〕

작가 연보

1820년 10월 24일 대서양 연안의 라로셸에서 의사인 아버지와 식물학자인 어머니 사이에서 태어나다. 1821년에 태어난 플로베르와 보들레르와 같은 세대에 속하다. 가족은 라로셸에서 멀지 않은 생모리스에 농지를 소유하고 있고 이곳은 《도미니크》의 영감의 주요 원천이 된다.

1830년 라로셸의 콜레주에 입학하다.

1834년 어린 시절의 여자 친구로서 사랑하게 된 레오카디 쉐세(Léocadie Chessé)가 증권(환)중개인 에밀 베로(Emile Béraud)와 결혼하다.

1838년 내학입학자격시험에 합격하다. 습작 시와 번역 작업을 시험 삼아 해보다.

1839- 레오카디의 연인이 되어 정념을 불태우다. 어머니의 반대와 권유로 파리로 떠나 1844년 법 공부를 시작하다. 1843년에 법학사 학위를 획득하다. 가족들의 분개에도 불구하고 레오카디와 관계를 계속하다. 레오카디가 암에 걸려 사망함으로써 슬픔 속에서 이 관계가 청산되다. 레오카디와의 사랑은 《도미니크》 속에 융해된다. 아버지가 승낙을 주저함에도 불구하고 화가로서의 소명을 자각하다.

1845년 친구 벨트르미외(Beltremieux)가 라로셸의 프리메이슨단 지부에 소개하다.

1846년 최초로 알제리 여행을 하다.

1847년 최초로 살롱전에 그림 세 점을 출품하다. 가족과의 단절을

1848년 다시 알제리를 여행하고 있을 때 2월 혁명이 발발하다. 돌아와 파리에 정착하다.

1849년 살롱전에 동방 취향의 그림들을 출품하다.

1952년 마리 카벨레 드 보몽(Marie Cavellet de Beaumont)과 결혼해 함께 세번째이자 마지막 알제리 여행을 떠나다.

1854년 편지 형식의 여행 이야기 《사하라에서의 여름 Un été dans le Sahara》을 출간하다(잡지에 연재되었다 1857년에 책으로 출간됨).

1859년 여행 이야기 《사엘에서의 일 년》을 출간하다. 주기적으로 그림들을 살롱전에 출품하다. 고티에와 보들레르로부터 재능을 인정받다. 후자는 그의 작품에 대해 "그의 영혼은 내가 알고 있는 가장 시적이고 가장 값진 영혼의 하나이다"라고 평가하다. 레지옹도뇌르 훈장을 받다. 《도미니크》의 집필을 시작하다.

1862년 마틸드 공주의 살롱에 드나들다. 나폴레옹 3세가 그를 콩피에뉴 성(城)에 초청하다. 4월 15일, 5월 1일 그리고 5월 15일에 소설 《도미니크》가 문예지 《르뷔 데 되 몽드 Revue des deux mondes》에 실리다. 조르주 상드가 격찬하면서 조언을 주다.

1863년 소설이 아쉐트사에서 출간되다. 그림을 계속하다.

1867년 만국박람회 심사위원으로 임명되다. 아버지가 사망하다.

1869년 수에즈 운하 개통식에 초청받다. 이를 기회로 이집트에 두 달 머물다.

1870-1871년 프러시아와의 갈등이 나타나고 제2제정이 무너지다. 생모리스에서 낙담한 상태에서 역사적 사건들을 논평하다. 파리코뮌 가담자들에 대해 호의적이지 않다.

1875년 벨기에와 네덜란드를 몇 주간 여행하다.
1876년 이로부터 루벤스·렘브란트·반 에이크·멤링 등을 중심으로 플랑드르와 네덜란드 회화를 연구한 《옛 거장들 Les Maîtres d'autrefois》을 출간하다. 8월 27일 일종의 옹(癰)으로 사망하다.

역자 후기

역자가 《도미니크》를 번역하게 된 동기는 프랑스의 세계적인 기호학자이자 문필가인 롤랑 바르트의 《글쓰기의 영도》를 번역하면서 이 소설에 흥미를 느꼈기 때문이다. 그는 이 책에 〈프로망탱: 《도미니크》〉라는 연구를 실어 놓고 있는데, 사실 이것은 그가 소설의 이탈리어판 서문용으로 연구해 내놓은 것이다. 역자는 바르트의 분석을 읽으면서 이 작품이 지닌 문학사적 위상과 가치를 새롭게 인식했고, 그것이 국내에 번역되어 나와 있는지 알아본 결과 아직 번역되지 않았다는 사실을 확인했다. 그리하여 프랑스에 책을 주문하여 번역을 시작하게 되었고 소설의 독창성과 풍요로움을 감상할 수 있게 되었다.

프로망탱은 아버지의 뜻에 따라 법학을 전공했지만 결국 예술의 길을 선택해 화가로서 활동했다. 들라크루아의 영향을 많이 받은 것으로 알려진 그의 회화적 특징은 알제리-아프리카 여행을 통해 개척한 동방 취향으로 요약되지만 보들레르가 지적했듯이 거기에는 시적인 영혼을 담아내는 화가만의 감성이 녹아 있는 것으로 평가받고 있다. 알제리의 북부 지방의 주도(州都)인 블리다 근처에 있는 치파 협곡을 소재로 한 《치파 협곡》(1847)에서부터 성공을 거두어 《매사냥》(1863) 《아랍기병의 주둔》(1870) 《아랍인들》(1871) 등의 대표작을 남겼다. 그러나 그는 화가로서만 만족하지 않고 알제리 여행을 담은 여행기들을 쓰게 된다. 그 결과 나온 것이 《사하라의 여름》(1857)과 《사엘에서의 일 년》(1858)이며, 그가 타계한 해에는 벨기에와 네덜란드를 여행해 플랑드르파와 네덜란

드파에 대한 예술평론서인 《옛 거장들》(1876)을 내놓게 된다. 이러한 글쓰기의 과정에서 그가 소설 창작에 도전하여 나온 것이 그의 유일한 문학 작품인 《도미니크》이다. 이 작품을 통해 그는 화가로서보다는 소설가로서 명성을 누리게 되며, 프랑스문학사에 족적을 남기는 위상을 확보하게 된다.

《도미니크》는 흔히 프로망탱이 젊은 날에 경험한 비극적 사랑이 바탕이 되기 때문에 '자전적 소설'이라고 언급되고 있지만 픽션 속에 체험적인 요소들이 있는 것은 당연하기에 그런 단순한 지적은 진부하다 할 것이다. 소설은 상상력을 통해 예술의 차원 속에 체험을 녹여내기 때문에 독자가 전기적 요소들을 무시해도 아무 문제가 되지 않는다. 프로망탱이 사랑했던 레오카디와 도미니크가 사랑한 마들렌 사이에는 예술이 파놓은 심연이 가로놓여 있다. 전자의 사랑이 운명을 극복할 수 없는 현실적 사랑이라 한다면, 후자의 사랑은 픽션 속의 사랑으로 작가 프로망탱이 창조적 역량을 통해 전자의 숙명성을 극복하는 지평에 위치한다. 작품 창조는 인간이 넘어설 수 없는 어둡고 고통스러운 운명적 현실이 없다면 불가능하다. 해체철학의 입장을 거론하지 않는다 해도, 삶과 죽음, 사랑과 증오, 선과 악, 만남과 이별, 청춘과 늙음, 행복과 불행, 아름다움과 추함과 같은 이원적 조건은 우리가 의미를 추구하는 데 있어서 인간으로서 감당해야 할 숙명적인 몫이다. 그러니까 현실의 양면 가운데 부정적인 면들은 긍정적인 면들을 누리기 위해서 짊어져야 할 짐인 것이다. 불행이 없으면 행복을 향한 투쟁이나 노력이라는 의미 자체가 소멸한다. 따라서 의미론적 차원에서 보면, 현실에서는 운명이 극복 불가능하다. 하지만 예술 속에서 작가는 이 양면을 신처럼 전능한 차원에서 마음대로 요리하고 상상력을 무한히 확대하면서 인간만의 의미를 창출하는 유희를 즐길 수 있다. 그는 의미를 낳는 갈등의 패러다임인 두 세계가 있음으로써만

가능한 '의미의 논리'를 창조의 장에서 펼쳐내 현실의 비극을 넘어설 수 있으며, 독자는 문학 작품을 감상할 수 있다. 비극·증오·이별·갈등·위기가 없는 사랑의 드라마는 드라마가 될 수 없으며 스토리 자체가 성립되지 않는다. 그리하여 프로망탱은 《도미니크》에서 '반(反)운명'의 세계인 예술만의 '초(超)세계' 속에 들어가는 것이다.

이런 관점에서 《도미니크》는 프로망탱이 '초라한(médiocre)' ──고만고만하고 보잘것없으며, 시시하고 빈약한──시대로 규정한 제2제정 시대가 강력하게 받쳐 주고 있다 할 것이다. 작품에서도 주인공 도미니크는 이미 자신을 아무것도 아닌 하찮은 존재로 규정함으로써 시대와 사회를 반영하고 있다. 그러나 위대한 자도 위대한 작품도 나오지 않고 역사의 꿈도 소멸한 이 초라한 현실은 역설적으로 이 특이한 작품을 창조하게 해주는 동인이 된다. 현실이 꿈을 꾸게 하고 역사가 피 끓는 청춘을 부르는 마법을 발휘할 때, 농촌에 묻혀 사연과 하나 되는 탈(脫)역사적인 신화를 구현하는 주인공의 삶은 성립될 수 없고 소설의 이야기는 전개될 수 없다. 그러니까 이 작품에서 발자크나 플로베르의 소설과는 달리 역사적 사건들이나 시대 상황이 거의 묘사되지 않고 부재하는 비역사적 특징은 오히려 역사의 현실을 하나의 관점에서 충실하게 반영하고 있는 셈이다. 역사를 드러내는 방법의 하나는 역사에 아무런 관심도 보이지 않는 것일 수 있다. 소설가와 소설의 주인공 도미니크를 통해 드러나는 '초라함'의 주제는 올리비에라는 인물이 숙명적으로 싸우는 '권태'와 더불어 초시대적 울림을 지니며 독자의 영혼에 다가올 수 있다.

역자는 액자 소설의 구조를 지닌 《도미니크》에 대한 하나의 해설로 이미 롤랑 바르트의 연구를 제시한 바 있기 때문에 여기서 길게 이야기할 생각은 없다. 다만 바르트가 채택한 사회학적·정신분석학적 관점에서 제시한 독서 이외에도 여러 가지 다른 읽기 방식이 있다는 것을 독자는 염두에 두어야 할 것이다. 도미니크가 오귀스탱 및 올리비에와 형성하는 삼각구도의 도덕성과 그 함정이 문제 될 수 있고, 자아의 문제를 제기하면서 근원적인 나를 찾아가는 자기 탐구가 부각될 수 있다. 또 영혼과 내면의 강력한 상징성을 띠는 자연과 풍경의 묘사가 인상주의와의 관계 속에서 사유될 수 있다. 특히 프로망탱은 인상주의에 대한 상당한 비판을 가한 것으로 알려지고 있다. 도미니크의 시선을 통해 들어오는 모든 풍경은 사실주의적인 미메시스가 아니라 그의 관념적인 영혼 상태를 반영하고 있다. 프로망탱은 《옛 대가들》에서 그림에 정신을 '매개하는 역할'을 부여하면서 이렇게 단언하고 있다. "그리는(묘사하는) 기술은 보이는 것을 통해 보이지 않는 것을 표현하는 기술에 불과하다." 뿐만 아니라 신화비평의 관점에서 소설은 역사를 거부하는 근원으로의 퇴행적 회귀로 읽혀질 수 있으며 도시와 농촌을 보다 깊이 비교하는 이미지 연구로 접근될 수 있다.

이 작품이 프랑스 문인들의 지속적인 관심 속에서 걸작으로 인정되고 있는바 이를 뒷받침하는 몇몇 대가들의 비평을 간략하게 소개하고자 한다. 우선 프랑스 '근대비평의 아버지'로 통하는 생트뵈브(1804-1869)는 인물 묘사에 있어서 프로망탱의 수법을 발자크의 수법과 대조하면서 《도미니크》에 대해 이렇게 명철하게 평가하고 있다. "여행에서 돌아왔을 때 마들렌의 묘사는 훌륭하게 구상되고 제시되고 있다. 이 기회에 여기서 우리는 작가가 그린 아프리카 풍경들에 대해 수행한 몇몇 고찰을 다시 할 수 있을 것이다. 프로망탱은 자신의 풍경화에서 보여준 동일한 표현 방식을 인물들에 적용하고 있다. 그는 인물의 윤곽·안색·머리털 그리고 각 부분에 대한 완벽한 묘사에 만족하지 않고(…) 주요한 특징들, 인상적인 부분, 잊혀지지 않는 것, 움직임이나 몸짓 혹은 번득이는 것에 집착한다. (…) 화가가 된 화자 도미니크는 자신이 진정으로 보고, 듣고 유념할 만한 모티프가 있는 것, 다시 말해 자신의 감정과 관련이 있는 것만을 그림 속에 도입하고 있다(…)."

앙드레 지드는 한 거대 일간지가 자신이 좋아하는 프랑스 소설 열 권을 대보라는 질문을 받자 프로망탱의 작품을 주저하지 않고 포함시켰다. "(…) 나는 《도미니크》를 집어 들고 가는 데 주저하지 않겠다. 이 책의 신중함은 너무도 아름답기 때문에 그것에 대해 말하는 것 자체가 거의 무례하다 할 것이다. 그것은 숭고한 책이 아니라 우정 어린 책이다. 그것은 내밀하게 말하기 때문에 작품을 읽으면서 독자는 자기가 자기 자신에게 말하거나 다른 친구가 필요 없는 것 같은 느낌이 든다. 《도미니크》에는 인위적인 게 아무 것도 없다. 물론 그 속에서 프로망탱은 예술가의 모습을 보이고 있지만 특별히 문인의 모습으로 나타나는 것은 아니다. 그의 문체가 지닌 모든 특질들은 그의 지성과 마음의 특질들 자체이다."

프랑스에서 바슐라르로 서늘러 올라가는 이미지비평 혹은 싱싱력비평의 한 봉우리를 이룬 장 피에르 리샤르는 《문학과 감각 Littérature et Sensation》에서 프로망탱의 작품에 대한 매우 정교한 연구를 보여주고 있다. 그는 소설가의 시선과 사물의 관계에 관심을 드러내면서, '자기 자신과의 일치라 할 감각들의 일치, 곧 균형점'이 공간 속에서 어떻게 추구되는지 파헤치고 있다. "프로망탱의 운명은 슬프고 너무 통상적인 운명이다. 위대한 작품을 창조하겠다는 욕망에 사로잡힌 그는 자신이 무언가 열매를 맺고 유명해지기를 원했다. 그러나 그의 삶은 사람들이 평가한 평범함을 반쯤 동의할 수밖에 없는 운명으로 끝나고 있다. 그는 화가가 되겠다고 결심했지만 대가의 반열에 오르지 못한다. 그는 문학에도 전념하지만 그의 유일한 소설——그의 유일한 걸작——의 주인공은 재능과 야망과 개인적 삶을 자신 안에서 파괴하고 부정하는 데 자신의 모든 재능을 사용하고 있는 것 같다. 《도미니크》를 통해서 프로망탱은 거의 자신의 실패를 자랑하는 것처럼 나타난다. 마치 실패는 받아들여졌고 추구되었으며 삶의 원리로 세워졌는데, 바로 이를 통해서 그것이 폐기되고 극복되고 있는 것처럼 말이다. 따라서 화가와 작가라는 이중의 직업에는 동일한 파산의 분위기가 짓누르고 있다. (…) 그가 인생에서 성공하는 데 무엇이 결여되었던가? 물론 재능이 아니다. 그는 자신이 천부적 재능이 있다는 것을 알고 있었다. 특히 그의 재능 가운데 하나는 그에게 언제나 엄청난 것처럼 나타났다. 그것은 어떤 광경들 앞에서 특이한 감동을 느끼는 재능이었다. (…) 그의 감성과 그의 기억은 '어떤 장소들의 영상, 시간과 계절의 정확한 노트,' 섬광처럼 명료하게 자신 안에 새겨지는 풍경의 뉘앙스와 건축술을 기록하고 간직한다. 그는 거의 즉각적인 촉각의 미묘함을 누리고, 감각적 세계의 온갖 암시에 예민한 육체와 정신의 극도의 과민성을 향유한다. 한 줄기 바람, 한 점 구름, 한 바탕의 비만 와도 그는 동요되고 그의 마음은 사로잡힌다. 그의 감정은 물론이고 생각까지도 그 흐름이 미묘하게 굴절된다. 영혼은 완전히 전율 상태에 있고, 사물들의 애무에 몰두하고, 감각에서 감각으로, 풍경에서 풍경으로 가면서 자기 자신을 추구하고 자기 자신과 일치하지 않을 수 없게 된다. (…) 《사하라의 여름》이나 《사엘에서의 일 년》에 나타나는 강렬한 스케치들에서부터 《도미니크》의 고요한 파노라마들에 이르기까지, 그의 작품은 일련의 이미지들만을 전개시킬 뿐이다. 이 이미지들은 체험된 경험이 간직한 것들이거나 예술에 의해 재구성되고, 《옛 거장들》에서 나타나듯이, 비판적 판단 작용에 의해 재해석된 것들이다. 독자가 뒤적이는 것은 언제나 동일한 앨범이다. 왜냐하면 프로망탱은 어떤 풍경들을 통해서만 바라보기 때문이다. 이 풍경들을 벗어나면 그는 부재와 욕망에 불과할 뿐이다. 바로 그 풍경들 속에서 그는 자신이 존재함을 느끼고, 그것들을 통해 그는 자신의 경험에 방향을 주고 자신의 감정에 무게를 주고자 한다."

여기다가 롤랑 바르트의 연구까지 프로망탱의 《도미니크》가 이처럼 끊임없는 문학비평의 대상이 되어 왔음을 상기할 때, 이 소설을 국내에 번역 소개하는 일은 좀 늦은 감이 없지 않다 하겠다. 역자는 그동안 문학 작품을 거의 번역하지 않고 주로 인문서들을 번역해 온 까닭에 이번 번역은 남다른 감회가 있다. 프로망탱의 때로는 긴 문장으로 된 감성적 언어를 우리말로 옮기는 데 상당한 어려움을 느꼈기에 걱정이 앞선다. 아무쪼록 독자의 아낌없는 질책을 바라마지 않으며 프로망탱만의 문학적 감성을 독자와 함께 나누고자 한다.

번역에 사용된 원전 텍스트는 Eugène Fromentin, *Dominique*, Librairie Générale Française, 2001판이다. 이 텍스트는 투르대학의 필리프 뒤포르 교수가 확정하여 해설하고 주석을 달은 것이다. 역자는 롤랑 바르트의 해설을 제외하면 그가 다양하게 제시한 자료들을 참고하였음을 밝힌다.

2008년 6월 김웅권

김웅권
한국외국어대학교 불어과 졸업
프랑스 몽펠리에3대학 불문학 박사
한국외국어대학교 학술연구교수역임
현재 한남대학교 사회문화대학원 문학예술학과 객원교수
학위 논문: 《앙드레 말로의 소설 세계에 있어서 의미의 탐구와 구조화》
저서: 《앙드레 말로—소설 세계와 문화의 창조적 정복》
《말로와 소설의 상징시학》《앙드레 말로의 문학 세계》
논문: 〈앙드레 말로의 《왕도》에 나타난 신비주의적 에로티시즘〉
(프랑스의 《현대문학지》 앙드레 말로 시리즈 10호),
〈앙드레 말로의 《인간 조건》에서 광인 의식〉(미국 《앙드레 말로 학술지》 27권),
〈동양: '정신의 다른 극점,'
A. 말로의 아시아의 3부작에 나타난 상징시학을 중심으로〉
(미국 《앙드레 말로 학술지》 34권) 외 20여 편
역서: 《천재와 광기》《니체 읽기》《상상력의 세계사》《순진함의 유혹》
《쾌락의 횡포》《영원한 황홀》《파스칼적 명상》《운디네와 지식의 불》
《진정한 모럴은 모럴을 비웃는다》《기식자》《구조주의 역사 II · III · IV》
《미학이란 무엇인가》《상상의 박물관》《그라마톨로지에 대하여》
《어떻게 더불어 살 것인가》《과학에서 생각하는 주제 100가지》
《에로티시즘을 즐기기 위한 100가지 기본 용어》《푸코와 광기》
《실천 이성》《서양의 유혹》《중세의 예술과 사회》《중립》《목소리의 結晶》
《S/Z》《타자로서 자기 자신》《밝은 방》《외쿠메네》《몽상의 시학》
《글쓰기의 영도》《재생산에 대하여》《행동의 구조》
《엠마누엘 레비나스와의 대담》 등 40여 권

도미니크

초판발행 : 2008년 9월 20일

東文選

제10-64호, 78. 12. 16 등록
110-300 서울 종로구 관훈동 74번지
전화 : 737-2795

편집설계 : 李姃旻

ISBN 978-89-8038-641-3 04680

【東文選 現代新書】

1 21세기를 위한 새로운 엘리트	FORESEEN 연구소 / 김경현	7,000원
2 의지, 의무, 자유 — 주제별 논술	L. 밀러 / 이대희	6,000원
3 사유의 패배	A. 핑켈크로트 / 주태환	7,000원
4 문학이론	J. 컬러 / 이은경·임옥희	7,000원
5 불교란 무엇인가	D. 키언 / 고길환	6,000원
6 유대교란 무엇인가	N. 솔로몬 / 최창모	6,000원
7 20세기 프랑스철학	E. 매슈 / 김종갑	10,000원
8 강의에 대한 강의	P. 부르디외 / 현택수	6,000원
9 텔레비전에 대하여	P. 부르디외 / 현택수	10,000원
10 고고학이란 무엇인가	P. 반 / 박범수	8,000원
11 우리는 무엇을 아는가	T. 나겔 / 오영미	5,000원
12 에쁘롱 — 니체의 문체들	J. 데리다 / 김다은	7,000원
13 히스테리 사례분석	S. 프로이트 / 태혜숙	7,000원
14 사랑의 지혜	A. 핑켈크로트 / 권유현	6,000원
15 일반미학	R. 카이유와 / 이경자	6,000원
16 본다는 것의 의미	J. 버거 / 박범수	10,000원
17 일본영화사	M. 테시에 / 최은미	7,000원
18 청소년을 위한 철학교실	A. 자카르 / 장혜영	7,000원
19 미술사학 입문	M. 포인턴 / 박범수	8,000원
20 클래식	M. 비어드·J. 헨더슨 / 박범수	6,000원
21 정치란 무엇인가	K. 미노그 / 이정철	6,000원
22 이미지의 폭력	O. 몽젱 / 이은민	8,000원
23 청소년을 위한 경제학교실	J. C. 드루엥 / 조은미	6,000원
24 순진함의 유혹 〔메디시스賞 수상작〕	P. 브뤼크네르 / 김웅권	9,000원
25 청소년을 위한 이야기 경제학	A. 푸르상 / 이은민	8,000원
26 부르디외 사회학 입문	P. 보네위츠 / 문경자	7,000원
27 돈은 하늘에서 떨어지지 않는다	K. 아르트 / 유영미	6,000원
28 상상력의 세계사	R. 보이아 / 김웅권	9,000원
29 지식을 교환하는 새로운 기술	A. 벵토릴라 外 / 김혜경	6,000원
30 니체 읽기	R. 비어즈워스 / 김웅권	6,000원
31 노동, 교환, 기술 — 주제별 논술	B. 데코사 / 신은영	6,000원
32 미국만들기	R. 로티 / 임옥희	10,000원
33 연극의 이해	A. 쿠프리 / 장혜영	8,000원
34 라틴문학의 이해	J. 가야르 / 김교신	8,000원
35 여성적 가치의 선택	FORESEEN연구소 / 문신원	7,000원
36 동양과 서양 사이	L. 이리가라이 / 이은민	7,000원
37 영화와 문학	R. 리처드슨 / 이형식	8,000원
38 분류하기의 유혹 — 생각하기와 조직하기	G. 비뇨 / 임기대	7,000원
39 사실주의 문학의 이해	G. 라루 / 조성애	8,000원
40 윤리학 — 악에 대한 의식에 관하여	A. 바디우 / 이종영	7,000원
41 흙과 재 〔소설〕	A. 라히미 / 김주경	6,000원

42	진보의 미래	D. 르쿠르 / 김영선	6,000원
43	중세에 살기	J. 르 고프 外 / 최애리	8,000원
44	쾌락의 횡포·상	J. C. 기유보 / 김웅권	10,000원
45	쾌락의 횡포·하	J. C. 기유보 / 김웅권	10,000원
46	운디네와 지식의 불	B. 데스파냐 / 김웅권	8,000원
47	이성의 한가운데에서 — 이성과 신앙	A. 퀴노 / 최은영	6,000원
48	도덕적 명령	FORESEEN 연구소 / 우강택	6,000원
49	망각의 형태	M. 오제 / 김수경	6,000원
50	느리게 산다는 것의 의미·1	P. 쌍소 / 김주경	7,000원
51	나만의 자유를 찾아서	C. 토마스 / 문신원	6,000원
52	음악의 예지를 찾아서	M. 존스 / 송인영	10,000원
53	나의 철학 유언	J. 기통 / 권유현	8,000원
54	타르튀프 / 서민귀족 (희곡)	몰리에르 / 덕성여대극예술비교연구회	8,000원
55	판타지 공장	A. 플라워즈 / 박범수	10,000원
56	홍수·상 (완역판)	J. M. G. 르 클레지오 / 신미경	8,000원
57	홍수·하 (완역판)	J. M. G. 르 클레지오 / 신미경	8,000원
58	일신교 — 성경과 철학자들	E. 오르티그 / 전광호	6,000원
59	프랑스 시의 이해	A. 바이양 / 김다은·이혜지	8,000원
60	종교철학	J. P. 힉 / 김희수	10,000원
61	고요함의 폭력	V. 포레스테 / 박은영	8,000원
62	고대 그리스의 시민	C. 모세 / 김덕희	7,000원
63	미학개론 — 예술철학입문	A. 셰퍼드 / 유호전	10,000원
64	논증 — 담화에서 사고까지	G. 비뇨 / 임기대	6,000원
65	역사 — 성찰된 시간	F. 도스 / 김미겸	7,000원
66	비교문학개요	F. 클로동·K. 아다-보트링 / 김정란	8,000원
67	남성지배	P. 부르디외 / 김용숙	개정판 10,000원
68	호모사피언스에서 인터렉티브인간으로	FORESEEN 연구소 / 공나리	8,000원
69	상투어 — 언어·담론·사회	R. 아모시·A. H. 피에로 / 조성애	9,000원
70	우주론이란 무엇인가	P. 코올즈 / 송형석	8,000원
71	푸코 읽기	P. 빌루에 / 나길래	8,000원
72	문학논술	J. 파프·D. 로쉬 / 권종분	8,000원
73	한국전통예술개론	沈雨晟	10,000원
74	시학 — 문학 형식 일반론 입문	D. 퐁텐 / 이용주	8,000원
75	진리의 길	A. 보다르 / 김승철·최정아	9,000원
76	동물성 — 인간의 위상에 관하여	D. 르스텔 / 김승철	6,000원
77	랑가쥬 이론 서설	L. 옐름슬레우 / 김용숙·김혜련	10,000원
78	잔혹성의 미학	F. 토넬리 / 박형섭	9,000원
79	문학 텍스트의 정신분석	M. J. 벨멩-노엘 / 심재중·최애영	9,000원
80	무관심의 절정	J. 보드리야르 / 이은민	8,000원
81	영원한 황홀	P. 브뤼크네르 / 김웅권	9,000원
82	노동의 종말에 반하여	D. 슈나페르 / 김교신	6,000원
83	프랑스영화사	J. -P. 장콜라 / 김혜련	8,000원

84	조와(弔蛙)	金敎臣 / 노치준·민혜숙	8,000원
85	역사적 관점에서 본 시네마	J.-L. 뢰트라 / 곽노경	8,000원
86	욕망에 대하여	M. 슈벨 / 서민원	8,000원
87	산다는 것의 의미·1—여분의 행복	P. 쌍소 / 김주경	7,000원
88	철학 연습	M. 아롱델-로오 / 최은영	8,000원
89	삶의 기쁨들	D. 노게 / 이은민	6,000원
90	이탈리아영화사	L. 스키파노 / 이주현	8,000원
91	한국문화론	趙興胤	10,000원
92	현대연극미학	M.-A. 샤르보니에 / 홍지화	8,000원
93	느리게 산다는 것의 의미·2	P. 쌍소 / 김주경	7,000원
94	진정한 모럴은 모럴을 비웃는다	A. 에슈고엔 / 김웅권	8,000원
95	한국종교문화론	趙興胤	10,000원
96	근원적 열정	L. 이리가라이 / 박정오	9,000원
97	라캉, 주체 개념의 형성	B. 오질비 / 김 석	9,000원
98	미국식 사회 모델	J. 바이스 / 김종명	7,000원
99	소쉬르와 언어과학	P. 가데 / 김용숙·임정혜	10,000원
100	철학적 기본 개념	R. 페르버 / 조국현	8,000원
101	맞불	P. 부르디외 / 현택수	10,000원
102	글렌 굴드, 피아노 솔로	M. 슈나이더 / 이창실	7,000원
103	문학비평에서의 실험	C. S. 루이스 / 허 종	8,000원
104	코뿔소〔희곡〕	E. 이오네스코 / 박형섭	8,000원
105	지각—감각에 관하여	R. 바르바라 / 공정아	7,000원
106	철학이란 무엇인가	E. 크레이그 / 최생열	8,000원
107	경제, 거대한 사탄인가?	P.-N. 지로 / 김교신	7,000원
108	딸에게 들려 주는 작은 철학	R. 시몬 셰퍼 / 안상원	7,000원
109	도덕에 관한 에세이	C. 로슈·J.-J. 바레르 / 고수현	6,000원
110	프랑스 고전비극	B. 클레망 / 송민숙	8,000원
111	고전수사학	G. 위딩 / 박성철	10,000원
112	유토피아	T. 파코 / 조성애	7,000원
113	쥐비알	A. 자르댕 / 김남주	7,000원
114	증오의 모호한 대상	J. 아순 / 김승철	8,000원
115	개인—주체철학에 대한 고찰	A. 르노 / 장정아	7,000원
116	이슬람이란 무엇인가	M. 루스벤 / 최생열	8,000원
117	테러리즘의 정신	J. 보드리야르 / 배영달	8,000원
118	역사란 무엇인가	존 H. 아널드 / 최생열	8,000원
119	느리게 산다는 것의 의미·3	P. 쌍소 / 김주경	7,000원
120	문학과 정치 사상	P. 페티티에 / 이종민	8,000원
121	가장 아름다운 하나님 이야기	A. 보테르 外 / 주태환	8,000원
122	시민 교육	P. 카니베즈 / 박주원	9,000원
123	스페인영화사	J.-C. 스갱 / 정동섭	8,000원
124	인터넷상에서—행동하는 지성	H. L. 드레퓌스 / 정혜욱	9,000원
125	내 몸의 신비—세상에서 가장 큰 기적	A. 지오르당 / 이규식	7,000원

126	세 가지 생태학	F. 가타리 / 윤수종	8,000원
127	모리스 블랑쇼에 대하여	E. 레비나스 / 박규현	9,000원
128	위뷔 왕 [희곡]	A. 자리 / 박형섭	8,000원
129	번영의 비참	P. 브뤼크네르 / 이창실	8,000원
130	무사도란 무엇인가	新渡戶稻造 / 沈雨晟	7,000원
131	꿈과 공포의 미로 [소설]	A. 라히미 / 김주경	8,000원
132	문학은 무슨 소용이 있는가?	D. 살나브 / 김교신	7,000원
133	종교에 대하여―행동하는 지성	존 D. 카푸토 / 최생열	9,000원
134	노동사회학	M. 스트루방 / 박주원	8,000원
135	맞불 · 2	P. 부르디외 / 김교신	10,000원
136	믿음에 대하여―행동하는 지성	S. 지제크 / 최생열	9,000원
137	법, 정의, 국가	A. 기그 / 민혜숙	8,000원
138	인식, 상상력, 예술	E. 아카마츄 / 최돈호	근간
139	위기의 대학	ARESER / 김교신	10,000원
140	카오스모제	F. 가타리 / 윤수종	10,000원
141	코란이란 무엇인가	M. 쿡 / 이강훈	9,000원
142	신학이란 무엇인가	D. 포드 / 강혜원 · 노치준	9,000원
143	누보 로망, 누보 시네마	C. 뮈르시아 / 이창실	8,000원
144	지능이란 무엇인가	I. J. 디어리 / 송형석	10,000원
145	죽음―유한성에 관하여	F. 다스튀르 / 나길래	8,000원
146	철학에 입문하기	Y. 카탱 / 박선주	8,000원
147	지옥의 힘	J. 보드리야르 / 배영달	8,000원
148	철학 기초 강의	F. 로피 / 공나리	8,000원
149	시네마토그래프에 대한 단상	R. 브레송 / 오일환 · 김경온	9,000원
150	성서란 무엇인가	J. 리치스 / 최생열	10,000원
151	프랑스 문학사회학	신미경	8,000원
152	잡사와 문학	F. 에브라르 / 최정아	10,000원
153	세계의 폭력	J. 보드리야르 · E. 모랭 / 배영달	9,000원
154	잠수복과 나비	J. -D. 보비 / 양영란	6,000원
155	고전 할리우드 영화	J. 나카시 / 최은영	10,000원
156	마지막 말, 마지막 미소	B. 드 카스텔바자크 / 김승철 · 장정아	근간
157	몸의 시학	J. 피죠 / 김선미	10,000원
158	철학의 기원에 관하여	C. 콜로베르 / 김정란	8,000원
159	지혜에 대한 숙고	J. -M. 베스니에르 / 곽노경	8,000원
160	자연주의 미학과 시학	조성애	10,000원
161	소설 분석―현대적 방법론과 기법	B. 발레트 / 조성애	10,000원
162	사회학이란 무엇인가	S. 브루스 / 김경안	10,000원
163	인도철학입문	S. 헤밀턴 / 고길환	10,000원
164	심리학이란 무엇인가	G. 버틀러 · F. 맥마누스 / 이재현	10,000원
165	발자크 비평	J. 글레즈 / 이정민	10,000원
166	결별을 위하여	G. 마츠네프 / 권은희 · 최은희	10,000원
167	인류학이란 무엇인가	J. 모나한 · P. 저스트 / 김경안	10,000원

168	세계화의 불안	Z. 라이디 / 김종명	8,000원
169	음악이란 무엇인가	N. 쿡 / 장호연	10,000원
170	사랑과 우연의 장난 [희곡]	마리보 / 박형섭	10,000원
171	사진의 이해	G. 보레 / 박은영	10,000원
172	현대인의 사랑과 성	현택수	9,000원
173	성해방은 진행중인가?	M. 이아퀴브 / 권은희	10,000원
174	교육은 자기 교육이다	H.-G. 가다머 / 손승남	10,000원
175	밤 끝으로의 여행	L.-F. 쎌린느 / 이형식	19,000원
176	프랑스 지성인들의 '12월'	J. 뒤발 外 / 김영모	10,000원
177	환대에 대하여	J. 데리다 / 남수인	13,000원
178	언어철학	J. P. 레스베베르 / 이경래	10,000원
179	푸코와 광기	F. 그로 / 김웅권	10,000원
180	사물들과 철학하기	R.-P. 드루아 / 박선주	10,000원
181	청소년이 알아야 할 사회경제학자들	J.-C. 드루앵 / 김종명	8,000원
182	서양의 유혹	A. 말로 / 김웅권	10,000원
183	중세의 예술과 사회	G. 뒤비 / 김웅권	10,000원
184	새로운 충견들	S. 알리미 / 김영모	10,000원
185	초현실주의	G. 세바 / 최정아	10,000원
186	프로이트 읽기	P. 랜드맨 / 민혜숙	10,000원
187	예술 작품—작품 존재론 시론	M. 아르 / 공정아	10,000원
188	평화—국가의 이성과 지혜	M. 카스티요 / 장정아	10,000원
189	히로시마 내 사랑	M. 뒤라스 / 이용주	10,000원
190	연극 텍스트의 분석	M. 프뤼네르 / 김덕희	10,000원
191	청소년을 위한 철학길잡이	A. 콩트-스퐁빌 / 공정아	10,000원
192	행복—기쁨에 관한 소고	R. 미스라이 / 김영선	10,000원
193	조사와 방법론—면접법	A. 블랑셰 · A. 고트만 / 최정아	10,000원
194	하늘에 관하여—잃어버린 공간, 되찾은 시간	M. 카세 / 박선주	10,000원
195	청소년이 알아야 할 세계화	J.-P. 폴레 / 김종명	9,000원
196	약물이란 무엇인가	L. 아이버슨 / 김정숙	10,000원
197	폭력—'폭력적 인간'에 대하여	R. 다둔 / 최윤주	10,000원
198	암호	J. 보드리야르 / 배영달	10,000원
199	느리게 산다는 것의 의미·4	P. 쌍소 / 김선미 · 한상철	7,000원
200	아이누 민족의 비석	萱野 茂 / 심우성	10,000원
201	존재한다는 것의 기쁨	J. 도르메송 / 김은경	근간
202	무신론이란 무엇인가	G. 바기니 / 강혜원	10,000원
203	전통문화를 찾아서	심우성	10,000원
204	민족학과 인류학 개론	J. 코팡 / 김영모	10,000원
205	오키나와의 역사와 문화	外間守善 / 심우성	10,000원
206	일본군 '위안부' 문제	石川康宏 / 박해순	9,000원
207	엠마누엘 레비나스와의 대담	M. de 생 쉐롱 / 김웅권	10,000원
208	공존의 이유	조병화	8,000원
209	누벨바그	M. 마리 / 신광순	10,000원

210 자기 분석에 대한 초고	P. 부르디외 / 유민희	10,000원
211 이만하면 성공이다	J. 도르메송 / 김은경	10,000원
212 도미니크	E. 프로망탱 / 김웅권	10,000원
300 아이들에게 설명하는 이혼	P. 루카스·S. 르로이 / 이은민	8,000원
301 아이들에게 들려주는 인도주의	J. 마무 / 이은민	근간
302 아이들에게 설명하는 죽음	E. 위스망 페랭 / 김미정	8,000원
303 아이들에게 들려주는 선사시대 이야기	J. 클로드 / 김교신	8,000원
304 아이들에게 들려주는 이슬람 이야기	T. 벤 젤룬 / 김교신	8,000원
305 아이들에게 설명하는 테러리즘	M. -C. 그로 / 우강택	8,000원
306 아이들에게 들려주는 철학 이야기	R. -P 드루아 / 이창실	8,000원

【東文選 文藝新書】

1 저주받은 詩人들	A. 뻬이르 / 최수철·김종호	개정근간
2 민속문화론서설	沈雨晟	40,000원
3 인형극의 기술	A. 훼도토프 / 沈雨晟	8,000원
4 전위연극론	J. 로스 에반스 / 沈雨晟	12,000원
5 남사당패연구	沈雨晟	19,000원
6 현대영미희곡선(전4권)	N. 코워드 外 / 李辰洙	절판
7 행위예술	L. 골드버그 / 沈雨晟	절판
8 문예미학	蔡 儀 / 姜慶鎬	절판
9 神의 起源	何 新 / 洪 熹	16,000원
10 중국예술정신	徐復觀 / 權德周 外	24,000원
11 中國古代書史	錢存訓 / 金允子	14,000원
12 이미지 — 시각과 미디어	J. 버거 / 편집부	15,000원
13 연극의 역사	P. 하트놀 / 沈雨晟	절판
14 詩 論	朱光潛 / 鄭相泓	22,000원
15 탄트라	A. 무케르지 / 金龜山	16,000원
16 조선민족무용기본	최승희	15,000원
17 몽고문화사	D. 마이달 / 金龜山	8,000원
18 신화 미술 제사	張光直 / 李 徹	절판
19 아시아 무용의 인류학	宮尾慈良 / 沈雨晟	20,000원
20 아시아 민족음악순례	藤井知昭 / 沈雨晟	5,000원
21 華夏美學	李澤厚 / 權 瑚	20,000원
22 道	張立文 / 權 瑚	18,000원
23 朝鮮의 占卜과 豫言	村山智順 / 金禧慶	28,000원
24 원시미술	L. 아담 / 金仁煥	16,000원
25 朝鮮民俗誌	秋葉隆 / 沈雨晟	12,000원
26 타자로서 자기 자신	P. 리쾨르 / 김웅권	29,000원
27 原始佛敎	中村元 / 鄭泰爀	8,000원
28 朝鮮女俗考	李能和 / 金尙憶	24,000원
29 朝鮮解語花史(조선기생사)	李能和 / 李在崑	25,000원
30 조선창극사	鄭魯湜	17,000원

31 동양회화미학	崔炳植	19,000원
32 性과 결혼의 민족학	和田正平 / 沈雨晟	9,000원
33 農漁俗談辭典	宋在璇	12,000원
34 朝鮮의 鬼神	村山智順 / 金禧慶	28,000원
35 道敎와 中國文化	葛兆光 / 沈揆昊	15,000원
36 禪宗과 中國文化	葛兆光 / 鄭相泓·任炳權	8,000원
37 오페라의 역사	L. 오레이 / 류연희	절판
38 인도종교미술	A. 무케르지 / 崔炳植	14,000원
39 힌두교의 그림언어	안넬리제 外 / 全在星	22,000원
40 중국고대사회	許進雄 / 洪 熹	30,000원
41 중국문화개론	李宗桂 / 李宰碩	23,000원
42 龍鳳文化源流	王大有 / 林東錫	25,000원
43 甲骨學通論	王宇信 / 李宰碩	40,000원
44 朝鮮巫俗考	李能和 / 李在崑	20,000원
45 미술과 페미니즘	N. 부루드 外 / 扈承喜	9,000원
46 아프리카미술	P. 윌레뜨 / 崔炳植	절판
47 美의 歷程	李澤厚 / 尹壽榮	28,000원
48 曼荼羅의 神들	立川武藏 / 金龜山	19,000원
49 朝鮮歲時記	洪錫謨 外 / 李錫浩	30,000원
50 하 상	蘇曉康 外 / 洪 熹	절판
51 武藝圖譜通志 實技解題	正 祖 / 沈雨晟·金光錫	15,000원
52 古文字學첫걸음	李學勤 / 河永三	14,000원
53 體育美學	胡小明 / 閔永淑	18,000원
54 아시아 美術의 再發見	崔炳植	9,000원
55 曆과 占의 科學	永田久 / 沈雨晟	14,000원
56 中國小學史	胡奇光 / 李宰碩	20,000원
57 中國甲骨學史	吳浩坤 外 / 梁東淑	35,000원
58 꿈의 철학	劉文英 / 河永三	22,000원
59 女神들의 인도	立川武藏 / 金龜山	19,000원
60 性의 역사	J. L. 플랑드렝 / 편집부	18,000원
61 쉬르섹슈얼리티	W. 챠드윅 / 편집부	10,000원
62 여성속담사전	宋在璇	18,000원
63 박재서희곡선	朴栽緒	10,000원
64 東北民族源流	孫進己 / 林東錫	13,000원
65 朝鮮巫俗의 硏究(상·하)	赤松智城·秋葉隆 / 沈雨晟	28,000원
66 中國文學 속의 孤獨感	斯波六郎 / 尹壽榮	8,000원
67 한국사회주의 연극운동사	李康列	8,000원
68 스포츠인류학	K. 블랑챠드 外 / 박기동 外	12,000원
69 리조복식도감	리팔찬	20,000원
70 娼 婦	A. 꼬르벵 / 李宗旼	22,000원
71 조선민요연구	高晶玉	30,000원
72 楚文化史	張正明 / 南宗鎭	26,000원

73 시간, 욕망, 그리고 공포	A. 코르뱅 / 변기찬	18,000원
74 本國劍	金光錫	40,000원
75 노트와 반노트	E. 이오네스코 / 박형섭	20,000원
76 朝鮮美術史硏究	尹喜淳	7,000원
77 拳法要訣	金光錫	30,000원
78 艸衣選集	艸衣意恂 / 林鍾旭	20,000원
79 漢語音韻學講義	董少文 / 林東錫	10,000원
80 이오네스코 연극미학	C. 위베르 / 박형섭	9,000원
81 중국문자훈고학사전	全廣鎭 편역	23,000원
82 상말속담사전	宋在璇	10,000원
83 書法論叢	沈尹默 / 郭魯鳳	16,000원
84 침실의 문화사	P. 디비 / 편집부	9,000원
85 禮의 精神	柳 肅 / 洪 熹	20,000원
86 조선공예개관	沈雨晟 편역	30,000원
87 性愛의 社會史	J. 솔레 / 李宗旼	18,000원
88 러시아미술사	A. I. 조토프 / 이건수	22,000원
89 中國書藝論文選	郭魯鳳 選譯	25,000원
90 朝鮮美術史	關野貞 / 沈雨晟	30,000원
91 美術版 탄트라	P. 로슨 / 편집부	8,000원
92 군달리니	A. 무케르지 / 편집부	9,000원
93 카마수트라	바짜야나 / 鄭泰爀	18,000원
94 중국언어학총론	J. 노먼 / 全廣鎭	28,000원
95 運氣學說	任應秋 / 李宰碩	15,000원
96 동물속담사전	宋在璇	20,000원
97 자본주의의 아비투스	P. 부르디외 / 최종철	10,000원
98 宗敎學入門	F. 막스 뮐러 / 金龜山	10,000원
99 변 화	P. 바츨라빅크 外 / 박인철	10,000원
100 우리나라 민속놀이	沈雨晟	15,000원
101 歌訣(중국역대명언경구집)	李宰碩 편역	20,000원
102 아니마와 아니무스	A. 융 / 박해순	8,000원
103 나, 너, 우리	L. 이리가라이 / 박정오	12,000원
104 베케트연극론	M. 푸크레 / 박형섭	8,000원
105 포르노그래피	A. 드워킨 / 유혜련	12,000원
106 셸 링	M. 하이데거 / 최상욱	12,000원
107 프랑수아 비용	宋 勉	18,000원
108 중국서예 80제	郭魯鳳 편역	16,000원
109 性과 미디어	W. B. 키 / 박해순	12,000원
110 中國正史朝鮮列國傳(전2권)	金聲九 편역	120,000원
111 질병의 기원	T. 매큐언 / 서 일 · 박종연	12,000원
112 과학과 젠더	E. F. 켈러 / 민경숙 · 이현주	10,000원
113 물질문명 · 경제 · 자본주의	F. 브로델 / 이문숙 外	절판
114 이탈리아인 태고의 지혜	G. 비코 / 李源斗	8,000원

115	中國武俠史	陳 山 / 姜鳳求	18,000원
116	공포의 권력	J. 크리스테바 / 서민원	23,000원
117	주색잡기속담사전	宋在璇	15,000원
118	죽음 앞에 선 인간(상·하)	P. 아리에스 / 劉仙子	각권 15,000원
119	철학에 대하여	L. 알튀세르 / 서관모·백승욱	12,000원
120	다른 곳	J. 데리다 / 김다은·이혜지	10,000원
121	문학비평방법론	D. 베르제 外 / 민혜숙	12,000원
122	자기의 테크놀로지	M. 푸코 / 이희원	16,000원
123	새로운 학문	G. 비코 / 李源斗	22,000원
124	천재와 광기	P. 브르노 / 김웅권	13,000원
125	중국은사문화	馬 華·陳正宏 / 강경범·천현경	12,000원
126	푸코와 페미니즘	C. 라마자노글루 外 / 최 영 外	16,000원
127	역사주의	P. 해밀턴 / 임옥희	12,000원
128	中國書藝美學	宋 民 / 郭魯鳳	16,000원
129	죽음의 역사	P. 아리에스 / 이종민	18,000원
130	돈속담사전	宋在璇 편	15,000원
131	동양극장과 연극인들	김영무	15,000원
132	生育神과 性巫術	宋兆麟 / 洪 熹	20,000원
133	미학의 핵심	M. M. 이턴 / 유호전	20,000원
134	전사와 농민	J. 뒤비 / 최생열	18,000원
135	여성의 상태	N. 에니크 / 서민원	22,000원
136	중세의 지식인들	J. 르 고프 / 최애리	18,000원
137	구조주의의 역사(전4권)	F. 도스 / 김웅권 外	Ⅰ·Ⅱ·Ⅳ 15,000원 / Ⅲ 18,000원
138	글쓰기의 문제해결전략	L. 플라워 / 원진숙·황정현	20,000원
139	음식속담사전	宋在璇 편	16,000원
140	고전수필개론	權 瑚	16,000원
141	예술의 규칙	P. 부르디외 / 하태환	23,000원
142	"사회를 보호해야 한다"	M. 푸코 / 박정자	20,000원
143	페미니즘사전	L. 터틀 / 호승희·유혜련	26,000원
144	여성심벌사전	B. G. 워커 / 정소영	근간
145	모데르니테 모데르니테	H. 메쇼닉 / 김다은	20,000원
146	눈물의 역사	A. 벵상뷔포 / 이자경	18,000원
147	모더니티입문	H. 르페브르 / 이종민	24,000원
148	재생산	P. 부르디외 / 이상호	23,000원
149	종교철학의 핵심	W. J. 웨인라이트 / 김희수	18,000원
150	기호와 몽상	A. 시몽 / 박형섭	22,000원
151	융분석비평사전	A. 새뮤얼 外 / 민혜숙	16,000원
152	운보 김기창 예술론연구	최병식	14,000원
153	시적 언어의 혁명	J. 크리스테바 / 김인환	20,000원
154	예술의 위기	Y. 미쇼 / 하태환	15,000원
155	프랑스사회사	G. 뒤프 / 박 단	16,000원
156	중국문예심리학사	劉偉林 / 沈揆昊	30,000원

157 무지카 프라티카	M. 캐넌 / 김혜중	25,000원
158 불교산책	鄭泰爀	20,000원
159 인간과 죽음	E. 모랭 / 김명숙	23,000원
160 地中海	F. 브로델 / 李宗旼	근간
161 漢語文字學史	黃德實・陳秉新 / 河永三	24,000원
162 글쓰기와 차이	J. 데리다 / 남수인	28,000원
163 朝鮮神事誌	李能和 / 李在崑	28,000원
164 영국제국주의	S. C. 스미스 / 이태숙・김종원	16,000원
165 영화서술학	A. 고드로・F. 조스트 / 송지연	17,000원
166 美學辭典	사사키 겡이치 / 민주식	22,000원
167 하나이지 않은 성	L. 이리가라이 / 이은민	18,000원
168 中國歷代書論	郭魯鳳 譯註	25,000원
169 요가수트라	鄭泰爀	15,000원
170 비정상인들	M. 푸코 / 박정자	25,000원
171 미친 진실	J. 크리스테바 外 / 서민원	25,000원
172 玉樞經 硏究	具重會	19,000원
173 세계의 비참(전3권)	P. 부르디외 外 / 김주경	각권 26,000원
174 수묵의 사상과 역사	崔炳植	24,000원
175 파스칼적 명상	P. 부르디외 / 김웅권	22,000원
176 지방의 계몽주의	D. 로슈 / 주명철	30,000원
177 이혼의 역사	R. 필립스 / 박범수	25,000원
178 사랑의 단상	R. 바르트 / 김희영	20,000원
179 中國書藝理論體系	熊秉明 / 郭魯鳳	23,000원
180 미술시장과 경영	崔炳植	16,000원
181 카프카 — 소수적인 문학을 위하여	G. 들뢰즈・F. 가타리 / 이진경	18,000원
182 이미지의 힘 — 영상과 섹슈얼리티	A. 쿤 / 이형식	13,000원
183 공간의 시학	G. 바슐라르 / 곽광수	23,000원
184 랑데부 — 이미지와의 만남	J. 버거 / 임옥희・이은경	18,000원
185 푸코와 문학 — 글쓰기의 계보학을 향하여	S. 듀링 / 오경심・홍유미	26,000원
186 각색, 연극에서 영화로	A. 엘보 / 이선형	16,000원
187 폭력과 여성들	C. 도펭 外 / 이은민	18,000원
188 하드 바디 — 할리우드 영화에 나타난 남성성	S. 제퍼드 / 이형식	18,000원
189 영화의 환상성	J. -L. 뢰트라 / 김경온・오일환	18,000원
190 번역과 제국	D. 로빈슨 / 정혜욱	16,000원
191 그라마톨로지에 대하여	J. 데리다 / 김웅권	35,000원
192 보건 유토피아	R. 브로만 外 / 서민원	20,000원
193 현대의 신화	R. 바르트 / 이화여대기호학연구소	20,000원
194 회화백문백답	湯兆基 / 郭魯鳳	20,000원
195 고서화감정개론	徐邦達 / 郭魯鳳	30,000원
196 상상의 박물관	A. 말로 / 김웅권	26,000원
197 부빈의 일요일	J. 뒤비 / 최생열	22,000원
198 아인슈타인의 최대 실수	D. 골드스미스 / 박범수	16,000원

199	유인원, 사이보그, 그리고 여자	D. 해러웨이 / 민경숙	25,000원
200	공동생활 속의 개인주의	F. 드 생글리 / 최은영	20,000원
201	기식자	M. 세르 / 김웅권	24,000원
202	연극미학 — 플라톤에서 브레히트까지의 텍스트들	J. 셰레 外 / 홍지화	24,000원
203	철학자들의 신	W. 바이셰델 / 최상욱	34,000원
204	고대 세계의 정치	모제스 I. 핀레이 / 최생열	16,000원
205	프란츠 카프카의 고독	M. 로베르 / 이창실	18,000원
206	문화 학습 — 실천적 입문서	J. 자일스·T. 미들턴 / 장성희	24,000원
207	호모 아카데미쿠스	P. 부르디외 / 임기대	29,000원
208	朝鮮槍棒敎程	金光錫	40,000원
209	자유의 순간	P. M. 코헨 / 최하영	16,000원
210	밀교의 세계	鄭泰爀	16,000원
211	토탈 스크린	J. 보드리야르 / 배영달	19,000원
212	영화와 문학의 서술학	F. 바누아 / 송지연	22,000원
213	텍스트의 즐거움	R. 바르트 / 김희영	15,000원
214	영화의 직업들	B. 라트롱슈 / 김경은·오일환	16,000원
215	소설과 신화	이용주	15,000원
216	문화와 계급 — 부르디외와 한국 사회	홍성민 外	18,000원
217	작은 사건들	R. 바르트 / 김주경	14,000원
218	연극분석입문	J. -P. 링가르 / 박형섭	18,000원
219	푸코	G. 들뢰즈 / 허 경	17,000원
220	우리나라 도자기와 가마터	宋在璇	30,000원
221	보이는 것과 보이지 않는 것	M. 퐁티 / 남수인·최의영	30,000원
222	메두사의 웃음/출구	H. 식수 / 박혜영	19,000원
223	담화 속의 논증	R. 아모시 / 장인봉	20,000원
224	포켓의 형태	J. 버거 / 이영주	16,000원
225	이미지심벌사전	A. 드 브리스 / 이원두	근간
226	이데올로기	D. 호크스 / 고길환	16,000원
227	영화의 이론	B. 발라즈 / 이형식	20,000원
228	건축과 철학	J. 보드리야르·J. 누벨 / 배영달	16,000원
229	폴 리쾨르 — 삶의 의미들	F. 도스 / 이봉지 外	38,000원
230	서양철학사	A. 케니 / 이영주	29,000원
231	근대성과 육체의 정치학	D. 르 브르통 / 홍성민	20,000원
232	허난설헌	金成南	16,000원
233	인터넷 철학	G. 그레이엄 / 이영주	15,000원
234	사회학의 문제들	P. 부르디외 / 신미경	23,000원
235	의학적 추론	A. 시쿠렐 / 서민원	20,000원
236	튜링 — 인공지능 창시자	J. 라세구 / 임기대	16,000원
237	이성의 역사	F. 샤틀레 / 심세광	16,000원
238	朝鮮演劇史	金在喆	22,000원
239	미학이란 무엇인가	M. 지므네즈 / 김웅권	23,000원
240	古文字類編	高 明	40,000원

241 부르디외 사회학 이론	L. 핀토 / 김용숙·김은희	20,000원
242 문학은 무슨 생각을 하는가?	P. 마슈레 / 서민원	23,000원
243 행복해지기 위해 무엇을 배워야 하는가?	A. 우지오 外 / 김교신	18,000원
244 영화와 회화: 탈배치	P. 보니체 / 홍지화	18,000원
245 영화 학습 — 실천적 지표들	F. 바누아 外 / 문신원	16,000원
246 회화 학습 — 실천적 지표들	F. 기불레·M. 멩겔 바리오 / 고수현	14,000원
247 영화미학	J. 오몽 外 / 이용주	24,000원
248 시 — 형식과 기능	J. L. 주베르 / 김경온	근간
249 우리나라 옹기	宋在璇	40,000원
250 검은 태양	J. 크리스테바 / 김인환	27,000원
251 어떻게 더불어 살 것인가	R. 바르트 / 김웅권	28,000원
252 일반 교양 강좌	E. 코바 / 송대영	23,000원
253 나무의 철학	R. 뒤마 / 송형석	29,000원
254 영화에 대하여 — 에이리언과 영화철학	S. 멀할 / 이영주	18,000원
255 문학에 대하여 — 행동하는 지성	H. 밀러 / 최은주	16,000원
256 미학 연습 — 플라톤에서 에코까지	임우영 外 편역	18,000원
257 조희룡 평전	김영회 外	18,000원
258 역사철학	F. 도스 / 최생열	23,000원
259 철학자들의 동물원	A. L. 브라 쇼파르 / 문신원	22,000원
260 시각의 의미	J. 버거 / 이용은	24,000원
261 들뢰즈	A. 괄란디 / 임기대	13,000원
262 문학과 문화 읽기	김종갑	16,000원
263 과학에 대하여 — 행동하는 지성	B. 리들리 / 이영주	18,000원
264 장 지오노와 서술 이론	송지연	18,000원
265 영화의 목소리	M. 시옹 / 박선주	20,000원
266 사회보장의 발명	J. 동즐로 / 주형일	17,000원
267 이미지와 기호	M. 졸리 / 이선형	22,000원
268 위기의 식물	J. M. 펠트 / 이충건	18,000원
269 중국 소수민족의 원시종교	洪 熹	18,000원
270 영화감독들의 영화 이론	J. 오몽 / 곽동준	22,000원
271 중첩	J. 들뢰즈·C. 베네 / 허희정	18,000원
272 대담 — 디디에 에리봉과의 자전적 인터뷰	J. 뒤메질 / 송대영	18,000원
273 중립	R. 바르트 / 김웅권	30,000원
274 알퐁스 도데의 문학과 프로방스 문화	이종민	16,000원
275 우리말 釋迦如來行蹟頌	高麗 無寄 / 金月雲	18,000원
276 金剛經講話	金月雲 講述	18,000원
277 자유와 결정론	O. 브르니피에 外 / 최은영	16,000원
278 도리스 레싱: 20세기 여성의 초상	민경숙	24,000원
279 기독교윤리학의 이론과 방법론	김희수	24,000원
280 과학에서 생각하는 주제 100가지	I. 스탕저 外 / 김웅권	21,000원
281 말로와 소설의 상징시학	김웅권	22,000원
282 키에르케고르	C. 르 블랑 / 이창실	14,000원

283	시나리오 쓰기의 이론과 실제	A. 로슈 外 / 이용주	25,000원
284	조선사회경제사	白南雲 / 沈雨晟	30,000원
285	이성과 감각	O. 브르니피에 外 / 이은민	16,000원
286	행복의 단상	C. 앙드레 / 김교신	20,000원
287	삶의 의미 ─ 행동하는 지성	J. 코팅햄 / 강혜원	16,000원
288	안티고네의 주장	J. 버틀러 / 조현순	14,000원
289	예술 영화 읽기	이선형	19,000원
290	달리는 꿈, 자동차의 역사	P. 치글러 / 조국현	17,000원
291	매스커뮤니케이션과 사회	현택수	17,000원
292	교육론	J. 피아제 / 이병애	22,000원
293	연극 입문	히라타 오리자 / 고정은	13,000원
294	역사는 계속된다	G. 뒤비 / 백인호 · 최생열	16,000원
295	에로티시즘을 위한 즐기기 위한 100가지 기본 용어	J. -C. 마르탱 / 김웅권	19,000원
296	대화의 기술	A. 밀롱 / 공정아	17,000원
297	실천 이성	P. 부르디외 / 김웅권	19,000원
298	세미오티케	J. 크리스테바 / 서민원	28,000원
299	앙드레 말로의 문학 세계	김웅권	22,000원
300	20세기 독일철학	W. 슈나이더스 / 박중목	18,000원
301	횔덜린의 송가 〈이스터〉	M. 하이데거 / 최상욱	20,000원
302	아이러니와 모더니티 담론	E. 벨러 / 이강훈 · 신주철	16,000원
303	부알로의 시학	곽동준 편역 및 주석	20,000원
304	음악 녹음의 역사	M. 채넌 / 박기호	23,000원
305	시학 입문	G. 데송 / 조재룡	26,000원
306	정신에 대해서 ─ 하이데거와 물음	J. 데리다 / 박찬국	20,000원
307	디알로그	G. 들뢰즈 · C. 파르네 / 허희정 · 전승화	20,000원
308	철학적 분과 학문	A. 피퍼 / 조국현	25,000원
309	영화와 시장	L. 크레통 / 홍지화	22,000원
310	진정성에 대하여	C. 귀논 / 강혜원	18,000원
311	언어학 이해를 위한 주제 100선	G. 시우피 · D. 반람돈크 / 이선경 · 황원미	22,000원
312	영화를 생각하다	S. 리앙드라 기그 · J. -L. 뢰트라 / 김영모	20,000원
313	길모퉁이에서의 모험	P. 브뤼크네르 · A. 팽키엘크로 / 이창실	12,000원
314	목소리의 結晶	R. 바르트 / 김웅권	24,000원
315	중세의 기사들	E. 부라생 / 임호경	20,000원
316	武德 ─ 武의 문화, 武의 정신	辛成大	13,000원
317	욕망의 땅	W. 리치 / 이은경 · 임옥희	23,000원
318	들뢰즈와 음악, 회화, 그리고 일반 예술	R. 보그 / 사공일	20,000원
319	S/Z	R. 바르트 / 김웅권	24,000원
320	시나리오 모델, 모델 시나리오	F. 바누아 / 유민희	24,000원
321	도미니크 이야기 ─ 아동 정신분석 치료의 실제	F. 돌토 / 김승철	18,000원
322	빠딴잘리의 요가쑤뜨라	S. S. 싸치다난다 / 김순금	18,000원
323	이마주 ─ 영화 · 사진 · 회화	J. 오몽 / 오정민	25,000원
324	들뢰즈와 문학	R. 보그 / 김승숙	20,000원

325	요가학개론	鄭泰爀	15,000원
326	밝은 방 — 사진에 관한 노트	R. 바르트 / 김웅권	15,000원
327	中國房內秘籍	朴淸正 편역	35,000원
328	武藝圖譜通志註解	朴淸正 주해	30,000원
329	들뢰즈와 시네마	R. 보그 / 정형철	20,000원
330	현대 프랑스 연극의 이론과 실제	이선형	20,000원
331	스리마드 바가바드 기타	스리 브야사 / 박지명	24,000원
332	宋詩槪說	吉川幸次郞 / 호승희	18,000원
333	주체의 해석학	M. 푸코 / 심세광	29,000원
334	문학의 위상	J. 베시에르 / 주현진	20,000원
335	광고의 이해와 실제	현택수·홍장선	20,000원
336	외쿠메네 — 인간 환경에 대한 연구서설	A. 베르크 / 김웅권	24,000원
337	서양 연극의 무대 장식 기술	A. 쉬르제 / 송민숙	18,000원
338	百濟伎樂	백제기악보존회 편	18,000원
339	金剛經六祖解	無居 옮김	14,000원
340	몽상의 시학	G. 바슐라르 / 김웅권	19,000원
341	원전 주해 요가수트라	M. 파탄잘리 / 박지명 주해	28,000원
342	글쓰기의 영도	R. 바르트 / 김웅권	17,000원
343	전교조의 정체	정재학 지음	12,000원
344	영화배우	J. 나카시 / 박혜숙	20,000원
345	취고당검소	陸紹珩 / 강경범·천현경	25,000원
346	재생산에 대하여	L. 알튀세르 / 김웅권	23,000원
347	중국 탈의 역사	顧朴光 / 洪 熹	30,000원
348	조이스와 바흐친	이강훈	16,000원
349	신의 존재와 과학의 도전	C. 알레그르 / 송대영	13,000원
350	행동의 구조	M. 메를로 퐁티 / 김웅권	28,000원
351	미술시장과 아트딜러	최병식	30,000원
352	미술시장 트렌드와 투자	최병식	30,000원
353	문화전략과 순수예술	최병식	14,000원
354	들뢰즈와 창조성의 정치학	사공일	18,000원
355	꿈꿀 권리	G. 바슐라르 / 김웅권	22,000원
356	텔레비전 드라마	G. 손햄·T. 퍼비스 / 김소은·황정녀	22,000원
357	옷본	심우성	20,000원
358	촛불의 미학	G. 바슐라르 / 김웅권	18,000원
1001	베토벤: 전원교향곡	D. W. 존스 / 김지순	15,000원
1002	모차르트: 하이든 현악 4중주곡	J. 어빙 / 김지순	14,000원
1003	베토벤: 에로이카 교향곡	T. 시프 / 김지순	18,000원
1004	모차르트: 주피터 교향곡	E. 시스먼 / 김지순	18,000원
1005	바흐: 브란덴부르크 협주곡	M. 보이드 / 김지순	18,000원
1006	바흐: B단조 미사	J. 버트 / 김지순	18,000원
1007	하이든: 현악4중주곡 Op.50	W. 딘 주트클리페 / 김지순	18,000원
1008	헨델: 메시아	D. 버로우 / 김지순	18,000원

1009	비발디: 〈사계〉와 Op.8	P. 에버렛 / 김지순	18,000원
2001	우리 아이들에게 어떤 지표를 주어야 할까?	J. L. 오베르 / 이창실	16,000원
2002	상처받은 아이들	N. 파브르 / 김주경	16,000원
2003	엄마 아빠, 꿈꿀 시간을 주세요!	E. 부젱 / 박주원	16,000원
2004	부모가 알아야 할 유치원의 모든 것들	N. 뒤 소수아 / 전재민	18,000원
2005	부모들이여, '안 돼'라고 말하라!	P. 들라로슈 / 김주경	19,000원
2006	엄마 아빠, 전 못하겠어요!	E. 리공 / 이창실	18,000원
2007	사랑, 아이, 일 사이에서	A. 가트셀·C. 르누치 / 김교신	19,000원
2008	요람에서 학교까지	J.-L. 오베르 / 전재민	19,000원
2009	머리는 좋은데, 노력을 안 해요	J.-L. 오베르 / 박선주	17,000원
2010	알아서 하라고요? 좋죠, 하지만 혼자는 싫어요!	E. 부젱 / 김교신	17,000원
2011	영재아이 키우기	S. 코트 / 김경하	17,000원
2012	부모가 헤어진대요	M. 베르제·I. 그라비용 / 공나리	17,000원
2013	아이들의 고민, 부모들의 근심	D. 마르셀리·G. 드 라 보리 / 김교신	19,000원
2014	헤어지기 싫어요!	N. 파브르 / 공나리	15,000원
3001	〈새〉	C. 파글리아 / 이형식	13,000원
3002	〈시민 케인〉	L. 멀비 / 이형식	13,000원
3101	〈제7의 봉인〉 비평 연구	E. 그랑조르주 / 이은민	17,000원
3102	〈쥘과 짐〉 비평 연구	C. 르 베르 / 이은민	18,000원
3103	〈시민 케인〉 비평 연구	J. 루아 / 이용주	15,000원
3104	〈센소〉 비평 연구	M. 라니 / 이수원	18,000원
3105	〈경멸〉 비평 연구	M 마리 / 이용주	18,000원

【기 타】

▨ 모드의 체계	R. 바르트 / 이화여대기호학연구소	18,000원
▨ 라신에 관하여	R. 바르트 / 남수인	10,000원
▨ 說 苑 (上·下)	林東錫 譯註	각권 30,000원
▨ 晏子春秋	林東錫 譯註	30,000원
▨ 西京雜記	林東錫 譯註	20,000원
▨ 搜神記 (上·下)	林東錫 譯註	각권 30,000원
■ 경제적 공포〔메디치賞 수상작〕	V. 포레스테 / 김주경	7,000원
■ 古陶文字徵	高 明·葛英會	20,000원
■ 그리하여 어느날 사랑이여	이외수 편	4,000원
■ 너무한 당신, 노무현	현택수 칼럼집	9,000원
■ 노력을 대신하는 것은 없다	R. 쉬이 / 유혜련	5,000원
■ 노블레스 오블리주	현택수 사회비평집	7,500원
■ 딸에게 들려 주는 작은 지혜	N. 레흐레이트너 / 양영란	6,500원
■ 떠나고 싶은 나라―사회문화비평집	현택수	9,000원
■ 미래를 원한다	J. D. 로스네 / 문 선·김덕희	8,500원
■ 바람의 자식들―정치시사칼럼집	현택수	8,000원
■ 사랑의 존재	한용운	3,000원
■ 산이 높으면 마땅히 우러러볼 일이다	유 향 / 임동석	5,000원

- 서기 1000년과 서기 2000년 그 두려움의 흔적들　J. 뒤비 / 양영란　　8,000원
- 서비스는 유행을 타지 않는다　B. 바게트 / 정소영　　5,000원
- 선종이야기　홍 회 편저　　8,000원
- 섬으로 흐르는 역사　김영회　　10,000원
- 세계사상　창간호~3호: 각권 10,000원 / 4호: 14,000원
- 손가락 하나의 사랑 1, 2, 3　D. 글로슈 / 서민원　　각권 7,500원
- 십이속상도안집　편집부　　8,000원
- 얀 이야기 ① 얀과 카와카마스　마치다 준 / 김은진·한인숙　　8,000원
- 어린이 수묵화의 첫걸음(전6권)　趙 陽 / 편집부　　각권 5,000원
- 오늘 다 못다한 말은　이외수 편　　7,000원
- 오블라디 오블라다, 인생은 브래지어 위를 흐른다　무라카미 하루키 / 김난주　7,000원
- 이젠 다시 유혹하지 않으련다　P. 쌍소 / 서민원　　9,000원
- 인생은 앞유리를 통해서 보라　B. 바게트 / 박해순　　5,000원
- 자기를 다스리는 지혜　한인숙 편저　　10,000원
- 천연기념물이 된 바보　최병식　　7,800원
- 原本 武藝圖譜通志　正祖 命撰　　60,000원
- 테오의 여행 (전5권)　C. 클레망 / 양영란　　각권 6,000원
- 한글 설원 (상·중·하)　임동석 옮김　　각권 7,000원
- 한글 안자춘추　임동석 옮김　　8,000원
- 한글 수신기 (상·하)　임동석 옮김　　각권 8,000원